KB064917

서해5도민의 삶과 문화

인천학연구총서 33

서해5도민의 삶과 문화

안정헌 · 이희환 · 유창호 · 남동걸 · 문상범
이영태 · 이준한 · 남승균 · 이연세 · 오정윤

보고사

머리말

서해5도란 인천광역시 옹진군에 속해 있는 백령도, 대청도, 소청도, 연평도와 강화군에 속해 있는 우도를 말한다. 우도는 행정구역상 강화군 서도면 말도리에 속하는데, 현재는 해병대만이 섬을 지키고 있는 군사요충지이다. 그리고 나머지 섬들은 옹진군의 백령면(백령도), 대청면(대청도, 소청도), 연평면(대연평도, 소연평도)에 소속된 유인도이다.

서해5도는 삼국시대에는 시기별로 백제와 고구려, 신라의 관할에 놓였을 것으로 추정된다. 백령도는 곡도(鵠島)로 불리다가 고려시대 초부터 백령도로 개칭되었는데, 고려 현종 9년(1018) 진영(鎭營)을 설치하여 진장(鎭將)을 두었고, 공민왕 6년(1357)에는 왜구의 침입으로 방어 기능을 상실하게 되자, 백령진은 황해도 문화현(文化縣)으로 진영을 옮기게 되었다. 조선 세종 9년(1427) 백령진(白翎鎭)과 영강진(永康鎭)을 합하여 강령진(康翎鎭)을 설치하였는데, 이후 진(鎭)을 관할하는 첨절제사(僉節制使) 대신에 도장(島長)을 두어 관할하였고 이어 세종 13년(1431) 목장을 설치하였다. 광해군 1년(1609) 이항복의 건의로 백령진을 재설치하였다. 고종 32년(1895) 지방 행정관제 개혁 때 장연군 백령면으로 편제되어 도장행정(島長行政)이 실시되었다. 대청면(대청도, 소청도)은 통일신라시대에는 한주 폭지군(漢州瀑池郡, 지금의 해주)에 속하였다. 고려 현종 9년(1018) 백령진장의 설치로 백령진에 소속되었고 공민왕 6년(1357) 백령진이 폐지됨에 따라 장연현에 소속되었다. 조선 태종 6년(1406) 옹진현에 편입되고, 세종 10년(1428) 목우장 설치되었다. 정조 17년(1793) 정민시의 건의로 대청도에 둔(屯)을 설치하고 별장(別將)을 두었다. 정조 23년(1799)에 수원부(水原府)에 편입시키고 수비 기능을 수행하기 위해 대청과 소청도 각각에 진(鎭)을 설치하고 수원부의 장교 중에서 진장(鎭將)을 임명하여 1년씩 근무하게 하였다. 진장(鎭將) 제도는 1895년 을미개혁의 일환으로 폐지되었고 대신 도장(島長) 중심의 행정체제로 바뀌었으며, 공식적인 소속 역시 수원부에서 장연부(長淵府)로 변경되었다. 1914년 지방 행정구역 통폐합으로 대청도는 대청리로, 소청도는 소청리로 개편되어 황해도 장연군 백령면에 통합되었다. 연평면은 고려 성종 10년(1093) 해주에 설치한 안서도호부(安西都護府)의 소속이었다. 조선 태종 13년(1413)에는 황해도 해주목(海州牧) 관할이었다. 1914년 4월 1일 행정구역 개편에 따라 해주군에 소속되었다가, 1937년 해주가 시로 승격되면서 1938년 황해도 벽성군(전 해주군)에 편입되었다. 8·15광복 후 38도선으로 남북이 분리되면서, 벽성군 관할의 송림면은 옹진반도 일부 지역과 함께 경기도에 편입되어 옹진군 송림면으로 개편되었다.

해방 이전에는 황해도 장연군(백령도·대청도·소청도)과 벽성군(연평도)에 속해 있었으나, 1945년 9월에 미국과 소련이 38선을 경계로 한반도를 분할점령한 후 황해도 옹진군이 경기도에 속하게 되면서, 서해5도 역시 경기도 옹진군으로 편입되었다. 1950년 6·25전쟁이 발발하고, 1953년 7월 27일 휴전 당시, 당일 오후 10시의 교전선을 군사분계선(MDL)으로 하는 한국전쟁의 정전협정이 발효되었다. 하지만 해상분계선에 관해서는 정전협정에 명확한 규정 없이 “연해의 섬 및 해면에 관한 통제권은 1950년 6월 24일 이전을 기준으로 하되, 서해5도는 UN군 사령관 관할 아래 둔다.”는 단서 규정을 두었다. 그리고 1953년 8월 30일,

마크 웨인 클라크 UN군 총사령관이 정전협정의 취지에 따라 남북간의 군사적 충돌을 억제할 목적으로 대한민국 서해5도와 조선민주주의인민공화국 황해도 사이의 해상에 북방한계선(NLL)을 설정하였다. NLL은 1973년 9월까지 남북 사이의 특별한 마찰 없이 해상경계선으로 기능하였다. 그러나 1973년 10월과 11월에 북측 선박들이 NLL을 침범하였고, 같은 해 12월에 개최된 군사정전위원회에서 북측은 서해 5개 섬 주변 수역이 조선민주주의인민공화국의 관할이라고 주장하면서 이 수역을 항행하려면 사전 승인을 받으라고 요구하였다. 이후 제1·제2 연평해전과 대청해전, 천안함 사건 그리고 연평도 포격사건 등 남북 갈등이 끊이지 않는 지역이 되었다.

분단 현실에서 서해5도의 중요성은 새삼 언급할 필요가 없을 것이다. 그런데 군사적 측면에 비해 그곳에서 살고 있는 주민들의 삶이나 문화에 대한 연구 및 조사는 상대적으로 미흡한 면이 있다. 이에 본 연구는 "서해5도민의 삶과 문화"라는 타이틀로 백령면, 대청면, 연평면 주민들의 삶과 문화를 '정치, 경제, 민속, 설화, 문화, 역사' 등의 항목으로 나누어 살피는 것을 목적으로 하였다.

1부에서는 "동서문명의 접경지, 백령도 점경(點景)"(이희환)과 "서해5도, 휴전으로 창조된 공간"(안정헌), "어느 근대인의 서해5도 巡禮"(유창호) 등 "서해5도의 역사와 문화"를 다루었다. 2부에는 "서해5도의 설화"(남동걸)와 "서해5도의 민속"(문상범), 그리고 "서해도서 문화콘텐츠 활용을 위한 한 방법"(이영태) 등 "서해5도의 설화와 민속, 문화콘텐츠"에 대하여 연구하였다. 3부 "서해5도의 정치·경제"에서는 "서해5도의 정치·행정"(이준한)과 "서해5도의 경제"(남승균)에 대한 논문을 실었다. 그리고 부록으로 『비변사등록』·『승정원일기』·『일성록』의 서해5도에 관한 기록들을 역주(이연세·오정윤)하여 실었다.

섬이라는 공간적 상황과 분단이라는 정치·군사적 상황이라는 특수성에 놓여 있는 서해5도는 일반인들의 접근이 쉽지만은 않았던 게 사실이다. 몇 년 전부터 인천광역시와 옹진군에서 관광객들에게 뱃삯을 지원해주면서 관광사업이 활성화되고 있다. 하지만 그것이 주민들의 생활에 얼마나 영향을 미치는지, 그리고 문화에는 어떤 영향을 미치고 있는지에 대한 구체적인 연구와 체계적인 답사와 주민 인터뷰 등을 활용하는 것이 필요하지만, 아쉬움으로 남길 수밖에 없었다.

잘 알려진 것처럼 서해5도는 분단과 대립의 시대를 상징하는 공간이었다. 하지만 이를 뒤집어 보면 통일시대로 가는 길목에서 평화의 공간으로 탈바꿈할 수 있는 가능성의 장소이기도 하다. 그렇기 때문에 그 중요성은 새삼 언급할 필요가 없을 것이다. 흔히 인천은 분단이라는 시대적 상황 때문에 그 가능성을 상실했다고 한다. 인천의 해안가에는 아직도 분단의 상징인 철조망이 자리를 지키고 있다. 그리고 연평도 포격사건처럼 남북갈등의 상징적 공간으로 인식되고 있다. 하지만 이러한 상황을 극복할 수 있는 가능성도 바로 이곳에 있을 것이다. 이번 연구를 바탕으로 서해5도는 물론이고 인천의 시·공간적 의미, 그리고 역사와 현실에 대해 재고할 수 있는 단초가 되었으면 한다.

끝으로 이 책이 나오기까지 도움을 주신 인천대학교 인천학연구원과 보고사 관계자 여러분께 감사의 말씀을 전한다.

차례

제2부 설화와 민속, 문화콘텐츠

제3부 정치와 경제

부록

【제1부】

역사와 문화

동서문명의 접경지, 백령도 점경(點景)

지도를 중심으로 본 백령도의 문화교류사

1. 전근대시기의 백령도

백령도(白翎島)와 그에 잇따른 대청(大靑), 소청도(小靑島)는 흔히 '동아시아의 지중해'라고 불리는 황해 바다 한가운데 중국 산동반도와 마주보며 한반도에서 불쑥 튀어나온 곳에 위치해 있다. 해로를 통해 중국의 북경이나 요동반도, 한반도의 북부로 들어가려면 반드시 백령도 앞을 지나쳐야 한다. 고대 이래로 한반도와 중국 산동반도를 잇는 황해횡단항로의 중간기착지였으며, 동남아시아, 인도, 중동, 유럽 등을 연결하는 해상실크로드의 거점 도서였다. 황해횡단항로는 특히 고대와 중세시기 당(唐)과 북송(北宋)간의 교역을 위해 활발히 이용되었다는 사실이 여러 역사 문헌에 기록되어 있다.[1)]

조선시대 들어 대중국 교류가 주로 육로를 통해 이루어지다가 명청교체기에 이르러 후금이 등장하자 다시 활기를 찾았던 황해횡단항로 주변에는 조선 전기부터 후기까지 한·중간의 골칫거리였던 해랑적(海

---

1) 『백령·대청도 대중국 등 관광객 유치 역사 발굴·고증 연구』, 인천광역시 옹진군, 인하대학교 박물관, 2013. 6, 38~40쪽 참조.

浪賊)과 황당선(荒唐船)이 출몰하였다. 해랑적은 중국 요녕성 해안의 해랑도(혹은 해양도)에 거주하는 해적 활동을 하는 무리로, 중국과 조선의 도역자(徒役者)들로 구성된 이들은 조선 전기에는 주로 어로와 밀무역에 종사하다가 명청교체기에 들어서는 무력을 수반한 해적으로 변모한 집단을 일컫는다. 황당선이란 청나라가 대륙을 평정하고 조선도 양란의 후유증을 극복하고 안정기에 들자 해랑적을 대신해 조선해안에 출몰한 중국 배들을 말한다. 백령도는 중국 산동성 등주 및 내주에서 오는 불법 어선 및 상선이 가장 먼저 도착하는 곳으로 조선정부에서는 이들을 막기 위해 백령진(白翎鎭)[2]을 재설진하고 총 8척의 군선을 배치하는 한편 추포무사(追捕武士) 30명과 대년무사(待年武士) 100명 등을 증강해 황당선의 침입에 대비하였다.[3]

고대 이후 조선시대까지 중국대륙과 빈번히 접촉하지 않을 수 없었던 백령도 및 대청, 소청도의 역사를 증명하듯, 이곳에는 중국과 관련한 여러 유적과 설화들이 남아 있다. 백령도와 대청도 지역에는 특히 원나라의 고위층 8명이 유배된 기록이 남아 있을 뿐만 아니라 그 가운데는 원 순제(元順帝)도 포함되어 있다. 탑야속(搭也速)만이 유일하게 백령도에 유배됐고 나머지 7명은 모두 대청도도 유배됐다. 충렬왕 6년(1280) 원 세조 쿠빌라이의 여섯 번째 아들인 애아적(愛牙赤)이 대청도로 유배온 이후 시작된 원나라 유배인의 역사는 고려 충숙왕 17년(1330)년 황실의 내분으로 대청도에 유배됐던 타환첩목이(妥懽帖睦爾)까지 이어졌다. 그는 대청도에 유배됐다가 이듬해 원나라로 귀환해 1333년 원 순제로 등극했는데, 1368년 명(明)의 주원장(朱元璋)에게 밀려 북쪽으로 천도한 황제였다. 대청면 대청리 대청초교 일대에서 원 순제 궁궐터와

2) 백령진의 설치와 재설진에 대해서는 같은 책, 38~40쪽 참조.

3) 같은 책, 40~42쪽.

관련된 유물들이 출토됐고 대청리 산88-2 일대에는 원 순제를 모신 신황당이 위치했을 것으로 추정한다. 원 순제의 유배 및 귀국과 관련한 전설도 남아 있는 바 이 또한 중국대륙과의 사이에 위치한 백령도와 대청도의 역사적 정체성을 상징하는 바다.

원 순제와 관련된 사적 이외에도 백령도에는 '거타지 설화', '효녀 심청 이야기', '화장새 전설' 같은 구비전승이 내려오고 있다. 《삼국유사》 제2권 기이편(紀異篇) 제2조 '진성여왕 거타지조'에 수록되어 있는 거타지설화(居陀知說話)는 신라 진성여왕 때의 명궁(名弓) 거타지에 관한 설화로 신라와 당과의 교류의 일단을 보여주며, '효녀 심청 이야기'는 백령도 인근의 인당수와 관련된 설화일 뿐만 아니라 그 원형 설화가 백령도와 함께 중국 닝보항 근처에서도 발견된다는 점에서 백령도와 중국과의 오랜 관련성을 거듭 확인하게 된다.

그러나 '지리상의 발견'을 내세워 서양의 기선들이 동아시아로 몰려올 무렵 황해 바다의 한가운데 위치한 백령도에는 새로운 변화의 물결이 당도했다. 지도를 펼쳐놓고 백령도의 위치를 들여다보노라면, 황해 바다의 중앙부 한반도에서 불쑥 튀어나와 자리 잡고 있음을 알 수 있다. 그리 멀지 않은 곳에 중국 산동반도가 위치할 뿐만 아니라 만주의 요동반도와도 매우 가까운 곳에 위치해 있다. 배를 타고 중국대륙의 심장인 북경으로 들어갈 때도 백령도 앞을 지나 천진항으로 들어가야 한다. 백령도는 확실히 한반도에 웅크린 토끼가 바짝 당겨 접은 앞발에 해당하는 위치에 불쑥 나와 있는 섬으로 한반도와 중국대륙간 황해 바다의 교역에 있어서도 중요한 역할을 차지할 수밖에 없는 섬이다.

이상에서 일별했듯, 백령도와 서해5도의 역사와 문화를 동서문화의 접촉이라는 역사적 과정과 동아시아의 공간적 지형 위에 놓고 문화교류사의 관점에서 새롭게 연구해 볼 필요가 있다고 생각한다. 이 글은

〈그림 1〉 황해바다의 길목에 위치한 백령도(출처 : 다음카카오 지도)

이러한 문제의식에 따라 서해5도에 대해 그간 크게 주목하지 않았던 몇 가지 연구주제를 백령도를 중심으로 개괄적으로 시도해보고자 한다.

2. 『해도지(海島誌)』와 백염도(白鹽島)

『삼국사기』와 『삼국유사』에는 백령도의 원래 이름이 곡도(鵠島)라고 기록돼 있다. 『삼국사기』에는 '백령진(白嶺鎭)'이라는 표기를 남기고 있고, 『삼국유사』에는 "향언에는 골대도(骨大島)라 한다"고 기술한 바 있다. 그러나 이후의 모든 관찬 문헌과 지리지에는 '白翎'이라는 표기가 일관되게 표기되어왔다.

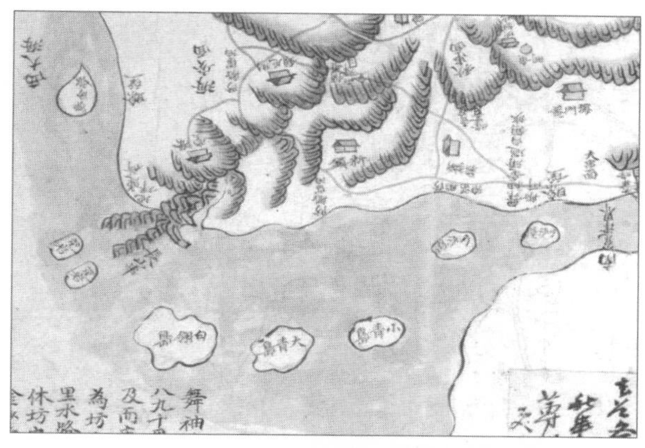

〈그림 2〉 1875년 무렵 제작된 〈해동지도〉 상의 백령도

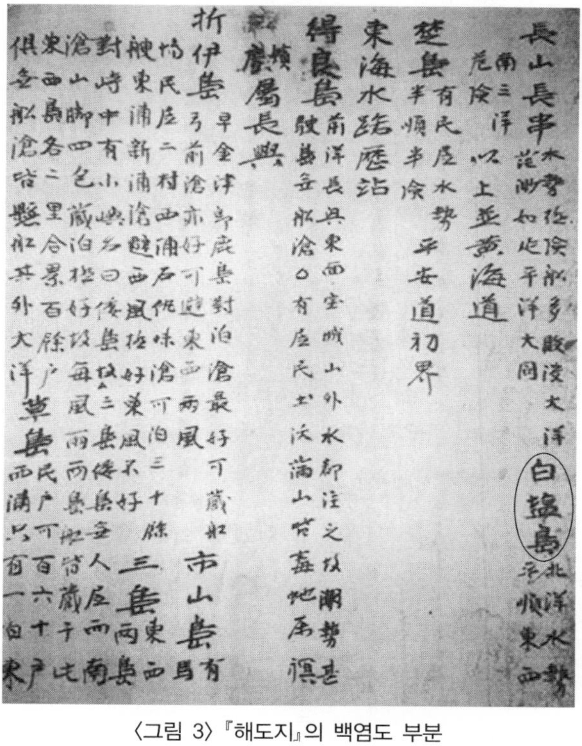

〈그림 3〉 『해도지』의 백염도 부분

〈그림 2〉는 1875년 무렵 제작된 〈해동지도〉인데, 대청, 소청도와 함께 나란히 그려져 있는 백령도의 모습을 볼 수 있다. 그런데 이러한 표기와는 다른 명칭을 담고 있는 해양관련 문헌인 『해도지(海島誌)』가 발견돼 우선 소개한다.

17세기 말에 출간된 것으로 추정되는 작자미상의 『해도지』(18×26cm)가 부산국립해양박물관에 전시되어 있다. 이 자료는 조선시대 조운(漕運)의 주요 해상로에 위치한 105개 섬의 역참(驛站)을 표현하고 섬의 특징과 물산, 지역별 해역 분류, 수로와 피항지가 기재된 해양자료다. 본문 12쪽에 불과한 소책자지만 해금정책을 취했던 조선시대엔 드물게 편찬된 해양자료로 주목된다. 책의 말미에 소제목으로 '수로(水路)' 항목을 두고 위험, 금지 수역을 기록하였고, 선제(船制) 항목에서는 다양한 배의 종류를 소개하였으며, '조후(潮候)' 항목에서는 조류-물때에 대한 내용을 따로 적어두었다. 이와 같은 내용은 다른 문헌에서 찾아 볼 수 없는 내용으로 국내 필사 유일본(唯一本)으로 판단된다.[4)]

105개 도서에 대한 소개와 함께 이 책에는 식수(食水)를 구할 수 있는 섬, 즉 샘(우물)이 있는 섬, 선창의 크기(수용척수), 포구에서 출항이 가능한 물때(潮汐), 해상관방(海上關防)상 거제도 외해로(外海路) 금지, 그리고 영남(嶺南) 해역에서 관동(關東)으로 진입하는 선박들은 우수영에서 수검(水檢)을 받아야 하고, 일몰(日沒) 이후에는 통항이 금지된다는 수칙 등 옛 뱃사람들이 알아야 할 사항들이 빼곡히 적혀 있다.

그런데 이 책은 한반도 해역을 크게 전라남도 장흥(長興)을 기준으로 남해안 서부와 서해안 전체를 서해수로(西海水路)라고 하였고, 남해안

---

4) 『해도지』의 최초 소장자인 전우홍 선생이 2011년 필자에게 PDF파일로 원문자료를 제공해주었다. 이후 부산국립해양박물관이 실물을 구입해 전시중이다. 자료를 제공해준 전우홍 선생께 감사드린다.

동부와 동해안을 동해수로(東海水路)로 구분하였다. 서해수로를 다시 소구역(小區域)으로 장흥남양, 강진남양, 영암남양, 칠산바다, 수원서양, 황해도, 평안도로 구분하고, 동해수로의 소구역은 시산외양, 순천바다, 고성동양, 남해내양으로 구분했다. 대략 서해수로 52개 섬과 동해수로 53개 섬, 모두 약 105개 섬의 역참을 표시하고 있다.

그렇다면 『해도지』를 집필한 저자는 누구일까? 장흥을 중심으로 서해수로와 동해수로를 구분한 것으로 미루어 이곳에서 직접 배를 운행했던 뱃사람이나 해운(海運)과 조운(漕運)업에 종사하던 사람이 쓴 것으로 생각해볼 수 있다. 그러나 옛 배 사람들은 그들의 배와 뱃길은 잘 알고 있었지만 하층민들로 글(한문)을 몰라 기록으로 남긴 것은 없을 터이고 현존하는 대부분 표류기는 양반신분이거나 선비들이 나중에 구술(口述)을 받아 적은 기록들이다. 이와 관련해 『해도지』의 저자로 존재(存齋) 위백규(魏伯珪, 1727(영조3)~1798(정조22))를 주목해볼 필요가 있다.

조선 후기의 실학자이자 문인인 존재 위백규는 본관이 장흥일 뿐만 아니라 이곳에서 평생을 보낸 실학자였다. 호남파 실학의 대가인 존재는 영조 34년(1758) 한국 최초로 세계지리서 겸 팔도지리서인 『환영지(寰瀛誌)』를 저술하였으며, 이듬해에는 『정현신보(政鉉新譜)』를 저술하여 당시 민정의 부패상을 신랄하게 비판·고발하고 제도상의 개혁을 주장한 바 있다. 『해도지』는 장흥 천관산과 천관사의 여러 불적(佛蹟)을 종합적으로 기록한 향토사료인 『지제지(支提誌)』와 함께 위백규의 박학다식한 저술세계를 보여주는 저작으로 거론됐으나, 실물이 전하지 않는 것으로 알려져 왔다.[5)]

『해도지』가 한반도 해역을 크게 전라남도 장흥(長興)을 기준으로 나누

5) 이해준, 「존재 위백규선생과 천관산 지제지」, 『지제(천관산)지』, 장흥문화원, 1992 참조.

어 기술하고 있다는 점에서 장흥에 기거했던 실학자 위백규의 저술일 가능성이 매우 높다.

전남 장흥을 기준으로 시작되는 서해수로는 장흥 남양, 강진 남양, 영암 남양을 바다를 거쳐 칠산바다, 수원서양, 황해도, 평안도 권역으로 구분해 모두 52개의 섬을 간략히 기술하고 있다. 이 가운데 황해도의 섬들에 대해 기술한 것을 보면, 덕물도(德物島, 덕적도), 신연평도(新延平島, 연평도), 초연평도(礁延平島, 소연평도), 장산장갑(長山長岬, 장산곶)에 이어 백염도(白塩島)라는 섬을 기술하고 있다. 위치상으로 보아 백령도를 가리키는 것으로 추정되는 백염도에 대해서는 "북쪽 해안의 수세는 평순하고 동서남 삼 해안은 위험하다."고 기술하고 있다. 섬의 남부와 북부에 100m 내외의 구릉성 산지가 발달한 백령도의 현재 지형과 딱히 맞는다고 할 수는 없지만, 일찍부터 여러 지도에 염수포(塩水浦)가 표기된 것을 보아 백령도의 별칭으로 뱃사람들 사이에 '백염도'라는 별칭이 불렸다는 사실을 추정해볼 수 있다.

3. 서양지도로 접근해보는 백령도

그렇다면 백령도는 지리상의 발견을 위해 동아시아를 찾았던 서양인들에게 언제 발견되었을까? 황해바다에서 백령도가 갖는 지정학적인 위치를 생각할 때 서양인들이 제작한 지도에서 백령도를 확인해볼 수 있지 않을까? 서양 고지도에 한국이 어떻게 표기돼 왔는가에 대해서는 그간 적지 않은 관심과 연구가 이어졌다. 특히 동해-일본해 논쟁과 독도 영유권 분쟁을 계기로, 서양 고지도를 비롯한 동아시아의 지도 속에 동해 표기와 독도의 영유권이 어떻게 표기돼왔는가가 중요한 관심의

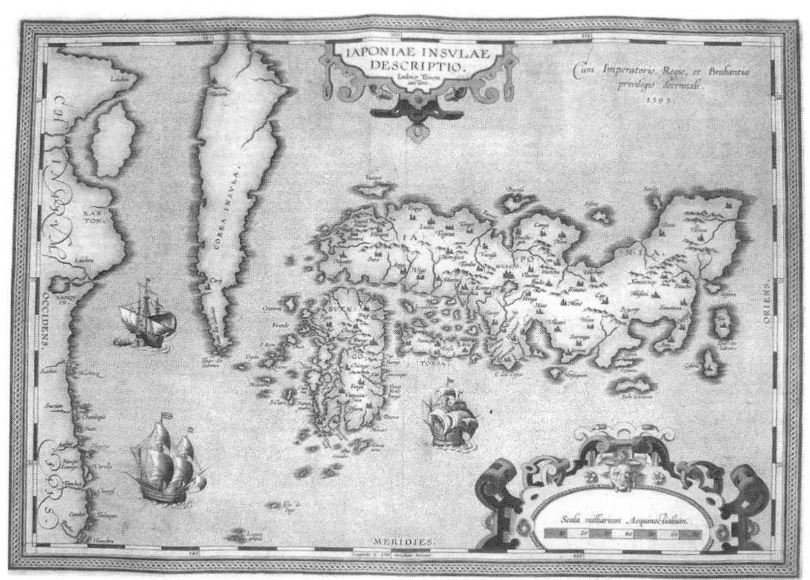

〈그림 4〉 1603년 오르테리우스(Ortelius)가 제작한 일본과 한반도 지도

대상이 돼 왔다. 반면에 황해바다에 대해서는 특별한 관심을 기울이지 못했던 듯하다.

주지하는 바처럼, 한반도에 대해 최초로 서구사회에 자세한 기술을 전한 사람은 네덜란드 상인 하멜(H. Hamal)이었다. 그는 동료들과 함께 1653년 제주도 남쪽 해안에 표착했다가 1666년 일본으로 탈출한 후 『제주도 난파기』와 『조선왕국기』(1668)를 남겼다. 하멜과 함께 서구세계에 한반도의 지도를 제공한 사람들은 예수회 신부들이었다. 17세기 초까지만 해도 서양지도에 한국은 아예 그려지지 않거나 섬으로 표시되는 것이 고작이었다. 그러다 1606년 조도쿠스 혼디우스(J. Hondius)가 동아시아 지도를 그리면서 한반도를 길쭉한 모양으로 그려놓고 라틴어로 "한국은 토착민들에게서는 카올리(Caoli)라 불리고 일본인들로부터는 코라이

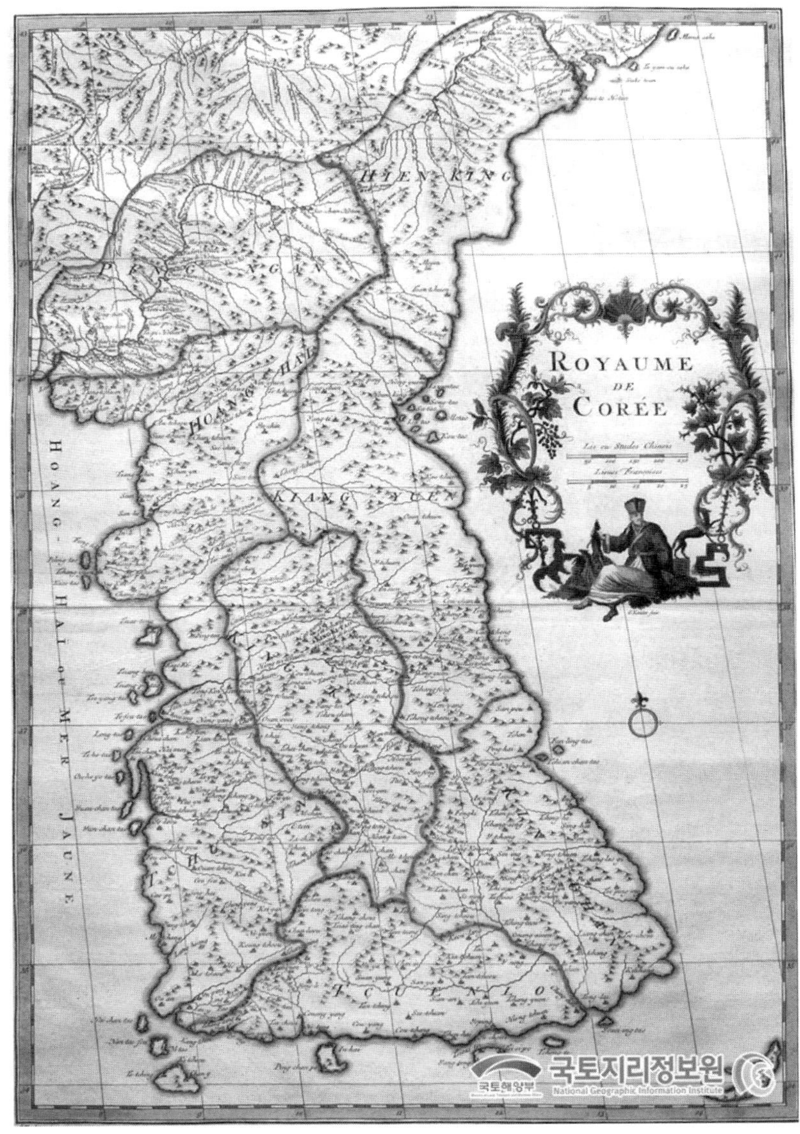

〈그림 5〉 1737년 프랑스 지리학자 당빌(D'Anville)이 제작한 조선왕국전도("Royaume De Coree")

(Corai)라 불리는데 한국이 섬인지 대륙의 일부인지는 분명치 않다."고 기술했다.[6)]

혼디우스에 이어 한반도를 실제에 가깝게 제대로 그린 지도는 1665년 마르티노 마르티니(M. Martini) 신부에 의해 제작됐다. 그는 당시 해양제국이었던 네덜란드 지도제작술의 선구적 역할을 담당했는데, 『중국대지도(Atlas Sinensis)』 속에 반도로 그려진 한반도를 그려놓았다. 비록 이 지도도 반도의 모양이 정확한 건 아니지만 당시로서는 가장 신빙성 있는 자료로 간주되었다고 한다. 한국을 직접 여행할 수 없었던 마르티니 신부는 다른 신부들과 마찬가지로 중국의 지리학자들이 전하는 정보를 바탕으로 지도를 제작할 수밖에 없었는데, 지도에 첨부한 주석에서 "유럽인들은 코리아가 섬인지 대륙인지에 대해 의견이 분분하다. 나는 확실한 학문적 근거를 통해 코리아가 반도이며 따라서 해상으로 한 바퀴를 돌 수 없다고 확신한다."고 기록했다.[7)]

마르티니의 지도 이후 동아시아와 중국, 일본을 그리면서 한반도가 포함된 지도가 많이 제작됐지만, 가장 정확한 지도가 다시 제작된 것은 1세기 이상 지난 1737년 당빌(D'Anville)에 의해 제작됐다. 그리고 바로 이 당빌의 지도에서부터 백령도가 서구인들의 눈에 포착되어 지도상에 표기된 사실을 확인할 수 있다.

〈그림 5〉 지도를 자세히 보면 옹진반도 앞에 있는 두 개의 섬이 선명하게 표시되어 있다. 그 가운데 위에 있는 섬이 백령도인데 "Peling Tao"라고 표시되어 있다. 당시 프랑스에서 '철학자들의 지리학자'로 평가되던 당빌은 1730년에 예수교 신부들의 현지작업으로 이루어진 부분 지도들을 참조해 중국령 타타르 전체 지도를 작성해 발행했다. 이 지도에 매우

6) 프레데릭 불레스텍스, 이향·김정연 역, 『착한 미개인 동양의 현자』, 청년사, 2001, 43쪽.
7) 같은 책, 44쪽.

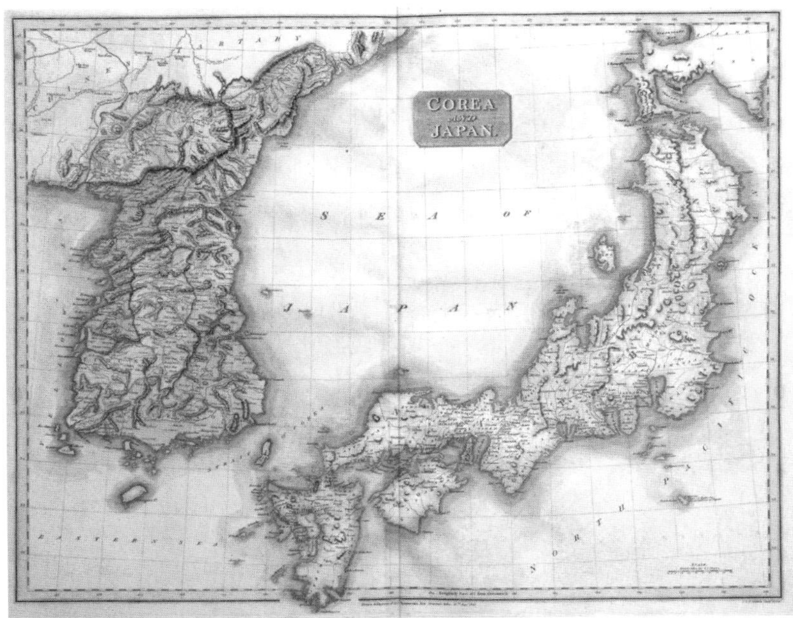

〈그림 6〉 영국인 톰슨(J. Thomson)이 1817년 그린 한국과 일본 지도(62.5×49.4cm)

자세하게 한국 지도를 그려 넣었던 것이다. 당빌의 지도는 이후 1세기 중국과 한국에 대해 관심을 가진 서양인들에게 가장 직접적인 안내지도가 됐다고 한다.[8)]

〈그림 6〉은 영국인 지도제작자인 톰슨이 1817년 발간한 "한국과 일본" 지도인데, 조선의 모습이 당빌이 그린 지도를 그대로 본떠 제작되었음을 알 수 있다. 그리고 이들이 제작한 지도를 들고 직접 한국을 찾은 서양인들이 18세기를 전후해 이어졌다. 먼저 프랑스의 라페루즈(J. Lapérouse) 선장이 하멜의 책을 손에 들고 1787년 제주도 해안 일대를 탐사하고 서양인으로서는 최초로 쓰시마해협을 지나 울릉도 주변의 해도를 작성

8) 같은 책, 63쪽.

했다.[9] 라페루즈는 1797년 『라페루즈 항해기』를 출간했는데, 이 책은 하멜의 표류기 이래 1세기 만에 나온 한국에 대한 두 번째 책이다.

한편, 네덜란드에 이어 대항해시대의 해양패권을 추구했던 영국에서도 본격적으로 군함과 측량선을 동아시아로 보냈는데, 1797년 10월 부산 용당포에 닻을 내린 브로우튼(W. Broughton) 일행은 영국 북태평양 탐험항해의 일환으로 한국을 찾았다. 이들은 10월 3일 청진 근해에서부터 10월 13일 저녁 부산 용당포에 닻을 내리기까지 동해안의 해안선을 측량하고 10월 21일 부산을 떠났다.[10]

4. 바실 홀의 'Sir James군도' 탐사

한편, 황해바다의 백령군도에도 곧 서양의 이양선이 찾아들었다. 영국 암허스트(Amherst) 사절단이 중국 북경을 방문하는 길에 이를 수행한 리라(Lyra) 호의 함장 바실 홀(B. Hall)과 주함 알세스트(Alceste) 호를 이끈 머리 맥스웰(M. Maxwell)이 백령도 근해를 방문한 것이다. 이들은 1816년 2월 19일 영국을 출항하여 목적지인 천진항에 7월 27일 도착했다. 암허스트 사절단은 영국 정부가 청나라와의 무역 개선을 꾀하기 위해 파견한 것으로 천진에서 북경으로 진입한 사절단이 중국 내륙 운하 길을 경유하여 다음해 1월 1일 광주(廣州)에 도착할 때까지 약 5개월간의 시간적 여유가 생기자 이 기간을 이용해 조선 서해안과 류큐국을 탐사하기로 했던 것이다.

---

9) 이에 대한 보다 자세한 내용은 한상복, 「200년 전 라페루즈가 본 우리나라의 모습」, 『해양학으로 본 한국학』, 해조사, 1988, 15~23쪽 참조.

10) 한상복, 「1797년 브로우튼 일행의 조선왕국 방문」, 같은 책, 45~50쪽 참조.

1818년 바실 홀이 영국에서 출간된 『조선의 서해안과 대류큐 섬 발견 항해기』(Account of a Voyage of Discovery to the West Coast of Corea, and the Great Loo-choo Island, London : 1817)는 서문과 목차 16쪽, 본문 222쪽에 부록 107쪽, 단어집 84쪽으로 구성되어 있는데, 본문 가운데 앞부분 57쪽에 조선과 관련한 내용이 자세히 기술되어 있다.

> 9월 1일 희붐히 날이 새자 우리들이 해안 가까이 와 있기를 기대했으나 갑판에서 육지는 보이지 않았다. 이윽고 해가 떠오르고서야 돛대에 올라간 망꾼이 먼 동녘 바다 쪽은 엷은 남색 산등성이를 알아볼 수 있었다. 그리고 우리는 그쪽으로 곧장 나아갔으며 오전 9시쯤 맨 꼭대기까지 나무숲으로 우거진, 높이 솟아있는 세 섬들과 그리 멀리 떨어져 있지 않았는데 바다에 가까운 땅은 밭으로 일구어져 있었고, 중국에서와 같이 돌담으로 허술하게 나누어져 있었지만 그 농업 나라의 대지에 펼쳐진, 사뭇 이채로운, 밭갈이 정경의 우아함은 찾아볼 수가 없었다. 우리 눈에 들어오는 여기저기가 모두 엇비슷하고 한결같이 생소하였으므로 세 섬 중 제일 남쪽으로 돌아 내려가 맨 남쪽에 있는 섬에서 2, 3마일 떨어진 마파람을 제외하고는 어떤 바람도 막아주는, 아름다운 만에 닻을 내린 시간은 정오쯤이었다. 자오선 관찰로는 이 섬의 위치는 북위 37도 50분, 코르노미터로는 동경 124도 50분이었다.[11]

위의 인용문은 답사기의 첫 도입문단으로 천진을 떠나 조선해안에 처음 당도해 바라다본 백령군도의 모습을 묘사한 대목이다. 백령군도 사람들이 서양인과 접촉한 최초의 사례로 기록될 홀 일행의 백령군도 답사의 기착지는 세 섬의 제일 남쪽에 있는 소청도였다. 이들의 여행 목적이 서해안 일대의 해로측량에 목적이 있었기에 다음 행보를 위한

---

11) 바실 홀, 김석중 역, 『10일간의 조선항해기』, 삶과꿈, 2000, 18쪽.

수순으로 소청도를 방문했던 것이다. 기독교계에서는 이들의 여행을 최초의 성경 전파로 높이 평가해왔다.[12] 충남 서천의 마량진(馬梁鎭) 포구는 최초의 성경 전례지로 성역화사업이 추진되어 왔다. 그러나 바실 홀 일행과 소청도 주민들의 만남은 동서문명이 처음 마주한 모습을 상징적으로 보여준다는 데서 의미가 크다. 홀의 여행기에는 소청도 사람들과 마을의 풍경, 그리고 홀 일행은 소청도 주민과 교섭을 벌여 그의 조선 방문기에 삽도를 집어넣기도 했는데, 이것이 아마도 인천 지역이 해양을 통해 서양세력과 접촉한 최초의 사례일 것이다. 아래 〈그림 7〉은 브라운(C. W. Brown)이 스케치한 것을 하벨(W. Havell)이 그린 그림으로 홀의 여행기에 수록되어 있다. 그는 소청도 주민들의 모습을 서양인처럼 그려놓았는데, 담배를 피우는 모습을 그리는 등 조선인들의 생활 습관을 실감나게 담아내려 노력했다.

〈그림 7〉 하벨이 그린 소청도 주민들 삽화

---

12) 김양선, 「영인 바실 홀 및 막스웰 일행의 내항과 그 종교 및 문화사적 의의(I)」, 『기독교사상』 11, 대한기독교서회, 1967. 2, 88쪽.

우리는 소와 닭을 보았으나 그곳 사람들은 그것들을 우리들의 돈이나 어떠한 물건으로도 바꿔려들지 않았다. 그들은 우리가 선물로 건네준 달러 화폐도 받으려 하지 않았고 어떠한 물건을 보여도 소중하다고 여기는 기색이 전혀 없어 보였다. 유일한 예외는 와인 잔이었는데 그것조차 그들은 받으려 하지 않았다. (중략) 이곳 사람들은, 태연자약과 무관심이 한데 섞인, 일종의 우쭐대는 몸가짐의 소유자들이었다. 그리고 호기심이 결여된 점에서도 우리들에게 강한 인상을 주었다. 때로 몸짓, 손짓과 그림에 의하여 질문의 본질이 분명히 확인되었을 경우에도 그들은 비웃음과 콧방귀로 그걸 깔아뭉갰던 것이다. (중략) 섬 사람들 중 몇몇은 곰보자국이 있었다. 아이들은 처음에는 손을 쑥 내밀어도 잡히지 않는 거리를 유지했었지만 마을을 떠날 즈음에는 어느 정도 무서움도 없어진 듯한 사내 애는 마을에서부터 상당한 거리까지 우리들을 줄줄 따라왔었는데 계집애 같은 얼굴 모습에 우리들은 처음에는 여자아이로 잘못 볼 뻔했다. 우리가 갔던 어디서나, 어른들은 교양 없이 응대했으나, 꼬마들은 한결같이 따뜻한 마음으로 우리들을 맞이하여 주었다.[13)]

서양인과는 교섭을 전혀 하지 않으려 하는 소청도 주민들의 모습에는 두려움이 깔려 있을 터이다. 신기한 물건을 보고도 외면하는 모습들 가운데서도 와인 잔에 관심을 기울였던 소청도 주민들의 모습을 바실 홀은 잘 묘사하고 있거니와, 그러나 전반적으로 홀은 소청도 주민들을 태연자약과 무관심이 한데 섞인 데다가 호기심마자 결여된 사람들도 묘사하고 있다. 그런 가운데서도 아이들만이 이 이방인들을 따뜻하게 응대했다는 기술로 보아 비록 짧은 만남이었지만, 소청도 주민들과 아이들은 생김새가 전혀 다른 서양인들에 대한 무조건적인 경계와 두려움에 빠져 있지는 않았다는 점을 확인하게 된다.

---

13) 바실 홀, 앞의 책, 24~25쪽.

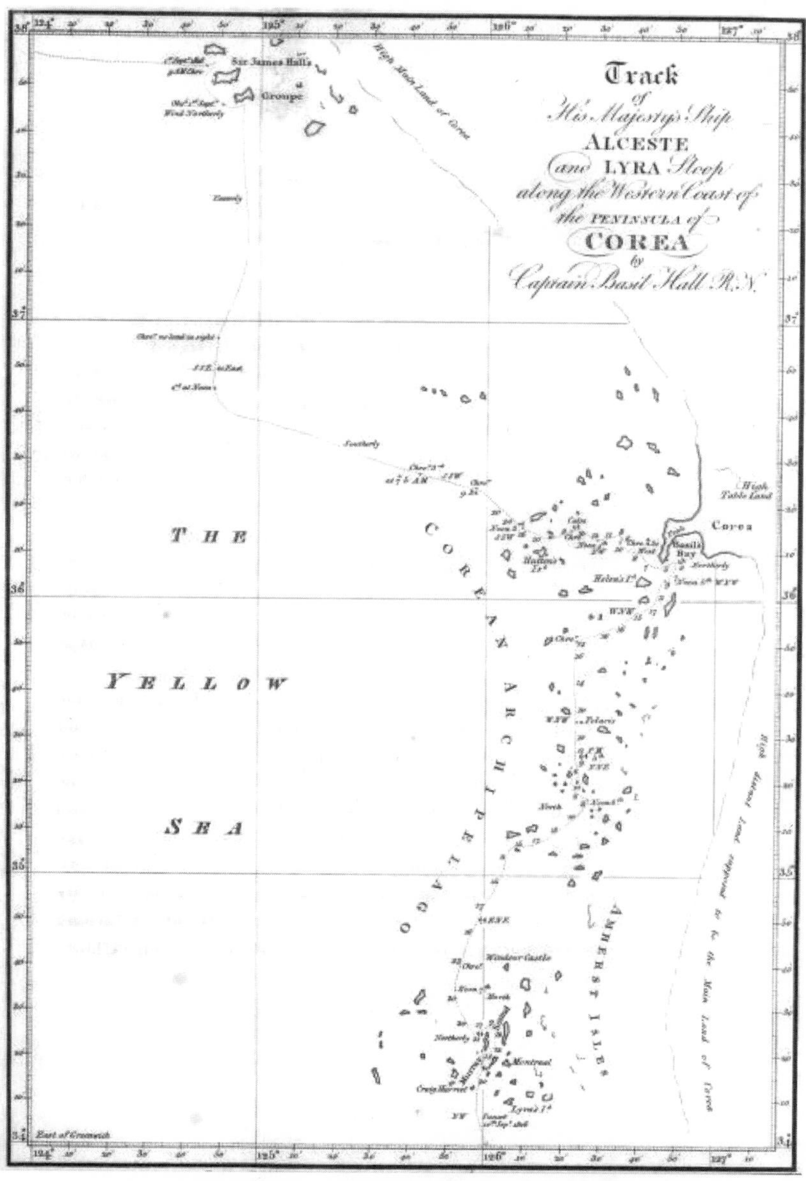

〈그림 8〉 알세스트 호와 리라 호의 서해안 항해 경로를 표시한 지도

홀 일행은 9월 1일 오후의 짧은 소청도 방문이지만, 예수교 신부들이 만든 지도(Jesuit Map)를 들고 섬의 가장 높은 곳에 올라가 조선의 본토가 어디쯤인가를 조망하기도 하고, 섬 주변의 해도를 작성하면서 그날 밤 8시 닻을 올려 남동쪽을 향해 출발했다. 출발하기 직전 맥스웰 함장은 세 개의 섬들을 영국 에든버러 학술원 총재이자 바실 홀의 부친인 제임스 홀의 이름을 따 'Sir. James Halls Group'이라고 이름 지었다. 이후 이 명칭은 개항기까지 황해를 찾아온 서양 기선들이 부르는 이름으로 계속 사용됐다. 〈그림 8〉은 바실 홀의 여행기 부록에 수록되어 있는 알세스트 호와 리라 호의 항해 코스를 표시한 지도다. 지도 상단에 백령군도가 "Sir. James Halls Group"이라고 표기된 것을 확인할 수 있다.

한편, 1832년 7월, 바실 홀 일행이 남긴 지도를 보고 영국 상선 로드 에머스트(Rod Emerst) 호가 백령도 근해에 도착한 바 있다. 이 배에는 영국 동인도회사의 상인들과 함께 프로테스탄트 선교사 귀츨라프(K. Gutzlaff)가 승선하고 있었다. 이들의 방문 목적은 정식 통상이었지만, 개신교 복음 전파라는 또 다른 목적도 있었다고 한다. 프로이센 출신의 귀츨라프는 조선을 찾아온 최초의 개신교 선교사였다. 그러나 귀츨라프 일행이 백령도에 상륙한 것은 아닌 듯하다. 이들은 제임스 홀 군도의 북쪽에 상륙했다고 기록하고 있는데, 황해도 장연의 몽금포 일대로 상륙한 것으로 확인됐다. 귀츨라프는 한문으로 번역된 성경을 가지고 들어와 선교활동을 전개했으나 발각되어 황해감영에서 불태워졌다.[14)]

14) 『백령·대청도 대중국 등 관광객 유치 역사 발굴·고증 연구』, 66~67쪽.

5. 김대건 신부와 백령도

1840년대 들어 백령도는 김대건 안드레아(金大建, Andrew) 신부에 의해 프랑스 선교사들의 입국로로 개척되면서 다시 한 번 서양 문명이 전해지는 접경의 섬으로 부상한다. 조선 천주교는 1831년 조선대목구가 설립되고 책임자로 브뤼기에르(Burguiere) 주교가 임명됐으나 조선에 입국하지 못하고 만주에 거주하다가 병사했다. 1935년 11월 모방(Maubant) 신부가 조선대목구 교구장 권한을 위임받아 의주로 입국하고, 1836년 샤스탕(Chastan) 신부, 1837년엔 앵베르(Imbert) 주교도 역시 의주로 몰래 입국에 포교활동을 전개했으나, 1839년 기해박해(己亥迫害) 이후 국경 감시가 엄격해지자 1842년까지 외부와의 연락이 사실상 두절됐다.

이에 마카오 대표부에서는 매스트르(Maistre) 신부로 하여금 조선과의 연락을 취할 것을 요구하였고, 이에 매스트르 신부는 6년간 마카오에서 신학생으로 있던 김대건과 함께 에리곤 호를 타고 조선 입국을 시도하였다. 1942년 12월 어렵게 조선교회의 밀사와 만주 봉황성 책문에서 접촉에 성공하였으나 앵베르 신부 등 프랑스 신부들과 수백 명의 조선인 신자들이 처형됐다는 소식을 접하게 된다. 이에 조선대목구 3대 교구장인 페레올(Ferreol) 주교는 육로를 통한 입국로를 대신해 김대건으로 하여금 서해 해로를 통한 입국로 개척을 지시했다. 이에 김대건 신부는 황해도 연안을 주목해 입국로 개척을 시도했다.[15)]

김대건 신부는 프랑스 군함을 이용한 선교사 입국 방법에 반대하면서 조선의 보잘것없는 선박을 통해 입국하는 것만으로도 충분하다고 생각했고 또 이를 실천했다고 한다. 1945년 1월 1일 의주 변문을 통과

15) 위의 책, 73~75쪽 및 서종태, 「김대건 신부의 활동과 업적에 대한 연구」, 『교회사학』 5, 수원교회사연구소, 2008. 11.

해 1월 15일 한양에 들어와 포교활동을 전개했던 김대건 신부는 장차 입국할 선교사들을 위한 집을 석정동에 마련하는 한편 상하이로 선교사들을 영접하러 갈 배를 구입하였다. 아울러 그는 선교사들이 해로로 입국할 때 유용하게 활용할 수 있도록 〈조선전도〉를 제작하였다. 그런 다음 1945년 4월 30일 11명의 신자와 예비신자들을 사공으로 삼아 한 번도 바다에 나가본 적 없는 배를 몰고 제물포를 출발하여 상하이로 향했다. 김대건 일행은 출발하면서부터 비바람을 만나 죽을 고생을 다한 끝에 6월 4일 상하이에 도착했다. 당시는 부제였던 김대건이 사제 서품을 받게 된 것도 선교사 영접을 위해 온갖 위험을 무릅쓰고 작은 배를 타고 상하이에 도착했다는 소식에 감동한 페레올 주교의 결정 때문이었다. 8월 17일 상하이 푸동에서 사제 서품을 받은 김대건 신부는 타고온 배를 수리해 페레올 주교와 다블뤼 신부를 태우고 8월 31일 상하이를 출발해 조선을 향했다. 이들은 9월 28일 제주도에 도착한 뒤 10월 12일 충남 강경 황산포구 나바위에 내리는데 성공했다.16)

1945년 11월 서울에 도착한 김대건 신부는 사목활동을 전개하는 한편, 서해를 통한 선교사 입국로를 거듭 개척하라는 페레올 주교의 지시를 받고 1846년 5월 14일 마포를 출발해 백령도로 향하였다. 김대건 신부는 마포에서 어선을 타고 강화도와 연평도를 거쳐 백령도 부근에서 중국 어선을 통해 페레올 주교와 자신의 편지, 그리고 조선지도 2장을 전달했다. 그러나 6월 5일 또 다른 중국 어선을 통해 편지 1통을 전달하고 순위도(巡威島)의 등산진(登山鎭)에 돌아왔다가 조선 관리들과 시비가 붙어 체포된다. 이후 서울로 압송되어 3개월 여의 옥중생활과 문초 끝에, 9월 16일 새남터에서 군문효수형으로 순교하였다.

---

16) 서종태, 위의 논문, 194~195쪽.

우리가 주교님을 따라 떠나온 다음에 일어난 일은 주교님께서 이미 자세히 아실 줄로 믿습니다. 우리는 여행 준비를 마친 후 닻을 올리고 순풍을 만나 무사히 연평도 앞바다에 도착하여 보니 바다는 어선들로 덮여 있었습니다. 저희 일행은 생선을 사 가지고 순위도 항구로 되팔려고 하였으나 사는 사람이 없었습니다. 그래서 생선을 육지에 풀어놓고 사공 한 사람을 시켜 소금으로 절이게 하였습니다. 거기서부터 우리는 항해를 계속하여 소강, 마합, 터진목, 소청, 대청 등 여러 섬을 지나 백령도 근처에 와서 닻을 내렸습니다. 거기에는 100척 가량의 중국 산동 어선이 고기잡이를 하고 있었습니다. …(중략)… 이곳은 중국인들의 중개를 조심스럽게 잘 이용하기만 하면 선교사 신부님들을 영접하고 서로 편지를 전달하기에 매우 유리할 것으로 생각됩니다. 중국 어선들은 고기를 잡으러 해마다 음력 3월 초순에 이곳으로 모이고 5월 하순에는 돌아간답니다. 우리는 주교님의 지시대로 실행한 후 그곳을 떠나 순위도 항구로 돌아왔습니다.

– 1846년 8월 26일 「김대건 신부가 페레올 주교에게 보낸 서한」 부분[17]

위의 편지는 김대건 신부가 처형되기 직전에 페레올 주교에게 보낸 서한의 일부이다. 선교사들의 새로운 입국로를 개척하기 위해 백령도를 찾았던 김대건 신부의 활동이 소상히 기록돼 있거니와, 김대건 신부의 순교로 인해 더 이상 새로운 선교사가 조선에 들어오지는 못하였다. 그러나 1853년 2월 페레올 주교의 사망으로 부임하게 된 베르뇌(Berneux) 주교는 1856년 김대건 신부가 개척한 황해도 해로를 통해 입국하였다. 베르뇌 주교를 비롯해 1845년부터 1865년까지 서해 항로를 통해 입국한 선교사들은 총 17명이다. 이중 김대건 신부가 개척한 황해도 항로를 통해 입국한 선교사들은 총 13명이다.

---

17) 『백령·대청도 대중국 등 관광객 유치 역사 발굴·고증 연구』, 74쪽에서 재인용.

김대건 신부가 이처럼 서해 항로를 통해 프랑스 선교사들을 입국시킬 수 있었던 데에는 그의 독실한 신앙심이 자리하고 있었기 때문이겠지만, 상당한 수준의 지리학 지식과 인류학적 소양이 있었기 때문에 가능했다고 한다. 특히 그의 그런 지식과 소양을 바탕으로 1845년 서울에서 제작한 〈조선전도(朝鮮全圖)〉가 있었기 때문에 가능했다.

〈조선전도〉는 서양에 알려진, 한국인이 제작한 첫 한반도 지도이고도 하다. 선교사들에게 필요한 조선의 지리 지식뿐 아니라 조선 입국로를 자세하게 명시하고 있다. 조선 교회 밀사와 선교사들의 접속 장소인 만주 봉황성을 의식적으로 기입하였고, 국경 지대인 의주와 경원 지방의 도로를 자세히 표시하였으며 각 지역의 병영(兵營)과 수영(水營)의 위치를 표기했다. 특히 해로를 중시하여 암초까지 자세히 그렸는데, 경기도 일대는 더욱 정밀하게 표시되어 있다.[18)]

그러나 〈조선전도〉는 1970년대 후반까지 김 신부 자신의 서한과 달레 신부가 저술한 『한국천주교회사』의 기록만으로 전해졌다. 유럽 어디엔가 소장되어 있을 것이란 풍문만 무성했을 뿐 그때까지 김대건 신부의 〈조선전도〉는 실물이 확인되지 않은 상태였다. 김대건 신부 〈조선전도〉를 한국인 최초로 찾아낸 주인공은 최석우(한국교회사연구소 명예소장) 신부이다. 1978년 김대건 신부의 〈조선전도〉가 유럽 어딘가에 있을 것이란 이야기를 처음으로 들은 최 신부는 이듬해 무작정 유럽으로 날아가 파리외방전교회 본부 고문서고를 뒤지기 시작했다. 고문서고를 샅샅이 뒤져도 지도를 찾을 수 없었던 최 신부는 낙심하다 갑자기 김대건 신부의 〈조선전도〉가 유럽학계에 발표됐다면 분명 『지리학사전』에 소개되어 있을 것이란 생각을 하고, 1879년에 저술된 생 마르탱

18) 서종태, 앞의 논문 참조

의『세계지리사전』을 뒤지기 시작했다. 이 사전에 그토록 갈망하던 김대건 신부의 〈조선전도〉에 대한 기록이 있었다. “김대건 신부 조선전도 원본이 파리국립도서관 지도부에 소장되어 있다”는 것과 “1855년 그 지도가 프랑스 지리학회지에 소개됐다”는 내용이었다. 최 신부는 그 즉시 파리국립도서관으로 달려가 김대건 신부의 〈조선전도〉와 감격적 ‘상봉’을 했다고 한다. 그리고 도서관 지도부의 협조로 필름 촬영을 한 다음 귀국해 관동대 방동인 교수 도움으로 200만분의 1로 축소한 지도를 간행했다.(〈그림9〉)

김대건 신부는 1845년 4월 7일자로 스승 리브와 신부에게 보낸 친필 서한에서 그해 〈조선전도〉를 제작했다고 밝혔다. 우리나라 지명을 우리 발음 그대로 로마자로 표기한 최초의 지도이기도 한 〈조선전도〉는 중국 변문에서 최양업 신부(당시 부제)와 함께 조선 입국을 기다리던 매스트르 신부에게 전달됐고, 매스트르 신부는 중국 상하이에서 자신들을 도와주던 프랑스 총영사 몽티니에게 이 지도를 건넸다. 몽티니는 프랑스로 귀국해 이 지도를 왕립도서관에 기증했고 오늘날까지 파리국립도서관이 소장하고 있다.[19] 〈조선전도〉에 백령도를 위시한 서해5도가 매우 소상하게 정확하게 그려져 있음은 물론이다.

19) 이상 김대건 신부와 〈조선전도〉에 대한 내용은 「성 김대건 신부 제작 ‘조선전도’에 나타난 독도」, 《평화신문》 제980호, 2008년 7월 27일.

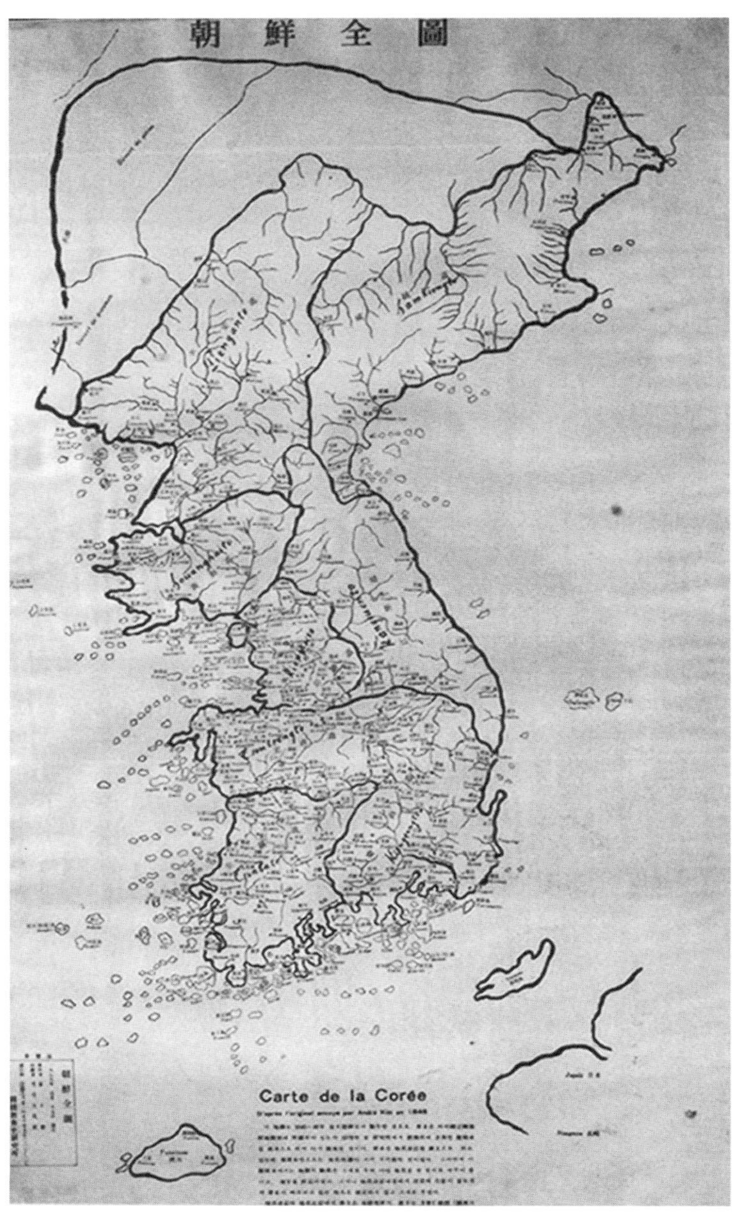

〈그림 9〉 김대건 신부가 제작한 〈조선전도〉

1952년 노기남 대주교가 백령도를 방문해 첫 견진성사를 올린 후 1959년 메리놀전교회의 모페트 신부(E. Moffett, 한국명 부영발)가 인천 감목대리구로부터 백령성당을 설정 받고 초대 주임신부로 부임하면서 설립된 백령천주교회에는 김대건 신부의 유해 일부가 안장되어 있다고 한다. 그러나 정확한 유해 봉안 경위 등에 대해서는 분명하지 않아 추가적인 조사가 필요하다.[20] 하지만 김대건 신부가 마지막으로 활동하다 체포된 지역이기에 김대건 신부와 관련된 성지순례로 백령도를 주목할 필요가 있다.

6. 〈여지전도〉와 토마스 목사의 포교

19세기 조선에서 출간된 세계지도로 〈여지전도(輿墜全圖)〉(62×97cm)라는 지도가 있다. 서울역사박물관에 소장되어 있는 이 지도는 조선시대 제작된 세계지도 중 한역의 서구식 세계지도를 바탕으로 조선에서 변형하여 그린 대표적인 지도다. 17세기 이래로 조선은 중국을 통해 도입한 서구식 세계지도를 다시 자체 제작해왔지만, 대부분 한역의 서구식 세계지도를 그대로 판각하거나 모사하는 경우가 일반적이었다. 이에 반해 〈여지전도〉는 서양의 지리지식이 조선사회에서 어떻게 변용되는지를 구체적으로 보여주는 유일한 지도로 주목받고 있다.[21]

이 지도에는 남북 아메리카를 제외한 아시아, 유럽, 아프리카, 오세아니아 대륙이 그려져 있다. 우리나라는 '조선국(朝鮮國)'으로 표기되어 있으며, 백두산, 묘향산, 금강산, 지리산, 구월산, 태백산이 표시되어 있

20) 『백령·대청도 대중국 등 관광객 유치 역사 발굴·고증 연구』, 12쪽.

21) 오상학, 『조선시대 세계지도와 세계인식』, 서남동양학술총서, 창비, 2011, 354쪽.

다. 그리고 백두산에서 토문강, 흑룡강, 압록강의 지류가 흘러나감을 찾아볼 수 있다. 또한 지도상에 '관서·관북·해서·관동·경성·호서·영남·호남'이 표시되어 있으며, 중강진 부분에는 '폐사군(廢四郡)'이 표시되었다. 섬은 울릉도, 제주도, 흑산도, 망(望)도와 함께 백령도가 뚜렷하게 표시되어 있는 것으로 보아 중국을 중심으로 한 세계지도이기는 하나 중국과 조선, 그리고 일본의 경우 정치 또는 행정에 기본이 되는 정보를 간략하게 제공하고 있다. 따라서 다른 지역에 비해 중국·조선·일본이 상대적으로 크게 그려졌다.

이 지도에는 지도의 제작자나 제작시기에 대한 주기가 전혀 없다. 오상학은 지도의 여백의 주기와 내용 등을 참고로 분석해 이 지도가 1848년 이후부터 개항 이전의 어느 시기에 제작된 것으로 추정했다. 지도의 우측 상단에 한성(漢城)과 팔도관찰사영(八道觀察使營)의 북극고도(北極高度), 즉 위도와 동서경도(東西經度)를 서울을 기준으로 표시하고 있다. 이 지도의 중국은 건륭년간(乾隆年間, 1736~1795)의 중국지도를 바탕으로 하였다고 분석했다. 동남아시아·오스트레일리아·아프리카·유럽 등은 최한기(崔漢綺)가 1834년에 중국에서 들여온 〈지구전후도(地球前後圖)〉를 판각한 지도의 내용과 매우 유사한 점이 많고 특히 이 지도의 아프리카 남단 여백에 있는 남아메리카에 대한 기록은 두 지도가 동일하다고 한다.

이 지도를 만든 사람은 지도상에 수록된 지지적(地誌的) 사항들로 보건대 최한기의 〈지구전후도〉를 판각하기도 했던 김정호일 것으로 추정했다. 1850, 60년대에 김정호에 의해 제작된 것으로 추정되는 이 지도의 세계관에 대해 오상학은 이 지도가 서구식 세계지도를 참조하고 있지만, 중국의 지도의 중심에 놓고 있는 화이론적 세계관에서 벗어나지 않았다며 "결국 인식의 전환은 개항 이후 서구의 문명이 급속도로 유입되고 서구식 교육제도가 정착되면서 가능해졌"고 결론 맺고 있다.

백령도가 세계지도 위에 뚜렷하게 표기된 〈여지전도〉의 세계인식이 극명하게 보여주는 것처럼, 조선은 19세기 중반에 와서도 아직 중화 중심의 세계인식 즉, 중국과 그와 조공관계가 있는 세계로 구성된 직방세계(職方世界)에서 벗어나지 못했다고 할 수 있다.[22)]

직방세계에 충격을 가하는 사건이 백령도에 또 찾아왔다. 1865년 영국 웨일즈 출신의 선교사 로버트 토마스(R. Thomas, 1840~1866)가 지푸(芝罘)에서 조선인 천주교인을 만나 조선 선교 여행을 계획하고 그해 9월 옹진 창린도(昌麟島)로 가서 성경을 전달하고 돌아왔다.(『일성록』, 고종 2년(1865) 8월 20일). 당시 토마스는 런던선교회(London Missionary Society) 목사로 1863년 중국 상하이 선교사로 결정되어 중국에 입국한 이후 상하이와 지푸, 북경 등지에서 선교 활동을 벌여왔다.

이후 토마스는 1866년 7월 베이징 주재 프랑스 대리공사 벨로네(Bellonet)로부터 로즈(Roze) 제독의 조선 원정대에 동참해 달라는 요청을 받고 이를 즉시 수락하였으나 코친차이나 반란으로 조선 원정이 연기되자 미국의 상선 제너럴셔먼(General Sherman)호를 타고 조선에 들어가게 되었다. 1866년 8월 9일 지푸항을 떠난 제너럴셔먼호는 16일 대동강 급수문에 이르렀는데, 조선 측 문정기록에 의하면 평양에 오기 전 백령도와 초도곶(椒島串), 석도(席島)를 거쳤다고 진술했다. 이 기록에 따르면 토마스는 기록상 백령도를 방문한 최초의 선교사가 된다.(『고종실록』, 3년(1866) 7월 15일자)

백령도에서의 토마스 행적에 대한 역사 기록은 발견되지 않는다. 그런데 1928년 《동아일보》에 연재된 김동진 기자의 도서순례 기사에 백령도에 전해지는 토마스 목사와 관련된 설화가 길게 소개되어 있다.

---

22) 직방세계의 개념에 대해서는 오상학, 같은 책, 64쪽 참조.

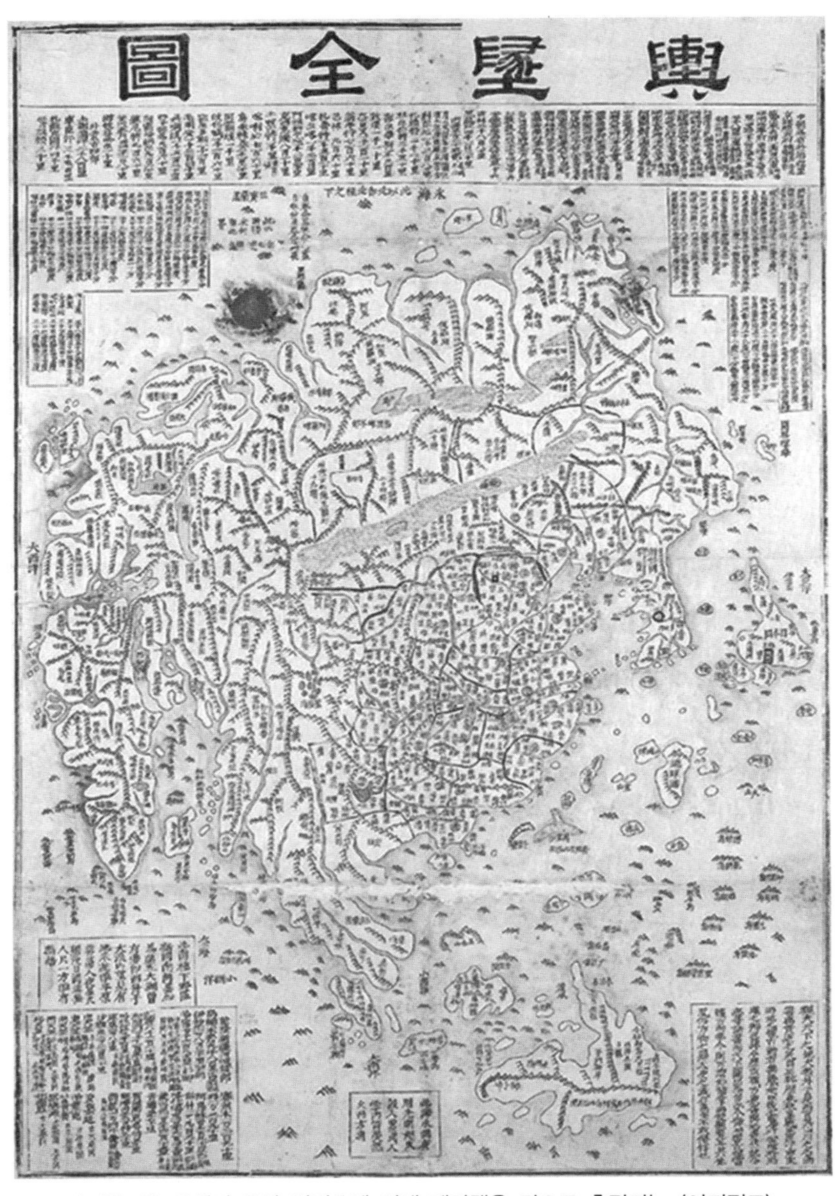

〈그림 10〉 19세기 중반 김정호에 의해 제작됐을 것으로 추정되는 〈여지전도〉

태황뎨 오년 무진(서력일천팔백륙십팔년; 1866년의 오기)에 최란헌(崔蘭軒)이라고 부르는 목사 「또마쓰」가 타고온 미국배가 평양 대동강(大同江)에 올라 왓다가 수병과 충돌하야 잡혀 죽엇다는 말은 정사상에 분명히 나타난 사실이나 그가 평양에 들어가기 전에 먼저 백령도에 들럿섯다함은 별로히 긔록으로 남아잇지 안흔 모양이외다. 촌사람들의 말하는 바를 들으면 무진년에 이 섬의 서편끗인 련화동(蓮花洞) 압바다 선대바위(仙臺岩)에 양선 한 척이 닷을 주고 최란헌이라는 양인이 련화동으로 차저 와서 한문으로 쓴 무슨 책을 하나식 논하주며 명심하야 닑어보라고 하드랍니다. 련화동 사람은 대개 무식하야 그것을 보관치 안코 업새버렷답니다마는 그것이 한문성경책이엇답니다.

동리에 말성군이 하나가 잇섯답니다. 어떠케 말성을 부리는지 본명은 업서지고 「리(李)트지기」로 행세를 하는 사람입니다. 트지기가 가만히 보니 원숭이가튼 양고자라고 깔보고 그까짓건 보아서 무엇하느냐고 그 당장에 슬적 엉덩이 미테 깔고 안젓답니다. 그랫더니 최란헌은 대노하야 방망이 하나를 내어 밀며 이것이 무섭지 안흐냐고 하드랍니다. 트지기가 그까짓게 무엇이 무서우냐하며 만저보앗더니 유하기가 솜뭉둥이 갓드라는데 최란헌이가 한번 바위돌을 치니 돌이 산산조각으로 가루가 되어버리드랍니다. 트지기 리서방도 그제야 혼이 나서 최란헌이를 요술쟁이라고 하야 무사이 돌려보내는 것만 못하겟다고 공손히 대접하얏답니다. 지금도 아즉 선대바위에 최란헌의 발자욱 자리가 뚜렷이 잇다고 촌민들은 긔적가티 생각하고 잇습니다. 로인들은 아즉도 그때 목도하든 광경이 눈에 선한지 「아니 최란헌이가 평양감영에 붓잡혀 갈 때 쇠사슬로 묵그면 아무리 굵어도 끈허버림으로 드릉칙으로 묵그매 꼼짝 못하얏다니 사실입니까」하며 독갑이나 요술군을 본듯이 우수운 질문을 발합니다.[23]

23) 김동진, 「도서순례-백령도 방면(12)-近海航路의 要衝, 三國風塵의 戰場, 섬로인의 머리속에 남은 洋人牧師의 奇蹟」, 《동아일보》, 1928년 8월 30일.

1928년 백령도 도서순례 당시 시점에서 약 60여 년 전에 있었던 토마스 목사의 행적에 대한 노인들의 기억을 기술해놓고 있는 대목인데, 신이한 이야기로 과장된 토마스 목사 이야기가 흥미롭다. 토마스 목사가 백령도 연화동에서 성경을 나눠주며 포교활동을 전개했다는 사실은 백령도에 비로소 개신교가 공식적으로 전파되었다는 역사적 사실로도 해석할 수 있는 부분이다. 그러나 말썽꾼과의 일화에서 토마스 목사의 기이한 행적이 신이한 전설의 모티브를 차용해 과잉 기억되고 있는 것은, 아무래도 토마스 목사의 비극적인 죽음이 강렬하게 작동했기 때문일 것으로 추정된다.

토마스 목사의 최후에 대해서는 여러 기록들에서 서로 다르게 묘사하고 있으며 토마스 목사에 대한 평가 역시 '침략자'와 '순교자'로 바라보는 견해들이 엇갈리고 있다. 기독교측에서는 토마스 목사를 죽는 순간까지도 복음을 전파한 순교자로 숭앙하고 있다. 1928년 출간된 오문환의 『도마스목사전』은 "도마스 목사는 두 무릅을 사장(沙場)에 꿀고 머리를 숙여 땅에 대인 후 얼마동안 최후의 기도를 올니고 다시 니러나서 군인의게 성경 밧기를 권하엿스나 其 군인은 그의 말을 충분히 이해치 못하엿슬 것도 사실이려니와 환경이 그것을 허락지 안는지라 맛참내 칼을 그 가삼에 대여 하나님의 충복 도마스 목사의 貴여운 생명을 빼앗고 말엇다"고 기록했다. 미국인 선교사 게일(J. S. Gale)도 "그 불쌍한 외국인들은 성난 군중들에 의해 난자당했다. 강안에 이른 한두명은 계속 절하면서 백기를 흔들었다. 그러나 그들은 용서받지 못하고 결박되었다가 난자당했다."고 조선인의 무자비함을 강조하고 있다.

김양선의 『한국기독교사연구』(1971)는 "토마스 목사는 참수를 당하는 최후 순간까지 복음을 전하는 데 온갖 힘을 기울였다. 칼을 들어 치려는 군졸에게까지 성서를 주었다."고 기술해, 토마스 목사를 추앙하는 데 가장 큰 역할을 했다.

기독교측의 순교자 기술과 반해 정사기록인 『고종실록』 3년(1866) 7월 27일을 보면 "저쪽 사람들인 최난헌과 조능봉이 뱃머리로 뛰어나와 비로소 목숨을 살려달라고 청하므로 즉시 사로잡아 묶어서 강안으로 데려왔습니다. 이것을 본 군민들이 울분을 참지 못해 일제히 모여들어 그들을 때려죽였으며 그 나머지 사람들도 남김없이 죽여 버렸습니다."라고 기록하고 있다. 최근에는 토마스 목사를 프랑스 로즈 제독의 강화도 원정대에 통역관으로 참전하려 했던 편지 기록과 함께 제너럴셔먼호의 침략적 성격을 강조하면서 침략자로 비판하는 시각도 커져가고 있다. 제너럴셔먼호에서 토마스와 접촉한 조선 관리들의 보고서에 따르면, 토마스는 진중한 목사라기보다는 차라리 허풍스러운 상인에 가까운 인물이었다고 한다. 당시의 탐문기록을 전하고 있는 『평양지(平壤誌)』 등에 따르면, 권총과 환도를 차고 조선 관리들을 응대한 토마스 '목사님'은 "우리의 최우선 관심사는 교역"이라면서 "조선이 우리와 교역을 하면, 내가 직접 베이징에 가서 프랑스 함대의 조선원정을 만류해보겠노라"고 허풍을 치기도 했다고 한다.[24)]

한미관계사에 선구적 업적을 남긴 김원모는 영국 성공회 목사 토마스에 대해 조선 예비탐사를 실시했고 조선어까지 습득했으며 이 같은 사실을 선교본부로 보고했다는 점 등으로 미루어 토마스의 일차적 목적은 선교활동이었고, 제2차 목적으로 통상교역이었을 것으로 판단한 바 있다.[25)] 그러나 선교와 통상이 동전이 양면과 같이 함께 이루어진 개항 이후의 역사를 반추하건대, 토마스 목사를 둘러싼 양극단의 평가는 좀처럼 화해가 쉽지 않을 듯하다.

---

24) 김종성, 「조선 선교사 토마스는 '침략자'로 죽었다」, 《오마이뉴스》, 2007. 9. 6.
25) 김원모, 『근대한미관계사-한미전쟁 편』, 철학과현실사, 1992, 578~579쪽.

한편, 『백령약지(白翎略誌)』에 따르면 언더우드(H. Underwood) 목사가 1900년 백령도를 방문해 허득, 허근 등 7명에게 세례하였다고 기록하고 있다. 이와 거의 비슷한 시기에 백령도로 유배를 왔던 공주인 김성진(金成鎭)이 기독교 신자는 아니지만 개화파로 백령도의 중견인사인 허득에게 성경책을 전하면서 문명개화를 주장해 백령도에 기독교가 자발적으로 수용되는데 중요한 역할을 한 인물로 거론되고 있다. 이러한 사실들은 또 허간 목사의 이야기를 토대로 작성된 『중화동교회약사』(필사본)에 더욱 구체적으로 기록되어 있다. 오늘날 백령도에 기독교와 함께 천주교회가 지역사회에 큰 영향력을 차지하고 있는데, 백령도의 재래종교와 외래종교인 천주교, 기독교의 접촉 및 갈등 양상에 대해서는 깊이 있는 연구가 진행되기를 고대하는 바이다.

7. 맺음말

본고는 이상에서 대항해시대 이후 동서문명이 접촉하는 과정에서 백령도가 겪었던 주요한 변화의 국면들을 일별해보았다. 중화세계의 지중해라고 할 수 있는 황해 바다 한가운데 위치한 백령도와 대청, 소청도는 일찍부터 중국대륙과의 깊은 관련 속에 그 지정학적 위치를 점해왔다. 대중국횡단항로에 위치한 섬이자 조선 연안의 역참으로 옹진반도 앞에 불쑥 튀어나온 백령도의 위치는 대항해시대 이후 동서문화의 접촉을 피해갈 수 없었다.

이를 반영하듯 근대 초기 서양의 군함과 상선들이 앞 다퉈 동아시아와 한반도를 찾아올 때, 황해바다의 길목에 서 있는 이 섬을 마주하지 않을 수 없었다. 인접한 대청도, 소청도와 함께 백령도는 특히 지리상의 위치로 인해 근대 이전은 물론이고 근세를 전후한 시기 동서문명이 교차하는 접경지대의 섬이었을 뿐만 아니라 그 교차의 흔적을 다양하게 간직한 한반도의 인후지도(咽喉之島)였다. 바실 홀 일행의 소청도 방문 이후 서양의 군함과 기선들이 한성으로 들어가는 길목에 위치한 제물포 앞에 몰려갈 때에도 백령도는 가톨릭과 기독교의 유력한 출입구로 기능하였다.

그러나 일제 식민지통치를 거쳐 1945년 해방된 이후 한반도에 드리운 동서냉전으로 인해 백령도는 그 어느 때보다도 고립된 섬으로 남아있다. 세계사적 냉전에 해체된 지 오래지만 한반도에 아직도 남아 있는 분단체제의 어두운 그림자 속에 백령도는 보이지도 않는 NLL이라는 동족간의 분단선으로 인해 '천안함 사건'까지 겪는 고통의 섬으로 남아 있다. 백령도를 다시 남북의 어선들이 오가고 한반도와 중국이 친밀하게 교통하는 섬으로 되살리는 작업이 필요하다. 뿐만 아니라 백령도가 간직한 동서문명이 접촉과정이 남긴 역사문화유산을 잘 보듬어 백령도를 비롯한 서해 5도가 평화와 화해의 섬으로 거듭하는 일을 모색했으면 좋겠다.

[필자 : 이희환]

서해5도, 휴전으로 창조된 공간

1. 머리말

잊을 만하면 사건이 터지는 이념적 냉전의 현장인 한반도, 그중에서도 인천은 분단 상황을 일상생활에서 피부로 느낄 수 있는 도시이다. 특히 '천안함 사건'과 '연평도 포격사건' 등 21세기에 들어서도 끊이지 않는 사건들은 남북 분단과 그에 따른 갈등이 현재진행형임을 절실히 느끼게 해 주었다. 우리는 남북한 문제가 적대적 관계에서 평화적 공존의 관계로 자리매김이 되어야 한다고, 또는 이제 통일시대를 준비해야 한다고 말들 한다. 하지만, 우리 사회 곳곳에서는 남북문제로 인한 갈등이 여전히 첨예하게 대립하고 있다. 이는 남북 간의 갈등뿐만 아니라, 남한사회 내에서 심각한 남남 갈등을 야기하고 있다. 그렇다면 그 갈등은 어디에서 기원한 것일까? 이에 대해서는 이 땅에 살고 있는 사람들이라면 한번쯤은 생각했을 문제일 것이다.

광복과 함께 우리 민족에게 찾아온 국토분단이 우리의 의지와는 상관없이 진행되었던 세계사적 측면이었다면, 국내적으로는 이념 갈등이 표면화되면서 사상적 분단이 진행되었다. 그 결과 분단은 고착화되었고, 지금도 그 상황은 진행 중이다. 분단으로 인해 남북 갈등은 물론이고, 남남 갈등이 표면화되고 있다. 이런 상황에서 인천, 특히 서해5도가 속해 있는 옹진군은 여타의 지자체에 비해 이 문제에 대해 민감할 수밖에 없는 지정학적 위치에 있다.

서해5도(백령도, 대청도, 소청도, 연평도, 우도)[1]는 분단과 휴전이 만들어낸 역사적 산물이다. 휴전 협정문에, 38도선 이남이면서 군사분계선 연장선 이북에 위치한 서해5도는 미군의 통제 하에 있었기 때문에 휴전 후에도 계속해서 통제한다고 합의함으로써 현대사에 그 모습을 드러내게 되었다. 이러한 서해5도를 시·공간적 배경으로 한 문학을 살피고자 함은, 문학에서 배경이 인간의 삶과 사회적 현상의 기록이기 때문이다.

공간(장소)을 사유·체험한다는 것은 “주위환경을 지각하고 인지해서 자기 마음속에 이미지를 구성하고 또 평가·종합해서 최종적으로 의미를 부여하는 일련의 환경에 대한 반응작용”[2]이다. 문학에는 특정 시기에 특정 지역(장소)에서 살고 있는 사람들의 생활을 반영될 수밖에 없다. 거기에 상상력과 상징성 등이 담기게 될 것이다. 이는 작가의 경우는 물론이고, 작품 속의 화자와 등장인물, 그리고 독자에게도 해당된다. 그렇다면 문학공간으로서의 서해5도가 어떻게 형상화되었는가를 살피는 것은 갈등의 시대에서 평화의 시대를 사유하고자 하는 입장에서 의미 있는 작업이 될 것이다.

심승희는 문학지리학에서 문학작품에 나타난 공간에 접근하는 방식으로 첫째 지리적 사실을 담고 있는 창고로서의 역할이 강조된 ‘장소기

---

1) 우도에는 현재 해병대만이 주둔하고 있을 뿐 민간인은 접근이 불가능하며, 그에 대한 글도 찾아볼 수 없었음을 밝혀둔다.

2) 李揆穆, 「이미지 창출과 장소만들기로 본 도시경관계획」, 『도시문제』 324호, 1995, 33쪽.

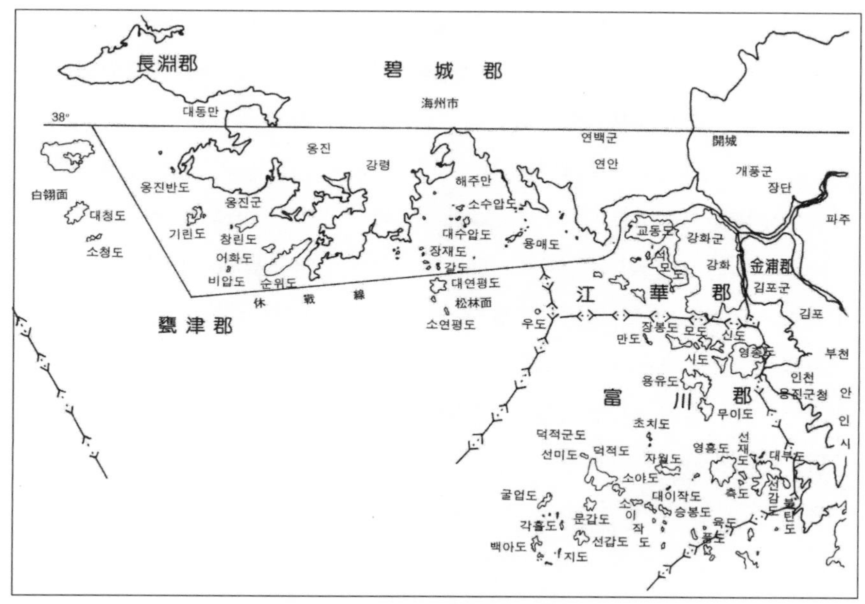

38선과 휴전선(출처 : 『옹진군지』, 2010년)

억하기'로서의 문학과 지리적 세계를 변화시키는 담론의 힘으로서의 역할을 강조한 '장소만들기'로서의 문학[3])으로 나누고 있다. 본고에서는 서해5도를 장소에 대한 기억과 새로운 장소 만들기의 관점에서 살펴보기로 하겠다.

2. 서해5도 - 장소에 대한 기억

우리 민족에게 8·15 광복은 가능성의 시공간적 의미로 다가왔다. 일

3) 심승희, 「지리학과 지리교육이 문학에 접근하는 방식」, 『문학교육학』 37호, 2012, 90쪽 참조.

제의 가혹한 통치에서 벗어날 수 있다는 것만으로도 가슴 벅찬 일이었다. 거기에 새로운 민족국가를 세울 수 있다는 인식이 생기게 되었다. 그런 의미에서 해방공간은 우리 민족에게 문제적 시기였다.

그런데 새로운 민족국가에 대해 서로 다른 생각을 가지고 있었을 뿐만 아니라, 미·소군정이라는 외적 요인은 그것을 쉽게 허락하지 않았다. 이처럼 시간이 지날수록 광복의 의미는 민중들의 염원과는 다른 방향으로 나아가고 있었다. 특히나 정치적·이념적 갈등이 심해지면서 사회는 혼란 속에 빠지게 되었다. 그 결과 가능성의 시대인 해방기는 그 의미를 점차 잃게 되었고, 분단이 고착화되는 시기로 변했던 것이다. 특히 1948년 남북한이 각기 다른 체제의 정부를 수립함으로써 갈등의 정점을 찍게 되었다. 그러한 상황에서 남북한 체제에 동화되지 못한 사람들이 국경을 넘는 경우가 생기게 되었고, 6·25전쟁으로 인해 피난민과 함께 실향민의 수가 급증하였다.

앞에서 언급한 것처럼 서해5도는 6·25전쟁과 휴전협정으로 인해 38선에서 휴전선으로 분단선이 변경되면서 만들어진 공간이다. 서해5도 중 최북단에 위치한 백령도는 북위 37° 58′으로 38선 이남에 위치해 있었다. 그런데 1953년 휴전선이 그어질 당시 38선 이남이었던 일부 옹진반도마저 북한군의 점령지가 되었다. 그런데 서해5도는 옹진반도보다 북쪽에 위치하면서도 휴전 협상 과정에서 연안도서는 "휴전협정의 발효 시에 어느 쪽이 점령하고 있었느냐와는 관계없이 1950년 6월 24일에 각기 통제하고 있던 섬들"로 규정하면서 남한에 편재되었다.[4)]

날씨가 맑은 날이면 육안으로 북한의 고향땅을 바라볼 수 있다는 점에서, 피난민들에게 서해5도는 기억의 장소이다. 또한 남북 갈등이 첨

4) 김보영, 「한국전쟁 휴전회담시 해상분계선 협상과 서해 북방한계선(NLL)」, 『사학연구』 제106호, 2012년 6월, 221쪽 참조.

예화되던 냉전시대를 거치면서 분단의 상징적 장소요, 안보의 공간으로 창조된 장소(place)[5]이기도 하다.

1) 6·25전쟁과 냉전이데올로기로서의 기억

서해5도의 경우 피난민의 대부분은 옹진반도에서 살았던 사람들이었다. 그들의 경우 전쟁이 일어나자 많은 수의 피난민들이 순위도, 어화도 등 옹진반도와 가까운 도서지역으로 대피했다. 그러다가 전쟁이 장기화되자 미군이나 동키부대가 점령하고 있던 서해5도로 가서, 그곳에 정착하거나 인천, 군산 등지로 거처를 옮기는 경우가 대부분이었다. 이러한 피란길은 고난의 기억으로 남을 수밖에 없었을 것이다. 특히 옹진반도가 북한으로 편입되면서 서해5도는 안보상 요지가 되었고, 그곳을 기억하는 공적, 사적 기억은 북한체제에 대한 적대감으로 드러나게 되었다.

즉 서해5도를 배경으로 한 문학에는 6·25전쟁을 전후한 기억과 함께 냉전이데올로기의 화인(火印)이 선명하게 드러나는 경우를 볼 수 있다. 1961년 『신가정』에 실린 최병문의 글 한 편을 보기로 하겠다.

> 누구나 백령도(白翎島)라고 하면 싫어하고 무서워하는 38선 이북 멀리 고독한 섬으로 찾아가는 것이다. 먹을 것도 없고 교통도 불편하고 때때로 북한 땅에서 대포알이 떨어지는 그 곳을 찾아가기를 좋아할 그

5) “장소(place)는 물리적 공간환경과 그 속에서 살아가는 사람들 및 그들의 활동, 그리고 사람과 환경간의 오랜 상호작용 속에서 문화적으로 형성된, 다중성, 고유성, 역사성, 정체성을 띤 총체적 삶터다.” 이무영, 「장소를 통한 문화의 소통 : 공간의 문화정치와 장소 만들기」, 경희대학교 인문학연구원, 『인문학연구』 14, 2008 참조.

> 누구가 있을 리 없다. 그러나 백령도는 군사적으로 대단히 중요한 군사기지로서 우리 국군이나 유엔군들이 악전고투 속에서 그 섬을 지키고 있는 것이다. 그야말로 전투 속에 있는 지옥과 같은 섬인 것이다.[6]

이 글은 아무도 지원하지 않는 백령도 군부대의 군목으로 자원해서 가는 박용목 공군소령의 뜻을 기리기 위해 쓴 글이다. 지원자가 없기 때문에 대부분 "중위나 소위 정도의 군목이 가는 위험한 백령도", 그 험한 곳에 자원해 떠나는 군목을 걱정하며 쓴 이 글에서 당시의 사회분위기와 백령도의 현실을 간접적으로나마 읽을 수 있다. 1960년 4·19혁명이 일어나면서 경직된 사회분위기가 어느 정도 해소되었지만, 사회적 기억은 공산당에 대한 강한 적대감이 팽배[7]했으며, 그들을 이기기 위한 정신무장이 더욱 필요했던 시기였다. 이는 특히 백령도의 지정학적 위치를 고려할 때 이해될 수 있을 것이다. 그런데 이러한 냉전에 대한 사회적 기억은 고정되어 있는 것이 아니라 계속 재창조되는 것이다. 즉 기억을 통해 단순히 과거가 복원되는 것이 아니라 왜곡과 변형을 통해 새롭게 재구성되고 있다는 것을 상기할 필요가 있다. 특히 사회적 기억은 "진상 규명보다는 정치적·문화적 산물로서의 과거에 대한 이미지를 의미"[8]하는 경우가 많다. 이러한 이데올로기적 기억은 이후의 사건에서도 반복적으로 재생산되고 있다.

---

6) 최병문, 「백령도로 가는 박용목 군목–참 목자를 찾고 있는 우리의 국군들」, 『새가정』, 1961. 6, 82쪽.

7) "(북한) 공산당을 이기는 방법은 오직 이것이다. 반공이라는 애매하고 희미하고 어리석은 이야기를 가지고는 반공을 할 능력이 없는 것이다. 공산당을 이기는 방법은 오직 공산당들의 주의와 사상보다 정확하고 보다 확실한 주의와 사상으로 대항하지 않으면 안 되는 것이다." 위의 글, 81쪽.

8) 권귀숙, 『기억의 정치–대량학살의 사회적 기억과 역사적 진실』, 문학과지성사, 2006, 14쪽.

2010년 3월에는 백령도 앞에서 천안함이 침몰 당했고, 11월에는 연평도에 북한군이 포격을 가해 군인은 물론 민간인까지도 사망하는 사건이 발생했다. 이들 사건은 우리 사회에 커다란 반향을 일으켰는데, 아래 소개된 '동화'도 일련의 작품 중 하나로 볼 수 있다.

> 누구나 가보고 싶고 보고파 하는 백령도를 6·25사변 때 남한에 빼긴 김일성 수령은 가슴을 치면서 원통해하며 야단을 쳤다니, 하늘나라에서도 통곡하겠지요?
>
> 북한 공산당은 그 미련을 못 버리고 자꾸 도발하면서 포탄을 퍼부어서 오싹오싹하게 떨게 하지요.[9]

2013년에 발표된 위 글은 '동화'라는 타이틀을 달고 있다. 이 동화의 주인공인 달님은 분단과 이어진 전쟁의 상처를 온 몸으로 겪어낸 가족사를 가지고 있다. 달님이의 외할아버지는 평양전문학교를 나온 엘리트인데 북에 가족을 남겨두고 혼자 백령도로 월남했다. 그래서 북에 두고 온 가족들 걱정[10]에 백령도를 떠나지 못한다. 그리고 친할머니의 아버지가 6·25사변 때 경찰이었기에 할머니는 유복녀로 태어났다. 또한 달님이의 아버지는 겨울철 심한 풍랑에 휩쓸려 밀리다가 북한 감시선에 납북되었다. 이처럼 달님의 가족사는 비상식적으로 보일 만큼 극단적이다. 그렇기 때문인지 이 작품 곳곳에는 북한공산당에 대한 적대감이 곳곳에서 표출되고 있다. 그리고 3월 첫 일요일에 바라보는 북한 땅은

---

9) 박종록, 「백령도에서 통일을 소원하는 가족」, 『문학춘추』 85호, 2013년 12월, 141쪽.

10) "마음 속이 숯검정처럼 타버린 달님이 할아버지! 아들을 탈북시킨 죄로 **아오지 탄광으로 끌려가신 아버지**와 갖은 고통과 중노동을 시켜서 **마지 못해서 사신다는 어머니와 여동생**, 가슴이 찢어지도록 아프기만 하였습니다."(강조 인용자, 이후 강조 부분은 인용자) 위의 책, 148쪽.

"차갑게 얼어붙어만 보이는 일명, 동토의 땅"으로 표현하고 있다.

이 동화에서는 백령도와 토말(해남 땅끝)의 풍경을 어린 아이의 시선으로 예쁘고 아름답게 묘사하고 있다. 하지만 극단적으로 비극적인 인물설정과 의도적으로 표출되고 있는 반공이데올로기에 의해 장소로서의 백령도와 토말의 모습보다 분단의 공간만으로 독자들에게 전달되고 있다. 그리고 갓 초등학교 3학년이 된 달님이와의 대화라고 보기에는 어울리지 않는 표현[11]도 눈에 띈다. 또한 "백령도를 6·25사변 때 남한에 뺏긴"이나 "인당수 너머 옹진군 해안가"처럼 백령도에 대한 조사가 미흡하여 역사적·지리적 오류도 나타나고 있다.

> 북한군이 연평도에 대포를 쏜 것은 겨우 한 달 전이었습니다. 여기저기에서 불이 나고 쥐들은 도망가기 바빴습니다. 그런 난리 속에서도 사나운 검은 고양이는 피난도 가지 않고 쥐들을 쫓았습니다. … 쥐들은 이 고양이를 '검은 악마'라고 불렀습니다.
>
> "특히 '검은 악마'를 조심해라. 난데없이 이 연평도에 대포를 쏘아대는 북한군이나, 우리를 잡아먹으려는 검은 고양이는 늘 조심해야 한다."[12]

우화 형식을 띤 이 '동화'는 '연평도 포격사건'이 일어난 후 4개월만에 발표되었다. 연평도 포격사건으로 아버지를 잃은 생쥐(찍찍이)는 병든 어머니를 부양하면서 살고 있다. 그들은 '북한군의 포격'과 '검은 악

---

11) 달님이가 자신있게 손을 들었습니다. / "청실 홍실 방울을 예쁘게 단 달님이 발표하세요." / "어제는 봄바람이 살랑 살랑 부는 **청명한** 날씨에 봄꽃들이 활짝 웃는 날이었어요. 통일을 애타게 그리시는 외할아버님과 어머니랑 심청각에 갔어요." / "뭘 보고 느꼈는지 **육하원칙에 의거** 발표를 해봐요." / "저는 심청각 전망대에 설치한 **투사망원경**을 이리저리 돌리면서 납북된 아버지가 행여나 인당수 너머 옹진군 해안가에서 **어로작업**을 하시는지 두리번두리번 찾아봤습니다."

12) 최효섭, 「연평도의 생쥐」, 『문학춘추』 74호, 2011년 3월, 42쪽.

마'(고양이, 연평도 포격사건으로 인해 버려진 고양이) 때문에 생존의 위협을 느끼고 있다. 생쥐가 어머니의 점심을 구하러 나갔다가 '검은 악마'에게 들켜 작은 구멍으로 숨게 된다. 고양이에게는 생쥐가 점심거리였던 것이다. 그런데 그때 인천으로 피난 갔던 고양이의 주인아저씨가 돌아와 고양이를 달래고, 생쥐를 위험에서 구해준다. 그리고는 고양이와 생쥐 모자, 모두 가족으로 함께 살기를 제안하면서 행복한 결말("고양이가 쥐를 사랑한 것은 연평도에서 처음 있는 경사였습니다. 한 식구가 되면 누구와도 평화스럽게 살 수 있습니다.")을 맺는다. 작가는 고양이와 생쥐의 화해와 대비하여 우리 민족 갈등에 메시지를 보내고 있는 것이다.[13]

아쉬운 점은 우화로서의 기능을 위해서는 등장하는 대상의 특성에 대해 세심한 관찰이 필요할 것이다. 그리고 화해의 과정이 작위적이어서는 안 될 것이다. 그런 점에서 생쥐와 고양이의 평화로운 동거는 상식적으로 이해가 어렵다. 차라리 '고양이와 개' 또는 '고양이들' 간의 갈등과 화해 등이 자연스럽지 않을까 한다. 그리고 남북관계를 이야기하면서도 연평도 포격사건에만 초점을 맞추어 북한군의 잘못만을 강조함으로써 진정한 화해의 모색이라고 보기는 어렵다.

2) 군대생활의 기억

서해5도를 기억하는 또 다른 방식으로는 해병대를 비롯한 군인들이 군복무 과정에서 있었던 사건에 대한 추억일 것이다.

---

13) "한 식구가 되면 싸우지도 않고 죽이지도 않는 거야." 세상 일을 많이 아시는 엄마 쥐가 말했습니다. / "아저씨, 얼마 전에 이 연평도에 대포를 쏜 것도 대한민국과 같은 민족인 북한이라면서요?" / "우리 찍찍이 엄마가 아는 것도 많구나, 사실이 그렇단다. 60년 전만 해도 서로 원수가 아니었는데 지금은 서로를 적으로 생각하거든." 위의 책, 45쪽.

"어제 따라 달이 유난히 밝았읍니다. 심청을 삼켰다는 인당수는 달빛을 받아 거대한 용의 비늘처럼 번쩍였읍니다."…

북괴가 이섬에 대해 터무니 없는 욕심을 부려 긴장을 조성할 때는 남다른 적개심까지 가졌던 곳… 가깝게 여겨지면서도 사실은 가본 적도 없고 쉽게 갈 수도 없게 된 곳, 이것이 내 마음 속에 있는 백령도의 전부였다.[14)]

이 글의 필자인 유관지는 1976년에 백령도에 방문한 듯하다. 방문을 계기로 오산의 공군 레이더 병으로 복무하던 시절, 백령도 레이더 병사와 사적인 교신을 주고받던 일을 회상한다. 백령도에서 복무했던 다른 레이더 병과 주고받은 편지(위 인용부분)와 백령도에 대한 심정을 표현한 것이다. '거대한 용의 비늘'로 비유하고 있는 것처럼 달빛을 받아 반짝이는 백령도 앞바다는 웅장하고 아름다운 듯하다. 하지만 안타깝게도 이 바다에는 눈으로는 볼 수 없는 분단과 갈등의 선 NLL이 분명하게 있다. 대부분의 해병대 근무자들이 철조망을 앞에 두고 바라보는 바다와 달리, 공군 레이더 병이 산꼭대기에서 바라보는 바다는 낭만적이지 않았을까. 이에 필자는 현실로 돌아와 "6·25 당시에는 동키(당나귀)유격대의 전진기지로 열혈 반공 투사들의 요람"이요, "인당수 너머 연백 평야가 건너다 보"이는[15)] 백령도로 표현한다.

백령도를 포함한 서해5도는 몇 년 전까지만 해도 쉽게 갈 수 없는 곳으로 외지인들의 대부분은 군인과 면회객뿐이었다. 지금은 관광객들이 쉽게 오고갈 수 있지만, 아직도 남북 긴장상황에 따라 영향을 많이 받는 분단의 장소인 것이다.

---

14) 유관지, 「백령도」, 『기독교사상』, 1976년 12월, 122~123쪽.
15) 위의 글, 122쪽.

> 일병은 멀리 바라보았다. 해안을 향해 굽이치며 뻗은 전술 도로가 대낮처럼 환하게 바라보인다. 눈 덮인 계곡으로는 섣달 보름날의 달빛이 흐벅지게 쏟아져 내리고 있다. 산자락에 가려 바다는 보이지 않았지만 해변을 헤매다 제 품으로 돌아가는 물거품이 눈을 채우고, 그리고 파도 소리가 아련히 들려온다.[16)]

이 소설은 '소묘이전', '소묘'[17)], '소묘이후' 세 부분으로 나뉘어져 있는 액자소설로 '소묘'에서는 해병대 일병과 병장이 겨울에 위병소에서 야간 근무를 서는 동안의 사건을 스케치하듯 서술되어 있다. 즉 백령도에서 해병대로 복무한 작가의 경험과 기억이 소설이 중심을 이루고 있는 것이다.

'소묘이전' 부분에서는 소설가 심상대로, '소묘이후' 부분에서는 '소묘'의 작가로 소설가가 직접적으로 나온다. '소묘이전' 부분에서 소설을 쓰게 된 계기로, 부산에서 서울로 오는 기차 안에서 내내 잠만 잔 화자가 옆에 앉았던 해군사관학교 생도 '조준호'에게 미안한 마음에서 소설을 쓰기로 한다.[18)] 그리고 '소묘이후' 부분에서는 문예지에 발표된 '소묘'를 읽었다는 소설지망생인 '이현주라는 스무 살 난 처녀'를 만나 이런저런 이야기를 하고 헤어진다. 즉 이 소설은 작가이자 화자인 심상대가 소통에 대해 서술한 것이다.

'소묘' 부분의 화자인 일병은 김병장과의 근무는 설 만하다[19)]고 생각

---

16) 심상대, 「백령도의 추억」, 『백령도의 추억-해병대 소설선집』, 중앙M&B, 2003, 205쪽.

17) "소묘란 형태와 명암을 위주로 하여 단색으로 그리는 그림으로 회화나 조소의 기초적 작업이다. 소묘를 통해 사물의 보는 방법이나 파악력을 양성하는 것이 중요시되는데, 요즘은 소묘 자체로 예술적 가치를 지니는 작품들도 있다." 위키백과사전 참조.

18) 나는 그때를 위해서 무언가 써야 하리라 생각한다. 그날 그의 곁에서 잠들어 있었던 다섯 시간 반의 허망한 인연을 보상하기 위해서라도 나는 무언가 사죄의 글을 남기지 않으면 안 되리라 생각한다. 심상대, 앞의 책, 204~205쪽.

한다. 근무 중에 김병장은 지나가는 말로 휴가와 편지에 대해 묻는다. 그 물음을 통해 일병은 지나온 군대생활을 뒤돌아보고, 그녀의 마지막 편지를 회상한다.[20] 그리고는 세상을 살아가며 소중한 것이 무엇인가에 대해 서로 이야기를 주고받는다.[21] 일병은 병장에게 '바보 얘기'를 해준다. 내일이 없는 바보 이야기, 그것은 내일이 보이지 않는 젊은 날의 초상이기도 하다. 혼자 노래를 부르다 잠든 병장, 그 옆에서 일병은 전속 명령을 받고 섬에 도착하던 날, 전투수영 훈련 중에 익사한 병사의 시체를 후송하며 "죽지 않는 한 어떠한 고통도 이겨내야지. 고통이란 다가오면서 또 그만큼 지나가는 거"(222쪽)라고 했던 기억을 떠올린다. 그러던 중 다음 근무자가 오면서 '소묘' 부분은 끝난다.[22] 이처럼 소설의 이야기는 조각난 퍼즐처럼 나열되어 있다. 그 퍼즐을 맞추는 것은 군대라는 제도에 직간접으로 관계되어 있는 우리 모두의 몫인 것이다.

---

19) "일병을 달기까지 그에게 가장 고역스러웠던 일은 역시 여자 얘기를 하라고 윽박지르는 선임들의 험상궂은 얼굴을 대하는 일이었다. 경험과 허구를 적절히 반죽하여 선임의 무료함을 달래주기에 그는 너무도 넉살이 모자랐고, 그뿐만이 아니라 음담패설을 하기에는 너무나 참담한 심정이었다. … 김병장은 다른 선임들같이 성가신 질문도 안 할뿐더러 제 무료함을 달래라고 집적거리는 법이 없다." 위의 책, 207쪽.

20) "그녀의 마지막 편지를 받은 때가 언제였던가. 일병은 그날을 되짚어본다. 그날 이후로 환각 증세가 찾아왔다. 평화가 깨지고 불안이 야기됐다. 평화라는 것이 모두가 제자리에 있는 상태를 말한다면 그녀가 사라져버린 자리를 메우리 위해서는 어떤 휘청거림이 필요했다." 위의 책, 213쪽.

21) "넌 세상에서 가장 귀중한 게 뭐라고 생각하냐?" … "…… 여자라고 생각합니다." 일병은 그렇게 대답했다. 다른 생각은 들지도 않았고, 그러니 그게 일병의 진심임엔 틀림이 없다. … 그러나 병장의 생각은 달랐다. "난 돈이야. 돈! 돈이 있는 곳에 평화가 있고 돈이 있는 곳에 철학이 있고 돈이 있는 곳에 진리가 있고 …… 돈이 있는 곳에 여자도 있고 돈이 있는 곳에 사랑도 있다." 위의 책, 214쪽.

22) "일병은 멀리 바라보았다. 고요하다. / 솨아아아 …… 솨아아아 ……. / 파도 소리만이 들려온다. 일병은 평화를 느꼈다. 바라볼 수 있는 것을 바라본다는 것. 바라볼 수 없는 것까지 다 바라본다는 것. 그것은 얼마나 큰 평화인가. 일병의 평화로운 마음의 벌판으로 천천히 눈송이가 떨어져 내린다. 불같이 뜨거운 눈송이다." 위의 책, 224쪽.

김주영의 소설 『고기잡이는 갈대를 꺾지 않는다』는 중년의 화자가 유년시절을 회상하는 구조이다. 나는 아버지가 부재한 상태에서 가족(어머니, 아우)과 유년시절을 궁핍하게 생활하면서, 보이지 않는 힘에 의해 침묵해야만 했다. 이처럼 침묵이 강요된 이유는 아버지가 월북했기 때문이었다. 그래서 아버지에 대한 이야기는 집에서 금기가 되었다. 이발관 주인과 여선생님, 삼손 장석도, 이발관 그림사건과 어머니의 고초, 옥화의 아버지 등 발생한 사건의 배후에는 이데올로기적 요소가 은밀하게 내재하고 있다. 이처럼 남들과 다른 가족사를 비롯해 혼자만의 비밀을 가지게 되면서 화자인 나는 당시 "또래의 아이들보다 빠른 속도로 어른이 되어 가고 있다는 자긍심"을 갖게 되었다. 그런데 백령도에서 군생활을 하던 아우의 편지를 보고 "내 욕망의 그루터기들은 아우에게 낱낱이 적발"되고 있었음을 알게 된다.

> 한밤중 참호 속에 소슬하게 앉아서 경계 보초를 서고 있을 땐 내가 지금 무엇을 지키고 있는 것인지 오리무중일 때가 많습니다. 불빛이 희미한 북한 땅 옹진반도를 지키고 있는 것이지, 불 꺼진 백령도를 지키고 있는 것인지, 헷갈릴 때가 한두 번이 아니란 것입니다. 제가 서 있는 위치를 가늠할 수 없는 밤이면 더욱 그렇습니다. (… 중략 …) 이 백령도에 와서 저는 날마다 공산주의자들의 허구성과 잔혹성을 학습해서 달달 외고 있으면서도 밤에 경계 보초를 나가면 그만 제가 어디에 있는 것인지 오리무중이 되어 버린다는 것입니다. 그래서 밤중에 몰래 빠져나가 장산곶에 상륙해서 그곳에 살고 있는 사람들을 먼빛으로나마 바라보고 싶다는 충동을 곧잘 느끼곤 합니다.[23]

---

23) 김주영, 『고기잡이는 갈대를 꺾지 않는다』, 동아출판사, 1995, 201~203쪽.

공군을 지원해서 사천비행장에서 근무하게 된 아우는 '순조로운 군대생활'을 버리고 백령도로 자원한다. 편지에서 아우는 "무료와 무기력에서 탈출"하기 위해 백령도로 자원했지만 "무거운 중량의 무기력과 다시" 만나게 되었다고 토로한다. 휴전선으로 창조된 서해5도, 그곳에서 군인들과 함께 분단현실은 익숙한 풍경이다. '내가 지금 무엇을 지키고 있는 것', '서 있는 위치를 가늠할 수 없는 밤'에서 알 수 있듯이 아우는 "미로(迷路)와 전도(轉倒)의 혼돈"을 겪게 된다. 섬 주변을 둘러치고 있는 철조망이 위용을 드러내는 해안, 그 너머 육지(장산곶)에 살고 있을 것만 같은 아버지를 떠올리며 경계근무를 선다는 것이 아우에게 어떤 의미였을까. 이는 분단과 이산가족의 만남을 대중매체에서 감동적으로 보아왔던 우리에게는 딜레마이다.

> "평소와는 달리 많은 술을 퍼먹더랍니다. 미친 사람처럼 말입니다. 실컷 퍼먹더니 수영을 하겠다고 땅땅 벼르더랍니다. 농담인 줄 알고 핀잔만 주고 말았다는군요. 술 취한 사람이라면 한겨울에 수영을 하겠다는 주정을 할 수도 있겠거니 했겠지요. 글쎄 해주(海州)나 장산곶이(長山串)에 상륙하겠다고 하더랍니다. 농담처럼 갔다올께 그러더래요. 혈기방장한 청년이었기로서니 객기가 분수에 넘쳤던 게지요. 아무리 호령을 해도 들은 척 만 척 하더랍니다. 그냥 좍좍 헤엄쳐 나가더래요. 좍좍 말입니다. 도대체 누굴 찾아간 것입니까. 아지마씨께선 얼추 짐작되는 게 있을 것 아닙니까."[24)]

24) 김주영, 『고기잡이는 갈대를 꺾지 않는다』, 동아출판사, 1995, 299쪽. 그런데 위의 인용문을 비롯해 백령도에서 군생활을 하면서 화자에게 보낸 아우의 편지는 초판본(민음사, 동아출판사)에만 수록되어 있고, 재판본(민음사, 2001) 이후 삭제되었다.

아우의 익사 사고에 대해 군청서기가 어머니에게 한 말이다. 인용문에 암시되어 있듯이 아우의 익사 사고는 단순 사고사는 아니다. 군청서기는 '아우'의 무모한 행동에 대해, 월북가족임을 상기시키고 있는 것이다. 그렇기에 어머니에게 "도대체 누굴 찾아간 것입니까. 아지마씨께선 얼추 짐작되는 게 있을 것 아닙니까"라고 확인하고 있다. 장산곶이, 그곳은 '혈기방장한 청년' 아우에게는 금단의 땅이라기보다는 '해주 반도의 저쪽 산구릉 위를 뚫어지도록 바라보고 있노라면, 문득 창백한 그 사람의 얼굴'이 보이는 곳이었으며, '피치못할 일로 집을 떠나지 않으면 안 되었'던 아버지가 계신 곳이었다. 즉, 아우의 행동은 결코 '술 취한 사람'의 객기만은 아니었던 것이다.

서해5도가 분단의 장소임은 분명하다. 하지만 이산가족들에게는 건너편을 바라만 보아도 북에 두고 온 가족이 생생하게 떠오르는 공간이요, 만남을 염원하는 그리움의 장소이기도 하다. 지속되고 있는 분단 상황에서, 철저하게 대비를 해야 한다는 것에 반대할 사람은 없을 것이다. 하지만 분단을 단순히 냉전의 대립각으로만 생각한다면 상황은 극단으로 치달을 수밖에 없다. 우리는 분단국가였던 독일이 대화와 소통을 통해 통일을 이루었다는 점을 잊지 말아야 할 것이다. 서해5도가 통일을 모색할 수 있는 공간이 되었을 때, 비로소 그 장소의 참의미를 얻을 수 있을 것이다.

3. 서해5도 - 새로운 장소 만들기

분단과 전쟁을 겪으면서 서해5도는 '금단의 땅'[25]으로 우리의 기억

25) "백령도가 군사적 **금단의 땅**으로부터 그 경계를 넘어서 인천 나아가 한국 사회로 복귀하

속에 고정된 채 남아 있었다. 사회적 기억은 "한 집단 또는 사회가 과거를 재구성하는 행위"로 "역사적 진실보다 과거가 형성되고, 재현되고, 특정 기능을 담당하는 역동성에 관심"[26]을 둔다. 그런데 문학은 개개인의 삶을 비유로서 묘사하여 설명하는 가운데 사회적 기억을 사적기억으로 자연스럽게 드러내기도 한다. 즉 다양한 언어를 통해 폐쇄적인 공식적 기억의 한계를 넘어 일상생활에서 비교적 자유로운 사적 기억을 표상해내는 작업이다.

이원규의 소설집 『깊고 긴 골짜기』에 수록된 대부분의 작품들은 인천의 바닷가를 배경으로 분단의 의미를 모색하고 있다. 하지만 결코 거기에 멈추지 않고 서해5도의 바다를 중심으로 화해를 모색[27]하고 있다. 1987년 4월 《한국문학》에 발표된 「포구의 황혼」은 소래포구에서 어업을 생계로 살아가는 '나'가 '간경변증과 실어증'에 걸린 '용공요시찰 인물'인 아버지를 모시고 연평도 앞바다로 조업을 나가는 이야기이다.

는 중요한 계기" 최원식-호인수 대담, 「정전 60주년 기념 인천평화미술프로젝트」, 인천문화재단, 『인천평화미술프로젝트』, 2013.

26) 권귀숙, 앞의 책, 14쪽.

27) 대표적인 작품으로, 「포구의 황혼」, 「바다소리」, 「신열(身熱)」, 「바람과 섬」, 「침묵의 섬」 등을 들 수 있다. 특히 「바다소리」는, 대청도 앞바다로 홍어잡이를 나갔다가 월북한 아버지와 무선통신을 주고받으면서 가슴 속 쌓여 있던 원망이 그리움과 애틋함으로 변한다. "그 목소리는 한 마디 한 마디에 힘을 주어 또박또박 끊어서 발음하는 것이었고, 아울러 무척이나 간곡한 열망을 담고 있는 것처럼, 격정을 애써 억눌러 말하는 것처럼 그의 귀에 느껴졌다. 그의 내부에서 오랫동안 체증처럼 쌓여 있던 무엇이 뜨거운 것이 되어 목젖 너머로 솟아올랐다. 그리고 그것은 눈물이 되어 왈칵 솟구쳐 나왔다. 그는 몸 전체를 흔드는 격정을 이기지 못해 어깨를 들먹이며 눈물을 쏟았다." 이원규, 『깊고 긴 골짜기』, 고려원, 1991, 130쪽.

> 배가 북위 37도 23분쯤 되는 해역에 이르자 어로 저지선 쪽에 나가 있는 해군 경비정이 무전으로 지시를 내리기 시작했다. … 선원들은 조업 준비를 시작하고 나는 내 소유의 낭장망들이 잠겨 있는 해역을 찾기 위해 바다 위로 정신을 집중하였다. 얼마 후, 정북 방향에 교동도가, 북서쪽에 연평도가, 그리고 그 사이로 아득하게 북한 땅이 보이기 시작했다.[28)]

38선 이남인 '황해도 연백군 해룡면의 한 포구에서 두 척의 중선배를 가진 선주의 외아들'이었던 아버지는 남한의 식구들에게 정을 주지 않았다. 북에 가족을 두고 온 이산가족의 대부분이 그렇듯, 그도 술만 취하면 늘 '난 휴전선만 뚫리면 그날루 고향으로 달려갈 거'라고 되뇌였다. 북에 두고 온 가족(부인과 3남매)만을 생각하는 아버지, 그는 언제나 '날씨가 좋을 때 북한 땅을 아득'하게 볼 수 있다는 '연평도 동남쪽 어로 저지선 근방'의 어장만을 고집했다. 그러다가 13년 전 납북되었다가 1년만에 돌아와, 3달 동안 조사를 받고 실어증에 걸려 집으로 왔다. 그 아버지 때문에 장남이었던 '나'와 어머니는 '경찰에 불려가 사흘에 걸쳐 진술'을 써야만 했고, 다른 '선원 가족들의 원망'을 듣는 것은 물론, 빚에 시달려야만 했다. 결국 '나'는 고등학교를 중퇴하고, 새우잡이 낭장망 어선의 화장이 되어 조업하다가 손가락 하나를 잃게 되었다. 그렇기에 아버지에게는 살가운 정을 느끼기보다 원망하는 감정이 훨씬 크게 자리잡았다. 북에 두고 온 가족을 그토록 그리워했지만, 납북을 당한 후에는 '고문'을 당하면서까지 남한을 선택했던 아버지와의 화해가 연평도 앞바다에서 이루어진다.

---

28) 이원규, 「포구의 황혼」, 위의 책, 104쪽.

> 나는 내 수첩을 내드렸다. 아버지는 그것을 받아 용만 42살, 용근 40살, 해숙 38살, 그렇게 쓰고는 품속에서 사진을 꺼내 들어 이름과 얼굴을 하나씩 짚어 보았다. 그 사진은 내가 이십 년 전에 찢었던 것이었다. …아버지는 사진을 접은 내 손의 잘려진 손가락을 들여다보았다. 나는 아버지의 얼굴을 바라보았다. 그리고 눈 속에 담겨 있는 뜻을 읽어 내고 손을 아버지에게 맡겼다. 아버지는 한숨을 쉬면서, 뭉툭하게 잘려 나간 내 엄지손가락을 어루만지다가 갑자기 강한 힘으로 움켜쥐었다. 찌르르 전류 같은 것이 온몸을 타고 흐르고 뭉클한 것이 목구멍을 넘어 올라왔다.[29]

서해5도는 분명 남북분단의 공간이다. 분단은 두고 온 이산가족의 문제만이 아니라 같은 이념의 공간에서 살고 있는 가족들 사이에도 갈등을 남겼다. 하지만 그 갈등을 극복하는 방법 역시 갈등의 현장에서 이루어질 수밖에 없는 것이다. 남북을 가르는 분단의 선, 거기에는 화해의 싹도 함께 움트고 있었던 것이다. 그런데 우리는 화해의 가능성은 애써 외면한 채, 분쟁의 바다·분단의 바다만을 표상한 것은 아닌가 한다. 1980년대 후반 민주화운동의 결실은 분단을 바라보는 시선의 변화를 이끌었다는 점에서 의의가 있었으며, 이후의 분단문학은 이러한 인식의 전환에서 새롭게 조망해야 할 것이다.

2014년 9월 인천에서 제17회 아시아경기대회가 있었는데, 이 대회의 마스코트는 백령도에서 서식하는 '점박이물범'이었다. 이 물범은 보통 12월에서 3월까지 중국 요녕성 발해만의 얼음 위에서 번식한 후, 3월에서 11월까지 백령도 주변의 바위에서 서식하는 것으로 알려져 있다.

---

29) 위의 책, 108~109쪽.

저렇게 순진한 애들이 앞으로 이천오백 리를 달려가야 한답니다. 가고 오는 길은 무척 험하지요. 살아 돌아온다는 보장은 더더욱 없구요. 여자는 더 이상 웃음을 흘리지 않았다. 대신 북녘의 그 어딘가로 눈길을 주고 있었다.

그래서요? 그녀는 고귀한 생명애로 똘똘 뭉친 후원회장님께 코웃음을 보내고 싶었다. 고상한 당신네들은 물짐승 한 마리의 안위에도 그렇게 마음을 쓰시는군요. 참으로 잘났습니다. 근데 이상하게도 가슴이 뻐근해지는 것이었다.

그런데요, 실은 저 애들이 부러워요. 바람에 날리는 머리카락을 귀 뒤로 꽂으면서 여자가 말했다. 저 작은 짐승도 생명을 품을 수 있는 어미로서의 몸을 가졌잖아요. 얼른 보면 보잘 것 없는 몸인데, 그 몸이 또 다른 우주를 탄생시키는 통로의 역할을 하고 있다고 생각하면 정말 감동스럽죠. 그것뿐이겠어요? 새끼를 낳기 위해서 먼 빙하까지 출행을 감내하는 것인데, 사실은 이 과정을 통해 이들은 바다와 하나가 되죠. 여자는 아까와는 달리 눈꼬리가 서늘해지면서 목소리도 차분해졌다.[30)]

이 소설은 출산과 연관하여 서술되고 있다. 임신한 불구자 '그녀'와 '점박이물범 출산여행 환송회'의 후원회장으로 한 번도 임신을 해본 적이 없는 '중년 여인'이 주요인물이다. 두 여인은 모두 불구자다. 그리고 출산을 위해 고난의 이천오백 리를 가야만 하는 '물범'이 나온다.

그녀의 부모는 봉제공장 사장과 그 공장의 경리 아가씨로 불륜 관계였다. 그녀가 태어나면서부터 이들의 싸움은 시작되었고, 결국 '최상의 불량품'이 되어 봉제공장의 사장이 집어 던진 '그녀'는 등이 굽은 불구자('불량인형')가 되었다. 우리 사회에서 불구의 몸으로 세상을 살아낸다는 것은 어려운 일이다. 그래서인지 '그녀' 역시 세상을 오해한 삶을

---

30) 김미선, 「백령도 연가」, 『눈이 내리네』, 개미, 2012, 46쪽.

살았다. 이런 와중에 만난 남자 서기범, 그는 해군으로 10년 넘게 군생활을 하고 있고, 그녀는 그를 통해 세상과 화해[31]하게 된다. 그런데 서기범은 사랑의 '사기범'이 되어 그녀의 뱃속에 씨를 남기고 '천안함 사건'으로 불귀의 객이 되었다. 그의 죽음과 함께 사라진 삶의 희망, 결국 그녀는 자살[32]이라는 극단적인 선택을 할 수밖에 없게 된다.

그런데 이 소설에서 주목해야 하는 또 다른 장소가 있는데, 백령도 연화리에 자리 잡고 있는 '천안함 위령탑'이다. 이제는 관광객들의 필수코스로 '기념'의 장소가 되어, 추억만들기의 장이 되었다.

> 위령탑 공원에는 일행으로 보이는 한 무리가 단체사진을 찍고 있는 중이었다. 하나같이 노랗고 빨간 바지에다 색색의 머플러를 휘날리며 멋들어진 선글라스를 쓴 관광객들이었다. 그들은 이빨을 드러낸 채 웃음 지었고 어떤 이는 손가락 브이 자를 깜찍하게 그리기도 했다. 어느 날 사라져버린 46인의 흔적 같은 건 에미령하고도 속절없는 것이었다.[33]

기억은 "하나의 행위이며 재현 또는 표상(representation)"[34]인 것이다.

한편, 많은 실향민들이 거주했고 지금도 그 후손들이 남아 있어, 20세기가 끝날 때까지 금단의 땅으로 기억되었던 서해5도가 최근 화해의 바다, 평화의 바다로 새롭게 만들어지고 있다.

---

31) "이 순간을 위해서 그토록 가혹했던 거였구나. 그동안 오해했던 세상에 대해서 그녀가 진심으로 용서를 빌었다. 앞으로는 원망도, 미움도, 욕하지도, 비굴하지도 않고 그저 착한 일인(一人)으로 살아갈 것을 서원했다." 위의 책, 41~42쪽.

32) "그의 출현은 그녀에게 희망이 아니라, 처음부터 부재했던 것임을 새겨주기 위한 끝이었고 그녀를 약 올리기 위한 미끼에 불과했다. … 그러나 어쩌겠는가. 애초에 불량인형 취급을 받아 축담 아래에 휘이익, 던져진 것처럼 그녀는 위령탑의 철책을 넘어 존재 바깥의 세상으로 넘어갈밖에." 위의 책, 53쪽.

33) 위의 책, 49~50쪽.

34) 권귀숙, 앞의 책, 14쪽.

떨어져 있으면서
사랑하기를 배우기 위하여
나는 떠나야 한다
사랑하기 위하여
슬픔을 터득하기 위하여
서해바다는 더없이 외로워야 한다
온종일 바라보면서
몸부림쳐 그리워하면서
부둥켜안고 입맞추지 못하는 우리
시린 북풍에 섬은 밤을 새워 울고
나는 발가벗은 외로움을 배우기 위하여
떠나야 한다35)

서해5도 중 하나인 백령도가 본격적으로 문학적 공간이 된 것은 아마도 호인수의 『백령도』에서 비롯되었을 것이다. 위의 시는 1988년부터 2년 동안 백령성당 주임신부로 있을 때 지은 「백령도」 연작시의 서시이다. 시적화자는 '사랑을 배우기 위하여', '발가벗은 외로움을 배우기 위하여' 백령도로 '떠나야 한다'고 당시의 심정을 표출하고 있다. 그런데 그곳이 어디인가. 서해의 최북단으로 철조망너머 장연군의 장산곶과 마주하고 있는 분단의 현장인 것이다. 서로를 그리워하면서도 결코 다가갈 수 없는 분단현실을 "온종일 바라보면서 / 몸부림쳐 그리워하면서 / 부둥켜안고 입맞추지 못하는 우리"로 표현하고 있다. 끝이 보이지 않던 분쟁과 대결 상황에서, 비로소 화해와 평화의 시대로 인식의 전환36)이 이루어지고 있다.

35) 호인수, 「백령도 1-서시」, 『백령도』, 실천문학사, 1991, 9쪽.

이처럼 1980년대 후반기 민주화운동과 그 이후 완화된 사회적 분위기에 기인하여 '서해5도'에도 소통을 통한 평화의 바람이 불기 시작했다. 즉 동일한 공간이라 할지라도 그것을 어떻게 바라보느냐에 따라 장소적 의미는 달라질 수밖에 없다.

갱이도 우뭇가사리도 삐리고둥도
다 모여 있는
당섬 근방
처얼썩 처얼썩
무심한 파도는 갯바위에 있고
구지도 모이도 소압도
저 멀리
해주 앞바다를 오가는 갈매기도
바위에 내려 앉아
억겁의 파도에 씻긴
바위에 앉아
바라보는[37]

당섬에는 현재 연평도 선착장이 설치되어 있으며, 다리로 본 섬과 연결되어 걸어서 연평도로 갈 수 있다. 대부분의 사람은 당섬에서 배를 내려 연평도로 발걸음을 옮기기에 바쁘다. 다만 소요(逍遙)를 목적으로

---

36) "지역성의 깊은 역사, 역사적 시간의 공간화, 그리고 '지상의 한 곳을 국민을 위한 역사적 삶의 장소로 변화시키는 지역감각의 창조적인 인간화'를 드러낸다. 국가적 정체성의 내적 요소로서 반복되는 풍경의 은유는, 불빛의 질, 사회적 시각표상의 문제, 그리고 국민적 친화의 수사학과 집단적 표현형식을 자연스럽게 드러내는 시선의 힘을 강조한다." 호미 바바, 『문화의 위치-탈식민주의 문화이론』, 나병철 옮김, 소명출판, 2002, 284쪽.

37) 이세기, 「당섬 근방」, 『먹염바다』, 실천문학사, 2005, 73쪽.

한 일부 사람들만이 당섬에서 기념사진을 찍고, 다리를 건너갈 뿐이다. 그런데 시인은 그곳에서 풍경을 발견한다. 가라타니 고진의 말처럼 풍경은 바깥을 보지 않는 내적 인간에 의해 발견되는 것이다. 풍경이 일단 눈에 보이게 되면, 그것은 곧바로 원래 외부에 존재했던 것처럼 보인다. 그리고 그러한 풍경을 모사(또는 묘사)하기 시작한다. '묘사'란 단순히 외부세계를 그리는 일과는 다른 것이었다. '외부세계' 그 자체를 발견해야 하기 때문에 시각을 바꾸는 문제가 아니라 지각 양태를 전도시키는 문제인 것이다.38)

시인이 발견한 풍경 속에는 '갱이', '우뭇가사리', '삐리고둥' 등 외부인의 시선에만 포착될 수 있는 하찮은(?) 것들이 "다 모여 있"다. 그리고 "구지도 모이도 소압도 / 저 멀리 / 해주 앞바다를 오가는 갈매기"도 있다. 여기서 '저 멀리'라는 시어에 주목하게 되는데, 이는 장소와 장소 사이의 거리를 의미하는 말이다. 그런데 여기서는 분단의 시공간이 시적화자의 내면 의식에 투영되어 나타난 심리적 거리로도 읽힐 수 있다. 거기에 청나라로 향하던 임경업 장군, 분단과 전쟁 등 외세에 의해 소용돌이 쳤던 역사의 한복판에서도 파도는 무심했기에 억겁의 세월을 지내올 수 있었을 것이다. 그 파도와 함께 한 바위, 그 위에 앉아서 '바라보'고 있다. 바라본다는 것은 시각의 문제만이 아니라, 지각의 세계를 바꾸어야만 가능한 것이다. 즉, 구도의 전도 속에서 행해지는 의식적인 지각의 세계39)이다.

38) 가라타니 고진[柄谷行人], 『일본근대문학의 기원』, 박유하 옮김, 민음사, 1997, 〈풍경의 발견〉 부분 참조.

39) 지각의 세계는 "시-공간성의 열린 지평, 이미 알려진 현실들의 지평이면서 … 동시에 경험과 차후의 인식에 도달할 수 있는, 알려지지 않은 현실들의 지평이다. 이처럼 사물은 자신의 외재 지평을 내재 지평에 연결시킴으로써 다른 사물들과의 관계로 들어설 뿐만 아니라 최종적 지평인 세계와 관계"를 맺게 되는 것이다. 미셸 콜로, 『현대시의 지평구조』, 정선아

연평도 평화공원에서 본 해안 전경

간척지를 지나
바닷가 철조망 저쪽으로
황해도 장연 땅을 바라본다
장산곶이 저기지요
저기라는 저쪽은 갈 수 없는 곳
장산곶 마루에 북소리는 들리는가
귀를 기울인다
아무 소리도 들을 수 없는 건
저쪽이기 때문이 아니건만
다만 눈과 귀를 의심한다
바닷가 철조망이 눈과 귀를 막을 리 없건만
왜냐고 묻지는 않는다
누군가 손을 들어 장산곶을 가리킨다[40]

옮김, 문학과지성사, 2003, 21쪽.

40) 윤후명, 「이쪽과 저쪽」, 『백령도』, 인천문화재단, 2013.

'저기'는 여기가 있어야 가능한 상대적 공간이다. 물론 그 역도 성립된다. '간척지를 지나 / 바닷가 철조망'이 둘러쳐진 여기, 그 너머에 변함없이 존재하는 '저쪽' 땅은 그 유명한 '몽금포타령'의 고장인 '장산곶'이 있다. 하지만 '갈 수 없는' 금단의 땅이다. 1960년대 신동엽의 '껍데기'는 아직도 단단함을 잃지 않고, 현재를 살아가는 우리의 눈 앞에 늠름하게 버티어 그 위용을 자랑하고 있다. 이러한 현실에서 '귀를 기울'인다고 소리를 들을 수 있겠는가. 그렇기에 '아무 소리도 들을 수 없'으면서도 차마 '왜냐고 묻지'도 못하는 것이 지금의 상황인 것이다. 이는 다시금 대화가 단절되어 극단의 대결로 치닫고 있는 현재의 남북 관계를 떠올리게 한다.

분단과 분쟁의 바다 한 가운데 있었던 서해5도가 인식의 변화로 서서히 평화와 화해의 바다[41]로 새롭게 만들어지고 있다. 하지만 2000년대 중반 이후 남북 갈등이 심화되면서 가시적인 성과를 내지 못한 상황에서 평화와 화해의 분위기가 중단 위기에 놓여있다. 특히 최근의 대북·대남 전단지 문제가 불거지면서 남북은 대결 모드로 돌아섰고, 책임 공방과 함께 서로를 비방하는 문구 또한 살벌해지는 등 과거로 회귀하고 있는 듯하여 안타까운 상황이다.

4. 남은 문제들

문학은 선택된 기억과 망각을 통해 재구성되는 것이다. 한국현대문학에서 분단과 전쟁은 주요 테마의 하나로서 아직도 진행 중이다. 잊을만

41) 인천문화재단에서는 2011년부터 '인천평화미술프로젝트'를 추진하여, 〈분쟁의 바다 화해의 바다〉, 〈평화의 바다 물위의 경계〉, 〈백령도-525,600시간과의 인터뷰〉라는 타이틀로 서해5도를 재인식할 수 있는 계기를 마련하였다.

하면 사건이 터지는 냉전이데올로기의 최후의 현장인 한반도, 그중에서도 인천의 서해5도민들은 일상생활에서 분단을 피부로 느끼고 있다. 2010년에 발생한 '천안함 사건'과 '연평도 포격사건'은, 잠시의 화해분위기가 언제든지 돌변할 수 있다는 것을 절실히 느끼게 해 주었다. 우리는, 남북한 문제가 적대적 관계에서 평화적 공존의 관계로 자리매김 되어야 한다고, 또는 이제는 통일의 시대를 준비해야 한다고들 말을 한다. 하지만, 현실은 어떠한가. 사회 곳곳에는 남북 문제로 인한 갈등이 여전히 첨예하게 대립하고 있다. 이는 남북한 정부 간의 갈등뿐만 아니라, 남한사회 내에서도 심각한 문제로 연일 뉴스의 한 페이지를 장식하고 있다.

갈등의 기원을 찾는 문제는 다시 원점으로 돌아왔다. 이제 이념의 장으로서의 서해5도보다는 그곳에서 살아가는 사람들의 이야기가 필요한 시점이다. 배를 타고 와서 잠시 감상에 젖은 시선으로 북한 땅을 바라보는 여행자의 눈이 아니라, 분단을 현실로 인정하고 그 안에서 대안을 찾으려는 정주자의 관점이 필요한 때이다. 그럴 때 비로소 진정한 서해5도의 풍경을 발견할 수 있으며, 이것이 또다른 측면에서 인천문학, 한국문학이 나아가야 할 방향일 것이다.

> '인생이야기들'은 또한 자리를 가진다. 그러한 이야기들은 특정 환경과 직접적인 환경을 지니고 있고 사고와 행동을 유발하고 그것에 영향을 끼치는 장소에 위치하고 있다. 역사적 상상력은 결코 완전하게 비공간적인 것이 아니다.[42]

[필자 : 안정헌]

---

42) 에드워드 소자, 『공간과 비판사회이론』, 이무용 외 옮김, 시각과 언어, 1997, 26쪽.

어느 근대인의 서해5도 '巡禮'

1928년 《동아일보》 〈도서순례〉를 중심으로

1. 머리말

필자가 '서해5도'를 처음 찾은 것은 2009년 봄이었다.[1] 마침 『옹진군지』편찬사업에 참여하고 있었으므로 연평도의 풍어제를 관람하고, 소청도, 대청도, 백령도를 두루 답사하는 기회를 얻을 수 있었다. 이때 옹진군의 자료를 찾다가 우연히 발견한 것이 1928년 《동아일보》의 〈도서순례〉였다. 특히 '백령도 방면'의 기사는 필자가 답사한 섬들과 그 여정이 거의 일치한다. 김동진 기자는 해주의 용당포항에서 출발했고, 필자는 인천의 연안부두에서 출발한 점만 다르다. 80여 년이 지났지만 당시 기자가 답사한 섬의 역사·민속 유적이 고스란히 남아있었다. 따라서 필자는 몇 년 전 서해5도에 남겨진 전통시대 읍지(邑誌)와 근대의

1) '서해5도'란 1953년 남북휴전협정 이후 남측의 경계로 들어간 백령도, 대청도, 소청도, 대연평도, 우도의 다섯 섬을 일컫는 명칭이다. 정치·군사적 목적에 의해 규정된 명칭으로 정식 행정명칭이 아니며 역사·문화적으로도 합당한 용어는 아닌 것 같다. 다만 우도를 빼고 소연평도를 '서해5도'로 규정한다면 백령도, 대청도, 소청도, 대연평도, 소연평도는 모두 인천광역시 옹진군의 행정구역에 편입되므로 하나의 지역권으로 규정하여도 무리가 없을 것으로 보인다. 본고는 후자의 논리에 따라 '서해5도'를 규정하고자 한다.

지방지, 향토지 등을 비교 검토하는 논문에서 〈도서순례〉를 함께 분석해 본 적이 있다.[2] 이후 〈도서순례〉를 주요 주제로 하여 논문을 작성하고 싶은 생각도 있었지만 차일피일 미루다가, 뒤늦게 2012년 〈도서순례〉에 관한 논문이 무려 세 편이나 발표되었음을 알게 되었다.[3] 각기 〈도서순례〉를 주제로 하여 혹은 식민지기 '정치사상'적인 입장에서, 혹은 '근대 관광'의 입장에서, 혹은 '민속학'의 입장에서 분석한 논문들이었다. 자못 선수를 빼앗긴 느낌도 들었으나, 이들 논문 속에서 중요한 시사점을 얻을 수 있었다. 아울러 한계점도 발견할 수 있었다.

〈도서순례〉는 그동안 우리가 알지 못했던 섬의 역사와 민속, 그리고 식민지시기 섬 주민의 생활상을 알려주는 풍부한 정보를 담고 있다. 그러나 현지에 밝은 지역사적 인식이 없으면 그 정보가 곡해되거나 한낱 옛이야기거리로 전락하고 말 위험이 크다. 아울러 각 기자들의 성향과 과거사를 함께 분석해야 하는 작업도 필수적일 것이다.

본고는 서해5도의 역사적 시각 속에서 〈도서순례〉를 살펴보도록 하겠다. 〈도서순례〉의 제6편 격인 '백령도 방면'을 주요 주제로 삼지만, 그 전에 먼저 〈도서순례〉의 연재 배경과 전체적인 내용을 분석하는 작업부터 시작하겠다. 그리고 김동진 기자의 생애와 서해5도 방문 일정을 살피고, 서해5도의 대표적인 민속신앙인 연평도의 '임경업(林慶業) 설화', 대청도의 '원 순제(元順帝) 설화', 백령도의 '왕대통(王竹筒) 설화'

---

2) 유창호, 「백령·대청도를 바라보는 전통과 근대의 시선」, 『박물관지』 14, 인하대학교 박물관, 2011.

3) 이기훈, 「일제강점기 섬과 섬사람들에 대한 인식-1920년대 호남지방의 도서들을 중심으로-」, 『지방사와 지방문화』 15-1, 역사문화학회, 2012; 노기욱·박창규, 「1920년대 島嶼巡禮」, 『지방사와 지방문화』 15-2, 역사문화학회, 2012; 박종오, 「《동아일보》 〈도서순례〉를 통해서 본 1920년대 도서 민속에 대한 인식」, 『도서문화』 39, 목포대학교 도서문화연구원, 2012.

를 분석해 보겠다. 아울러 그 밖의 여러 가지 형태로 전해지는 서해5도의 설화 속에 감추어진 역사적 사건들을 증명해 보이도록 하겠다. 마지막으로는 1920년대 전통과 근대의 기로에 서 있는 서해5도 섬 주민의 다양한 삶의 모습과 변화된 섬 사회를 확인해 보는 것으로 끝을 맺을까 한다.

2. 〈도서순례〉 연재의 배경과 내용

1) '순례'의 시대에 내딛은 섬과 바다

《동아일보》는 1928년 6월 22일부터 9월 12일까지 총 73회에 걸친 〈도서순례〉시리즈를 연재하였다. 고군산군도, 거제도, 거문도, 진도·완도, 하의도, 백령도, 울릉도 등 일곱 방면에 각각 기자를 보내어 그 일대의 섬들을 취재하고 소개하는 연재기사였다. 파견된 기자는 송정욱(宋鼎頊), 김두백(金枓白), 이익상(李益相), 최용환(崔容煥), 임봉순(任鳳淳), 김동진(金東進), 이길용(李吉用) 등이다. 이들은 대체로 부르주아민족주의운동이나 사회주의운동에 가담한 경험이 있는 인물이거나 문학가들이었다.[4] 따라서 적극적인 현실인식과 일제에 대한 저항의식을 모두 갖추고 있었다. 〈도서순례〉의 연재일수와 파견 기자명을 정리해 보면 다음의 〈표 1〉과 같다.

---

4) 노기욱·박창규, 앞의 논문, 156~157쪽.

〈표 1〉《동아일보》〈도서순례〉의 연재일수 및 기자명

기사 게재일	방문 도서	회수	기자명
1928. 6.22 ~ 7. 2	고군산열도(古群山列島) 방면	10회	송정욱(宋鼎頊)
1928. 7. 3 ~ 7.15	거제도(巨濟島) 방면	10회	김두백(金枓白)
1928. 7.17 ~ 7.24	거문도(巨文島) 방면	7회	이익상(李益相)
1928. 7.26 ~ 8.12	진도(珍島)·완도(莞島) 방면	16회	최용환(崔容煥)
1928. 8.13 ~ 8.18	하의도(荷衣島) 방면	6회	임봉순(任鳳淳)
1928. 8.19 ~ 8.31	백령도(白翎島) 방면	13회	김동진(金東進)
1928. 9. 2 ~ 9.12	울릉도(鬱陵島) 방면	11회	이길용(李吉用)

기존의 연구에 의하면 〈도서순례〉는 1936년 8월 시부자와 게이조(澁澤敬三) 등 일본의 문화인류학자들이 임자도 등 서남해 섬들을 조사하고 기록한 『조선다도해여행각서(朝鮮多島海旅行覺書)』보다 훨씬 앞서 이루어진 도서지역 문화에 대한 최초의 보고서라고 하였다.[5] 또한 내륙 여행과 볼거리만을 강조한 일제의 우민화 정책에 반발하여 섬에 남아 있는 고적과 미풍양속을 소개함으로써 민족의 각성을 불러일으키고자 한 근대 도서계몽운동이었다는 주장도 있다.[6] 아울러 영해를 주장할 수 없는 식민지 조선인들의 처지에서 민족생활공간의 최외각을 형성하는 바다와 섬에 대해 일반의 관심을 본격적으로 고조시킨 사건으로 평가하기도 한다.[7]

모두 합당하고 수긍이 가는 논지들이다. 그렇지만 여전히 그것만으로는 〈도서순례〉의 의미를 전체적으로 설명하기에는 부족하다는 생각이 든다. 당시의 《동아일보》 기자들이 불편한 교통과 숙박시설을 무릅쓰고 전국의

5) 박종오, 앞의 논문, 114쪽.

6) 노기욱·박창규, 앞의 논문, 161쪽.

7) 이기훈, 앞의 논문, 399~400쪽.

섬들을 누빈 이유가 단순히 식민지 조국의 영토적 경계를 인식하고 계몽운동을 펼치려는 데에만 있었을까? '조사', '탐방', '답사', '여행' 등의 용어가 아닌 '순례(巡禮)'라는 무거운 용어를 쓴 이유도 여전히 궁금하다.

먼저 1920년대 '순례'라는 기사 제목을 쓴 신문들을 검색해 보았다. 《동아일보》는 1925년 〈학교순례〉, 1928년 〈도서순례〉, 1929년 〈고해(苦海)순례〉, 1929년 〈고도(古都)순례〉 등이, 《조선일보》에서는 1925년 〈야(夜)경성순례기〉, 1928년 〈조선산업순례〉, 1929년 〈팔도건축순례〉 등이 보인다. 《시대일보》는 1925년 〈가상(街上)순례〉가, 그리고 《매일신보》에서도 1926년 〈전조선모범면순례〉, 〈농촌순례〉 등이 장기간 연재된 것으로 확인되었다.

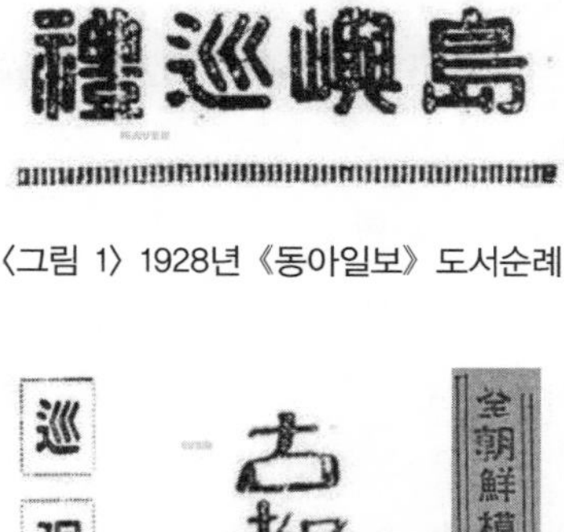

〈그림 1〉 1928년 《동아일보》 도서순례

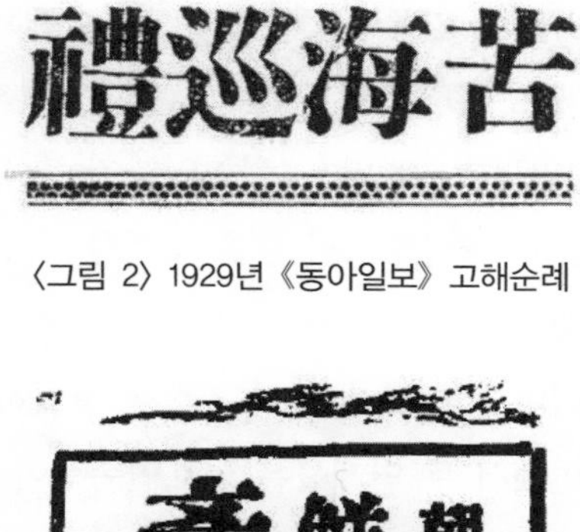

〈그림 2〉 1929년 《동아일보》 고해순례

〈그림 3〉 1927년 《동아일보》 순회탐방, 1929년 《동아일보》 고도순례, 1926년 《매일신보》 전조선모범면순례기 (좌로부터)

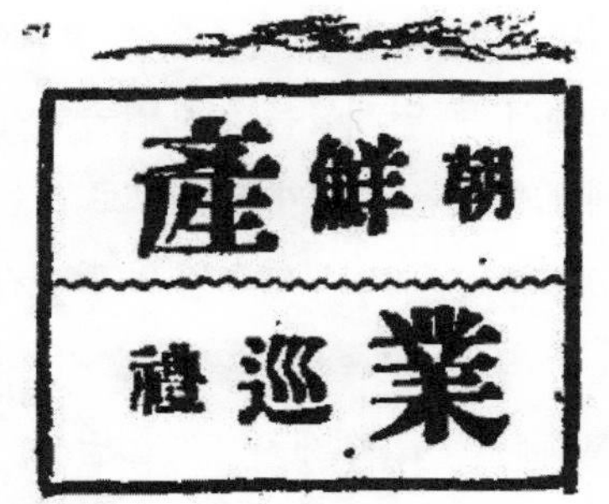

〈그림 4〉 1928년 《조선일보》 조선산업순례

흔히 '순례(pilgrimage)'란 종교인들의 '성지순례'를 생각하는 것처럼, 적어도 식민지기 민족 신문이라면 '순례'를 조선의 명승지와 고적·문화 등을 소개하여 민족적 자각을 일깨우기 위해 사용했을 것 같은 생각이 든다. 〈도서순례〉, 〈고도순례〉나 〈팔도건축순례〉, 그리고 1930년대의 〈충무공유적순례〉(1931), 〈단군성적순례〉(1932) 등이 그런 것이다. 그러나 총독부 기관지의 역할을 한 《매일신보》조차 각 지방의 정보와 문화를 알리는 데 '순례'라는 용어를 폭넓게 사용한 것에서 알 수 있듯이 '순례'는 1920~30년대에는 각 신문들이 보편적으로 쓰는 용어였다. 식민정책과 근대화의 성과물을 선전하는 도구로도 사용되었고, 도시의 어두운 그림자를 찾아다니는 '르포'성 기사에도 쓰이는 연재물의 제목이기도 하였다.

또한 기존의 연구는 〈도서순례〉 직전에 연재된 〈순회탐방(巡廻探訪)〉에 주목하였다. 〈순회탐방〉은 역시 같은 《동아일보》에서 1926년 7월 2일부터 1928년 4월 8일까지 총 517회에 걸쳐 각 지방의 산업, 교육, 종교, 명승·고적 등을 소개한 연재물인데, 〈순회탐방〉 직후에 〈도서순례〉가 연재되었으므로 두 시리즈는 같은 연장선에서 보아야 한다는 것이다.[8] 국토에 대한 지식을 보급하고 지방과의 동질성을 확장시켰다는 면에서 두 연재물은 상호연속성이 보인다고 할 수도 있다. 그러나 글의 체제와 내용은 별개의 것으로 보는 것이 합당할 것 같다. 오히려 필자는 1929년 4월 6일부터 6월 28일까지 총 56회 연재된 〈고해순례〉가 〈도서순례〉와의 연속성을 지니고 있는 것으로 보인다. 〈고해순례〉는 한재지(旱災地)답사, 수재지(水災地)답사, 광부생활조사, 해상생활조사, 화전민생활조사 등 총 5편으로 나누어 김동진, 김두백, 오기영, 임봉순, 최용환

8) 이기훈, 앞의 논문, 398~399쪽.

이 각각 현지 취재를 하고 쓴 글이다. 오기영을 제외한 4명의 기자가 모두 〈도서순례〉에 참여한 기자들이고, 또 각 기자단을 '第○隊'라고 표기하는 방식도 〈도서순례〉와 같다.

그렇다면 〈도서순례〉와 〈고해순례〉는 어떠한 연속성을 지니고 있는가? 이는 〈고해순례〉의 서문에 해당하는 한 기사에서 해답을 얻을 수 있을 것 같다.

> 인생은 고해(苦海)라고 한다. 더구나 삼천리반도의 흰 옷 닙은 무리의 생활상이야말로 피와 땀에 저즌 긔록이 아닌 것이 업다. 그 현실의 광경을 듯고 볼 때마다 누구라서 동포애(同胞愛)의 뜨거운 눈물을 금할재 잇스랴. 이제 본지는 이러한 긔록의 일부분이라도 지상에 소개하야 텬하의 독자와 한가지로 우리의 현실을 바로보기 위하야 긔자로 하여금 방방곡곡 이 동포의 괴로운 살림을 편답됴사케 하랴한다. 그 뎨일착으로는 춘궁을 당하야 더욱 궁한 경상북도, 전라북도의 한재디와 함경북도의 수재디를 답사하야 굶는 날이 먹는 날보다 더욱 만타고하는 우리 농민의 생활상을 여실히 됴사하야 알리고자 한다. 다음에는 발길을 돌리어 공장으로, 농원으로, 산림으로, 어항으로, 광산으로, 바닷 속으로 제각기 색다른 사회고(社會苦) 생활난(生活難)에 부댁김을 바드면서 조선의 산업의 뼈와 살을 일우는 대중의 특색잇는 생활상을 그려내고자 한다. 혹은 글로 혹은 사진으로 혹은 그림으로 지면에 약여(躍如)할 날을 기다리자.9)

"제각기 색다른 사회고(社會苦)·생활난(生活難)에 부대낌을 받으면서 조선의 산업의 뼈와 살을 이루는 대중의 특색 있는 생활상을 그려내고자 한"다는 글이 눈에 띈다. 즉 자연재해와 생활고로 고통 받는 농민,

9) 《동아일보》, 1929년 4월 6일.

어민, 광부, 화전민 등 소외받고 있는 기층 민중들을 발견한 것이다. 이것은 이전 〈도서순례〉에서 발견한 섬사람들의 삶과도 일맥상통한다. 얼핏 보기에 〈도서순례〉는 단순히 섬과 바다의 민속조사서로 보일지 모르나, 그 실제는 조선에서 가장 소외받고 힘겨운 삶을 영위하는 민중의 삶을 담고 있었다. 그리고 그 민중은 "조선의 산업의 뼈와 살을 이루는" 대중들이었던 것이다.

2) 〈도서순례〉의 내용 분석

총 7편으로 구성된 〈도서순례〉는 각 기자들마다 약간의 성향 차이는 있으나 대부분 자신들이 가는 섬들의 고적지에 들려 그 역사를 소개하고, 전승되는 민속과 전설 및 설화들을 소개하며, 현재 그 섬의 교육 및 문화 정도와 경제적 상태 등을 전하고 있는 방식을 취하고 있다. 이밖에도 여정 중에 겪는 어려움이나 감상, 그리고 자연풍경 등을 서술하였다. 사진기자를 대동하여 주요 유적지나 풍경들을 사진 자료로 남기기도 하였고, 간혹 자신이 느낀 감성을 시와 노래로 표현하기도 하였다.

기사 내용 중 가장 많은 비중을 차지하는 주제는 섬의 역사와 민속, 그리고 다양한 전설과 설화들이다. 기자들은 섬에 들어가기 전에 기본적인 역사서와 통계 자료들을 조사한 것으로 보이나, 정보의 대부분은 섬 주민을 만나 구전되어지는 이야기를 취재하여 얻었다. 따라서 역사와 설화들이 복잡하게 섞여있는 서술구조를 보이고 있다. 그럼에도 불구하고 그 내용은 매우 흥미롭고 사실감 있게 전해지며, 약간의 오류는 있다고 하더라도 대부분 역사적 근거가 있는 내용들이었다.

그렇다면 왜 〈도서순례〉에는 이토록 많은 역사와 민속, 그리고 전설과 설화들을 소개하고 있는 것일까? 역사는 차치하고라도 사실 문명개화된 근대인에게 민속이나 설화들은 미신으로 치부되기 쉬운 대상이다. 그럼에도 불구하고 당대 최고의 지성 엘리트들인 기자들이 섬의 민속과 설화들을 수집하고 담담히 소개하였다는 점은 매우 흥미로울 수밖에 없다. 이것은 1910년대 근대론자들이 전통적인 유교사상과 민속을 구사상·구관습으로 비난하고 개혁의 대상으로 상대화시킨 것과는 상반된 모습이다. 즉 1920년대의 부르주아민족주의운동에서는 이러한 민속과 전통문화를 연구하는 것이 오히려 민족적인 주체성을 강화하는 하나의 방법이라고 인식의 전환을 이룬 것이다.[10] 아울러 〈도서순례〉의 기자들은 생활 전체를 오로지 바다에 의지한 채 살아야 하는 섬사람들이기에 도신(島神)과 수신(水神)에게 정성을 다하고 충성을 다한다는 사실도 이해하고 있었다. "10대를 사는 사람이면 4~5대씩은 비명에 걸리어 물속에 장사를 지내는 터"가 사실이었기 때문이다.[11] 마을에서 아기를 낳았으니 당집에 가지 말라는 마을 주민의 경고에도 "당하면 내가 당하려니"하고 대담하게 나뭇가지를 헤치고 가기도 하지만,[12] "나의 정성이 부족한 것을 미워 풍랑이나 일으켜주면 큰일이라 다시 재배하고 그곳을 떠나"는 것은 개화된 근대인에게도 인지상정인 일이었다.[13]

한편 〈도서순례〉의 기자들은 역사와 민속을 소개하면서 우회적으로 나라 잃은 식민지 현실을 한탄하기도 한다. 김두백은 일본인 어촌인 강산촌(岡山村)에서 한산도를 바라보니, "후우! 긴 한숨이 자연히 나온다"고 하였다.[14] 충무공의 영정을 모신 제승당(制勝堂)에 "각처의 음부

10) M. 로빈슨, 『일제하 문화적민족주의』, 나남, 1990, 65~66쪽.
11) 〈도서순례-고군산열도(2)〉, 《동아일보》, 1928년 6월 23일.
12) 〈도서순례-고군산열도(6)〉, 《동아일보》, 1928년 6월 28일.
13) 〈도서순례-고군산열도(3)〉, 《동아일보》, 1928년 6월 24일.
14) 〈도서순례-거제도방면(1)〉, 《동아일보》, 1928년 7월 3일.

탕녀까지 모여들어 성스러운 이 경계에 속된 물을 들이니" 소름이 끼친다고 하였다.[15] 또한 최용환은 옛날 사신을 보내고 맞이하던 진도의 벽파정(碧波亭)이 경찰관 주재소가 된 것을 보고, "주인이 바뀌었다"고도 하였다.[16]

그러나 전술하였듯이 〈도서순례〉의 기획 의도는 섬과 바다를 무대로 살아가는 민중들의 생활을 살펴보는 것에 있었다. 섬의 역사와 민속, 설화 등은 모두 그 섬의 개척의 역사 과정을 설명하기 위함이다. 〈도서순례〉의 기자들은 "조선이 작다고 스스로 업신여기는 사람들아! 모름지기 뭍에 단단히 붙이었던 발을 한번 바다 위로 옮겨보라"고 호소한다.[17] 아울러 우리가 너무나도 바다에 대한 지식이 없었다고 말하면서 "남북만주로 가지 말고 바다로 가자"는 제의를 하기도 한다.[18]

섬은 실로 무량보고(無量寶庫)였다. 어부의 말로는 "한물거리에 잘 잡으면 200원도 벌고 300원도 번"다고 하였다.[19] 땅은 기름지고 연해의 해산물도 풍부한 진도는 "젖과 꿀이 흐르는 이 땅 백성들의 '복지'요", "남쪽 바다에 펄펄뛰는 어별(魚鼈)을 실은 보배의 섬"이라고 하였다.[20] 완도에서는 함경도 명태조합에 버금가는 해태어업조합(海苔漁業組合)이 조직되어 60여만 원의 수익을 올리고 있었다.[21] 그럼에도 불구하고 섬과 바다에서 나는 대부분의 수익이 일본인 등 외지인의 손에 돌아가는 현실은 안타까운 일이었다. 소위 흥업회사(興業會社)라는 외래의 자본

15) 〈도서순례-거제도방면(4)〉, 《동아일보》, 1928년 7월 8일.
16) 〈도서순례-진도해방면(4)〉, 《동아일보》, 1928년 7월 29일.
17) 〈도서순례-거문도방면(1)〉, 《동아일보》, 1928년 7월 17일.
18) 〈도서순례-고군산열도(10)〉, 《동아일보》, 1928년 7월 2일.
19) 상동.
20) 〈도서순례-진도해방면(1)〉, 《동아일보》, 1928년 7월 26일.
21) 〈도서순례-완도해방면(8)〉, 《동아일보》, 1928년 8월 2일.

은 진도 전토지 "1만여 정보의 약 1할 5푼이나 되는 1천 5백여 정보"를 차지하고 있었고, 동척(東拓)과 식산회사(殖産會社) 역시 빠르게 간척지를 개발하고 있었다.[22] 또한 소리섬(鳶島) 전체 토지의 7할 이상은 모두 외지인의 소유여서 섬에서 생산된 농산물이 모두 "섬 이외의 사람에게 제공"되고, 어산물 역시 "미리 융통하여 쓴 빚과 이자에 모두 제공"되는 것이 현실이었다.[23] 청산도에서는 "흔한 것도 값싼 것도 고등어요, 이야기까지라도 제철의 고등어"지만 "한물거리에 몇 만원, 몇 십만원 하는 것이 모두 바다 건너 저네들의 놀음"일 뿐이었다. "어선 한 척 살 돈 없고, 그물 한 틀 꾸밀 수 없는 이곳 사람"들에게는 "쌓이고 쌓인 고기더미가 보고도 못 먹는 화중지병(畵中之餠)"일 따름이었다.[24]

그러나 〈도서순례〉의 기자들은 이러한 섬의 경제적 어려움을 문화운동과 교육운동 등 '실력양성운동'을 통해 극복할 수 있을 것으로 낙관한다. 따라서 그들의 섬 '순례'에서는 교육과 문화의 상태를 살펴보는 것 역시 빠질 수 없는 일이었다. 마침 1920년대는 섬에서도 학교설립운동이 폭발적으로 일어나고 있었다. 공립보통학교가 세워지지 못한 곳은 섬의 유지들이 중심이 되어 곳곳에 사립학교를 설립하였다. 특히 암태도는 8년 전에 설립된 '암태사립학교' 덕분에 지금까지 약 300여 명의 청년들을 길러내어 "농민운동의 전위분자가 되고, 문맹타파운동의 선봉"이 되었다고 하였다. 임봉순 기자는 "중국혁명에 황포군관학교(黃浦軍官學校)가 원동력이 된 것과 같이 암태도사립학교는 암태의 오늘이 있게 한 원동력"이라고 칭송한다.[25] 그러나 교육운동 역

22) 〈도서순례-진도해방면(1)〉, 《동아일보》, 1928년 7월 26일.
23) 〈도서순례-거문도방면(1)〉, 《동아일보》, 1928년 7월 17일.
24) 〈도서순례-완도해방면(13)〉, 《동아일보》, 1928년 8월 9일.
25) 〈도서순례-하의도방면(3)〉, 《동아일보》, 1928년 8월 15일.

시 식민지 현실에서는 난망한 일이었다. 곳곳에 일제의 감시와 차별이 있었다. 소안도의 사립소안학교(私立所安學校)는 설립 15년 만에 불온사상을 선전하였다는 혐의를 입어 폐쇄되었고, 섬 전체에 검거 선풍까지 불어 교무주임 최형천(崔亨天) 등 10여 명이 검거되기도 하였다.[26] 거제도는 전도 9면(面) 중 공립보통학교가 겨우 3개가 있어 삼면일교(三面一校)인 반면, 전체 호수(戶數)의 3.3%밖에 차지하고 있지 않은 일본인 공립소학교는 7개나 되어 그 차별이 극심하였다.[27]

이러한 차별과 억압 속에서도 섬 주민은 여전히 굳건한 삶을 영위하고 있었다. 특히 섬 여성들의 근면함을 〈도서순례〉는 놓치지 않았다. "섬사람들은 남자와 여자의 차별이 없이 농사도 같이 짓고 장사도 같이 한다"고 하였으며, "어떠한 섬은 여자가 남자보다 더 많이 일을 한"다고 하였다. 이에 대해 기자는 "상일하는 것을 변으로 아는 서울 아낙네들이 와서 섬 부인들의 일하는 것을 보았으면 대경실색할 것"이라고 실소한다.[28] 또한 1년 중 5개월을 가족과 떨어져 고군산열도의 방축도에서 물질하는 제주 해녀들의 참혹한 모습을 보고는 "화장하기에 정신이 없는 '모던걸'들로 하여금 견학"시킬 필요가 있다고도 하였다.[29] 완도의 정도리에서는 부녀자들이 저미조합(貯米組合)을 조직하여 매일 아침저녁으로 식구 수대로 한 숟가락씩 쌀을 모아 우체국에 저금을 하는 운동도 펼치고 있었다.[30]

청년회·소년회 등의 활동도 주목할 만하다. 소리섬(鳶島)의 소년회

26) 〈도서순례-완도해방면(11)〉, 《동아일보》, 1928년 8월 7일.
27) 〈도서순례-거제도방면(10)〉, 《동아일보》, 1928년 7월 15일.
28) 〈도서순례-하의도방면(1)〉, 《동아일보》, 1928년 8월 13일.
29) 〈도서순례-고군산열도(7)〉, 《동아일보》, 1928년 6월 29일.
30) 〈도서순례-완도해방면(8)〉, 《동아일보》, 1928년 8월 2일.

는 30여 회원이 매월 10전의 회비와 이발료를 모아 400여 원의 기본금을 준비하였다.[31] 대청도에서는 불률문(不律文)의 동규(洞規)를 만들어 도박과 옥외흡연은 물론 양주 및 음주까지 절대 금지하였다.[32] 〈도서순례〉의 기자들은 이와 같이 상호부조(相互扶助)하고 저축하는 섬의 미풍양속에 대해 칭찬을 아끼지 않는다. 그러나 근대자본의 물결은 섬이라고 예외를 두지 않았다. 곳곳에 풍기를 어지럽히는 파시(波市)가 열렸고, "각지에서 몰려드는 상고들로 말미암아 반들반들 닳은 이곳 사람들은 약삭빠르기도 서울사람에게 지지 않고, 또한 인심이 강박하기로도 그 류가 없을" 정도로 변화하는 섬들도 있었다.[33]

지금까지 분석해 본 〈도서순례〉의 내용을 주제별로 분류해 보면 다음의 〈표 2〉와 같다.

31) 〈도서순례-거문도방면(2)〉, 《동아일보》, 1928년 7월 18일.
32) 〈도서순례-백령도방면(7)〉, 《동아일보》, 1928년 8월 25일.
33) 〈도서순례-완도해방면(15)〉, 《동아일보》, 1928년 8월 11일.

〈표 2〉《동아일보》〈도서순례〉의 주제별 내용

	일정	역사 · 고적	전설 · 설화	민속 · 풍속	교육 · 문화	사회 · 경제
고군산열도	莊子島 末島 巫女島 仙遊島 新侍島 防築島 飛雁島 於靑島 烟島 竹島	• 선유도 水軍營址 • 1847년 佛 라피에르(Lapierre) 함대 난파 사건	• 末島 神令使者 흰 까마귀 • 최치원의 탄생지라는 선유도의 金猪穴 • 최치원이 공부한 신시도의 月迎臺 • 비안도의 명당터 飛雁含露 • 장자도의 장자할미 바위 • 田橫과 嗚呼島 悲事	• 장자도 초분 관행 • 장자도 水神祭, 島神祭 • 末島神堂 • 선유도의 신당 五龍堂, 世尊堂 • 비안도의 마을내혼 • 어청도의 田橫祠堂	• 선유도 강습소 교사 신축 • 老子의 풍취를 지닌 무녀도 서당의 훈장 孫氏	• 조선인 소유의 고군산어장 • 방축도의 제주해녀 어장 • 어청도의 일본인어촌 • 연도 갈치 波市 • 죽도의 대발
거제도방면	彌勒島 閑山島 巨濟島 蛇島	• 임진란 때 왜군이 도망친 미륵도의 鑿梁橋 • 미륵도 도남동의 烈女閣 • 한산도 制勝堂 • 거제도 雙孝門 • 거제도 岐城縣 터 • 南韓三道水軍統制使	• 왜군을 속인 문어개 仙女 • 해금강의 "徐氏過此" 각자 • 노자산의 천년 묵은 여우	• 충무공에 대한 기복신앙 • 국도의 薛雲장군 제사	• 통영고적보존회의 활동 • 한산도의 서양인 피서지 • 한산도 보통학교 설립을 둘러싼 각 섬들의 쟁탈전 • 거제도의 조선인·일본인 간의 교육차별	• 준공 앞둔 미륵도 運河 • 미륵도 모범어장과 수원지 • 미륵도 일본인 어촌 岡山村 • 호기롭게 출어하는 한산도 어부들의 풍경 • 통영장을 오가는 추봉도 여성들
거문도방면	소리섬 安島 金鰲島 突山島 巨文島	• 절종되고 만 안도의 개척자 鄭氏 가문 • 100여년 전의 안도 대화재와 금오도 개척 • 이순신의 승전지 '무심목' • 1885년 영국의 거문도 점령 사건 • 거문도 영국군 묘지 • 거문도의 雄文 金橘隱	• 승강이목, 쑤염이목, 탈상바위의 유래 • 소리섬 절벽에 있는 徐福의 자취 • 해적의 근거지, 소리섬	• 안도 당산제 • 검은 옷을 입는 안도 어민들	• 소리섬의 소년회	• 소리섬 토지의 7할 이상이 외지인 소유 • 소리섬에 온 '소주각시' • 以也浦 어장 어업권 분쟁 • 안도 波市 풍경 • 외해의 입어자 증가로 피폐화되는 거문도 어장
진도 및 완도해방면	珍島 莞島 將島 蘆花島 甫吉島 所安島 港門島 靑山島 平日島 助藥島 古今島 廟堂島	• 진도水軍防禦營 • 삼별초 난과 王溫宮殿 • 경찰관 주재소가 된 옛 碧波亭 터 • 일본인 공립심상소학교가 된 완도의 淸海館 • 인적 없는 완도향교 • 보길도의 윤선도 옛 花園 • 신지도의 옛 牧馬場 • 고금도 덕동의 수군진 터 • 묘당도의 關王廟	• 王溫의 거짓무덤과 及將池 • 장도의 큰 力士 宋徵 장군 • 보길도 정자리의 '섬놀이' • 王子의 형상을 갖고 솟아오른 여서도	• 진도의 근검절약하는 생활태도와 범죄 없는 마을 • 진도의 蓄妾하는 폐습 • 장도 宋徵堂의 당고사 • 묘당도 덕암리의 孝烈閣	• 완도중학원의 동맹휴학 • 사립보길학교 설립 • 불온사상선전으로 폐쇄된 사립 소안학교 • 청산공립보통학교와 선원보통학교의 설립 쟁탈전 • 청산도 문사들의 모임 悅樂契	• 진도의 특산물 구기자, 면화, 女貞實 • 완도군해태어업조합 • 완도 부녀들의 貯米組合 • 보길도의 간석지 개간사업 • 일본인 소유 사유림 매수 운동 • 항문도 등대 • 청산도의 고등어 파시 • '가사리'의 명산지 평일도 • 조약도의 토지분쟁 • 묘당도의 특산물 '호스이'
하의도방면	押海島 高下島 岩泰島 慈恩島 長山島 荷衣島 智島 荏子島	• 압해 丁氏의 유래 • 日人의 총에 자획이 사라진 고하도 李충무공기념비 • 장산도 驛馬牧畜場 • 하의도의 高麗葬 石函 • 세곡선의 정박지 고목도 • 중국 사신이 묵던 재원도	• 천재지변을 알리는 용섬의 원형굴 • 기미년에 세 번 울었다는 宋孔山과 묏자리를 쓰면 가뭄이 든다는 명당지 • 암태도의 '쌀바위' • 비금도에서 건너온 용이 산다는 자은도의 龍沼 • 徐氏 성을 갖은 사람만이 살 수 있다는 구먹섬	• 고하도의 李충무공 제사 • 조기잡이 어부들이 한식날 불을 놓는 불섬 • 상태도 서리 앞산의 당고사	• 암태도의 농민야학과 문맹타파 운동 • 농민운동과 문맹타파운동의 전위대 암태사립학교 • 자은도의 청년화·소작회·농민야학	• 암태소작쟁의의 영향 • 비금도 강달이 어장 • 洪祐祿의 문서위조로 발생한 하의도의 토지분규 • 하의도토지회수동맹 결성 • 지도의 餓死同盟 • 조선 최대의 민어어장 임자도의 태리 파시 • 西海王 태리의 정근택
백령도방면	大延平島 小靑島 大靑島 白翎島	• 淸의 포로에서 탈출하여 연평도로 들어온 임경업 • 元 황실의 유배지 대청도 • 원 순제의 원찰 해주 神光寺 • 백령도의 水軍僉使鎭 • 청국 어선과의 분규 • 김춘추를 구한 溫君解 • 한말 백령도의 유배인 • 동학농민군의 습격을 받은 백령진	• 조기 잡는 법을 가르친 임경업 • 원 順帝가 놀던 소청도 분바위 • 대청도의 모래가 당고개를 넘으면 섬에 변고가 생긴다는 예언 • 자신의 눈알을 빼어 父皇에게 드린 원 순제 • 황실의 영약이 된 뽕나무 • 감목관의 장띠를 빼앗은 왕대롱 성황 • 崔蘭軒(토마스 목사)의 솜방망이에 놀란 李트지기 • 프랑스 군함의 배 밑창을 뚫으려 한 대청도의 金世吉	• 조기 철에 충민사에서 치성 드리는 어부들 • '몽금이 타령'을 부르는 객주 부인과 소년 • 원 순제를 모신 대청도 내동의 神隍堂 • 백령도의 당개 성황당	• 소청도의 개량서당 • 대청도 유지 金學善의 발기로 만들어진 洞規 • 근대 문물로 개명된 백령도 여성	• 소청도의 까나리·피조개 어업 • 대청도의 황해운수주식회사와 포경회사
울릉도방면	鬱陵島 竹島	• 신라 지증왕 13년 '잇뻬(異斯夫)'의 우산국 정벌 • 고려 현종 13년 울릉도를 침입한 여진족 해적 • 박원종의 三峯島 수색 • 안용복의 활약 • 1882년 울릉도 개척령 반포 • 관찰사 李奎遠의 刻字 • 러일전쟁 당시 울릉도 근해에서 자폭한 '드미트리 돈스코이'호	• 월송만호 南冥에게 女妓와 通引을 놓고 갈 것을 요구한 도동의 성황	• 일본 山陰地方과 비슷한 가옥구조 • 도동의 성황당	• 조선학생이 대부분인 태하동의 일본인 심상소학교 • 해저전선을 통해 중계되는 라디오 방송을 듣고 발행하는 라디오 일보 • 울릉도민의 절대 다수는 훔치교도[普天敎徒]	• 작년에 난파된 일본상선 二見丸 인양작업에 울릉도민 동원 • 竹島島司 박재천의 생활 • 감자와 옥수수가 주산물 • 어업권의 대부분을 차지한 일본인

3. 〈도서순례〉에 나타난 서해5도의 민속과 문화

1) 제6대(隊) 김동진 기자와 '순례' 일정

〈도서순례〉의 여섯 번째 취재 기자는 김동진(金東進)이다. 1902년 평양에서 태어난 그는 14세 때 부친을 따라 블라디보스토크로 이주하여 10여 년 동안의 해외생활을 보냈다. 하바로스크중학을 졸업하고 극동대학(極東大學)에서 1년 간 수학하였으며, 블라디보스토크에서 『문화』라는 동인잡지를 편집, 발간하였던 이력을 갖고 있다. 풍부한 문학적 소양뿐 아니라 오랜 해외생활을 통해 근대적 안목을 갖추었고, 또 러시아어와 일어 등 외국어에도 능통하였다. 1924년 러시아 생활을 마치고 귀국한 후, 춘원(春園) 이광수(李光洙)의 소개로 그 이듬해인 1925년 《동아일보》의 사회부 기자가 되었다. 그는 《동아일보》에 처음 입사하던 당시의 추억을 아래와 같이 술회하고 있다.

> 세상의 젊은이들은 신문기자라는 직업을 동경한다. 나도 그때 이 직업을 만히 그리워햇다. 그러나 내가 살든 海參威에는 신문기자 노릇할 신문사가 업섯다. 할 수 업시 1924년 몃몃 동지와 의논하야 旬刊으로 「文化」라는 잡지를 발행하얏다. 恒用잇는 예와 가티 경영이 어려워 旬刊이 月刊으로 되야 나오다가 1년도 못 채워 고만둘 수 밧게 업섯다. 사실 당시의 사정으로 그 잡지 하나 내여 보내기가 여간 어려운 것이 아니엇다. 同人이 무한책임을 지고 돈을 대이기 어려운 것도 원인이 잇지마는 그보다도 인쇄가 極難한 것이 가장 큰 원인이 잇스니 당시 海參威에는 朝鮮文活字는 兵火에 소실되야 버리엇슴으로 중국인 인쇄소에서 석판인쇄를 할 수 밧게 업서 原紙쓰는 힘이 여간 아니엇다. 그러다가 조선에 나와 春園의 소개로 東亞日報에 드러갈 내약을 어덧든 차에 東亞報는 關東의 大震災의 타격을 바더 新社員의 채용은커녕 잇는 사원을 정리하

> 는 지경에 빠지엇슴으로 입사가 얼마큼 지연되다가 其 익년 정월 초3일에 정식 사령을 현 사장 宋鎭禹씨로부터 바더 드렷다. 신문기자를 그리워하든 터임으로 辭令書를 바더들고 그 순간에 나는 천하나 어든 듯이 승리자다운 감흥과 喜悅에 취하얏섯다. 그러나 나는 그 자리에서 발굼치를 돌려 놋키 전에 눈이 캄캄하야지며 두 눈에 눈물이 괴임을 깨다럿스니 그는 『任記者』라고 한 대음 줄에 씨운 『給月俸○○圓』이라고 한 월급액이 상상한 것보다 대단히 적엇든 것이다. 幻滅이다. 기자되는 첫 시각에 나는 기자의 비애를 늣겻다.[34)]

위의 글에서도 알 수 있듯이 김동진은 오랫동안 꾸어왔던 신문기자의 꿈을 이루기 위해 귀국하였다. 그러나 그가 《동아일보》에 입사한 시기는 회사가 매우 어려운 상황에 처했을 무렵이었다. 그 어려움이란 단지 위의 글에서 보이는 관동대지진 이후 《동아일보》가 처한 경영상의 어려움뿐 만이 아니었다. 1920년대 초 부르주아민족주의운동을 선도했던 《동아일보》가 운동의 추진력을 상실한 채 내부의 분열과 외부의 공격으로 존폐의 기로에까지 처한 위기였던 것이다.

이러한 위기는 1924년 1월 이광수가 쓴 '민족적 경륜'이란 제목의 사설에서 촉발되었다. 즉, 이광수가 이 사설에서 "조선 내에서 허용되는 범위 내에서 일대 정치적 결사를 조직"해야 한다는 주장을 펼치자 사회주의세력과 부르주아민족주의 좌파세력이 이에 강력히 반발하고 나선 것이다. 이는 그동안 일관되게 '자치주의' 및 '내지연장주의'에 반대한 《동아일보》의 입장과는 반대되는 주장으로 조선 유일의 민족적 정론지를 표방한 《동아일보》의 명예에 큰 상처가 되었다. 4월에 열린 노동총동맹과 청년총동맹의 임시대회에서는 《동아일보》의 불매운동이 결

---

34) 김동진, 「慘敗의 悔恨錄」, 『삼천리』 제4권 7호, 1932. 7. 1.

의되기도 하였다.[35] 더구나 같은 해 4월, 김성수(金性洙)와 송진우(宋鎭禹)가 요리점 식도원(食道園)에서 총독부의 사주를 받은 정치 깡패 박춘금(朴春琴) 일당의 총칼을 휘두르는 폭력에 굴복하여 '사담(私談)'이란 형식의 각서를 써준 것이 '서약서'로 둔갑하여 총독부기관지인 《매일신보》를 통해 알려졌다. 이에 대해 편집국장 이상협(李相協)은 송진우의 인책을 주장하다가 퇴사함으로써 결국 내부의 분열까지 일어나고 말았다. 이상협과 함께 그를 따르는 홍증식, 김동성, 유광렬, 박팔양, 이서구 등 젊은 기자들이 이상재, 신석우 체제로 새롭게 출발한 《조선일보》로 들어갔고, 염상섭 등은 최남선(崔南善)이 사장과 주간을 맡은 《시대일보》로 들어갔다. 《동아일보》, 《조선일보》, 《시대일보》로 대표되는 '민간 3대 신문의 정립기'가 열린 것이다. 이후 《동아일보》는 이승훈(李昇薰), 홍명희(洪命憙) 등을 영입하여 《조선일보》, 《시대일보》와 경쟁하게 되었다.[36] 김동진의 《동아일보》 입사에는 이러한 시대적 배경이 있었던 것이다.

비록 김동진은 청소년기와 청년기를 러시아의 연해주에서 보냈지만 연해주의 한인촌에서 받은 교육은 그에게 민족적 의식을 함양시키기에 충분한 것이었다. 독립군의 제식훈련도 받았고, 수시로 열리는 시국토론회도 경험하였다. 또한 러시아학교에서도 조선어와 조선역사, 그리고 한학(漢學) 공부를 계속 받았기 때문에 《동아일보》 입사 후, 기자 생활을 하는 데에는 별다른 어려움이 없었다. 다음의 회고를 통해서 이를 알 수 있다.

---

35) 박찬승, 『한국근대정치사상사연구-민족주의 우파의 실력양성운동론-』, 역사비평사, 1992, 333~334쪽.

36) 동아일보 80년사 편찬위원회, 『민족과 더불어 80년 : 동아일보 1920~2000』, 동아일보사, 2000, 206~211쪽.

> 졂은 意氣衝天할 志慨 이 학교에 P라는 선생이 잇다. 지금은 故人이다. 이 선생은 露國교육을 밧지 못한 亡命客임으로 露國교육을 하든 선생 틈에서 물에 기름 돌 듯 하얏다. 학생도 露國歸化한 그 곳 출생이 대부분이고 나와 가튼 新來種은 불과 5, 6인이 잇다. 나도 P선생과 더부러 異端인의 대우를 바덧다. 그럼으로 우리 新來種은 新來種인 P선생을 사모하얏다. P선생은 朝鮮글을 학생에게 가르치기 위하야 일부러 間島에서 초빙하야 온 것이다. P선생은 漢學이 高名하다. 그러나 그는 암송만 하는 漢學者는 아니엇다. 時調도 읇고 역사도 잘 안다. 틈틈이 우리에게 時調를 講釋하고 謄寫板으로 박은 역사讀本을 가르처 주엇다. 이 薰陶로 우리는 朝鮮學을 알게 되얏다.[37]

이처럼 김동진은 P선생의 도움으로 조선학을 깨우쳤을 뿐 아니라 자신의 문학적 소양도 발견하게 되었다. 스스로 자신을 고구려의 후예요, 평양인(平壤人)으로 규정하고 있는 민족적 정체성도 연해주 한인촌에서 받은 민족교육의 결과라고 보인다.[38]

《동아일보》에서 사회부 기자로 그 존재를 드러낸 김동진은 이후 "미모의 청년으로 외근기자로는 필적을 다루지 못할 만큼 노련한 수단가"라는 찬사를 받을 정도의 중견 기자로 성장한다.[39] 그리고 1933년에는 방응모(方應謨)가 인수한《조선일보》로 이광수와 함께 스카우트되어 도쿄지국장을 지내는 등 언론인으로 승승장구하였다. 그러나 한편으로 일제 당국으로부터는 "성행이 교활함. 공산주의에 찬성하여 그 주의를 선전한다는 혐의가 있음"이라고 규정된 요시찰 대상이기도 하였다.[40]

---

37) 김동진, 「나의 로맨틱 時代」, 『삼천리』 제4권 4호, 1932. 4. 1.

38) 김동진, 「平壤, 高句麗 後裔와 第一江山」, 『삼천리』 7, 1930. 7. 1.

39) 『철필』 1931년 2월. 조선일보사 사료연구실, 『조선일보 사람들 : 일제시대 편』, 랜덤하우스중앙, 2004, 384쪽에서 재인용.

이는 그가 조선에서도 여전히 연해주의 한인들과 연락을 주고받고 있었기 때문으로 보인다. 그는 러시아 작가 N. G. 가린이 1899년에 쓴 『조선기행(朝鮮紀行)』을 번역하여 1933년 《동광》에 연재하였다. 연재문 서두에 "勞農聯邦에 잇는 某友로부터 其單行本(古本)이 寄送되어 왓음으로 이에 飜譯한다"는 말에서 알 수 있듯이,[41] 이미 소비에트연방이 된 연해주와 여전히 통교하는 연락책을 가지고 있었다. 따라서 이러한 점들이 일제로부터 공산주의자로 의심을 받은 원인으로 보인다. 그러나 김동진은 1940년 《조선일보》 퇴사 이후, 점차 친일적인 행보를 걷게 되는 변신을 취하고 만다. 1937년 선만척식회사(鮮滿拓植會社)의 참사(參事)를 지내고, 1943년 총독부 기관지인 《매일신보》 발행인을 역임하였으며, 태평양전쟁기에는 임전대책협의회, 조선임전보국단, 조선언론보국회, 대화동맹, 대의당 등 여러 친일단체에서 활약하였다. 광복 후에는 미군정에서 활동을 재개하였다가 1949년 반민특위에 체포되어 6·25전쟁 직전 보석 출감하였고, 전쟁 중 양주에서 납북되었다.[42]

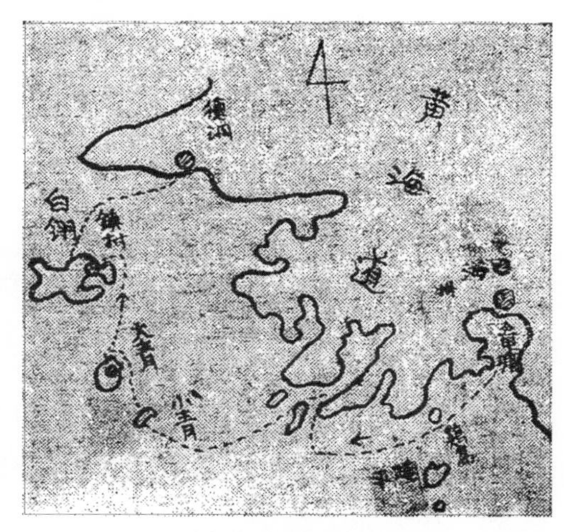

〈그림 5〉 김동진의 서해도서 탐방로
(《동아일보》, 1928년 8월 20일)

---

40) 『왜정시대 인물사료』, 왜정인물 1권.
(국사편찬위원회 한국사데이터베이스 http://db.history.go.kr 참조)

41) 김동진, 「外眼에 빛인 朝鮮, 千八百九十八年 露文豪 가린의 朝鮮紀行」, 『동광』 제18호, 1931. 2. 1.

42) 『친일인명사전』, 민족문제연구소, 2009.

김동진의 백령도방면 취재는 언제 출발하여, 며칠을 소요했는지에 대해 정확히 밝히고 있지 않다. 다만 1928년 8월 19일부터 8월 31일간 총 13회에 걸친 연재 속에서 해주 용당포(龍塘浦)를 출발, 연평도(延平島) → 용호도(龍湖島) → 옹진(甕津) → 소청도(小靑島) → 대청도(大靑島) → 백령도(白翎島)의 일정을 소화하였다. 처음 해주와 용당포에서부터 2일을 허비하고, 소청도로 가는 길은 한 달에 한 번 운항하는 기선을 탔으며, 대청도 가는 길에는 무서운 파도를 만나 다시는 어선을 타지 않을 것이라는 결심을 할 만큼 절해고도(絕海孤島)로 들어가는 길은 순탄하지 못했다. 그러나 그는 이들 섬들 속에서 수백 년 간 입으로 전해오는 설화와 민속을 통해 살아있는 섬의 역사를 확인하였고, 거친 바다와 싸우며 굳건히 삶을 영위하는 순박한 섬사람들을 만났다.

그리고 이러한 모습을 식민통치와 근대문명으로 인해 육지에서는 사라져버린 조선 문화의 전범(典範)으로 인식한다.

2) 민속과 설화 속에 보이는 서해5도의 역사

① 대연평도의 충민사(忠愍祠)

충민사(忠愍祠)는 병자호란의 영웅 임경업(林慶業) 장군을 모신 사당이다. 지금도 대연평도의 중심지인 당산 마루턱에 자리를 잡고 있다. 김동진 기자는 대연평도에 도착하자마자 가장 먼저 이곳 충민사를 찾았다. 그리고 임경업 장군의 설화를 다음과 같이 소개한다.

> 닥섬(楮島)은 지금 지도에는 닭섬(鷄島)으로 씨워잇스니 대연평도 동북방면에 잇는 작은 섬이 그곳이외다. 닥섬을 지척에 두고도 림장군의 칼이 무서워 꼼작 못하고 잇든 중과 역군들도 차차 림장군의 충의에 감

> 동되어 장군과 한가지로 명나라에 들어가 청군(清軍)을 치고 병자년 원수를 갑흘 결심을 하게 되엇답니다. 이리하야 나날이 활쏘기와 창쓰기에 여념이 업섯스나 원톄 조고마한 섬이라 군량 어들 길이 업슴으로 장군은 바다가에 나아가 서편을 바라보며 긴 한숨을 하든 차에 문득 은린(銀鱗)이 수업시 해중에 뛰노는 것을 발견하고 고기잡이에 착안하니 때는 인조(仁祖) 이십년 임오(壬午)라, 거금 이백팔십칠년 전의 일이외다. 연평도 부근에는 서해에서도 유명한 「안목」 조긔가 만히 납니다. 그러나 림장군이 오기 전까지는 조긔나는 줄을 아는 사람이 업섯더랍니다. 림장군은 그물 대신으로 살(箭)이라는 것을 발명하야 조긔잡이를 시작하얏는데 이 「살」이라는 것은 농가의 싸리 울타리 모양으로 바다가에 수백간의 싸리 울타리를 세워두고 조수에 올라왓든 조긔를 바터잡는 일종의 상설망(常設網)입니다. 장군은 얼마동안 조긔잡이로 귀한 목숨을 이어가며 무에를 닥고 잇다가 조흔 바람을 맛나 부하를 거느리고 황해를 넘어 명나라로 건너 갓습니다.[43]

즉 청병(淸兵)의 진영에서 탈출한 임경업이 황해를 통해 명(明)으로 들어갈 결심을 하고 연평도에 들어왔는데, 같이 유인하여 데리고 온 중들과 역군에게 먹일 군량을 마련할 궁리를 하던 중, '안목'이란 곳에 조기가 많은 것을 보고 '싸리 울타리'를 설치하여 조기잡이 방법을 가르쳐주었다는 것이다. 물론 기록에 전해지지 않는 이야기다. 임경업이 조기잡이 방법을 가르쳐주었다는 사실도 의심스럽다. 이미 『세종실록지리지』에 "해주 남쪽 연평평(延平坪)에는 석수어(石首魚)가 나서 봄과 여름에 여러 곳의 고깃배가 모두 이곳에 모여 그물로 잡으며, 관에서 그 세금을 거두어 나라의 비용으로 쓴"다고 기록하고 있기 때문이다.[44]

---

43) 〈도서순례-백령도방면(2)〉, 《동아일보》, 1928년 8월 20일.

기록에서 알 수 있듯이 적어도 조선 초부터 연평도는 중요한 조기 어장으로 대규모 선단에 의한 어업이 이루어졌다.

그렇다면 왜 임경업은 조기 어업의 신(神)이 되었고, 연평도는 임경업 신앙의 메카가 되었을까? 주강현은 "외세와의 관계 속에서 억울하게 죽은 임장군에 대한 민중적 해원이 그를 황해 조기잡이 신으로 신격화시켰다"고 보고 있다. 아울러 연평도가 임경업 신앙의 메카가 된 원인은 조기잡이 어업권과 관련되어 있다고 설명한다. 즉 "칠산바다는 잔 조기고 연평바다는 큰 조기란다"(칠산바다 배치기)라는 노래가 있듯이 예로부터 연평도가 황해 조기어업의 중심지였던 만큼, 대규모 이동 선단어업이 가능해진 양란 이후부터는 그 신앙이 급속하게 뱃길을 통하여 섬과 해안으로 퍼져나갔다는 것이다.[45]

〈도서순례〉는 연평도에 '연평삼일(延平三日)'이라는 말이 있듯이 조기가 가장 잘 잡히는 기일은 3일밖에 되지 않으므로 "혹 풍랑이나 일든지 하야 무슨 변괴가 생기는 것을 크게 두려워"하여 그 길흉화복을 맡고 있는 임장군에게 그토록 치성을 드리고 두려워한다고 전하고 있다.[46]

---

44) 『세종실록지리지』, 황해도 해주목조.

45) 주강현, 『조기에 관한 명상』, 한겨레신문사, 1998, 236~242쪽.

46) 〈도서순례-백령도방면(2)〉, 《동아일보》, 1928년 8월 20일.

〈그림 6〉 연평도 안목(2009년 6월 필자 촬영)

〈그림 7〉 연평도 풍어제(2009년 3월 필자 촬영)

② 대청도의 원 순제(元順帝) 신황당(神隍堂)

〈도서순례〉에서는 "'대청도는 본시 당나라 땅이지요'라는 무지한 말을 하는 어부가 있으리만큼 청국과의 교섭이 많았으며 더욱 원(元)나라 때에는 사실 조선 땅이 아니라 할 만큼 그 나라의 물화가 이 조그만 섬을 지배하였습니다"라고 하여 대청도와 중국과의 밀접한 관계를 설명하고 있다. 바로 고려시대 원간섭기 당시 대청도가 원 황실의 주요 유배지였던 역사적 사실을 말하고 있는 것이다. 실제『고려사』,『고려사절요』,『신증동국여지승람』등의 사서에는 1280년(충렬왕 6)부터 1331년(충혜왕 원년)까지 총 7명의 원나라 유배인이 대청도에 온 사실을 기록하고 있다.[47] 사서의 기록에 근거하여 〈도서순례〉는 위왕(魏王) 아목가(阿木哥), 발라(孛剌)태자, 그리고 토곤 테무르(妥懽帖睦爾)를 거론하고 있다.

이 중에서 대청도의 신(神)이 된 사람은 훗날 원 순제(元順帝)로 등극하는 토곤 테무르이다. 〈도서순례〉는 대청도에 전래되는 원 순제의 설화를 다음과 같이 말하고 있다.

> 명종의 어머니가 죽은 뒤에 그 아버지 문종(文宗)은 후실을 어덧더니 성품이 간악하야 명종을 미워하다가 문종의 총애가 제 한 몸에 모인 때를 타서 명종에게 무실한 죄를 닙혀 대청도로 귀양을 보내니, 때는 거금 오백구십구 년 전 고려 충숙왕(忠肅王) 십칠 년 칠 월입니다. 명종은 시신 몃명을 다리고 대청도 내동에 도착하야 집을 짓고 뽕나무, 자규나무, 옷나무를 심으고 농사를 지어 먹으며 금불(金佛) 한 쌍을 봉안하고 매일 아츰 밧으로 나갈 때마다 속히 귀국하게하야지이다 하고 정성껏 긔도를 하얏답니다. …(중략)… 불공도 령험이 업든지 후모의 패악은 날로 심하야 명종

---

47) 인하대학교 박물관,『백령·대청도 대중국 등 관광객유치 역사 발굴·고증 연구』, 2013, 51쪽.

> 의 등극을 아주 막아버리노라고 사람을 명종에게 보내어 방금 부황의 환후가 위중하야 약석이 무효한데 오즉 마지막 령약이라고는 태자의 두 눈을 약으로 써야 하리라 하니 속히 빼어 보내라고 긔별을 하얏답니다. 압 못보고야 찰아리 죽는 편이 낫겟지오마는 텬품이 유순한 명종은 조음도 서슴지 안코 눈알을 뽑아 부황께 보냇답니다. …(중략)… 지성이면 감텬이라고 그 이듬해, 즉 고려 충혜왕(忠惠王) 원년에 죄가 풀리어 본국으로 소환되엇드랍니다. 빼어 갓든 눈알은 부처님 령험으로 썩지안코 그냥 남엇든지 다시 차저 마추고, 그 후 이 년만인 고려 충숙왕 후원이년(後元二年)(서력 일천삼백삼십삼년)에 등극하야 대원순데(大元順帝)가 되엇답니다.48)

위의 원 순제 설화는 아직까지 대청도 일대에서 회자되는 이야기이다. 대청도 주민들은 지금도 내동의 대청초등학교 자리를 원 순제의 궁궐터라고 믿고 있으며, 소청도 분바위가 원 순제가 놀던 곳이라고 믿는다. 그러나 지금까지 전해지지 않는 이야기가 하나 나오는데 그것은 바로 내동 뒷산에 원 순제의 사당이 있었다는 사실이다.

> 내동 뒷산 미테 늙은 느틔나무와 잡목과 솔나무가 울창한 가운데 조고마한 초가 신황당(神隍堂)이 잇습니다. 어두컴컴한 나무숩 속의 범이 나올듯한 잡초를 간신히 헤치고 들어가 보니 백목상 우에 목초ㅅ대(木燭臺)가 좌우로 노히고 그 중간에는 순종황뎨신위(順宗皇帝神位)라는 기울어진 위폐가 외로히 서잇습니다. 이곳이 녯날 순뎨가 집을 짓고 살든 곳이라 하야 그 집터에 신황당을 지엇는데, 지금도 도민들이 오히려 순뎨를 춘추제사하는 까닭이 무엇이겟습니까.49)

---

48) 〈도서순례-백령도방면(8)〉, 《동아일보》, 1928년 8월 26일.
49) 〈도서순례-백령도방면(7)〉, 《동아일보》, 1928년 8월 25일.

〈그림 8〉 〈도서순례〉에 보이는 원 순제 신황당
(《동아일보》 1928년 8월 25일)

대청도에 원 순제의 신황당이 있었다는 사실은 그동안 아무도 주목하지 않았다. 그러나 필자가 2009년에 대청도 조사를 하였을 당시, 지금껏 동내동 서낭당으로만 알려진 당집을 보고 한눈에 원 순제의 신황당임을 알 수 있었다. 그것은 〈그림 8〉에서 보이는 〈도서순례〉의 사진이 있었기 때문이다. 비록 지붕이 초가지붕에서 함석지붕으로 바뀌었지만, 자연석을 괴여 쌓은 벽은 80여 년 전의 모습 그대로였다. 내부에도 과거 목촛대와 위패를 놓았을 법한 제단이 마련되어 있었다. 그리고 이곳이 과거부터 대청도 당집 중에서도 본당이 되는 곳이란 주민의 증언을 들었기에 더욱 확신할 수 있었다.[50)]

그렇다면 적어도 1920년대까지 원 순제의 집터로 전해진 내동의 신황당이 이후 제사도 잘 받들어지지 못한 채 주민들의 기억에서 사라진 이유는 무엇일까? 추측컨대 이는 기독교의 전파와 앞에서 살펴본 연평도의 임경업 신앙이 대청도로 전파되었기 때문으로 보인다. 즉 기독교의 세가 커짐에 따라 기존 마을의 전통신앙이 상대적으로 크게 위축

---

50) 대청도의 동내동 서낭당은 필자가 2013년 봄에 갔을 때까지는 존재하고 있었으나 이후 2014년 7월에 갔을 때에는 그곳에 없었다. 추측건대 인근 군부대에서 시행하는 도로공사로 인해 멸실되어진 것으로 보인다. 한중관계사와 대청도의 역사를 알려주는 중요한 유적임에도 등록문화재가 아니라는 이유로 이처럼 한 순간에 사라지는 현실이 서글프기만 하다. 아마도 〈그림 9〉의 사진은 동내동 서낭당(원 순제 신황당)의 마지막 모습이 될 듯싶다.

〈그림 9〉 2013년 대청도 동내동 서낭당의 전경(인하대학교 박물관 제공)

되었고, 이와 더불어 대청도가 어업중심의 사회로 바뀜에 따라 섬의 내부에 있던 원 순제 신황당도 그 기능을 점차 상실하였을 것이다. 대청도는 1918년 선진포에 동양포경회사(東洋捕鯨會社)의 포경기지가 설치된 이후 황해의 대표적인 어업 중심기지가 되었고, 섬의 중심지도 중앙에 있는 내동 마을에서 항구가 있는 선진동으로 이동하였다. 따라서 어업의 신인 임경업 신앙은 그대로 전승된 것에 비해 원 순제의 신황당은 그 이름조차 사라지게 되었다. 선진동의 임경업 당집이 대청도를 대표하는 당집으로 바뀌고, 내동의 신황당은 그저 '서낭님'이란 산신을 모시는 곳으로 그 위격이 하락하고만 것이다.[51]

51) 서종원, 「서해안 임경업 신앙 연구」, 중앙대학교 박사학위논문, 2009, 25~26쪽.

③ 백령도 당개 서낭당

마지막으로 김동진 기자가 들린 섬은 백령도이다. 이 섬의 주민들은 연평도, 대청도와 다르게 '왕대통(王竹筒)'이란 신을 모시고 있었다. 기자는 '왕대통(王竹筒)'을 모시는 당개 서낭당을 방문하고 그 설화에 대해서 다음과 같이 설명하고 있다.

> 이집 주인인 성황님은 년대 모를 어느 녯날에 돌연히 바다가 고요하야 사나웁든 당개에도 잔물결이 찰삭거릴 뿐인데 멀리 해상에 선악(仙樂)이 일어나며 방울소리 달랑달랑하기에 섬사람이 괴이히 녀겨 나가보앗더니 왕대통(王竹筒) 하나가 풍악을 잡히며 둥실둥실 떠오더랍니다. 이것을 사람들이 이상히 녀겨 모서다가 당개 바위 우에 성황당을 짓고 성황님이 왕대통으로 변신하얏다하야 여긔다 모시고 제사하게 되엇답니다. 왕대통 성황이 어떠케 령하든지 만일 소를 타고 그 압흘 지나가면 소 발등이 땅에 부터 별수업시 내리어 걸어가게 되고 욕심이 그리 적다고는 할 수 업서 사람이 가진 물건을 조하한답니다. 녯날 목장이 섬 속에 잇서 오백여 두의 말을 치엇는데, 목장 감독하는 감목관(監牧官)이 승직하야 서울로 돌아 가려할 새 련일 풍랑이 심하야 십여 일을 두고 발선을 못하다가 무당에게 연유를 물어보앗더니 큰 창옷 우에 띈 장띄를 성황님이 가지고 십허 길을 막는 것이라고 하얏답니다. 감목관이 압길이 밧분지라 그 말대로 성황님께 풀어 바치엇더니 대번에 바람이 자버림으로 닷을 감으려할 제, 이 감목관 영감도 욕심으로는 성황님보다 더하면 햇지 못하지는 안흔 패라, 바람이 잔 바에야 띄를 빼앗길게 무어냐고 상노를 보내어 바치엇든 것을 돌우 빼서가자고 돗을 달엇답니다. 신령한 성황님이 엇지 감목관에게 지고야 말겟습니까. 배가 뎨일 깁흔 룡틀안(龍機里) 압 「바다여」라는 곳에 다다럿슬 때에 갑작이 풍랑을 일으키어 파선을 시켜 심술굿게 원수를 갑허버리엇답니다.[52)]

바다 위에서 떠내려 왔다는 '왕대통'의 이야기는 마치 『삼국유사』에 전하는 신라의 '만파식적(萬波息笛)'을 연상시킨다. 재물에 대한 욕심이 많은 해신의 이야기도 다른 지역에서 흔히 전해지는 설화이다. 〈도서순례〉만 하여도 고군산열도의 끝섬신당[末島神堂],[53] 거제도 방면의 국도신당(國島神堂),[54] 울릉도의 도동(道洞)의 성황당[55] 등이 모두 패물이나, 여자 등을 좋아하여 정성껏 제사지내지 않으면 벌을 받는다고 전하고 있다. 백령도민들은 '왕대통'을 섬의 수호신(守護神)으로 여겨 해마다 옷을 입히고, 갓을 씌우고, 춘추로 제사지내었다.

흥미로운 점은 이러한 백령도의 민속신앙이 300여 년 전 백령도 초기 개척시대부터 이어진 것이란 점이다. 백령도의 유배인이었던 설학(雪壑) 이대기(李大期)가 1620년(광해군 12)에 쓴 『백령도지(白翎島誌)』에는 다음과 같은 기사가 보인다.

> 본섬의 풍속이 오직 귀신만을 숭상하여 음란한 일을 일삼으니, 비록 일곱 자식을 둔 아녀자도 안심하고 집에 있을 수 없다. 그리고 인가에서는 기도와 제사가 끊이질 않아 북을 치는 푸닥거리가 겨울도 없고 여름도 없으니, 요즈음 이곳의 풍습을 말할 것 같으면 침을 뱉어도 특별할 것이 되지 못한다. 어찌 백성들만 그러하겠느냐. 진(鎭)의 장수들까지 화극(畫戟)을 들고 신을 맞이하며 관아에서 굿판을 벌이고도 부끄러움을 모른다. 이러한 풍습은 진을 세운 초기에 성황당(城隍堂)을 세운데서 유폐(流弊)가 나온 것이니 참으로 쓴웃음이 나온다.[56]

---

52) 〈도서순례-백령도방면(11)〉, 《동아일보》, 1928년 8월 29일.
53) 〈도서순례-고군산열도(3)〉, 《동아일보》, 1928년 6월 24일.
54) 〈도서순례-거제도방면(8)〉, 《동아일보》, 1928년 7월 13일.
55) 〈도서순례-울릉도방면(7)〉, 《동아일보》, 1928년 9월 7일.
56) 인천광역시 역사자료관, 「역주 백령도지」, 『역주 인천도서지역의 지지자료』, 2010, 17쪽.

〈그림 10〉〈도서순례〉에 보이는 당개 서낭당(《동아일보》, 1928년 8월 29일)

위의 글은 성리학자인 이대기가 유교적 교화를 입지 못한 변지(邊地)인 백령도의 무속신앙을 통렬히 비판한 것이다. 관아에서조차 진장(鎭將)이 화극(畵戟)을 들고 굿을 벌이는 일은 1609년(광해군 1) 백령진(白翎鎭)이 설치된 이후에 만들어진 성황당(城隍堂)에서 나온 유폐(流弊)라고 하였다. 〈도서순례〉에서도 "녯날은 첨사까지 치성을 들여 성황님을 영전에 모서다 노코는 긔치창검을 그 주위에 라열하고 노상 굿을 하얏"다고 말하고 있는 것으로 보아 위의 『백령도지』에 나오는 성황당은 당개 서낭당을 일컫는 것으로 보인다.

〈그림 11〉 2013년 백령도 당개 서낭당의 전경(인하대학교 박물관 제공)

④ 서해5도의 기타 설화

지금까지 살펴본 임경업 설화, 원 순제 설화, 왕대통 설화 외에도 〈도서순례〉 '백령도 방면'에는 많은 서해5도의 설화들을 소개하고 있다. 고구려군에게 잡힌 김춘추(金春秋) 이야기, 순제가 심었다는 대청도의 영약(靈藥) 뽕나무 이야기, 개화기 청국 어선과의 분쟁 이야기, 제너럴셔먼(General Sherman)호를 타고 온 토마스(Robert Jermain Thomas) 목사 이야기, 병인양요 때 강화도로 보내진 대청도 잠수부 김세길(金世吉) 이야기 등이 그것이다. 그런데 중요한 점은 이들 설화가 단순히 꾸며낸 이야기가 아니라 모두 역사적 사실을 근거로 한다는데 있다. 이 이야기들 중에서 대청도의 뽕나무 설화를 한 예로 들어 보겠다. 〈도서순례〉는 다음과 같이 대청도의 뽕나무 설화를 설명하고 있다.

> 순뎨의 심은 뽕도 어떠케 종자가 조흔 것이든지 태황뎨[고종황제: 필자 주] 당시에 황후의 환후침중하매 이 섬의 상실(桑實)이 령약이 되엇다고 이 섬의 공이 두텁다 하야 장연(長淵)에서 떼어다가 일시 경긔도 수원(水原)군에 소속하고 토주관(土主官)을 두어 다스리게 하얏답니다. 이와가티 순뎨가 뎨왕의 품위를 가추고 잇섯슴으로 후에 섬사람들이 그의 덕으로 추앙하야 신황당을 세운 것이랍니다.[57]

위에서 말하는 뽕나무란 내의감(內醫監)을 통해 임금에게 진상되는 약재(藥材) '상기생(桑寄生)'이다. 『백령도지』에 의하면 원래 백령도의 특산물이었으나 관재(棺材)로 쓰려고 욕심낸 첨사(僉使)에 의해 베어져 멸종되어졌다가, 이후 대청도에 '홍덕휘(洪德輝)'란 뽕나무를 발견하여 계속 왕실의 약재로 진상될 수 있었다고 한다.[58] 그러나 위의 〈도서순례〉기사를 볼 때, 이 '홍덕휘(洪德輝)'란 뽕나무가 원 순제에 의해 심어진 것으로 변모한 것을 알 수 있다. 그리고 19세기 말까지 왕실의 약재로 쓰였음을 전하고 있다. 대청도가 뽕나무 약재로 인해 수원군에 소속되었다는 사실은 확인되지 않으나, 실제로 1789년(정조 13) 사도세자의 묘를 현륭원(顯隆園)으로 천봉(遷奉)하고 수원부(水原府)를 승격한 것을 기념하여 대청도를 수원의 본영(本營)에 소속시켰고,[59] 1893년에는 윤달영(尹達榮)의 건의로 대청도와 소청도 두 섬이 수원유수부로 이속되어진 일이 있다.[60]

---

57) 〈도서순례-거제도방면(8)〉, 《동아일보》, 1928년 7월 13일.

58) 이대기는 '홍덕휘'란 뽕나무가 강령현감이던 홍덕휘가 대청도를 수토할 때 얻었다고 하여 뽕나무에 사람 이름을 붙였다고 설명하고 있다.

59) 인천광역시 역사자료관, 「역주 대청도진장선생안」, 『역주 인천도서지역의 지지자료』, 2010, 84~85쪽.

60) 『승정원일기』 고종30년(1893) 2월 1일조.

3) 섬 중의 이상촌(理想村), 개명(開明)되는 섬사람들

전술하였듯이 〈도서순례〉의 기획 목적은 절해고도의 섬 속에서 전통의 미풍양속을 이어가고 교육·문화적인 힘을 길러 문화적·경제적인 '실력양성'을 추구하는 섬의 민중들의 생활을 살펴보는 데에 있었다. 소청도에 도착한 김동진 기자는 자신을 맞이하는 섬사람들의 환대 속에서 깊은 동포애를 느낀다.

> 수부가 가르켜 주는 대로 칠십도 이상이나 되는 산을 타고 기어올르로나니 산 위로부터 내려오는 사람이 만습니다. 그들은 나를 둘러싸고 어듸서 오느냐고 서로 반가히 뭇습니다. …(중략)… 양복 입은 뭇동포를 더욱 사랑합니다. 그 섬에는 아즉 양복 입은 서울 동포가 차저왓든 일이 업섯다고 그들은 나를 형데가티 사랑합니다. 내 가방을 빼서 드는 청년도 잇고 압헤 서서 길을 인도하는 로인도 잇습니다. 맨발에 베옷을 입은 젊은 부인네들은 감히 갓가이 오지는 못하고 멀리서 뒤를 짤흡니다. 그들은 나를 예수로 알지 안흐며, 「모세」로 알지도 안코, 을지공(乙支公), 리순신(李舜臣)과 가튼 사람으로 알지를 안코 잇슴이 분명하되 오즉 뭇에 사는 동포라는 순진한 동포애의 발로가 나로 하야금 절도(絕島)의 외로움을 조금도 깨닷지 못하게 하게 하는 것입니다.[61]

위의 기사는 섬과 육지의 사람들이 전혀 다를 바 없다는 민족적 일체감을 보여준다. 비록 과거 전통시대에는 섬은 유배지요, 유교적 교화가 미치지 못한 변지(邊地)에 불과했지만, 이제 지금의 섬은 조선 문화의 원형을 지키는 최후의 보루가 된 것이다. 소청도에 처음으로 "양복 입은 서울 동포가 찾아왔다"는 말도 재미있다. 사실 소청도는 서해5도

61) 〈도서순례-백령도방면(3)〉, 《동아일보》, 1928년 8월 21일.

서 중에 최초로 서양세력과 접촉한 과거가 있기 때문이다.

1816년(순조 16) 중국 천진을 출발한 영국의 알세스트호(함장 Murray Maxwell)와 리라호(함장 Basil Hall)는 9월 1일 서양인으로는 처음으로 백령, 대청, 소청 세 섬을 발견하였다.[62] 그리고 가장 남쪽에 있는 소청도에 상륙하여 선물을 주며 주민과 접촉하려했으나, 언어가 서로 통하지 않아 이튿날 섬을 떠나고 말았다. 바실 홀은 소청도민과 처음 만난 상황을 다음과 같이 서술하고 있다.

> 주민들은 우리가 지금까지 보아 왔던 것과는 여러 면에서 다른 묘한 떼거리를 지으며 우리를 보려고 몰려왔다. 그들의 피부는 짙은 구릿빛이었고, 그들의 외모는 험상궂고 약간 야만스러웠다. …(중략)… 그들의 주된 불안은 가능한 한 빨리 우리를 몰아내는 것이었다. 이러한 뜻은 그들의 태도에서 너무나 분명히 나타나 오해의 여지가 없었다. 왜냐하면 우리가 마을로 들어가려고 하자 그들은 처음에는 다른 길로 우리가 가도록 가르쳐주었고, 우리가 계속 가려고 고집하자 거칠게 팔을 잡고 우리를 밀쳐냈다. …(중략)… 한 사람은 돛대 모양과 같은 종잇조각을 들어올려 바람 부는 방향으로 흔들더니 동시에 배를 가리키면서 이제 바람이 좋으니 우리가 떠나가기를 바라는 의사를 나타내었다.[63]

탐사대 중 화가인 하벨(William Havell)은 소청도 주민과 마을 풍경을 그림으로 남겼는데, 그가 가장 인상적으로 표현한 것은 조선인의 모자(갓)였다. 바실 홀의 『조선서해탐사기』에 의하면 그 "직경은 거의 3피트(약 90㎝)에 달하고 마치 잠자리 날개와 같은 아름다운 직물로 만들어

---

62) 맥스웰 대령은 백령, 대청, 소청 세 섬들을 에든버러 왕립학사원 원장의 이름을 빌려 '제임스 홀 군도(Sir James Hall Group)'라고 명명하였다.

63) B. 홀(신복룡·정성자 역주), 『조선서해탐사기』, 집문당, 2005, 15~19쪽.

〈그림 12〉 하벨이 그린 소청도 주민의 모습

져 있다"고 하였다. 이처럼 김동진이 섬에 오기 110여 년 전, 외부인과 소청도 주민 간의 서로에 대한 반응은 너무도 큰 차이가 난다.

소청도를 떠난 김동진 기자는 대청도를 방문하였다. 기사의 내용으로 보아 100여 명의 학생 수를 지닌 '대청사립보통학교'를 방문한 것으로 보인다.[64] '대청사립보통학교'는 대청도의 유지이자 황해운수주식회사의 사장인 김학선(金學善)이 세운 학교이다. 〈도서순례〉의 각 기자들이 그랬듯이 김동진 역시 섬 유지들의 교육운동을 매우 긍정적인 시선으로 바라본다. 김학선은 도박과 옥외흡연은 물론 양주와 음주까지 금지하는 동규(洞規)를 만드는 등 섬의 풍속을 단속하였는데, 이러한 모습을 김동진은 "섬 중의 이상촌이요, 완전한 자치촌"이라고 극찬하고 있다.

---

64) 대청사립보통학교는 1921년 내동의 진청사(鎭廳舍)에서 신학(新學)을 목적으로 섬의 유지 김학선이 사숙(私塾)을 개설한 것으로 시작하였다. 1923년 사립보통학교로 인가됨에 따라 선진동 쪽의 답동으로 이전하였고, 1932년 공립보통학교가 되었다.(대청면지편찬위원회, 『대청면지』, 1996, 182쪽)

문화정도가 향상한 대청도민들은 일즉이 이것을 념려한 바가 잇서 이 섬의 원로 격이오, 보통학교 교장이며, 운수회사 경영자인 김학선(金學善)씨 등의 발긔로 불률문(不律文)으로 된 동규(洞規)가 잇서서 도박을 엄금하며 옥외흡연을 금지합니다. 옥외흡연을 금지하는 까닭은 어부들이 길로 다니며 담배를 먹다가는 함부로 던지어 이전에 큰 화재가 잇섯슴으로 이것을 방지하기 위함이라 범하면 벌금이 일 원이오, 도민이 도박을 하면 첫 번은 주의를 시키되 두 번 이상에는 근신을 명하야 다른 사람이 그가 회개하도록 교제를 아니하는 법입니다. 술은 외디 선박이 만히 뎡박하는 배진포(船津浦)와 옥죽포(玉竹浦)에서만 팔게 하되, 도민은 절대로 영업을 못하게 하며, 외촌사람이라도 매음덕 행위를 할 사람에게는 허가를 아니 합니다. 내동(內洞)을 비롯하야 농사를 위주하는 촌락에는 술로 말미암아 어부들이 들어와서 풍속을 깨트릴 념려가 잇다고 양주와 음주를 절대로 금지하야 경박부화 음탕의 침입을 엄중히 방지합니다. 가위 섬중의 리상촌이외다. 완전한 자치촌이외다.[65]

〈도서순례〉에는 나오지 않지만 김동진 기자가 찾아갔을 당시의 대청도는 이중적인 섬마을의 공동체를 형성하고 있었다. 즉 선진포를 중심으로 하는 일본인 이주어촌과 내리를 중심으로 하는 조선인 마을로 섬의 공동체가 분리되어 있었던 것이다. 선진포는 원래 4~5가구에 불과한 한촌(寒村)이었지만 선박들이 정박하기 좋은 양항(良港)이어서 일제는 1918년 동양포경회사의 포경기지를 설치하였다.[66] 이후 중국 선원과 일본인 등이 대거 내왕하면서 인구가 증가하였고, 섬의 관공서나 학교

65) 〈도서순례-백령도방면(7)〉, 《동아일보》, 1928년 8월 25일.

66) 대청도의 포경장은 1930년대 초까지만 하여도 매년 30~60마리의 고래를 포획하는 조선 최대의 포경장이었다.(上村篤實, 「大青島の捕鯨場へ」, 『黃海道めぐり』, 西鮮日報支社(海州), 1927)

등도 모두 선진포로 이전되어 대청도의 중심지가 되었다. 매년 고래가 올라오는 겨울철이면 120~130여 명의 일본인과 조선인이 들어와 크게 붐비었고, 선원과 상인을 따라 들어오는 게이샤들도 있었다고 한다.

한편 조선인 마을인 내리에서 김학선이 섬의 원로였다면, 선진포에는 초기 일본인 이민자인 다나베 슌타(田邊春太)가 섬의 원로 행세를 하였다. 그는 지두리 어장 등 대청도의 주요 어장을 소유하고 있었으며, 해삼이나 까나리를 건조한 '이리코(イリコ)'를 제조·판매하고 있었다.

그러나 〈도서순례〉에는 이러한 일본인 어촌의 모습은 전혀 밝히고 있지 않다. 단지 "대청도에는 일본인 경영의 포경회사가 있다"고 한 마디만 언급할 뿐이다. 이는 〈도서순례〉의 목적이 철저히 조선 민중의 생활을 살펴보는 것에만 한정했기 때문이다. 따라서 "장승포는 일본인의 촌이니 가기도 싫다"[67]고 하거나, "주인이 바뀌어 말없으니 갑갑한 탄식을 목포로 향하는 금릉환(金陵丸)에나 실어볼까"[68]라는 등 기자들은 〈도서순례〉의 곳곳에서 세력을 확장해 가는 일본인 어촌에 대해 불편한 심정을 감추지 않았다.

한편, 백령도는 섬의 크기나 인구수는 물론 문화적으로도 대청도에 비해 매우 개명(開明)된 섬이었다. 왜래의 문화와 접촉하는 기회가 많다보니 여러 가지 사회문제가 발생하였다. 김동진은 그 중에서도 특히 여자들의 정조문제를 거론한다. 그리고 이러한 문제들을 섬 공동체가 어떻게 대처하느냐하는 방식에 있어서는 대청도와 많이 비교가 되었다.

---

67) 〈도서순례-거제도방면(10)〉, 《동아일보》, 1928년 7월 15일.

68) 〈도서순례-진도해방면(3)〉, 《동아일보》, 1928년 7월 28일.

근세에 이르러 세태가 변하는 통에 막혓든 담이 쓸어지며 갑작이 륙디의 문물이 밀물가티 밀려들어옴으로 여러 가지 새로운 영향이 미치는 가운데 녀자의 정조 문뎨에 일대 전환을 보게 되엇스니, 이는 섬 녀자들의 륙디 사람을 그리워하게 된 것입니다. 섬사람이 아닌 어떤 관리의 말을 들으면 륙디 남자를 몰르는 녀자는 사람갑에 가지를 못한다고까지 극단의 말을 합니다마는 그러한 풍조가 잇다는 것은 어렵지 안케 간파할 수 잇스니 이는 다 해여진 베옷을 걸고 다니는 늙은 녀자가 잇는 반면에 젊은이는 대개 산뜻한 모시옷을 집안에서 입고 잇스며 머리언진 모양과 옹진(甕津)(이 섬과 교통이 가장 빈번한 땅)가기 조화하는 부녀가 만흔 것입니다. 륙디 사람이러니 대개 그물질하는 식컴한 어부이겟지만 꼭 다친 섬 속에서 적막과 단조에 천대를 늣기든 그들은 외양간 나선 분마(奔馬)와 가티 함부루 내닷습니다. 이러한 광경을 바라보매 그 이웃섬인 대청도에서는 그 전철을 밟지 안흐려고 여러 가지 수단으로 륙디 어부의 발호를 견제하게 된 것입니다.[69)]

백령도의 수군첨사진영(水軍僉使鎭營)까지 돌아본 김동진은 과거 백령진영의 이속(吏屬)이었던 75세의 노인을 만났다. 한말 백령도로 들어온 유배인 이야기, 병인양요 당시 프랑스 군함의 배 밑창을 뚫겠다고 자원한 대청도의 잠수부 이야기, 동학난 당시 백령진이 함락된 이야기 등을 기자에게 들려주고 다음과 같이 비분강개한 언설을 내뱉는다.

자긔는 청렴하야 백성의 볼기 한번 못 때린 덕에 이가티 가난하야 늙을 녁에 죽을 고생을 한다는 후회를 합니다. 후회를 하다가는 다시 녯날을 동경하는 당시의 시국담을 합니다. 그러다가 맨 나종에는 어됴를 놉

---

69) 〈도서순례-백령도방면(10)〉, 《동아일보》, 1928년 8월 28일.

> 히어 지금 학도들에게 테조를 시키는 것은 군중행세를 가르치어 전쟁이 일어나면 압잡이를 세우고저 하는 것이 아니냐고 긔발한 질문을 합니다. 나는 그러치는 안치만 현대에는 군중교련이 필요하다는 리유를 한참 일러주엇습니다. 로인은 이윽히 생각하더니 장태식을 발하며 나히 팔십에 군중에 나가 죽지 못한 것이 한이 된다고 하며 백세가 되더라도 군중에 나아가 어지러운 이 세상의 조리를 밝힌 후에야 눈을 감겟노라고 늙은 긔염이 한울을 뚤을 듯합니다.[70)]

"100세가 되더라도 군중(軍中)에 나아가 어지러운 이 세상의 조리(調理)를 밝히고 죽겠다"는 백령진의 늙은 군인의 기염을 말하며 〈도서순례〉의 '백령도 방면' 기사는 끝을 맺는다.

4. 맺음말

1920년대는 '문화운동', 즉 '실력양성운동'이 팽배하던 시기다. 3·1 운동의 실패로 국내 부르주아민족주의운동의 전반적인 분위기는 직접적인 독립운동을 유보한 채 '실력양성운동론'으로 돌아가고 있었다. 이러한 실력양성운동은 바로 '물산장려운동'과 신교육 보급을 통한 '교육진흥운동'으로 대표된다. 그러나 1920년대 후반에 들어서부터는 이러한 실력양성운동의 동력이 크게 퇴조하고 만다. 일제의 교활한 민족주의세력 분열책으로 일부 부르주아민족주의자들이 '동화주의' 및 '자치주의' 세력으로 포섭됨에 따라 부르주아민족주의 좌파와 우파가 분열하였고, 또 새롭게 사회주의 사조가 팽배해짐으로써 부르주아민족주

---

70) 〈도서순례-백령도방면(13)〉, 《동아일보》, 1928년 8월 31일.

의자들의 '문화운동'이 본격적으로 비판받기 시작하였다.

이러한 시대적 배경을 두고 나온 것이 1928년에 연재된 《동아일보》의 〈도서순례〉 시리즈이다. 〈도서순례〉는 1920년대 부르주아민족주의 운동을 선도한 《동아일보》의 마지막 몸부림으로 보인다. 조선반도의 변경을 차지하는 절해고도의 각 도서를 찾아감으로써 실력양성운동의 성과와 미래의 방향을 가늠해보려는 의도였을 것이다. 여기서 주목한 것이 섬의 역사와 민속, 문화였는데, 뜻밖에 이들은 자연환경과 경제적 빈곤에 굴하지 않고 힘껏 싸우는 섬의 민중들을 발견하였다.

그리고 〈도서순례〉를 통해 본 1920년대 서해5도의 역사와 민속, 그리고 문화를 살펴볼 때, 본고에서는 다음과 같은 결론을 얻을 수 있었다.

첫째, 〈도서순례〉 제6대 '백령도 방면'의 기자 김동진은 다른 기자들과 마찬가지로 철저히 민족주의적인 성향 속에서 서해5도의 역사와 민속, 그리고 문화를 관찰하였다는 점이다. 의도적으로 일본인 어촌사회를 살피지 않았으며, 가난한 소청도 주민의 환대에 뜨거운 동포애를 느꼈고, 백령도 늙은 군인의 애국심에 눈물 흘리었다. 이러한 그의 민족주의적 성향은 연해주 한인촌에서 보낸 유년 및 청년시절의 남다른 경험이 바탕이 되었을 것으로 생각된다. 비록 식민지말기에는 친일적인 행보를 걸었지만 〈도서순례〉를 연재하던 당시의 그의 민족주의적 성향만은 부인할 수 없을 것 같다.

둘째, 〈도서순례〉 '백령도 방면'의 기사를 통해 적어도 1920년대 말까지는 연평, 대청, 백령 세 섬에 '임경업 신앙'과 '원 순제 신앙', '왕대통 신앙'이 각 섬의 대표적인 민속 신앙으로 군림하고 있었음을 확인하였다. 이후 서해5도에 불어 닥친 기독교의 확산으로 민속신앙은 그 힘을 잃고 현재는 그 자취조차 찾아보기 힘들게 되었지만, 어업의 신으로 추앙받는 '임경업 신앙'만은 오히려 인근 도서 지역으로 확산되어 대청도와 백령도의 대표적인 민속신앙으로 자리 잡게 되었다. 이는 전통시대 농업 중심의 사회였던 대청도와 백령도가 식민지시기 이후 어업 중심의 사회로 변환함에 따라 나타난 현상으로 보인다.

셋째, 〈도서순례〉 '백령도 방면'에 나오는 많은 설화들은 단순히 지어낸 이야기들이 아니라 대부분 역사적 근거를 가지고 있는 설화들이었음을 알 수 있었다. 대부분의 이야기들은 김동진이 각 섬에서 직접 섬 주민과 대화하며 취재한 것들이었는데, 섬 주민들이 직접 경험한 이야기부터 수 백여 년간 전승된 이야기들까지 대부분 역사적으로 실증이 가능한 이야기였다. 외부와의 교섭이 잦지 않았던 섬이기에 가능하였을 것 같다.

마지막으로는 〈도서순례〉 '백령도 방면'의 기사를 통해 1920년대 서해5도서에서도 활발한 '문화운동'이 펼쳐졌음을 알 수 있었다. 특히 대청도의 유지 김학선의 활동이 눈에 띄었다. 그는 대청도를 외부 사회와 철저히 고립시킨 채 전통적인 미풍양속을 유지시켜 '이상적인 자치촌'으로 건설하고자 하였다. 대청사립보통학교의 설립과 도박, 흡연, 음주 등을 금지한 불율문(不律文)의 동규(洞規) 제정 등은 이를 잘 나타내준다. 이에 비해 외부와의 접촉이 좀 더 많았던 백령도는 여성들의 옷차림 등을 볼 때 대청도보다는 상당히 개명(開明)된 사회로 나갔다.

[필자 : 유창호]

【제2부】

설화와 민속, 문화콘텐츠

서해5도의 설화

1. 머리말

설화(說話)는 일정한 줄거리를 지닌 서사적인 이야기로, 허구적인 내용을 포함하고 있는 구전문학이다. 여기서 허구적인 요소는 설화 전승집단의 요구와 희망이 반영되기에 설화에는 당대인의 생활상이나 풍습을 반영되어 있다고 할 수 있다. 그러므로 설화에 대한 연구는 당대인의 생활상이나 풍습을 이해하는데 도움이 된다.

설화는 구전되는 속성상 변화를 수반하게 된다. 즉 사회·문화적 요소와 지리적 특성 등이 가미되어 그 지방 고유의 특색을 지닌 설화로 전승되는가 하면, 지역을 벗어나 전국적인 경향을 띠며 전승되는 설화도 생겨나게 된다는 의미이다. 특히 지역별 문화교류가 활발한 지역일수록 전국적인 경향을 띠는 설화가 생성될 가능성이 많다고 할 수 있다. 이에 반해 도서지역은 바다로 둘러싸여 있는 지역적 특수성 때문에 내륙보다는 상대적으로 원형에 가까운 구비문화 전승이 이루어진다고 할 수 있다. 그렇기 때문에 도서지역의 설화연구는 설화의 원형파악에 있어 매우 중요하다고 할 수 있다.

본 연구는 대표적인 도서지역인 서해5도의 설화를 대상으로 삼는다. 서해5도는 일반적으로 북한과 인접한 백령도·대청도·소청도·연평도·우도 등의 5개 섬을 일컫지만 우도 대신 소연평도를 포함하기도 한다. 강화군에 속해 있는 우도는 현재 민간인 통제구역으로 되어 있어, 민간전승이라는 설화의 특성상 여기서는 우도 대신 소연평도를 포함한 서해5도로 특정하기로 한다.

서해5도는 현재 내륙에서 접근하기가 가장 어려운 지역들이다. 황해도 지역에서는 그리 멀리 떨어져 있지 않지만, 남북이 분단된 현재 상황에서 본다면 내륙에서 가장 멀리 떨어진 곳이기 때문이다. 그러므로 이들 지역은 다른 지역보다 그 폐쇄성이 강한 곳이기에 설화의 원형 보존이 여타의 지역보다 뛰어난 곳이라고 할 수 있다.

여기서는 서해5도 의 설화 중 백령도, 대청도, 연평도의 대표적 설화를 통해 그 지역의 특성을 살펴보고자 한다.

2. 백령도와 심청 설화

백령도는 본래 황해도 장연군(長淵郡)에 속했으나 광복 후 옹진군에 편입되었다. 원래의 이름은 곡도(鵠島)였는데, 따오기가 흰 날개를 펼치고 공중을 나는 모습처럼 생겼다 하여 백령도로 개칭했다고 한다. 진촌리 조개무지에서 신석기시대의 유물이 다량으로 출토된 것으로 보아 일찍부터 이곳에 사람이 살았던 것으로 보인다.

인천에서 북서쪽으로 191.4㎞ 떨어진 서해 최북단의 섬으로, 북한의 황해도와는 가까운 위치에 있으나 남한에서의 접근성은 어렵다. 이러한 지역은 내륙보다 폐쇄성이 강하여 설화의 전승이 비교적 잘 되어 있다고 할 수 있다. 그렇기 때문에 백령도에는 적지 않은 수의 설화가 전해지고 있다. 그런데 백령도에 전승되는 설화 중 상당수는 우리나라 대표적인 고소설 중의 하나인 『심청전』과 관련한 설화이다. 그렇다면 백령도에 심청 관련 설화가 상당수 전해지고 있는 원인이 무엇인지 확인해볼 필요가 있다.

백령도의 심청 설화 전승 원인으로, 백령도에는 소설 『심청전』과 관련지을 수 있는 명이 많다는 점을 첫 번째로 꼽을 수 있다. 백령도에는 심청이가 빠졌다는 인당수, 심청이 타고 온 연꽃이 조류에 밀려왔다는 연화리, 연꽃이 걸려 있었다는 연봉바위 등 심청과 관련된 지명전설이 여러 개 있다.[1] 그렇기 때문에 백령도 주민들은 소설 『심청전』의 배경을 백령도라고 믿고 있다.

우선 『심청전』의 중요한 모티프 중의 하나인 인당수가 백령도의 앞바다에 위치해 있다.

> 장산곶 앞에 물살이 센 곳이 있는데 '인당수'라고 합니다. 그 곳에서 옛날에 상인들이 제사를 지냈다고 하는 그런 얘기를 들었어요. 우리 마을에 연세 드신 분이 계신데, 장산곶에 어업하며 다니셨거든요. 60여 년 전에. 그때는 지금같이 통제도 안 하고 그러니깐, 그곳까지 어업을 하러 다녔대요. 쳐다보면 장산곶이 가깝고 백령도가 먼 정도로 어업을 나갔단 말이예요. 거기는 물이 빙빙 돈대요. 우리 듣던 얘기로는 물이 돌고 그러니깐, 옛날에 중국으로 장사 다니던 상인들이 자주 침몰되니깐, 처녀를 사다가 제물로 바치고 제를 드렸대요.
>
> -〈심청이 살아난 연화리〉

---

1) 소인호, 「서해안지역 설화의 특성 연구 - 인천광역시의 구비전설을 중심으로」, 『구비문학연구』 제10집, 한국구비문학회, 2000, 104쪽 참조

요기 장산곶 말에, 인당수라고 하는 데가 있어요. 그때 남방 장사가 장산곶을 돌아가려면 인당수 옆에 '대감바위'가 있는데, 거기에다 처녀 인고사(人告祀)를 드렸단 말야. –〈용왕이 살려준 심청〉

저 장산곶 앞에는 물살이 굉장히 세어서 웬만한 배는 거길 그냥 지나갈 수가 없었답니다. 그래서 거기다가 처녀를 사서 넣는데 옛날에는 아마 인제(人祭)를 지냈던 모양입니다. –〈연꽃을 타고 온 심청〉

옛날에는 중국을 왕래하는 무역선이 저 신의주 쪽에서 와 가지고서 몽금포에 와선 정박을 하고 장산곶을 통과했어요. 그런데 장산곶 앞에는 시간마다 물 쓰는 시간이나 드는 시간이나 훈수가 져 가지고 물이 도는데, 범위가 약 한 4㎞ 됩니다. 왜 그러냐 하면 이 장산곶이라는 데는 바위가 물 속으로 들어가 원 수심이 수천 미터 되는 곳인데, 그 산 때문에 그 물이 이쪽으로 넘었다 저쪽으로 넘었다 하는 바람에 자동 훈수가 돼요. 그 안이 전부 바위라서, 그런데 그 바위는 사람이 접근하기 힘들어요. 그래서 중국 무역선들이 거기를 지나다가 행방불명된 배가 하나 둘이 아니었대요. 그래서 무당한테 물어보니까, "거기는 귀신을 위하지 않으면 통과 못한다. 그런데 거기는 소나 잡아서는 안 되고, 처녀를 제물로 바쳐야 한다."고 해요. –〈비단에 싸여 살아난 심청〉[2)]

인당수는 백령면 북촌리 두무진 동북쪽에 있는 바다를 말하는데, 황해도 장연군의 장산곶에서 서쪽으로 내려오는 물목으로 예로부터 물살이 세고 바다가 깊어 많은 배들이 이곳을 지나다 해난사고를 당하던 곳이라 전해진다.

---

2) 최운식·백원배, 『백령도』, 집문당, 1997.

심청각(사진 출처 : 옹진군청 홈페이지)

이곳이 소설 속의 인당수인지는 확인할 방법이 없지만 위의 설화에서 보듯이 백령도 주민들은 이곳이 소설 『심청전』에 나오는, 중국 상인들이 뱃길에 무사하기를 기원하기를 위해 심청을 제수로 바쳤던 곳이라 믿고 있다. 그래서 이곳이 바라다 보이는 진촌 뒤쪽 망산의 정상에다 심청각을 건립한 것도 이런 이유에서라고 볼 수 있다.

또한 백령도에는 '연화리(연지동)', '연화암(연봉바위)' 등 심청전의 또 다른 중요 모티프라 할 수 있는 연꽃과 관련한 지명이 많다.

이들 지명 역시 『심청전』과 실제로 관련이 있는지는 확인할 수 없지만, 대다수의 백령도 주민들은 이것들을 『심청전』과 관련된 것으로 이해하고 있다.

심청이는 용궁에 갔다가 연꽃이 되어서 어느 해변으로 밀려갔어요. 한 어부가 고기를 잡다 보니까 연꽃 송아리가 해변으로 밀려들어오는 것이 아름답고 멋있게 보여요. 그래서 어부가 그 연꽃을 건졌어요. 거기가 연봉바위 있는 데라는 얘기에요. －〈비단에 싸여 살아난 심청〉

외할머니한테 이 이야기를 들을 때에는 심청이 살아난 곳이 어디인지 몰랐지요. 그런데 제가 이곳으로 피난 와서 살면서 어르신네들한테 들으니까, 심청이 연꽃을 타고 바닷물에 밀려 연화리로 왔다가 다시 연봉바위로 가서 거기서 살아났다고 하더군요. 연화리는 지금은 논이 되었지만, 제가 어렸을 때만 해도 바닷물이 들어왔어요.

－〈연꽃을 타고 온 심청〉

옛날에 효성이 지극한 심청이가 공양미 300석에 몸을 팔아 그 인당수에서 제물이 되어 빠져 죽었는데, 백령도 서쪽에 있는 연화리의 연꽃으로 환생했다고 그러지요. (채록자 : 심청이 처음에 환생했다는 곳이 연화리에요, 연봉이에요?) 연화리라고 알고 있어요, 연화리 연못에 핀 연꽃으로 환생을 했다고 그러지요. 그리고 대청 쪽으로 가면 중간에 연봉바위가 있는데, 연봉바위로 환생했다고 하기도 하고요. 저희들은 지식이 없지만 저희들은 분명히 『심청전』이라고 하는 것은 장산곶, 백령도 여기가 발상지가 아니냐? 라고 굳게 생각하고 있습니다. 우리가 보아도 코앞에는 장산곶이 있고, 임당수가 요 앞에 있고, 또 객관적으로 입증할 수 있는 연화리 연꽃이 있고, 연봉바위로 환생했다는 연봉바위가 백령도 대청도 중간에 있어요. 장산곶하고 임당수, 임당수에서 연화리 마을, 연화리 마을에서 연봉바위, 이게 하나의 직선으로 되어 있습니다. 그러니까 이것은 우연의 일치라고 보기는 어렵지 않느냐 생각합니다. 작년에 연꽃이 처음 피었는데, 이 마당에 연꽃이 피었다 하는 것은 백령도 심청각을 지어야 된다는 하늘의 계시가 아닌가 생각합니다. －〈심청이 살아난 연화리〉3)

위의 설화에 따르면 백령도 주민들은 심청이 환생한 곳을 연화리(연지동) 또는 연봉바위라고 구체적으로 가리키고 있다. 연화리에는 연지(蓮池)가 있었는데 오래 전에 메워져 연꽃이 없었다고 한다. 하지만 어느 해 이 마을의 한 노인이 우연히 연뿌리를 발견하여 웅덩이를 파고 심었더니 발아하여 꽃을 피웠으며 연못을 이루었다고 한다. 그리고 연봉바위는 백령면 남포리 앞 바다에서 대청도 쪽으로 가는 바다 중간에 있는 곳으로 섬 모양이 연꽃 봉우리처럼 생겼다고 하여 붙여진 이름이라고 한다. 그러므로 연화리나 연봉바위는 『심청전』과 직접적인 연관이 없어 보인다. 실제로 이들 지역이 심청과 직접적인 관련이 없다는 구술[4]도 채록되었다는 점에서 본다면 더욱 그렇다.

이렇게 본다면 심청 설화는 소설 『심청전』 속의 중요 모티프인 인당수와 연꽃을 백령도의 지명과 연관 짓다보니 만들어진 것이 아닌가 한다. 위 인용문의 마지막 구절인 "작년에 연꽃이 처음 피었는데, 이 마당에 연꽃이 피었다 하는 것은 백령도 심청각을 지어야 된다는 하늘의 계시가 아닌가 생각합니다."에서 이러한 백령도민의 생각을 단적으로 엿볼 수 있다. 즉 이들 지명이 소설 『심청전』과 연관이 있던 없던 간에, 백령도 주민들은 관련이 있는 것으로 믿고 심청 설화를 재생산한 것으로 이해할 수 있다는 의미이다.

---

3) 위의 책.

4) 연화리는 연지동입니다 원래가. 연지. 연꽃이 있는 마을. 자생연꽃이 엄청나게 많았는데 연못도 큰 게 있었고. 다 메꾸고 논으로 만들다 보니까 연꽃이 다 없어진 거예요. 근데 연씨가 참 이상하더라고요. 요만한데 상당히 굳어요. 망치로 때려야 깨져요. 연씨가 싹이 터가지고 나온답니다, 깨져야. 이게 백년동안 연꽃이 안 폈어요, 여기가. 안 폈는데 지금 농기계가 발달해가지고 털다보니까 연씨가 백 년 이상 묵은 게 깨져가지고 연꽃이 나와서 지금 피고 있어요. 자생 연꽃인데 상당히 연꽃이 딴 데 것 보다 커요. **여기는 보면 심청이 전설이 많이 가미가 되어있어요.**(인천대학교 국어국문학과, 「서해도서 구비전승 자료조사-옹진군 백령면·대청면 일원」, 인천대학교 국어국문학과, 2007.)

백령도 심청 설화 전승의 두 번째 이유로 백령도에는 『심청전』의 근원설화 중의 하나인 인신공희(人身供犧) 설화가 여러 편 전해진다는 점을 들 수 있다. 백령도에 전승되는 인신공희 설화의 대표적인 것으로 문헌설화인 〈거타지 설화〉를 들 수 있다.

① 당나라 사신으로 가는 진성여왕 때 왕의 계자(季子)인 아찬 양패(良貝)의 무리를 호위하기 위한 궁사 50명 중 1명이 거타지이다.
② 도중에 곡도(鵠島)에서 풍랑을 만나게 되어 점을 보니, 섬 안의 신지(神池)에 제사를 지내야 풍랑이 멎는다고 하여 그 못에 제물을 차리고 제사를 지내니 못물이 높이 솟아올랐다.
③ 그날 밤 양패의 꿈에 나타난 한 노인이 활을 잘 쏘는 사람 한 명을 이 섬에 남겨두고 떠나면 순풍을 얻는다고 하였다.
④ 제비뽑기를 통해 거타지가 남게 되었고 혼자가 되자 홀연 서해의 신인 한 노인이 못 가운데서 나왔다.
⑤ 노인은 매일 해뜰 때마다 하늘에서 한 중이 내려와 자신의 가족들의 간을 빼먹어 오직 서해신의 부부와 딸 하나만을 남겨놓았다고 하였다.
⑥ 내일 아침에도 다시 나타나면 활로 쏘아달라고 부탁을 하였고, 승낙하니 노인은 물속으로 들어갔다.
⑦ 이튿날 아침에 중이 내려와 주문을 외고 늙은 용의 간을 먹으려 할 때 숨어있던 거타지가 활을 쏘아 중을 맞히니, 중은 곧 늙은 여우로 변하여 땅에 떨어져 죽었다.
⑧ 노인은 이에 대한 보답으로 자기의 딸을 아내로 삼아달라고 부탁하였고, 거타지가 이를 승낙하자 노인은 딸을 한 가지의 꽃으로 변하게 하여 거타지의 품속에 넣어주었다.
⑨ 그리고 노인은 두 마리 용에게 명하여 거타지를 받들고 사신가는 배를 뒤쫓아가 그 배를 호위하여 무사히 당나라에 도착하게 하였다.

⑩ 당나라 사람들은 신라 사신의 배를 두 마리의 용이 받들고 있음을 보고 임금에게 아뢰니, 임금은 신라의 사신이 비상한 사람일 것이라고 여겨 성대히 대접하고 후한 상까지 내렸다.

⑪ 임무를 마치고 신라에 돌아오자 거타지는 꽃가지를 꺼내어 여자로 변하게 하여 행복하게 살았다.

위는 『삼국유사』 「기이」 제2편의 〈진성여왕 거타지(眞聖女王 居陀知)〉조[5]에 나오는 설화로 '중국으로 가는 도중에 풍랑을 만나(①, ②) 인신공희(人身供犧)를 하고(③, ④) 문제를 해결한 후(⑤~⑧) 행복한 결말(⑨~⑪)'을 맺는다는 점에서 『심청전』의 후반부와 기본 골격이 유사하다고 할 수 있다.

이 설화의 배경인 곡도(鵠島)는 지금의 백령도로 이 〈거타지 설화〉와 유사한 이야기가 사곶과 용기포의 지명과 연관되어 용신 전설의 형태로 전해 내려오고 있다.[6] 그 중 대표적인 것이 〈숫총각을 제물로 받는 해신〉과 〈사곶과 용난개울〉이다.

사곶 해변

---

5) 『삼국유사』, 「기이」 제2편, 〈진성여왕 거타지(眞聖女王 居陀知)〉

6) 소인호, 앞의 논문, 103쪽.

연화리 동네 쪽으로 약 350m쯤 떨어진 곳에 먹을 물이 솟는 샘이 있었는데 중국 사람들이 들어오기만 하면 바다 물결이 높아지므로, 이곳에 온 중국 사람들은 나가기 위해서 해룡에게 제사를 지내곤 하였다.

한 중국 배가 물을 얻으러 연화리에 왔다가 풍랑이 심해 떠나지 못하고 있었는데, 선장의 꿈에 백발노인이 나타나 "젊은 숫총각을 연화리에 떨궈 놓고 가거라."고 말했다. 꿈에서 깬 선장이 해신에게 바치고 제사 지내는 샘으로 숫총각 하나를 물을 길러 오라고 보내자 파도가 잔잔해졌다. 그 틈을 이용하여 선장은 숫총각을 버리고 배를 출발시켰다. 울부짖는 총각을 모른 채하고 중국으로 돌아간 선장은 총각을 백령도에 두고 온 것이 늘 마음에 걸려 그곳에 가보고 싶었으니 다시 올 기회가 없었다.

그로부터 20여 년 후 조선으로 간다는 한 친구에게 총각을 두고 온 백령도로 찾아가 보라고 하였고, 그곳을 찾아간 친구는 혼이 빠진 듯한 그 총각을 발견하였다. 그 샘 근처에서는 3년마다 숫총각이 죽곤 하였는데 이를 두고 사람들은 해신이 숫총각을 제물로 빼앗아 가는 것이라고 하였다. – 〈숫총각을 제물로 받는 해신〉

백령면 진촌리의 살쿠지 앞에 있는 내를 말하는 것으로 전설에 의하면, 옛날에 김무달이라는 가난하지만, 어진 선비가 이 마을에 살고 있었다고 한다. 그런데 하루는 비몽사몽간에 한 백발인이 나타나서 말하기를 "나는 이 마을 앞 개울에서 사는 청룡인데 요즘 젊은 황룡이 나타나서 이 소을 빼앗으려고 하고 있다. 내 이미 늙어서 젊은 청룡을 당해 낼 수 가 없으니 나를 도와주어야 하겠다. 마침 내일 아침 황룡과 결투를 벌려야 할 때가 되었다. 내가 황룡과 싸울 때 네가 활로 황룡을 쏘아 맞추면 내가 이기게 된다."하고 사라졌다. 꿈에서 깨어난 김무달은 백발 노인의 부탁대로 다음날 아침 일찍 청룡과 황룡이 싸울 때 활을 쏘니 황룡이 죽고 청룡이 승리하게 되었다. 다시 꿈에 나타난 백발 노인은 소원을 말하면 한가지만 들어주겠다고 했다. 김무달은 마을 앞 황무지를 논으로 만들었으면 좋겠다고 하여 모두 옥토가 되었다는 것이다. 그 후 그 개울을 용이 난 개울이라 하여 '용난 개울'이라 하게 되었다는 것이다.

– 〈사곶과 용난 개울〉[7]

이 두 설화는 〈거타지 설화〉를 반으로 나누어 놓은 것과 유사하다. 〈숫총각을 제물로 받는 해신〉은 풍랑을 만나 떠나지 못하던 중국 선박 선장의 꿈에 백발노인이 나타나 숫총각을 두고 가면 풍랑이 잠잠해질 것이라고 한다. 이는 위 〈거타지 설화〉의 인신공희 부분과 유사한 내용(②, ③)을 보이고 있다. 그리고 〈사곶과 용난 개울〉은 문제를 해결하고 은혜 갚은 용으로 인해 행복한 삶을 살았다는 이야기에서 거타지 설화의 ⑤~⑨까지와 유사한 내용이라고 할 수 있다. 그렇게 본다면 이 두 설화는 거타지 설화와 마찬가지로 『심청전』의 기본골격과 같다고 할 수 있다. 그러므로 이러한 점역시 백령도의 심청 설화 전승이 많은 한 원인이 될 수 있다.

그 외에도 백령도가 신라 시대 이래로 중국과 왕래하는 항로의 중간 기착지에 위치해 있어 중국 상인들의 왕래가 잦았다는 지리적 위치도 심청 설화 전승의 한 요인으로 꼽을 수 있다.

이상으로 백령도에 심청관련 설화가 많이 전해지는 이유를 살펴보았다. 그 결과 백령도에는 지명이나 인신공희 관련 설화 전승 등 소설 『심청전』과 연관을 지을 만한 것이 많다. 이 때문에 백령도 주민들은 소설 『심청전』의 배경을 백령도라고 믿고 있으며, 이 점이 심청 설화가 백령도에 전승되고 있는 주된 요인으로 보인다.

---

7) 인천대학교 국어국문학과, 「서해도서 구비전승 자료조사 – 옹진군 백령면·대청면 일원」, 인천대학교 국어국문학과, 2007.

3. 대청도와 원 순제 설화

대청도는 원래 포을도(包乙島)였는데 고려 초기에 대청도(大青島)로 이름이 바뀌었다. 신석기시대부터 사람이 살기 시작하였던 것으로 추정된다.

대청도는 고려시대에 유배지로 널리 알려진 곳으로, 원나라 순제가 태자시절 유배를 왔던 곳으로 유명하다. 원 순제는 원나라 명종의 장자로 대청도에 유배를 왔다가 갖은 고초 끝에 황제에 오른 인물이다. 그러므로 대청도에는 원 순제와 관련한 지명이 여러 개 있는데 옥죽포, 고주동, 내동, 삼각산 등이 그것이다. 이로 본다면 원 순제가 대청도에 끼친 영향이 상당하다고 할 수 있다.

> 대청도에 중국에 어떤 왕자가 살았다는 이야기가 있습니다. 그 터가 지금 대청초등학교가 있는 터인데요. 대청도의 거의 중앙부분에 있다고 보시면 됩니다. 왕자가 살던 곳은 아. 왕자가 아니고 태자라고도 들었습니다. 옥죽포라는 곳을 통해서 대청도로 오게 되었습니다. 옥은 태자나 왕자를 나타내는 것이고 죽은 대나무가 많다는 뜻이고, 포는 항구라는 뜻이죠. 하여간 그래서 내동이라는 곳으로 와서 궁궐을 만들었다고 하는군요. 그 태자가 살다가 중국으로 다시 돌아갔는데, 그 태자가 간 후에는 대청도에 아무도 살지 않다가, 조선시긴가 고려후긴가에 다시 대청도로 사람들이 들어와서 살았다고 합니다. 대청초등학교 근처에서 그 시대에 것으로 보이는 기와장도 발견되었다고 합니다.
>
> – 〈옥죽포 태자 이야기〉[8)]

---

8) 옹진군지 편찬위원회 편, 『옹진군지』, 예일문화사, 2010.

옥죽포

옥죽포는 구명이 옥자포(玉子浦)[9] 또는 옥지포(玉趾浦)[10]였다고 한다. 원나라 명종 태자의 태자인 타환첩목이(妥懽貼睦爾)가 1232년 대청도로 유배될 때 황해를 건너 대청도 옥자포를 통해 들어와 궁궐터인 현 대청초등학교까지 10여리 길을 걸어갔다고 한다. 즉 고려 땅에 와서 처음 육지를 밟게 된 것이 옥죽포였던 것이다. 다시 원나라로 돌아가기 전까지 이곳에서 유배생활을 했던 원 순제는 대청도에 중국의 장안을 옮겨놓은 듯 보인다. 대청도의 가장 중앙이 되는 곳(내동)에 궁실을 짓고 장안(長安)이라고 하였으며, 고주동 큰 산을 삼각산(三角山)이라 한 데서 알 수 있다.

---

9) 『朝鮮王朝實錄』 정조 17년 계축(1793) 4월29일 (신묘)
내동은 북쪽의 높은 산봉우리 아래 부스러진 기와 조각들이 있는데, 세속에 전해오는 말로는 원(元)나라 황제가 살았던 옛터라고 하였습니다. 그 아래는 바로 옥자포(玉子浦)로 길이는 10리쯤 되고 너비는 수리(數里)쯤 되는데 좁은 곳도 2백여 보(步)는 되었습니다.

10) 옥지포라는 지명은 문헌에 나타나지 않는다.

내동의 대청초등학교

원 순제가 대청도로 유배될 때 같이 따라온 식솔들이 100여 호에 이른다고 하니 당시로는 큰 마을을 형성하였던 것으로 추측된다. 그러므로 많은 식솔들의 먹을 양식이 필요했을 것이고, 조달한 양식을 저장할 곳이 필요했을 것이다. 바로 양식을 저장하는 창고가 있었던 곳을 고사동(庫舍洞)이라 하였는데 오늘날 고주동(庫柱洞)이 바로 그곳이다.[11)]

이렇게 본다면 대청도는 원 순제에 의해 만들어진 곳이라고 해도 과언이 아니다. 그렇기 때문에 대청도에는 원 순제와 관련한 설화가 많다. 그 중 대표적인 것이 다음의 설화이다.

---

11) 甕津郡鄕里誌編纂委員會 編, 『甕津郡鄕里誌』, 예일문화사, 1996, 508~509쪽 참조.

① 원 순제가 왕위에 오르기 전 계모에게 왕자가 하나 태어났다.
② 계모는 자기가 낳은 아들을 왕위에 앉히기 위해 음모를 꾸며 원 순제를 절해고도인 대청도로 유배를 보낸다.
③ 불안한 계모는 혹시 복수를 꿈꿀까봐 유배지인 대청도에까지 감시의 눈을 붙여 제거의 음모를 꾸민다.
④ 계모는 병든 부왕을 치료하기 위해서는 태자의 눈알이 필요하다는 내용의 허위 편지를 보내자 효심이 지극한 원 순제는 자신의 눈알을 빼어 보낸다.
⑤ 외눈이지만 단란한 모습으로 살아가고 있다는 소식을 전해들은 계모는 다시 조작된 부왕의 편지로 태자의 하나 남은 눈도 빼어 보낼 것을 요구한다.
⑥ 계모의 음모인 줄 모르고 하나 남은 눈을 빼 준 순제는 두 눈을 다 잃은 채 답답한 마음에 정처 없이 길을 떠난다.
⑦ 해주 수양산 고주복에 이르렀을 때 기진맥진한 수제는 바위에 엎드려 앞에 있는 큰 미륵을 어루만지며 잠이 들었다.
⑧ 꿈 속에서 “나를 위해 집을 지어준다면 왕위를 잇도록 해줄 것”이라는 미륵의 말을 듣고, 집을 지어주고 싶었으나 앞을 못 봐 어쩔 도리가 없었는데 홀연 강풍이 일어 순제를 중국으로 싣고 갔다.
⑨ 순제는 중국에서 집지을 재목 일체를 말려 가지고 해주에 돌아와 미륵이 선 자리에 큰 집을 지으니 유명한 신광사이다.
⑩ 그 후 순제는 미륵의 힘을 입어 드디어 대국의 천자 자리에 앉게 된다.

위 설화는 원나라에서부터 대청도, 해주에 이르기까지 넓은 지역을 포괄하고 있는 것이 특징이다. ①과 ②는 대청도로 유배 오게 된 이유를, ③~⑤는 원 순제의 대청도 유배 생활을, 그리고 ⑥~⑩은 해주 신광사의 연기설화를 다루고 있다.

비록 계모의 모함에 의해 유배를 오게 되었으나, 대청도의 생활은 만족할 만한 것으로 묘사되고 있다. 게다가 원 순제는 부왕의 병을 고치기 위해 자신의 눈알을 빼어줄 정도로 효심이 지극한 인물로 그리고 있다. 이는 대청도 주민들의 원 순제에 대한 긍정적 이미지를 나타내고 있는 것으로 볼 수 있다.

대청도에는 이 설화를 '신행이 얘기'라고도 하는데, 이와 유사한 설화가 하나 더 전해진다.

> 옛날에 '신황'이라는 한 청년이 살고 있었다. 일찍이 어머니를 여의고 아버지와 단 둘이 살았는데, 어느 날 아버지가 계모를 들이게 되었다. 신황의 나이 스물이 될 무렵 계모가 자식을 낳았다. 계모는 신황이 장손이기에 자기가 낳은 자식이 재산을 물려받지 못하는 것이 불만이었다. 그래서 신황이를 없애야겠다고 마음을 먹고 의원을 찾아가 후하게 돈을 줄테니 내가 중병에 걸렸다고 하고 오직 장손의 간을 먹어야만 살수 있다고 말하라고 했다. 며칠이 지난 후 계모는 아파 죽겠다며 자리에서 일어나지 않았다. 걱정이 된 남편은 그 마을에서 가장 용한 의원을 불러 어찌하면 좋겠느냐고 물었다. 그러자 의원이 말했다. "이 병은 오직 한 가지 방법밖에는 없습니다. 장손의 간을 먹어야만 병이 낫겠습니다." 아버지는 비록 부인의 병을 고쳐야 하나 아들을 죽일 수는 없어 백정에게 말하여 개를 한 마리 잡아서 그 간을 가져오라 했다. 그렇게 해서 개의 간을 신황의 간이라 하고 주니 계모는 먹지도 않고 병이 다 나았다고 했다. 자리에서 일어난 계모는 죽은 줄로만 알았던 신황이가 멀쩡하게 살아 있는 것을 보고 남편이 가져온 것이 신황의 간이 아니었다는 것을 알아차렸다. 그리고 다시 어떡하면 신황이를 죽일까 하는 생각만 했다. 어느날 계모는 신황이를 불러 등이 가려우니 등 좀 긁어 달라고 했다. 신황이는 계모의 등을 긁었다. 이때 계모가 좀더 밑으로 내려 긁으라고

했다. 신황이가 계모의 말대로 내려서 긁자 계모는 지식이 어미의 엉덩이를 만진다고 역정을 내며 남편에게 도저히 같이 살 수 없다고 말하는 것이었다. 아버지가 신황이를 불렀다. "신황아. 네가 어미의 엉덩이를 만지는 불미한 짓을 저질렀다 하는데 대체 어찌된 일이냐?" "아버님 무슨 말씀이십니까? 제가 어찌 그런 짓을 하겠습니까? 어머니가 저를 ……." 모든 사정을 다 듣고 난 아버지는 한숨을 쉬었다. "신황아. 네가 어미와 함께 있으면 제 명대로 못살겠구나. 어디론가 떠나거라." 신황이는 마당을 내려와 대성통곡하며 말했다. "어머니, 아버지 부디 편안하십시오."하고 큰절을 했다. 집을 나온 신황은 강가로 갔다. 강가에는 빈 나룻배 한 척이 있어서 신황은 배에 올라 홀로 탄식하기를, "천지신명이시여! 죽은 어머니의 넋이라도 있으면 죄 없는 신황이를 불쌍히 여기시어 어디라도 데려다 주십시오."했다. 그 배를 타고 물결치는 대로 이리저리 떠돌아다니다 아무도 살지 않는 대청도 옥죽포에 닿게 되었다. 대청도 양지동 뒷산에 움을 파고 살다가 관사대에 집을 지어 살았다. 이 신황이가 대청도의 시조라고 전해지는데 현재도 양지동 뒷산 재핏골을 신황당골이라고 칭하며 신황이 살던 집터에 가 보면 우물이 있다.[12)]

위는 〈신황이 설화〉인데, 계모의 모함에 의해 원래의 주거지를 떠난다는 점, 주인공의 효성이 지극하다는 점, 부친은 큰 힘을 발휘하지 못한다는 점 등의 기본적인 줄거리는 거의 〈원순제 설화〉와 같다고 할 수 있다. 다만 〈신황이 설화〉에서는 원순제 설화의 ⑥~⑩에 해당하는 사찰 연기설화가 없다는 점이 가장 큰 차이라고 할 수 있다. 하지만 이는 신황이가 대청도의 시조라는 점에서 기인된 것으로 볼 수 있다. 원 순제는 대청도를 거쳐 다시 원나라로 돌아간 인물이지만 신황이는

---

12) 인천광역시 역사자료관, 『옛날 옛적에 인천은』, 인천광역시 역사자료관, 2001.

대청도의 시조로 대청도에서 산 인물이다. 그렇기 때문에 대청도를 위주로 서술이 되어야 하는데 위의 신광사 연기설화는 황해도 해주의 이야기이기에 빠진 것으로 이해해야 한다.

이렇게 본다면 〈신황이 설화〉는 〈원 순제 설화〉에서 대청도 이외의 것을 제외한 후 새롭게 만들어져 대청도의 시조 설화로 변모된 것이 아닌가 생각된다.

4. 연평도와 임경업 설화

연평도는 인천의 서북방 122㎞ 위치에 있는 섬으로, 연평도와 소연평도 등 2개의 유인도를 중심으로 하여 주위에 30여개의 작은 섬으로 이루어진 곳이다. 대연평도의 남쪽 해안과 주변 섬에서 많은 신석기유적이 발견된 것으로 보아 신석기시대부터 해안가를 위주로 사람이 살았던 것으로 보인다.

연평도는 조기(석수어)로 유명하여 1968년 전까지는 조기 파시로 성업을 이루었으나, 현재는 그 명맥이 끊어졌다. 연평도의 조기는 1636년(인조 14) 임경업 장군에 의해 발견된 것으로 전해진다. 그렇기 때문에 연평도에는 임경업 장군과 관련된 설화가 다수를 차지한다고 할 수 있다.

연평도의 임경업과 관련한 설화는 크게 세 가지의 유형으로 전해진다.

첫째로 임경업이 연평도와 처음 인연을 맺은 이야기로, 장군이 중국에 가려다가 연평도에 정박하여 처음 조기를 잡았다는 내용과 관련된 설화의 유형이다. 이 이야기는 다음과 같은 구조로 되어 있다.

① 병자호란에 패한 조선은 소현세자와 봉림대군을 볼모로 청에 보낸다.
② 의주 부윤이던 임경업 장군은 이 소식을 듣고 원수를 갚고 두 왕자

를 모셔오겠다고 다짐한다.

③ 조선만의 힘으로는 부족하여 명과 내통하여 청을 무찌르는 계획을 세운다.

④ 명으로 가는 육로는 모두 막혀 뱃길을 이용하려 한다.

⑤ 상인으로 변장한 후 해로를 통해 명으로 가려고 하나 동행할 사람을 구하기가 어려웠다.

⑥ 마포의 욕심 많은 쌀장수를 이용하여 많은 곡물과 선원들을 모은다.

⑦ 명나라로 가는 배임을 알고 속은 줄 안 선원들은 겁을 먹고 식량과 식수, 장작 등을 도중에 버리고 이를 보충하기 위해 육지로 돌아가자고 한다.

⑧ 이들이 도망가려는 의도를 파악한 임경업 장군은 가장 가까운 섬인 연평도에 정박하라고 한다.

⑨ 소연평도와 연평도 사이의 바다에서 식수를 구하고, 연평도의 산에서 땔감인 장작을 구하였다.

⑩ 가시나무를 이용하여 안목어장터에서 조기를 가득 잡아 식량으로 삼고 명나라로 계속 갈 수 있었다.

⑪ 임경업 장군은 비록 후에 청나라 군사에게 잡혀 죽는 몸이 되었지만 연평도에서 가시나무를 이용하여 조기를 잡은 일화는 조기잡이의 시초로 두고두고 전하여 온다.

①~⑥은 청으로 가기까지의 출항 준비과정이다. 전쟁에 패한 조선은 인조의 두 아들인 소현세자와 봉림대군이 청의 심양에 볼모로 잡혀가게 된다. 이에 임경업은 청에 대한 원수를 갚고 두 왕자를 구하기 위해 명나라를 이용하려는 계획을 세운다. 동행할 선원들을 구하지 못해 속을 끓이던 임경업이 속임수를 써서 겨우 동행할 선원을 구하여 출항할 준비를 마친 과정이다. ⑦과 ⑧은 도중에 눈치 챈 선원들의 반발에 의해 연평도에 정박하는 과정을 그리고 있다. 그리고 ⑨~⑪은 식수와 식량인 조기

를 구하는 과정을 그리고 있다.

그런데 연평도에 전해지는 설화들은 대개가 ①~⑥의 과정은 간략하게 처리하고 ⑦~⑩의 과정을 위주로 전해지고 있다.

> 그분에 중국에 갈라고 중국을 갈라면 이쪽을 거치는 모양이에요. 가시다가 날이 그쳐 가지고 여기서 인제 묵는데. 에, 하여간 여기 안목의 조기도 그 분이 발견한 거니까. 배를 갖고 가다가 배를 타고 가다가, 인지 가만히 보니까 거기서 인지 연평에다가 정착을 하고서 부식이 없다고 선원들이 그러니까 가시나무를 꺾어노라 해놓고 박았대요. 지금 그물 친 데. 그래서 거기가 그래서 그물 치게 되었다는 거야. 그분이 거기가 가시가 물 쓸려나갈 때 조기가 많이 걸렸다는 거야. 그래서 부식을 하기 시작, 부식을 했고, 그게 유래가 돼서 안목이 되었다는 거야. 하하하, 안목 어장이 지금 아직도 하고 있어요. 이제 한 지 꽤 오래 됐지. 옛날에는 이 양반이 신이 아니잖아, 장군이지. 나라의 일을 볼라고 올라가던 거 아니예요? 올라가쟀는데 역적들이 그 배에서, 역적이 섞였으니까 그때나 인제나, 말하자면 빨갱이야, 그게. 그, 역적이 섞여가지고 바다가서는 골수해서…….(채록자 : 골수가 뭐죠?) (이기숙 제보자 : 깊은 골, 바다도 얕은 데가 있고 깊은 데가 있잖아. 깊은 데서 풍랑을 만나게 됐는데, 그 식량을 다 버렸대요, 그 역적들이 다 버리고서는 거길 가질 못 하게, 가는 목적지까지 가질 못 하게 식량을 중간에서 다 없앴대요. 그래서 임장군이 백지에다가 글을 써서 바닷물에다 넣어 놓구서 맹물을 만들어서 식수를 하고, 그렇게 하고서 쉬어가는 게 안목이 었었대요, 연평도.[13)]

위의 설화를 보면 ①~⑥의 과정은 "중국에 갈라면 이쪽을 거치는 모양이에요."라는 정도로만 표현되고 있다. 나머지는 모두 ⑦~⑩의 과정

13) 인천대학교 국어국문학과, 「서해도서 구비전승 자료조사 – 옹진군 연평면 일원」, 인천대학교 국어국문학과, 2009.

을 말하고 있다. 이는 ⑦~⑩이 연평도에 직접 해당하는 부분이기에 그런 것으로 이해할 수 있다. 연평도 주민들의 입장에서는 자신의 관심지역 이외의 다른 지역을 드러내는 부분을 굳이 언급할 필요가 없으며, 자신들이 존경하는 임경업 장군의 능력과 업적을 드러내는 것만으로도 설화 전승의 목적을 달성했다고 볼 수 있다. 그렇기 때문에 ①~⑥의 과정은 그다지 중요하지 않다고 여기는 것으로 이해할 수 있다.

연평도에 전해지는 임경업 장군 설화로 두 번째의 유형은 임 장군 사당인 충민사와 관련된 설화 형태이다. 충민사는 연평도 주민들이 신성시 여기는 공간이다. 예전에는 사당 근처에 사람이나 짐승들이 얼씬도 못하게 했다고 한다. 심지어는 사당 밑의 나무에 소를 메면 소가 죽는다는 속설이 있을 정도이다. 이는 소가 사당을 훼손하는 것을 막기 위한 조처로 연평도 사람들에 있어 충민사가 어느 정도로 신성한 공간이었는가를 잘 보여주는 예가 될 수 있다.

> 임경업이 연평도에 들렀을 때 이 섬의 지리를 자세히 살피고는 3곳(당산, 당산 동쪽 골짜기, 현 천주교회 자리)에 명지를 잡았다고 한다. 그 후 며칠간 있다가 장군이 떠난 후 세 곳에 묻힌 계란을 캐어 보았더니 천주교회와 당산 윗 골짜기에 묻었던 계란은 썩어서 골아버리고 당산에 묻은 계란은 닭(병아리)이 되려고 하였다고 하는데 그곳이 바로 충민사 자리라고 한다. 또한 전하는 말로는 이곳에 묻은 알이 부화되어 닭이 활개를 치며 울었다는 것이다. 그래서 그 후 연평도사람들은 이곳에 임경업 장군의 사당을 세우고 장군의 시호를 따서 충민사라 이름 지었다.
>
> 이와 같이 임장군은 모든 면에 선견지명이 있어 장차 자기의 사당을 세울 자리까지 보아주고 떠났다고 하여 서해의 신으로 모시어 오늘에 이르고 있다. – 〈임장군과 명당〉

충민사는 원래 지금의 자리가 아닌 당섬에 있었다고 한다. 그러나 언제인지 알 수 없으나 당섬에 불이 나서 사당이 전소하였는데, 이 때 임경업 장군의 영정이 불에 타면서 공중으로 올라가 북쪽으로 날아가다가 현재 충민사가 있는 당산마루에 재가 되어 조용히 내려앉았다고 한다. 이것을 본 연평도 주민들은 영험한 임경업 장군의 혼이 화재를 피하여 이곳으로 옮아 왔다고 생각하여, 마을 공론 끝에 현재의 장소에다 옮겼다고 한다.

충민사가 이러한 곳이기에 이곳을 해하려다 동티가 났다는 설화 또한 여러 편이 전해진다. 충민사를 헐고 일본 신사를 지으려다 꿈에 임경업 장군으로부터 혼쭐이나 포기했다는 설화 등인데 이런 설화들은 대부분 일제시대를 배경으로 하고 있다는 공통점이 있다.

충민사

이런 정도이니 임경업 장군은 이미 연평도 주민들에게는 신격화되었다고 이해할 수 있다. 일반적으로 실존인물이 신격화되는 과정은 억울한 죽음에 대한 위령의 기능이 강하다. 임경업 장군 역시 억울한 죽음을 당했다는 인식과 더불어 어민들의 현실적 욕망 등이 중첩, 투사됨에 따라, 그의 신적 영험을 강조한 임 장군 사당의 영험담이 추가되는 등의 확장 변이가 이루어진 것이다.[14)]

임경업 장군 설화의 셋째 유형은 장군의 현몽으로 풍어를 이뤘다는 설화의 형태이다. 임경업 장군은 조기잡이를 처음 시작한 인물로 인식되기에 충민사에 모셔진 이후에는 연평도를 포함한 주변 도서지역의 풍어신 역할을 하게 된다. 그렇기 때문에 충민사에서 고사를 지내고 출어를 하면 만선을 이룬다는 유형의 설화 또한 여러 편이 전해져 오고 있다.

풍어제

14) 서종원, 「서해안 지역의 임경업 신앙 연구」, 『동아시아고대학』 14, 2006, 106쪽.

이는 연평도뿐만 아니라 서해안 지역에 널리 퍼져있는 형태이다. 이에 대한 것은 임경업 장군이 옹진지방의 대동굿, 인천지방의 곶창굿, 고창지방의 영신당제와 수륙제 등의 풍어제를 통해 생활신이나 어업신으로 모셔지고 있다[15]는 점을 통해서도 확인된다. 그러므로 연평도뿐만 아니라 서해안의 대다수 도서지역에서 출어할 때는 반드시 임경업 장군에게 고사를 지낸다고 한다. 사정이 여의치 않아 연평도의 충민사에 들르지 못하면, 충민사가 보이는 근처로 이동하여 배 위에서 충민사 방향으로 고사라도 지내야 풍어를 이룬다고 믿고 있다.

> 임경업 장군 의해서 산 모시러 간다고 여기서(소연평도) 고사 지내고서 연평 가요. 연평 가서 산을 모셔가지고서 배가 아래로 내려가지고 못하고 위로 올라가야 되요. 연평을 연평산이 이렇게 돼 있잖아요. 그러면 여기서 이 안에서 고사를 지내고서 밖으로 나와야 돼. 이걸 가지고 다오개 돌아서 떴다가 간다고. 고사 모시고서 산 아래로 직접 내려가지 않고 산 우로 해서 내려가요. (채록자 : 왜 그런 거죠?) 바다로 가는 거야 바다로. 바다로 가는 데도 산인데 여기서 이제 고사를 지내고 모신다고 하더라고. 모셔서 이래서 일루 와서 이게 다오갠데 이게 연평산 뒤에 다오개라고 해요. (채록자 : 다오개요?) 다오개. 요 산 이름이 다오개야. 뒤에 까지 떴다야 가지 여기서 고사 모시는 그날로 떠 가지고 가지를 않아. (채록자 : 특별한 의미가 있나요?) 그 이유 얘기해 줄까? 선장이라는 사람이 고사를 모셔 짓고서 하루에 두 번 씩 모욕도 하고 해서 곤할 꺼 아니에요. 고사를 모셨으니까 모신다고 그러더라고. 곤할 꺼 아니에요. 여기서 뜨고서 하룻밤 자고서 나가는 거야. 하룻밤 자면은 선장에게

15) 설성경, 「서해안 어업민속에 나타난 임장군신」, 『기전문화연구』 16, 인천교대 기전문화연구소, 1987, 9~26쪽 참조.

현몽을 해준데요. 어디로 가면은 고기를 많이 잡는다. 현몽을 하는 사람도 있고 못하는 사람도 있어.[16)]

위는 필자가 소연평도에서 채록한 설화이다. 소연평도에서도 출어를 하기 전에는 임 장군에게 고사를 먼저 지내고, 다시 연평의 충민사로 가서 고사를 지낸다고 한다. 그런 후 바로 내려오지 않고 산 정상을 거쳐서 배로 내려와서는 하루에 두 번씩 목욕재개를 하고 배에서 하룻밤을 자는데 이때 정성이 지극하면 임 장군이 현몽하여 고기를 많이 잡을 수 있는 장소를 알려준다는 것이다. 이렇게 본다면 임경업 장군은 서해안 지역의 어업신이자 풍어신으로 자리매김하고 있다고 할 수 있다.

이상으로 연평도 지역에 넓게 분포되어 있는 임경업 장군 관련 설화를 살펴보았다. 임경업 장군은 조기 잡는 방법을 알려줌으로써 연평도 주민들에게 도움을 주었고, 이에 연평도 주민들은 충민사라는 사당을 지어 장군을 기리고 있다. 때문에 임경업 장군은 오늘날까지도 연평도는 물론이거니와 서해안 도서지역에 걸쳐 어업신이자 풍어신으로 자리매김하고 있으며 관련 설화는 계속 생산되고 있다고 할 수 있다.

5. 맺음말

이상으로 서해5도의 대표적 설화를 살펴보았다. 지금까지의 결과를 요약하면 다음과 같다.

우선 백령도의 경우는 소설 『심청전』과 관련한 심청 설화가 상당수

16) 인천대학교 국어국문학과, 「서해도서 구비전승 자료조사 – 옹진군 연평면 일원」, 인천대학교 국어국문학과, 2009.

전해져 오는 원인을 파악해 보았다. 그 결과 백령도에는 '인당수'나 '연화리'와 같은 지명이나 〈거타지 설화〉와 같은 인신공희 관련 설화의 전승 등 소설 『심청전』과 연관을 지을 만한 것이 많았다. 이 점에서 소설 『심청전』의 배경을 백령도라고 믿는 주민들이 많았으며, 이들에 의해 심청 설화가 확대 재생산된 것으로 보았다.

대청도의 경우는 원 순제 관련 설화가 다수를 차지하고 있었다. 그 이유로 원 순제가 유배시절 대청도를 장안으로 설정하였기에 지금도 대청도에서는 원 순제와 관련한 지명이 많다는 점을 들었다. 또한 대청도에는 〈원 순제 설화〉의 변이형인 〈신황이 설화〉가 있는데 이는 〈원 순제 설화〉에서 대청도 이외의 것을 제외한 후 새롭게 만들어져 대청도의 시조 설화로 변모된 것으로 보았다.

그리고 연평도의 경우는 임경업 장군과 관련된 설화가 상당수 전해지고 있다. 이 임 장군 설화를 '조기를 발견하는 과정과 관련한 설화', '충민사와 관련한 설화', '장군의 현몽으로 풍어를 이루었다는 설화' 등 세 유형으로 나누어 그 특징을 살펴보았다.

임경업 장군은 조기 잡는 방법을 알려줌으로써 연평도 주민들에게 도움을 주었고, 이에 연평도 주민들은 충민사라는 사당을 지어 장군을 기리고 있다. 때문에 임경업 장군은 어업신이자 풍어신으로 자리매김하고 있어 현재까지도 연평도는 물론이거니와 서해안 도서지역에 관련 설화가 계속 생산되고 있다고 보았다.

[필자 : 남동걸]

서해5도의 민속

1. 민간신앙

민간신앙이란 민속신앙으로도 불리며, 민간에서 전승되는 민간인이 신앙하는 자연적 종교를 일컫는다. 민간신앙은 매우 광범위하고 다양하며 그 근원은 고대 이전으로 거슬러 올라간다. 고대인들은 애니미즘과 샤머니즘의 우주관을 가지고 있었다. 그들은 다양한 존재를 숭배의 대상으로 하며 그 신력에 삶을 의지하고자 하였다. 이러한 의식은 계속 전승되어 최근까지 광범위하고 다양한 모습으로 전승되어오며 민간신앙을 이루는 원동력으로 작용해 왔다.

서해5도에는 많은 민간신앙이 남아 있을 것으로 짐작되지만 내륙 지방에 비해 그 내용이 빈약하다. 이 지역은 기독교의 전래 역사가 100년을 넘는다. 기독교는 천주교를 위시하여 개신교계 장로교, 감리교 등의 체계적인 선교활동으로 매우 일찍부터 민간신앙이 소멸되었다. 백령도의 경우 전 주민의 70%가 기독교인이기 때문에 일찍이 민간신앙이 소멸하였다. 또 국토의 분단과 산업화도 서해5도의 민간신앙에 큰 영향을 미쳤다. 한국전쟁 이후, 각 섬에 군사시설이 들어서고 토착민들이 집단 이주하고 외지인들이 대거 들어오는 등 급격한 인구이동과 문화접변 등으로 이 지역의 신앙 환경이 변화하고, 민간신앙 역시 그 영향을 받지 않을 수 없었다.

1) 가신신앙

가신신앙이란 일정한 가옥 공간에서 주부의 주도로 가족의 평안과 행복을 기원하는 믿음체계와 그 의례를 말한다. 집집마다 믿음체계와 의례가 다를 수 있다. 서해5도의 가신신앙은 터주, 성주, 삼신, 대감, 업 등 다양한 모습을 보인다.

가옥은 일가족이 살아가는 사적인 공간에 속하지만 마을과 긴밀한 연관을 가지고 있어 집을 짓는 과정에서 부터 마을 사람들과 함께 집터를 다지고, 마을 사람들의 축원과 덕담 속에서 집을 지으며 신앙 체계를 만들어 간다.

먼저 집터를 잡게 되면 온 마을사람들이 동원되어 집터를 닦는 일에 협력하여 지경돌을 들었다 놓으며 '지경다지는 소리'를 부른다. 선 소리꾼이 선창을 하면 일동이 후렴으로 따라 부르는 노동요인데, 마을 사람들의 새집에 대한 축원과 덕담이 담겨있다.

마을 주민이 함께 협력하여 집터를 다진 후에는 기둥을 세우고 입주 상량의식을 거행한다. 이때 대들보에 입주 연월일이 들어 간 상량문에 화재예방을 위해 양 끝에 해(海), 용(龍), 구(龜)자 등을 쓰고 백지를 기둥에 붙인 다음 제물을 차려 고사를 지낸다. 이는 새로 지은 집에 첫 번째 가신인 성주신을 모시는 의례이다. 성주신은 가신 중에서 제일 처음으로 모시는 신이며 백지를 붙여 놓은 기둥은 성주신이 좌정한 신성한 장소가 되어 집안의 대소사를 지켜준다고 믿는다.

이외에도 안방에는 제석신을, 뒤뜰안에는 터주신을 모시고 부엌에는 조왕신을 모신다. 터주신에게는 집안의 재물을 기원하고, 조상신에게는 가족의 무사평안, 무병장수, 사업번창, 부귀영화 등을 기원한다. 칠성신에게는 가족의 수명장수를 기원하며 삼신에게는 자손의 점지를 기원한다.

가신은 기독교의 확산과 1970년대 새마을운동으로 빠른 속도로 사라지기 시작했고, 또한 핵가족화와 이농현상으로 전승 주체마저 없어져 찾는 것조차 그리 쉬운 일이 아니다.

(1) 백령도의 집짓기 의례

집을 짓는 것은 한 가정이 새로이 보금자리를 마련하는 중요한 일이라 특정한 의례를 거치며 행하였다.

집터를 닦는 날 집터 네 귀퉁이에 술을 부어 놓고 토지신에게 빌었다. 상량을 올리는 날에는 고사를 지낸다. 고삿날은 마을 노인들이 따로 잡아 주었고 시루떡에 삼색과일 따위를 마련하였다. 보꾹에서 내린 두 줄의 광목 끈에 상량을 잡아매고 이른바 '그네 태우기'도 벌였다. 목수가 주인을 그네에 올려 앉히고 밥을 먹이면서(앞뒤로 밀어주면서) "이집 짓고 천년만년 복을 누리소서"하는 축원을 올리면 주인은 목수의 그동안의 노고를 치하하는 뜻에서 얼마의 돈을 그네에 걸어 둔다. 이처럼 상량을 올리는 날 이웃이나 친척이 현장에 와서 주인에 대한 축하의 의미로 '억지 그네'를 탄 다음 얼마의 돈을 내는 것이 풍속이었다.

상량에는 북어 대가리와 얼마의 돈을 실타래로 묶어 잡아매어 둔다. 상량을 걸고 나면 집의 외형은 모두 완성이 되는 것이므로 목수의 작업은 사실상 끝나고, 이제부터는 벽을 치고 구들을 까는 토역장의 일이 시작된다. 따라서 돈과 북어를 남기는 것은 목수가 자기의 일을 이어갈 토역장과 임무를 교대하는 징표로 남기는 표시인 것이다.

형편이 어려워서 다른 제의를 생략하는 경우에도 상량식만은 반드시 치르는 것은 상량을 올리는 일 자체에 큰 뜻이 들어 있기 때문이다. 상량식은 집을 지어 나가는 중요한 과정으로, 주인으로서는 가장 중요한 고비를 무사히 넘기는 자축의 뜻을 포함하고 있으며, 그동안 애쓴 목수에 대한 보답과 이제부터 일을 이어 갈 토역장이에게 집을 잘 지어 달라고 부탁하는 여러 가지 의도가 담겨 있는 것이다. 그리고 일가친척이나 이웃 사람들도 상량식을 이용해서 매우 자연스럽게 축하의 뜻을 전하는 것이다.

집을 짓고 나서 이사하는 날도 따로 받는데, 만약 주인의 운세와 성주의 운이 닿지 않으면 식구 중에서 다른 이를 내세우며, 그 가운데도 맞는 사람이 없으면 이웃 사람이 하룻밤을 그 집에서 자고, 집주인은 그 이튿날 들어온다. 이때 주인은 하룻밤을 대신 지내 준 사람에게 얼마의 돈을 건네는 것이 관례이다. 액수는 보통 하루 품삯 정도였다고 한다.

새 집에 성주신을 모시는 성주굿은 살아가면서 따로 날을 받아 올린다. 명절에 조상님에게 차례를 올릴 때 성주 쪽에 술을 먼저 바친다. 이때 차리는 음식은 시루떡과 삼색과일 그리고 메와 탕 등이다.

(2) 가신의 종류

① 성주신

성주는 집안의 평안과 안녕을 주관하며 집안의 여러 신을 거느리는 으뜸신으로 그 자리도 보통 집의 중심이 되는 마루에 위치한다. 대개는 마루의 대들보 밑이나 상기둥 위에 자리를 잡는다. 새집으로 이사하면 제일 먼저 성주신을 맞이하는 '성주맞이굿'을 벌이고, 고사 때에는 첫 상을 성주에게 올리거나 큰 시루를 놓는다.

백령도에서는 남자 성주와 여자 성주를 합해서 성주를 모신다. 성주는 부엌 옆에 위치한 봉당 '상기둥'에 모신다. 신체는 한지에 싸 넣은 쌀이다. 어떤 집에서는 쌀을 단지(성주 단지)에 담아 마루 찬장 위에 올려놓기도 하고, 쌀을 백지에 싸서 부엌문 위에 걸어 놓는다. 새 곡식이 나면 바꾸는 데 먼저 쌀은 밥을 지어 먹기도 하지만, 버리기도 한다.

② 터주신

터주는 집터를 관장하는 신으로 터줏가리, 터주대감, 터대감 등으로 불린다. 터주는 주로 장독대 뒤쪽이나 뒤꼍에 있다. 작은 단지에 벼나 쌀, 콩 등의 곡식을 넣고 고깔 모양의 짚 주저리를 씌운다. 주저리는 단지에 눈, 비가 흘러들지 않도록 하는 역할도 한다. 주저리가 날아가는 것을 막기 위하여 터주 앞에 기둥을 세워 왼새끼로 묶어놓기도 한다.

터주 고사는 일반적으로 10월 상달에 성주 고사를 지낼 때 길일을 택해서 같이 지낸다. 성주에게 바친 시루떡의 일부를 떼어내 터주 앞에 놓는 것으로 고사를 마치기도 하고, 터주를 위한 별도의 시루를 쪄서 바치는 가정도 있다. 이때 주저리를 새로 입히고 헌 것은 산이나 밭에 버리거나 깨끗한 곳에 놓아 자연스럽게 없어지도록 한다. 또 단지 안의 곡물도 햇곡으로 교환해 주고 묵은 쌀은 밥이나 떡을 해 먹으며 복을 빈다. 그러나 단지 안의 쌀을 버리기도 한다.

③ 삼신

삼신은 아이의 출산과 산모의 건강을 관장하는 신으로, '삼신할매'라고 부른다. 그러나 성주나 터주처럼 특별한 신체가 있는 것이 아니라 산모가 아이를 출산하면 삼신상을 차려 놓고 아이와 산모의 건강을 빈다.

백령도에서는 삼신을 안방에 모셨다. 아랫목에 한지를 접어 걸어놓고 신체로 삼았다. 어느 가정에서는 칠성님을 모시고 '삼신' 또는 '삼신

대신'이라 불렀다. 칠성은 옷 한 벌을 백지에 싸서 상자 안에 넣고 머리맡 선반에 놓는다. 이 상자 안에는 흰색 천 일곱 자 일곱 치와 칠성님 고깔 및 천원 지폐 7장을 함께 넣어두었다. 삼신대신에게는 "아들을 낳게 해 달라", "잘 길러 달라", "집안 편하게 해 달라"고 빈다. 태어난 아이는 칠성이 아홉 살까지 길러 준다고 믿는다.

④ 조왕신

조왕신은 집안에서 일어나는 일을 하늘에 고하는 임무를 맡고 있으며 가족의 수명과 안전을 관장하는 신이다. 주로 부엌 부뚜막에 위치하며 부엌대감으로 불린다. 주부들은 부뚜막을 항상 깨끗이 하며 부뚜막에 걸터앉는 것을 꺼린다.

백령도에서도 조왕신을 '부군한아바이 · 대감한아바이 · 터한아바이'와 함께 모신다. '한아바이'는 할아버지를 뜻한다. 각 신에 해당하는 옷 한 벌을 상자에 넣어 부엌 동쪽에 선반을 매고 북쪽을 향하도록 올려놓는다. 옷 대신에 하늘색 옷감이나 가장의 웃옷을 넣어 두는 집도 있다.

조왕신은 부엌이 개량되면서 점차 사라졌다.

⑤ 대감신

대감신은 집안의 평안과 풍요, 자손의 번창을 보살펴 주는 신이다. 대감신은 어떤 특정한 신을 지칭하는 것이 아니라 집안 곳곳에 여러 대감신이 있다. 광에는 '광대감'이 있다. 광대감은 큰 항아리에 가을에 추수한 햇곡을 넣은 것으로, 매년 10월 상달에 햇곡을 넣는다. 먼저 것은 밥이나 떡을 해서 먹는다. 아무리 생활이 어려워도 광대감의 쌀을 가져다 먹지 않으며 부득이한 경우에는 빌리는 형식을 취한다. 그 양이 줄면 집안이 가난해진다고 여기기 때문이다.

〈그림 1〉 대청도의 대감

대청도에선 대감신을 방 한쪽 벽 선반 위에 모신다. 무당이 대감굿을 할 때 입었던 두루마기, 대감벙거지를 상자에 넣어 대감 신체로 삼았다. 대감고사는 음력 섣달그믐에 지낸다. 팥시루 위에 삶은 돼지고기, 무나물, 북어 등의 제물을 올려놓고 고사를 지냈다. 술은 막걸리를 쓴다.

⑥ 업신

업은 '업보'라는 말이 있듯이 업을 섬기는 집은 운명이자 팔자라고 여긴다. 업을 섬기는 집안은 그리 많지 않다. 이것은 업이 들어 온 집안에서만 섬길 수 있어 누구나 업을 가지는 것이 아닌 까닭이다. 업을 섬기는 집안에서는 업을 잘 모시면 그 집안이 부유해지지만 그 반대인 경우에는 집안에 재앙을 몰아다 준다고 믿어 업은 부와 재앙을 가져다주는 이중적인 존재로 여겼다.

백령도에서는 업신을 '살량님', '살량주저리', '부근막' 등으로 부른다. 석자 길이의 막대기를 짚으로 묶고 그 위에 짚 주저리를 씌우기도 하고, 업신이 광에 있다고 하여 따로 모시지 않고 부엌에 모시는 신으로 대신하기도 한다.

⑦ 대문신

예로부터 대문으로 복이나 재운이 드나드는 것만이 아니라 악운이나 잡귀도 이곳으로 침입한다고 믿어 대문에 부적을 붙이거나 금줄을 치기도 하며, 황토를 뿌려 잡귀와 부정한 사람의 출입을 막았다.

특히 아이가 태어나거나 가축이 순산할 때 금줄을 치고, 제관의 집에도 금줄을 치며 황토를 뿌려 악귀와 부정의 근접을 막았다.

장례와 결혼 풍습에서도 문은 성역과 속세를 구분하는 역할을 한다. 장례 소식을 알리는 부고장은 집안으로 들여 놓지 못하며, 저승사자 밥도 대문 옆에다 마련하였다.

〈그림 2〉 대문에 걸어놓은 엄나무

⑧ 기타

소는 농가의 가장 중요한 일꾼이자 재산이다. 그래서 사람들은 외양간에 소를 보호하는 신이 있다고 믿어 10월 상달고사 때 백설기를 놓고 외양간 신에게 소의 건강을 기원하였다. 여름철 더위에 지친 소에게는 뱀을 잡아 먹였으며, 지친 소에게는 찹쌀과 콩으로 만든 죽을 먹였다. 또한 농사가 시작되기 전에는 삶은 콩, 비지 등을 먹였다.

백령도에선 외양신을 '쇠머리 사신'이라고 부른다. 짚으로 엮은 그릇 속에 매단 한지를 신체로 했다.

(3) 집고사

각 가정에서는 매년 주기적으로 주부가 무당에게 부탁하여 10월 중에 길일을 택하여 집고사를 드린다. 10월 상달은 모든 곡식을 수확한 풍성한 시기이다. 이때 새로 거둔 곡식으로 제물을 만들어 집안에 여러 신들에게 고사를 지낸다. 이것을 상달고사라고 하며 집고사 또는 성주고사라고 한다. 간혹 마을에 궂은 일이나 초상, 출산 등이 있으면 집고사를 연기한다. 가정신앙이 마을과 긴밀하게 연결되어 있음을 알 수 있다. 가정에 따라서는 3년마다 3일 동안 큰 굿을 하기도 했다.

고삿날이 택일되면 주부는 몸과 마음을 정결히 한다. 생선류와 고기류는 입에 대지 않고, 부부관계도 금하며 부정한 것을 피하는 금기를 행하며 정성껏 준비한다. 이는 주부가 신을 맞이하기 위하여 몸과 마음을 정화시키는 것이다.

고삿날에는 집안의 가신들에게 각각의 제물을 준비하여 올리며 집주인과 가족의 무사평안, 자손점지, 무병장수, 사업번창, 부귀영화, 벽사초복 등을 기원한다. 이러한 정기적인 집고사 외에도 수시로 집고사를 올린다.

집고사는 저녁식사 후 밤에 지내고 각 고사의 제물은 중복되지 않게 새로 장만한다. 주부가 번거롭고 힘이 들더라도 각 가신들에게 개별적으로 정성을 드리는데, 한 집 안에 여러 가신을 개별적으로 모시고 있음을 보여주는 것이다.

2) 마을신앙

마을신앙이란 마을에 사는 주민들이 중심이 되어 마을의 무사평안과 풍요를 위해 자발적으로 계획하고 참여하는 믿음체계이며 의례이다.

서해5도는 우리나라의 일반적인 도서지방과 달리 개신교, 천주교 등 외래종교의 신자가 전체 인구의 90%에 달할 정도로 많은 교회와 성당이 자리 잡고 있다. 신자가 많은 것은 이 지역의 신앙 역사와 관련이 있다. 백령도에 교회가 들어오게 된 계기는 1846년 김대건 신부가 백령도 근해에서 중국 신부의 입국을 주선하면서부터이다.

이후 1896년에 백령도 중화동교회가 설립되었고, 연평도에는 1922년 연평도 천주교공소, 1936년 연평도 장로교회가 각각 설립되었다. 1897년에 지어진 백령도 중화동교회는 우리나라에서 두 번째로 세워진 교회다. 진촌교회도 중화동교회와 함께 100년 이상의 역사를 간직한 곳이다.

기독교의 전래로 전통적인 마을 신앙은 점차 쇠퇴하였지만 교회를 다니지 않는 몇몇 주민과 만신들에 의해 꾸준히 명맥이 이어지고 있다. 서해5도의 마을 신앙은 어업과 관련된 신앙이 주가 된다.

(1) 백령도

백령도에는 배를 부리며 고기잡이를 하는 사람도 많고 농사를 짓는 사람도 많이 있다. 그러나 요즈음에는 기독교의 영향으로 마을 사람들이 함께 올리는 풍어제나 풍농제는 거의 없다. 다만 뜻을 같이하는 사람 몇몇이 서낭당에서 서낭제를 지내고 있다.

① 진촌1리 당개서낭당

당개라는 해변에 서낭당이 있어 마을 사람들은 '당개서낭당'이라 부른다. 30여 년 전까지만 하더라도 마을 단위로 제사를 지냈으나, 지금은 만신과 소수 주민에 의해 지켜지고 있다. 서낭당 제사는 마을 공동으로 지내지 않지만, 당집은 1981년 10월 13일에 새로이 단장했다. 선주들이 돈을 내어 지었다. 마음 속에는 여전히 전통적 신앙의식을 가지고 있음을 알 수 있다.

당개서낭당에서는 서낭님, 애기씨, 관장군을 모시는데, 신체를 나타내는 옷을 횃대에 걸어놓았다. 지붕은 함석이고 벽면은 회색칠을 하였다. 서낭당 제사는 9월 9일에 지낸다. 과거에는 소를 잡아 지냈지만 지금은 소고기로 대신하고 삼색 과일과 나물, 술 등을 차려 놓고 굿을 하고 축원을 한다. 그 외의 날에는 필요에 따라 가끔씩 제물을 준비해 가지고 가서 굿이나 고사를 드린다.

당개서낭당에는 다음과 같은 전설이 전한다. 당개서낭당은 왕대나무를 모셨다. 어느 해 봄에 가뭄이 들어 민심이 흉흉하여 원님이 기우제를 지냈으나 모두 허사였다. 그런데 당개 해변으로 왕대 토막이 파도에 밀려 왔다. 사람들은 이 왕대가 보통 왕대보다 큰 것을 알고 서낭당을 짓고 왕대를 모셨더니 비가 와 풍년이 들었다는 것이다. 이밖에도 선비의 꿈에 한 노인이 나타나 "중국에서 참대통을 타고 애기씨 서낭이 들어왔으니 어서 가서 맞이하라"고 말하였다고 한다. 잠에서 깬 선비가 그곳에 가니 정말로 참대통이 있었고, 마을 사람들과 함께 참대통을 가져 와 지금의 서낭당 근처에서 제사를 지냈다고 한다. 그날이 바로

9월 9일이라 서낭당 제사를 그날 지낸다고 한다.

당개서낭에는 “정직하지 못한 사람이나 간음을 한사람이 서낭당 앞을 지나가게 되면 발이 그 앞에 붙어 떨어지지 않았다”, “마음씨 고약한 장연군수가 서낭당 근처에 자란 왕대로 담뱃대를 만든 순간 비바람이 몰아치고, 발이 땅에서 떨어지지 않았다”는 전설이 전한다. 실제로 군인들이 그 주위를 공사하려고 하였는데 장비들이 제대로 작동되지 않아 그곳에서 고사를 지내자 괜찮아졌다고 한다.

② 용기포 서낭당과 선창대감막

인천과 백령도를 오가는 여객선 부두가 있는 용기포 뒷산에는 서낭당과 선창대감막이 일정한 거리를 두고 있다. 서낭당에서는 마을 전체의 안녕을 기원하는 제의를 거행하고, 대감막에서는 선주나 선원 등 배를 타는 사람들의 풍어와 무사태평을 기원한다. 서낭당이 마을의 신이라면 대감막은 어업과 관련된 생업신이다.

서낭당에는 갓과 흰도포가 선반에 걸려있다. 대감막에도 본래 도포가 걸려 있었다고 하나 현재는 없다. 선창대감은 본래 방파제를 지켜주는 신으로 방파제에 선창대감막이 있다. 나무로 기둥을 세우고 짚으로 주저리를 튼 것이다. 정월 대보름 홍어잡이가 시작되기 전에 주저리를 덧씌우고 메로 떡을 해서 고사를 지냈다. 주저리를 덧씌우는 것은 재물이 불어나기를 바라는 것이다.

서낭당과 대감막의 제의는 음력 9월 9일에 거행하는데, 무당이 주관하기도 하고 이장이 주관하기도 한다. 한편 선원들은 첫 고기를 잡으러 갈 때나 가정에 우환이 있는 경우에는 개별적으로 대감막을 찾아 소주를 따르고 비손을 하기도 한다.

제의 순서는 서낭당에서 먼저 제의를 지낸 후 대감막에 가서 제의를 지낸다. 서낭당에는 갖은 제물을 차리지만, 대감막에는 술만 따른다.

서낭당에서는 보름날에 날을 받아 도당굿을 하였다. 당주 3~4명이 함께 서낭당에 올라간다. 서낭당 주위는 굿을 하기 전에 깨끗이 청소하고 천막을 쳐 둔다. 무당은 징을 두드리며 축원을 하고, 당주들의 사주팔자를 보아 절을 하게 한다. 가령 액이 끼지 않은 사람은 절을 세 번만 하고, 특별한 달에 부정이 낀 사람은 일곱 번, 올해 아주 안 좋은 사람은 나이만큼 하도록 시킨다. 굿은 보통 1박 2일을 하는데 밤에 시작해서 그 다음날 저녁 12시 안에는 끝낸다.

③ 남포3리 서낭당

남포3리 서낭당은 지금은 없어졌지만, 40여 년 전까지만 하더라도 무당을 불러 굿을 하였다. 마을 앞에 도로가 나면서 신목들을 베어 내야 했다. 마을 사람들은 대부분 교회를 다녔지만 무당을 불러 서낭당 신목 앞에서 푸닥거리를 한 뒤에야 나무를 베었다고 한다. 비록 교회에 다닌다 해도 예부터 전해 오는 서낭당에 대한 경외심은 마음속에 자리잡고 있었음을 알 수 있다.

(2) 대청도

대청도에서는 정월 보름날과 음력 9월 9일에 풍어제와 당제를 지냈으나, 기독교가 전파되며 점차 쇠퇴하고 단지 몇몇 사람들에 의해 유지되고 있다. 과거에는 당제를 위해 매년 정초에 송아지를 사서 집집이 돌아가면서 정성스레 키웠고, 9월 1일쯤에 마을마다 제주(도가집)와 제주 일을 거들어주는 재수 4~5명을 선정하여 제의 준비를 하였다. 제주와 재수는 제사가 있는 9월 9일까지 목욕재계 하고 몸가짐을 단정히 하고 언행을 삼가며 외부인과의 접촉을 피하였다. 그리고 집집에서 쌀을 거두어 떡을 하고 소를 잡아 제사를 지냈다. 제사가 끝나면 떡과 고기는 집집이 균등하게 나누어 먹었다.

임경업 장군 영정을 모신 사당에서는 풍어제를 지낸다. 정월 대보름에 선주들은 배에 임장군기나 상기(上旗)를 달고 고사를 지내고 어민들은 징과 북을 울리며 춤과 노래로 풍어를 기원한다.

① 선진동 서낭당

선진동 서낭당은 선진동 포구가 내려다보이는 언덕에 위치한다. 마을 민가와 붙어 있다. 뱃고사를 하는 날이면 먼저 서낭당에 와서 비손을 하고 한지를 올린 후 배에서 고사를 지낸다. 가정에서 굿을 해도 서낭당에서부터 시작을 하는 것으로 보아 서낭이 마을의 으뜸신임을 알 수 있다.

서낭당 안에는 서낭 이외에 장군당과 부군당을 같이 모신다. 당집 안 중앙에 장군의 영정이 있고, 영정을 바라보고 좌측에는 부군당, 우측에는 서낭당이 있다. 장군당이 중심에 있는 것은 임장군을 으뜸신으로 모시기 때문이다.

현재 당집에서 제사를 지내는 집은 열 집 안팎이다. 음력 9월 9일이면 사람들은 서낭당에서 당제를 지내고, 당제가 끝나면 가족 수대로 한지를 횃대에 건다. 제사는 새벽 4~5시에 행해지며 절을 한 후에 가족의 이름을 일일이 부르면서 횃대에 한지를 건다. 제물은 닭, 나물 등을 준비하며 술은 소주를 쓴다.

〈그림 3〉 선진동 당집

〈그림 4〉 선진동 당집 내부

② 사탄리 서낭당

사탄리에는 서낭당과 장군당, 부군당이 있다. 40년 전까지만 하더라도 3년마다 소를 잡는 큰 굿을 하였다. 또한 동네가 좋지 않은 경우에도 만신을 불러 굿을 하였다. 소는 백령도에서 가져왔다. 지금은 마을 공동단위의 제의는 사라지고, 교회를 다니지 않는 집에서 치성을 드리는 정도이다.

서낭당은 삼각산 기슭에 자리 잡고 있다. 산양이 마을로 내려오는 것을 막기 위해 쳐 놓은 그물 넘어 소나무 숲 뒤로 당집이 있다. 본래 당집은 2평 정도 크기였으나, 시멘트 블록으로 새로 지었다. 서낭당 고사는 9월 9일 새벽 3시에 지낸다. 이때 서낭당을 모시는 세 집의 부녀자들이 소주와 삼색 과일을 가지고 고사를 지낸 후 '서낭님 종이'라고 불리는 한지를 식구 수대로 횃대에 건다. 서낭당 안에는 기존에 걸었던 한지들이 겹겹이 쌓여 있다. 서낭당 주위의 소나무에도 한지가 걸려 있는데 이는 산신에게 고사를 지내고 걸어 둔 것이다. 제사가 끝나면 바닷가가 내려 보이는 모래언덕에 있는 장군당에서 제를 지낸다. 장군은 임경업 장군이다. 장군당에는 장군의 영정과 도포, 갓, 한지가 횃대에 걸려 있다. 제를 지내는 방법은 서낭당 고사와 같다.

장군당 한쪽 아래에는 부군당이 있다. 부군당은 장군당을 보좌하는 역으로서 특정한 건물이 없고, 땅을 파서 그 안에 가로목을 대고 한지를 걸어두었다. 평상시에는 함석으로 구멍을 덮어 둔다.

〈그림 5〉 사탄동 당집

〈그림 6〉 사탄동 당집 내부

③ 옥죽동 서낭당

〈그림 7〉 옥죽동 당집 내부

옥죽동 서낭당은 마을 뒷산에 위치하고 있으며 마을과 바다를 향하고 있다. 서낭신은 마을의 태평과 풍어를 가져다준다고 믿고 있다.

여느 마을과 마찬가지로 옥죽동 서낭당도 몇 사람만이 제사를 지내고 있다. 옥죽동에서 마을 사람 전체가 제사를 지낸 것은 1985년 9월 9일로 이때 선원들이 주체가 되어 제사를 지냈다. 그때 서낭당 건물도 시멘트로 새로 단장하였다. 서낭당 안에는 제사 때 올린 한지가 횃대에 여러 겹으로 걸려있다.

〈그림 8〉 옥죽동 당집

④ 내동 서낭당

내동은 동내동과 서내동으로 나누어져 각 동의 서낭당에서 음력 9월 9일이나 정월 보름에 배 부리는 사람들이 중심이 되어 여러 명의 외지 무당을 불러 제의를 거행하였다. 동내동 당집에는 철마와 목마 조각들이 장식되어 있었다고 하나 지금은 보이지 않으며, 당집은 자물쇠로 잠겨 있다. 현지 군부대 경비 지역 안에 자리하고 있어서 군인들이 몰래 들어가 진설한 제물을 먹기도 하였다고 한다.

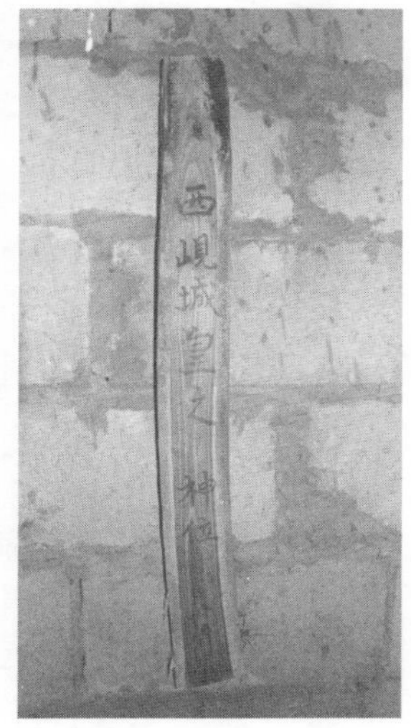

〈그림 9〉 서내동 당집 신위

〈그림 10〉 동내동 당집

〈그림 11〉 동내동 당집 내부

〈그림 12〉 서내동 당집

〈그림 13〉 서내동 당집 내부

(3) 소청도

소청도에는 임경업 장군을 모신 대감당(영감당이라고 부르기도 함)과 서낭당(큰당이라고 부르기도 함)인 당집이 있어 이곳에서 제의를 지냈다.

① 대감당

대감당은 1993년 선주들이 중심이 되어 초가 지붕을 기와로 새로 단장하였다. 입구에는 '수도대감당(守島大監堂)'이라고 쓴 현판이 걸려있고, 내부에는 한지들을 걸어 놓았다.

대감당 제사는 정월 대보름 들물 때 지낸다. 대략 자정 무렵에 시작한다. 선주집에서 각자 제물을 준비해 대감당 앞에 놓고 절을 하며 풍어와 안전을 기원한다. 제사가 끝나면 한지를 횃대에 건다. 여자들은 참여를 하지 않는다.

제물로는 돼지머리, 갈비뼈, 우럭, 놀래미, 해삼, 동죽, 삼색 과일과 소주 등을 올린다. 제사가 끝나면 제물을 집으로 가져가 가족과 음복을 한다.

제의는 정결하게 치러야하기 때문에 선주들은 일주일 전부터 몸가짐을 깨끗이 한다. 부부관계를 삼가고 부정하다고 여기는 개고기 등을 먹지 않는다. 그리고 자주 목욕을 한다. 또 선주들 가운데 부인네가 달거리를 하면 그 집은 제사에 참여하지 않는다. 당에 부정이 끼어 신이 노여워하여 고기가 잘 잡히지 않는다고 여기기 때문이다. 지금까지도 대감당 치성은 그 명맥이 이어지고 있다.

〈그림 14〉 소청도 수도대감당

〈그림 15〉 소청도 수도대감당 현판

〈그림 16〉 소청도 수도대감당 내부

② 서낭당

서낭당은 마을 뒷산에 자리 잡고 있다. 서낭당 안에는 임경업 장군 영정이 가운데 있고 좌우에는 흰색과 청색의 도포와 한지들이 횃대에 걸려 있다. 서낭당에는 보통 장군의 영정을 걸지 않는데 이곳의 서낭당에는 임장군 그림이 걸려 있다. 서낭당 제사는 9월 9일 지낸다. 마을에서 생기복덕을 보고 깨끗한 사람을 제관으로 선정하여 제사를 지낸다. 제사는 마을 사람들이 참여하지 않고 제관만 지낸다. 때로는 무당을 불러 큰굿을 하기도 한다. 인천 등지에서 3~4명의 무당을 데려다 굿을 하였다. 마을에서 굿을 하지 않은지가 20년이 넘었다. 서낭당제 때는 소나 돼지를 구입하여 제물로 쓰고, 제사가 끝나면 각 가정이 공평하게 고기를 나누고 마을잔치를 하였다.

서낭당은 제사를 지내는 기간이 아니더라도 신성한 곳이자 두려움의 장소로 여겨 져 아이들은 함부로 그곳을 찾지 않았다. 그곳에서 놀면 노인들한테 혼이 나곤 했다.

〈그림 17〉 소청도 서낭당

3) 배신앙

배신앙은 주로 뱃고사를 지칭하며 어업을 주업으로 삼는 지역에서 생성되어 유지되는 신앙형태를 말한다. 즉 어업을 기반으로 생활하는 사람들이 바다에서의 안전과 생업의 번창을 기원하며 행하는 종교행위로 배에서 행해진다. 대체로 정월이나 첫 출어를 할 때 지내며, 정월 고사는 선주가 주관하고 첫 출어 전에 치르는 뱃고사는 무당의 주관하에 행해진다.

어업은 그 특성상 때로는 목숨까지 담보해야 할 만큼 위험성이 큰 생산 활동이다. 죽음에 대한 공포는 인간의 힘으로는 극복될 수 없는 것으로 사람들은 이를 초자연적인 힘으로 이겨내고자 하였다. 게다가 이러한 공포가 생업과 연결되어 있다면 거기서 비롯된 종교심은 더욱 적극적일 수밖에 없었다.

그러나 근래에 들어 어업환경의 변화와 함께 이러한 신앙형태의 대부분이 소멸해 가고 있다. 혹시 남아 있다고 하더라도 그 규모나 성격이 많은 부분에서 축약되어 그 온전한 모습을 찾아보기 어렵다.

(1) 백령도 뱃고사

정월 보름날과 3~4월 첫 출어를 할 때 고기를 넣어두는 물칸 위에 제물을 차리고 애기씨에게 풍어와 선원의 안전을 기원하는 뱃고사를 지낸다. 정월 보름에는 선주가 한지를 깔고 그 위에 돼지머리, 시루떡, 과일, 나물 등을 진설하고 절을 두 번 반 한다. 그리고 첫 출어 때는 무당들이 첫 출어 날을 잡아주고 뱃고사를 지낸다.

두무진, 관창동, 용기포 등지에서 정월 대보름에 도당굿이나 뱃고사를 지냈다.

뱃고사를 지내는 사람들은 먼저 선창대감 앞에 가서 술을 붓고 배의 안전과 풍어를 기원한다. 그리고 첫 출어 날이 잡히면 배에서 고사를 지내는데, 개인적으로 제물을 차리고 비손하는 경우가 있고 만신을 불러 의례를 대신 거행하기도 한다.

뱃고사를 지내기에 앞서 배의 부정을 가시는 일명 '부정치기' 의식을 거행한다. 부정치기는 부정이 낀 상태에 따라 취해지는 조치가 다른데, 배에 일반적인 부정이 끼었다고 여겨지면 소금을 뿌리는 것으로 끝내지만 많은 부정이 낀 것으로 판단될 때에는 물과 소금, 숯, 고춧가루를 섞은 물을 흔들어서 고기를 넣어두는 물간과 이물, 고물의 순서대로 뿌리는 부정치기를 한다.

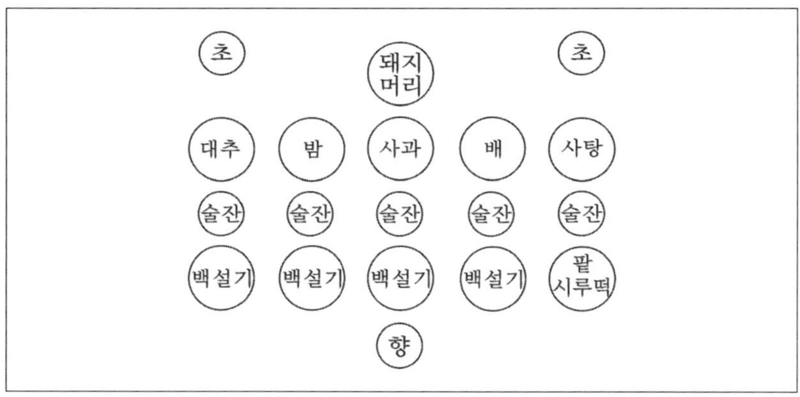

제물진설도

뱃고사를 지내기에 앞서 물칸에 제물을 차리는데 이물을 북쪽 방향으로 해서 음식을 진설한다. 떡은 몇 개의 시루를 찌는데, 이물에 있는 배서낭과 기관실에 있는 애기서낭, 용왕, 산신의 시루는 백설기 시루를, 선창대감에게는 팥시루를 바친다. 술잔은 홀수로 3개 또는 5개를 놓는다. 그리고 삼색과일과 사탕을 놓고 촛불을 켠다. 뱃고사 가운데 빠지기 않는 것이 돼지머리이다. 한편, 호서낭을 모신 배에서는 돼지고기를 반드시 제물로 써야한다고 믿는다.

뱃고사가 시작되면 선주는 세 번 절을 하고, 무당은 징을 두들기면서 12신을 부르며 축원을 한다. 12신 부름이 끝나면 배 이름과 선주의 이름, 나이를 대면서 축원을 한다. 그리고 음식을 덜어 백지에 싸서 바다에 버린다.

배서낭의 신체는 만신들이 신의 계시를 받아 가르쳐주는데 보통 배를 보면 알 수 있다고 한다. 서낭에 따라 신체와 서낭기가 다른데 용궁서낭의 경우에는 서낭기에 용이나 물고기를, 호서낭의 경우에는 서낭기에 호랑이를 그려놓는다. 애기씨 서낭인 경우에는 종이와 오색천, 인형, 과자 등 애기씨가 좋아하는 물건들을 상자에 넣어 선실 한쪽 벽면에 보관해 둔다.

(2) 대청도 뱃고사

선주들은 설, 정월 보름, 추석, 첫 출어 때 등 특별한 날이 되면 배에서 고사를 지낸다. 절기에는 선주들이 술과 찐 우럭을 가지고 배의 물칸에서 서낭에게 풍어와 안전을 비손한다. 근래에는 대부분의 선주들이 종교를 가지고 있어 뱃고사를 지내는 사람이 그리 많지 않다.

지금도 정월 보름과 3월 초 첫 출어를 할 때면 뱃고사를 지내는 사람도 있다. 뱃고사는 들물 때 지내는데, 이는 물이 부풀어 오르듯 많은 고기를 잡아 부자가 되기를 바라는 마음에서이다. 밀물이 집안으로 들어오는 꿈을 꾸면 다음 날 많은 고기를 잡는다고 생각한다.

정월 보름에는 조기나 우럭 찐 것을 선실 앞에 차려 놓고 고사를 지낸다. 그러나 3월 고사에서는 만신을 불러 와 고사를 지낸다.

출어 날이 정해지면 깨끗한 날을 선택하여 고사를 지낸다. 고사를 지낼 때는 만선기와 상자기를 건다. 만선기에는 물고기 그림이 그려져 있으며, 평상시에는 선장실에 보관한다. 기를 매단 후에 선실 앞 물칸에 한지를 깔고 고사상을 차린다. 고사 음식으로는 우럭, 홍어, 돼지머리, 팔시루떡, 삼색 과일 등을 올린다. 물고기 가운데 숭어는 '수염이 달린 고기'이기 때문에 놓지 않는다. 술은 소주를 올리며, 술잔은 3개 또는 5개 등 홀수로 올린다.

무당은 고사상 앞에서 축원을 하는데 보통 1시간 정도 걸린다. 축원이 끝나면 음식을 떼어서 바다에 버리는데, 이것은 용신에게 드리는 '용왕밥'이다. 뱃고사가 끝나면 선주 집으로 가 조상신에게 고사를 지낸다. 뱃고사는 선주가 지내기도 한다. 배에 상기와 대어기, 오색기 등을 세우고 기관실 앞에 제물들을 진설한다. 제사를 지내기 앞서 고깃간의 뚜껑을 열어두고 촛불을 밤새 켜 둔다. 제물로는 시루떡, 삶은 우럭과 놀래미, 술 등을 놓고 절을 두 번 한다. 그런 다음 배의 이물, 기관실, 고물 등에 술을 붓는다.

깃발 중에는 대어기가 가장 비싼데 깃발 안에는 민어 등 귀한 물고기 그림을 그린다. 상기는 배가 진수할 때 가까운 사람들이 선물로 준다.

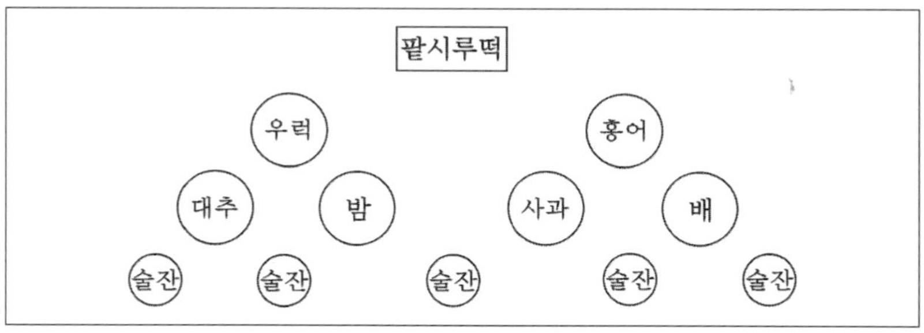

제물진설도

(3) 연평도 풍어제

연평도 충민사에서는 해마다 봄이 되면 풍어를 기원하는 제사를 올린다. 풍어제는 무녀가 주관하는 당굿과 뱃굿이 있고, 마을 사람과 선원들이 각각 주관하는 당제와 뱃고사가 주류를 이룬다. 원래 풍어제는 당제와 뱃고사를 말했으나, 당굿과 뱃굿이 합쳐지면서 구분 없이 풍어제로 불리기 시작했다.

〈그림 18〉 임경업 장군 영정

연평도 풍어제는 조기잡이와 관련이 있으며 임경업 장군 사당을 빼어 놓을 수 없다. 임장군은 처음으로 연평도 안목어장에 어살(漁箭)을 설치하여 조기 잡는 방법을 가르쳐주었다고 하여 조기의 신으로 신봉된다. 그래서 조기를 잡는 어선들이 연평도에 도착하면 임장군사당에 먼저 제사를 지냈다.

임장군사당인 충민사(忠愍祠)는 연평도 당산에 위치하며, 향토유적 제1호로 정면 3칸, 측면 1칸의 목조건물이다. 본래 임장군사당은 굿당이었으나 충민사라는 현판을 달고 유교식 제당으로 바뀐 것이다. 건물 안에는 임장군 영정이 걸려 있는데, 현재 걸려있는 그림은 새로이 풍어제를 지내면서 그려놓은 것이다.

이곳에 사당을 짓게 된 이유에 대해 다음과 같은 전설이 있다. 임장군이 조기 잡는 법을 가르치고 연평도 지형을 살핀 후, 3곳에 계란을 묻었다. 하나는 현 임장군 사당이 있는 곳에 묻고, 또 하나는 당산 동쪽 골짜기에, 또 다른 하나는 현 천주교회 자리에 묻었다고 한다. 장군이 떠난 후에 세 곳에 묻힌 계란을 캐어 보니 당산에 묻은 계란은 병아리가 되었고, 다른 두 곳의 것은 계란이 썩어서 골아버렸다고 한다. 그

〈그림 19〉 충민사

후 이곳에 임장군의 사당을 짓고 장군의 시호를 따서 '忠愍祠'라고 이름을 지었다. 당산은 연평도 내에서 제일의 명당으로 꼽히기도 한다.

예전에는 섣달그믐날께부터 정월 보름 안에 풍어제를 하였고, 풍어제 전까지 선주들은 각각 광목에다 임경업 장군을 그린 장군기를 대나무에 매달고 그 밑에 긴 무명을 붙들어 매어 배의 제일 높은 곳에 꽂는다. 그리고 3색 만장기 등으로 이물에서 고물까지 걸어 놓았다. 또한 흰 바탕에 붉은 색으로 '상(上)', '하(下)'자를 써넣은 기를 고물에 달아놓고 호방등도 달았다. 그리고 7~8명씩 징을 치면서 당산으로 올라가 풍어제를 지냈다.

요즘은 매년 2월 보름께 어민회장이 선주회의를 통해 배 나갈 기일을 잡으면, 배 나가는 전날 풍어제를 올린다. 선주 집에서 음식을 준비하여 사당 앞에 차려놓고 제사를 지내고 북, 꽹과리 등을 치면서 논다.

풍어제에는 선주와 선장, 선원, 마을기관장, 군인간부 등이 참여한다. 현재 제사는 유교식으로 이루어지고 있다.

2. 세시풍속

세시풍속은 지역 주민들의 평안과 풍요로움을 기원하고 위안을 주는 힘이 되어 온 것으로 계절마다 관습적으로 반복되는 생활풍속이다. 그 내용은 지역의 자연환경과 사회환경, 역사적 배경, 특히 농경 주기와 깊은 관련을 갖고 있다. 세시풍속은 지금까지 영향을 미치고 있는 것들도 상당수 있으나 많은 풍속들은 이미 사라졌거나 변화를 거듭하고 있다. 시대 변화에 따라 세시풍속도 현대 생활에 맞게 축소되거나 변형되고 있다.

백령도, 대청도, 소청도, 연평도 등은 옹진군의 중심을 이룬 섬으로, 본래 황해도에 속해 있었기 때문에 황해도적 특성의 풍속이 형성되었으나, 이들을 포함하여 대부분 옹진군의 세시풍속도 과거의 모습을 찾기가 어려울 뿐만 아니라, 오늘날 행해지고 있는 풍속도 다른 지역과 크게 다를 바 없다. 백령도를 중심으로 살펴보면 다음과 같다.

1) 정월의 세시풍속

정월은 한 해가 시작되는 달이기 때문에 많은 의미를 부여하여 예전부터 세시행사와 놀이가 집중되었다. 정월 초하루인 설에는 조상에게 차례를 지내고, 새해를 맞아 근신하는 의미에서 행동을 조심하였다. 보름에는 새해 첫 번째 뜨는 보름달에 특별한 의미를 부여하며 풍년, 풍어를 기원하는 달맞이, 지신밟기 등의 놀이를 하였다.

(1) 설날

설이 되면 의복을 깨끗이 차려 입고 어른을 찾아 세배를 다녔으며, 조상의 묘에 성묘한다. 그런데 기독교가 전래되며 조상숭배가 미신을 섬기는 행위가 되며 설에 대한 관념도 약화되었다. 요즈음에는 세배를 다니는 사람도 그리 많지 않으며, 설이 되면 차례를 지내는 대신에 교회에서 신년 예배를 드리는 것으로 대신한다.

예전에는 설빔을 새로 지어 입거나 깨끗한 옷으로 차려 입고 가족들이 모여 차례상을 차리고 조상들에게 차례를 지냈다. 다른 지역에서는 보통 정월 초하루 아침에 종가(宗家)에 모여 조상에게 차례를 지낸 후 성묘를 하였으나, 백령도에서는 차례를 한밤중에 지냈다. 귀신은 밤에만 발동한다고 생각했기 때문이다. 섣달그믐날 밤 0시 정각에 시작한다는 사람도 있었다. 그래서 섣달 명일(名日) 제사라는 말도 있었다. 성묘는 대개 추석에 하고 설에는 성묘를 하지 않는 사람이 많다. 차례는 큰집에서 먼저 지내고 작은집으로 가서 차례를 지냈다. 가문이 번성한 집안에서는 종가와 지가에서 순서대로 지내는 차례로 아침이 밝았다고 한다.

설 음식으로 떡국을 준비하지 않기 때문에 차례상에도 떡국을 올리지 않고, 비늘 없는 어물도 놓지 않았다. 추석 무렵에 우럭, 조기, 농어, 민어, 조락(놀래미) 등을 말려서 준비했다가 쓴다. 고기는 소고기가 귀하여 돼지고기 편육이나 닭을 통째로 삶아 놓았다. 그 외에 계란지짐이, 고기지짐이, 콩나물, 녹두나물, 두부 등을 놓았으며, 과일은 구하기 어려워 배, 사과 정도만 놓았다. 탕은 어탕, 육탕, 계탕, 소(두부)탕, 그리고 전복이나 해삼 등의 해탕들을 하나 또는 셋을 놓았다. 떡은 찰떡, 절편, 설기들을 합해서 한 그릇 또는 따로따로 놓았다. 메는 조상 수대로 놓거나 집안에 따라서 내외 한 그릇씩 따로 놓기도 했다. 설 차례 음식들은 정초의 시절 음식이라고 할 수 있다.

차례가 끝나면 세배를 다녔다. 큰집에서 작은집으로 순서대로 날이 밝도록 차례를 지내며 음복을 했기 때문에 아침 식사를 할 필요가 없었다. 차례를 간단히 지낸 사람들은 아침 식사 후에 세배를 다녔다.

집안 어른들에게 먼저 세배를 드리고 동네 어른들, 먼 곳의 친척 순으로 세배를 드렸다. 세배는 정초 10일 내로 끝냈다고 한다.

백령도에서는 정초에 성묘를 하지 않는다. 정초뿐 아니라 한식 때도 하지 않는다. 육지에서 10월에 하는 시제도 없다. 초장(初葬) 후 3년간은 절기에 성묘를 한다. 절기는 한식과 추석을 말한다.

(2) 정월 대보름

정월 대보름에는 인절미와 시루떡을 한다. 수수와 조 등의 잡곡으로 떡을 하기도 하고 송편을 만들어 먹기도 하였다. 대보름날 아침에는 오곡으로 밥을 지어 먹는다. 오곡은 마을에 따라 차이가 있어 쌀, 조, 수수, 기장, 콩이 되기도 하고 찹쌀, 기장, 팥, 차조, 서속이 되기도 하고 보리쌀을 대신 넣기도 한다.

해조류로 나물을 만들고 콩나물과 함께 섞는다. 이를 '나물 버무리'라고 한다. 나물 버무리는 이웃과 나누어 먹는다. 이러한 것은 모두 건강하기를 비는 뜻에서 하는 것이다. 나무 아홉 짐도 했다. 오곡밥을 해서 여러 가지 곡식도 많이 먹고, 일도 많이 해야 복되게 살 수 있다고 생각했기 때문이다. 이날 소 외양간의 거름을 쳐 내며, 짚도 썰어 준다. 외양간에도 떡 한 시루를 쪄 놨다.

아침에는 청주나 막걸리를 마시는데, 이를 '귀밝이술'이라고 한다. 귀밝이술은 이웃 사람을 불러 같이 마시기도 한다. 까만 콩이나 땅콩을 볶아서 까먹는데 이것은 부스럼이 나지 말라는 뜻에서라고 한다. 명(命)국수라고 해서 장수하라는 의미로 국수도 먹었다. 또 다른 사람에게 더위를 파는데, 손윗사람이나 손아랫사람을 가리지 않고 먼저 만나는 사람에게 더위를 판다. 더위를 팔 때에는 그 날 처음 만난 사람의 이름이나 호칭을 먼저 불러 그 사람이 대답을 하면, “내 더우세” 하고 더위를 판다. 예컨대 ‘길동아’ 하고 불러, ‘응’ 하고 대답하면, 얼른 “내 더우세” 하고 더위를 판다. 이렇게 하면 대답을 한 사람이 그 해의 더위를 가져가기 때문에 그 사람은 1년 동안 더위를 먹지 않는다고 생각한다.

보름달이 뜨면 달맞이를 한다. 총각이 보름달을 먼저 보면 그 해에 장가를 가서 첫아들을 낳는다고 하여 달이 뜰 시각이 되면 달을 보기 좋은 장소로 가서 달맞이를 한다. 달점을 보기도 하였다. 달점은 한 장소를 정해 14일 저녁과 15일 저녁에 달이 뜨는 위치를 비교해 그 해의 운세를 점친다. 만약 15일 저녁에 뜬 달이 북으로 돋우뜨면 세월이 좋다고 판단한다. 세월이 좋다는 것은 비가 덜 오고 가문 날씨이다. 달이 남으로 처져 뜨는 것은 비가 많이 와서 나쁘다고 판단했다. 가문 날씨를 바란 이유는 예전에는 조(粟) 농사를 주로 하였기 때문이다. 비가 많이 오면 조가 녹아버려 조 농사에는 가문 날씨가 적합했다. 조는 ‘흰제[白粟]’와 ‘붉은제[赤粟]’의 두 종류가 있었다. 달이 뜨는 것을 보고 달빛이 붉으면 붉은제가 잘 되고 달빛이 희면 흰제가 잘 된다고 해서 달을 뜨는 것을 살펴 조씨를 가려 심었다.

이 날 콩점, 사발점도 보아 한 해의 운세를 점쳤다. 보름 전날 수숫대를 베어 반을 갈라 한쪽은 콩 12알이 들어가게 파내어 콩알들을 넣고 갈라 낸 쪽을 원래대로 하여 실로 묶는다. 이것을 저녁에 물독에 담가 두었다가 15일 아침에 열어보고 콩알이 불어 있는 달은 비가 오는 달이고, 콩알이 불어 있지 않은 달은 가문 달로 판단했다. 사발점은 물그릇 여러 개를 준비해 물을 담아 큰집, 작은집, 또는 농사접시, 고기잡이 접시 등으로 정하여 문밖에 내 놓는다. 물이 반반하게 얼면 좋지 않고 부풀어 올라 얼면 길조라고 판단한다.

정월 14일에는 잠을 자면 눈썹이 하얗게 센다고 하여 잠을 자지 않는다. 잠자는 사람의 눈썹에 밀가루를 칠하고 놀려준다. 이 풍속은 다른 곳에서는 보통 섣달그믐날 밤에 한다.

정초부터 연을 날리다가 대보름날 저녁에 연을 날려 보낸다. 날라가는 연에 액을 실어 보내는 것이다. 유리 가루를 연줄에 묻혀 연줄 끊기 싸움을 하기도 하는데, 남의 연줄을 끊어 날려 보내는 사람이 이긴다. 솜이나 헝겊을 묶어 횃대를 만들고 석유를 묻힌 다음 불을 붙여 횃불 싸움을 하기도 하고, 깡통에 탈 것을 집어넣고 불을 붙여 돌리면서 놀기도 한다.

소연평도에서는 대보름날 새벽 해변에서 나뭇가지나 짚을 물에 띄워 놓고 거기에 밥 한 숟갈 정도를 놓고 떠내려 보내거나, 우물에도 밥을 떠 놓았다. 이를 '용의 밥주기'라고 한다. 달이 뜨면 아이들이 언덕에 올라 나뭇가지에 나이 수만큼 짚이나 풀로 감아 불을 붙이고 짚풀이 타는 동안 소원을 빌었다.

2) 2월의 세시풍속

백령도에서는 2월은 바람이 많은 달이라 '뱃놈의 액달'이라고 했으며, 특히 2월 13일은 '밴대채날'이라고 불렀다. '밴대채'란 사람의 이름이라고 하나 정확하지 않다. 이날은 밴대채란 사람이 옷을 12번 갈아입었다가 얼어 죽었을 정도로 변덕이 심한 기상을 보인다고 한다. 또 이날은 밴대채가 배를 타고 나갔다가 죽었기 때문에 이날 배를 내면 안 된다고 한다. 밴대채란 촐랑대는 사람이라고 한다. 그래서 변덕이 심한 사람을 비유해서 '밴대채같은 놈'이라는 말을 하기도 한다.

이월 초이렛날에 잠생이(좀생이)들이 달과 가깝게 있으면 세월이 좋고, 멀리 있으면 나쁘다고 생각한다. 또 북으로 치우쳐야 풍년이 들며, 남으로 치우치면 나쁘다고 판단한다.

3) 3월과 4월의 세시풍속

음력 3월 3일 삼짇날의 특별한 풍속은 전하지 않으나, 명절로 여겨 쌀밥을 먹는 날로 알았다. 예전에는 이날 '꽃짐'을 해 먹는 놀이를 하였다. 꽃짐이란 진달래꽃잎을 돌에 익혀 먹는 것을 말한다. 얇은 돌 위에 진달래꽃잎을 따서 펴 놓고 그 위에 또 얇은 돌을 얹은 후 밑에서 불을 때면 진달래꽃잎이 익어서 떡이 된다고 한다. 삼짇날에는 조상 산소를 찾아가 떼를 심고 단장을 하는데 이를 '개떼'라고 한다. 한식에는 집에서 차례를 지냈다.

4월에는 특별한 풍속은 없었고, 4월 초파일 놀이를 했다고 하나 그 내용은 제대로 알 수 없다.

4) 5월의 세시풍속

예전에는 농사 일이 바빠 단오를 지내지 않았으나, 점차 단오 때에 씨름과 그네놀이를 했다. 단오에 그네를 매고 그네를 뛰기도 하고 널도 뛴다. 근래에 와서는 초등학교 운동장에서 동네 잔치를 열어 그네뛰기, 줄다리기, 씨름, 달리기 등을 하면서 논다.

단오 전에 약쑥을 베어 마늘 엮듯이 엮어 처마 밑 귀퉁이에 달아 놓는다. 이렇게 말린 약쑥은 베인 상처나 찔린 상처에 쓰면 효험이 있다.

5) 6월과 7월의 세시풍속

유두나 칠석, 백중에는 구체적인 행사가 없다.

6월 삼복 때에 주로 부인들이 물을 맞으러 다닌 일이 있다. 백령도에는 폭포가 없어서 대청도의 도장골에 있는 폭포로 다녔다. 백령도 진촌의 남산골은 물이 흐르고 동쪽 해변 한쪽에는 약수가 있어서 여자는 여자대로 남자는 남자대로 이곳에 모여 약수를 마시고, 머리를 감거나 목욕을 하였다.

7월에 김을 다 매고 나면 집 안팎 벽에 흙칠을 하였다. 온 집안의 짐을 몽땅 밖으로 옮기고, 황토나 백토를 물에 개어 빗자루에 묻혀서 뽀얗게 칠을 하고 집안을 깨끗이 정리하였다. 이때가 김을 다 매고 농사 일이 한가한 때이고, 햇빛이 강해서 흙칠이 빨리 말랐고, 장마 후에 집안을 대청소하고 살림살이를 햇볕에 소독하기 위한 기능을 했다고 볼 수 있다. 1960년대 들어 시멘트 집들이 생기고 방마다 도배를 하게 되며 흙칠하기는 완전히 사라졌다.

칠월칠석 풍속에 대한 것은 전하지 않으나, 7월 20일을 '멍에놀날'이라 하였다. 이날 소 멍에같이 파도가 산더미처럼 인다는 것이다. 그래서 이날은 바다의 기상이 좋지 않은 날이라고 하며 고기잡이도 삼간다. 일제강점기 때 백령도에 와 있던 일본인들이 '이백십일'이라고 일컫는 날과 비슷한 무렵이다. 일본인들이 말하는 이백십일이란 입춘부터 세어서 210일째 되는 날이다. 양력으로는 9월 1일 경이 되며 이 무렵에 흔히 태풍이 불어온다고 해서 일본인들은 반드시 배를 묶어 두고 출어하지 않았다고 한다.

6) 8월의 세시풍속

8월 12일에서 14일 사이에 문중의 남자들만 선산에 모여 벌초를 한다. 이때 산에서 회식하며 문중의 이야기도 나눈다. 10월의 시제법이 없고, 시제라는 말도 없기 때문에 이것이 시제를 겸한다고 볼 수 있다. 그래서 부모 묘만은 추석 때에 성묘가는 사람들이 많다. 이것을 "등산간다"고 한다.

백령도 진촌에서는 추석 전에 산소의 풀을 모두 베고, 추석날에는 풀을 베지 않는다. 10일 지나 14일까지 문중이 모여 함께 풀을 벤다. 그것을 "산초(山草)한다"고 한다. 이날 문중이 다 모여 무덤을 살피고 벌초를 마치면 술 한 잔씩 하고 헤어진다. 이것으로 성묘가 끝이 난다. 다만 그 해나 전년에 돌아간 조상 무덤에는 따로 추석에 음식을 차려가지고 성묘하는데 이것도 "등산간다"고 한다. 등산간다는 말은 추석날, 주로 삼년상 전의 새 조상의 무덤을 살피는 것을 말한다. 다만 삼년상 후에도 육지에서 오랜 만에 들어왔다던가 하는 경우에는 추석에 성묘하기도 했으나 삼년상이 지나면 적어도 음식을 차려가는 일은 없다.

추석은 설 못지않게 큰 명절로 생각한다. 이날에는 팥을 넣은 송편을 만들어 먹고 조, 수수, 기장과 같은 햇곡식으로 밥을 한다. 육지에서는 토란국을 끓여 먹지만 이 곳에서는 토란을 재배하지 않기 때문에 토란국은 끓이지 않는다.

차례상에는 메, 찰떡, 설기, 지짐이, 조기, 돼지고기, 배, 사과 등을 놓았다. 지짐이는 옛날에는 쌀가루 지짐이였으나 후에는 밀가루 지짐이가 됐고, 엿물에 잰 지짐이로 과상이라는 것이 있었는데 이것을 우선으로 치기도 했다.

8월 농한기의 새댁의 근친은 예부터 전국적으로 있어 온 풍속이다. "김 다 매서 밀범벅 해 가지고 오만네 집에 간다"는 노래 구절이 있었다. 이러한 음식 이바지를 백령도에서는 '차담'이라고 불렀다. 차담이란 '친정으로 근친가는 일'이라고 하지만, 근친의 이바지 음식을 일컫는 말이라고 할 수 있다. 즉, 첫 차담은 결혼 사흘 뒤에 큰 상 받았던 것을 가져가는 것을 말한다.

첫 차담은 반드시 절편과 찰떡을 했다. 문양 판목으로 문양을 곱게 넣어야만 했다. 그리고 술이 따르며 나머지는 집안 형편에 따랐다. 첫 차담은 분량을 많이 해서 사람을 시켜서 지워가는 것을 바람직하게 여겼기 때문에 형편이 어려운 집은 쌀을 마련하느라고 고생했다. 그래서 두둑한 음식상을 지금도 차담상같다고 표현한다.

백령도의 결혼식은 모두 농사 일이 없는 겨울에 했다. 그래서 겨울철에 시집간 지 사흘 후의 첫 차담 후에가 8월의 근친이 되는 셈이다. 김을 다 매고 나면 새댁들은 여유가 있는 집이건 없는 집이건 차담을 해 갔다.

7) 9월과 10월의 세시풍속

벼 수확이 9월 중순부터 시작되어 10월 중순 경에 탈곡까지 끝난다. 예전에는 벼농사를 많이 하지 않았기 때문에 수확과 동시에 탈곡까지 한꺼번에 다 해치웠다. 농지 개간 등으로 논 면적이 늘어났으나 농법이 개량되어 농사가 한 절기, 즉 15일 정도 빨라졌기 때문에 지금은 오히려 9월 안에 다 끝난다.

땔감 장만하는 것을 백령도에서는 '가초(家草)'라고 한다. 이것은 흔히 추석을 지내고 8월 한 달, 보름 사이에 했다. 더러 9월에도 한다. 예전에는 300무(束)까지도 했다. 예전에는 나무가 없어서 가초하는 것이 한 일거리였고, 보통 보름 정도는 했다.

10월에 흔히 둘째 차담이 있다. 젊은 부인들의 친정에의 근친이다. 형편대로 햇곡식으로 절편이나 찰떡을 하고 술로 차담을 마련하여 새댁들은 즐거운 친정나들이를 하였다.

8) 11월과 12월의 세시풍속

11월과 12월에는 정월과 같이 새끼꼬기, 섬짜기, 메구리 엮기를 하였다. 근래에는 가마니 짜기 등을 했다. 어업에서도 11월, 12월은 아무것도 없다.

동지에는 팥죽을 쑤어 먹는다. 원래는 애기동지나 어른동지의 개념을 몰랐는데, 황해도에서 피난 온 사람들이 애기동지와 어른동지를 지키는 것을 보고 모두 따라한다. 애기동지는 동지가 초승에 든 때를 말하는데, 이 때는 팥죽을 쑤지 않는다. 어른동지는 동지가 15일 이후에 닿을 때를 말하는데 팥죽을 쑤어 먹는다.

팥죽에는 찹쌀로 만든 '동그라미(새알심)'를 넣어 끓인다. 팥죽은 남보다 먼저 쑤어 먹어야 약이 된다고 하여 아침 일찍 쑤어 먹는다. 많이 쑤어서 집에 온 사람에게 대접한다. 예전에는 일 년의 해로운 것이 다 해소된다고 팥죽을 조왕 벽쪽(부엌 솥 위)과 대문에 발랐으나 지금은 이를 하지 않는 집이 많다.

음력 12월 28, 29일부터 명절을 지내기 위하여 변소, 외양간 등을 깨끗이 청소한다. 전에는 외양간이 부엌 옆에 있었으므로 소를 밖으로 내보내고 청소를 하였다. 음력 섣달그믐에는 부엌과 소외양간 등에 불을 밝히고 날이 밝을 때까지 켜 놓는다. 일 년 내내 모은 머리카락을 팔기도 하였다. 섣달그믐날 밤에는 "수세(守勢)한다"하여 잠을 자지 않았다고 한다. 섣달그믐날 밤에 신발을 잃어버리면 재수 없다 하여 신발을 잘 간수해야 한다고 하나, 이를 지키는 사람은 거의 없다.

3. 통과의례

사람이 태어나서 죽기까지 일생을 거치면서 치르는 각종 의례를 말한다. 평생의례, 일생의례라고도 한다. 일생의례는 출생하기 전의 기자(祈子)를 포함한 관례, 혼례, 상례, 제례 즉 '관혼상제'를 말한다. 요즘에는 출산의례나 회갑의례 등을 평생의례에 포함한다.

1) 출산의례

출산의례는 '산속(産俗)'이라고도 하며, 아이를 잉태하기를 비손하는 일부터 돌이 되는 날까지 치르는 기원, 금기 등을 말한다.

(1) 기자(祈子) 및 태아예지

결혼한 부부가 아들을 낳게 해 달라고 비는 것을 기자라 한다. 기자에는 신이나 부처에게 치성을 드리는 치성기자(致誠祈子)와 주술적인 힘으로 아들 낳기를 비는 주술기자(呪術祈子)가 있다.

치성기자는 아기를 낳지 못할 때에 불공을 드리고, 점을 치고 기도를 한다. 자식 낳기를 빌 때 칠성(북두칠성)에게 빌기도 한다. 주술기자로는 아이를 잘 낳는 여자의 속옷을 몰래 훔쳐다 입기도 하고, 새로 심은 나무의 첫 과일을 따 먹기도 한다. 이렇게 하면 아들을 낳을 수 있다고 한다.

태아예지는 산모의 신체 모습이나 태몽을 통해서 뱃속의 아이가 아들인지 딸인지 구별하는 것이다. 요즘은 의료 기술이 발달하여 태아의 성별을 손쉽게 판단할 수 있지만 나름대로 전통적인 방법으로 성별을 확인하기도 한다. 출산의례 중 전통적인 관습이 가장 많이 남아 있는 것이 '태아예지법'이다.

일반적으로 산모의 배가 툭 튀어나오면 딸이고, 산모 엉덩이가 둥굴둥굴하면 아들이다. 배꼽이 똬리처럼 둥굴고 물렁하면 아들이고, 배꼽이 나오면 딸이다. 딸은 배에서 놀 때 팔짝팔짝 뛰고 아들은 꿈틀거린다. 이름을 불렀을 때 산모가 고개를 왼쪽으로 돌리면 아들, 오른쪽으로 돌리면 딸이라고 여기는 내용 등이 있다.

또 다른 태아예지인 태몽은 아이를 밸 징조의 꿈으로 더 일반적이고 지금도 많은 사람들에게 통용되는 방법이다. 태몽은 태아의 성별이라든가 미래의 운명 등에 대하여 어떤 계시를 주는 것으로 믿어지고 있다.

임신을 했을 때 인삼, 잉어, 붉은 단추, 고추, 수탉, 큰 우렁이, 도끼, 금비녀, 붉은 밤, 자라, 호랑이 등의 꿈을 꾸거나 혹은 큰 고기를 잡거나, 뽕을 딴다든지 또는 복숭아를 따거나 먹는 꿈을 꾸면 아들을 낳을 것으로 생각한다. 그리고 덜 익은 과일, 파란 대추, 계란, 알, 바가지, 작은 우렁이, 벌어진 밤, 오이, 바늘쌈지, 뱀, 반지, 조개 등을 꿈에 보거나 또 연꽃을 받는 꿈, 앵두를 얻는 꿈을 꾸면 딸을 낳을 징조라고 여겼다.

(2) 출산과 금기

출산이 임박하면 삼신상을 차려 놓고 순산을 빈다. 출산 시에는 애 잘 낳은 여자의 치마를 허리에 걸쳐둔다. 분만이 늦어질 때에는 출산 장소에 돈을 놓고 "돈 줄게 빨리 나오라"고 하기도 한다.

해산을 하면 근처 사람들의 왕래를 삼가게 하고 특히, 집안으로 부정한 사람이 출입하는 것을 금하기 위해 문밖에 표식을 한다. 아들을 낳으면 붉은 고추, 숯, 생솔가지를 중간중간에 끼어 놓은 금줄을 대문

위에 매 놓는다. 딸을 낳으면 붉은 고추 대신 흰 종이를 매단 금줄을 출산 후 약 1주일 동안 매 놓는다. 붉은 빛은 양색으로 악귀를 쫓는데 효험이 있다고 하며, 검은 빛은 음색으로 귀신무리를 흡수하는 기능을 한다고 여긴다. 금줄은 잡귀를 쫓는다는 의미에서 왼새끼를 사용한다.

임산부에게는 여러 가지 금기가 행하여지는데 음식에 관한 것, 행위에 관한 것 등이 있다.

오리고기를 먹으면 부채발(오리발처럼 발가락이 붙은 아이)을 낳는다, 참새고기를 먹으면 아기가 까분다, 찌렁새나 콩새와 같은 새고기를 먹으면 손발이 붙는다, 닭고기를 먹으면 닭살이 된다, 깨진 그릇에 음식을 담아 먹으면 언청이나 코째브(코가 찌그러진 아이)를 낳는다, 찌그러지거나 상한 과일을 먹지 마라, 친척 초상집에 가면 아기가 깜짝 놀란다, 상주를 집에 들이지 마라, 부부 싸움 하지 마라, 임신부가 놀라면 태아가 잘못된다 등의 금기를 지키기 위해 노력했다.

(3) 백일과 첫돌

아기가 태어나서 사고 없이 성장하고 무병장수하기를 기원하는 의례이다. 아기가 태어나면 첫이레·두이레·세이레 때마다 특별한 의례를 치르고, 백일이 되는 날에는 '백일잔치'를 해주고, 첫돌이 되면 돌잔치를 한다. 요즘에는 삼칠일 의례를 하는 가정은 찾을 수 없고, 백일이나 돌잔치는 가정 형편에 따라 하는데, 집보다는 행사장을 따로 빌려 치르는 경우가 대부분이다.

백일은 형편에 따라 하지 않는 경우도 있지만 "첫딸은 부자된다"고 하여 첫딸에게는 반드시 백일상을 차려 주었다. 아이에게는 색동옷을 입히고, 백설기, 수수팥떡, 인절미, 송편 등으로 상을 차렸다. 백설기는 건강하게 장수하라는 의미이고, 수수팥떡은 살(煞)을 풀라는 의미이고, 송편은 속이 꽉 차듯이 부자되라는 의미이다. 주로 친지들을 불러 잔치를 하고 이웃집에 떡을 돌렸다.

돌잔치에는 백설기(흰무리떡)와 수수반대기(수숫가루를 반죽하여 납작하게 만든 다음 팥고물을 묻힌 떡)를 한다. 돌상에는 백설기, 과일 등과 함께 실, 공책, 연필, 칼, 돈 등을 놓고 아기에게 집게 한다.

아기가 처음 잡는 것을 보고 그 아이의 장래를 점치는데, 이것을 '돌상잡이'라고 한다. 아이가 실을 잡았을 경우 명이 길고, 연필이나 붓을 잡았을 경우 학자, 칼을 잡았을 경우 군인, 돈을 잡았을 경우 부자가 될 것으로 보았다.

2) 관례

서해5도 지역에는 특별히 성인식이라고 할 수 있는 제의적 행사나 관례는 없었다. 머슴의 '들돌' 들기도 없었다고 한다. 다만 살림이 넉넉한 집에서는 가난한 집 아이를 데려다 기르면서 소를 먹이게 하였는데, 이를 "소꾼 데렸다"고 한다. 아이가 크면 성례를 시킨 후 내보내 따로 살게 하였다. 이것을 성인식과 관련지어 생각할 수도 있다.

3) 혼례

백령도 사람들은 대개 백령도 사람과 결혼한다. 그러나 동성동본끼리는 결혼을 피한다. 요즈음에는 많이 달라지기는 했지만 대개 중매결혼을 하였다. 이곳에서 행하여지는 대체적인 결혼 순서는 다음과 같다.

(1) 날 받기

대개 매자(媒子, 매쟁이, 중매쟁이)를 통해 결혼하였다. 먼저 선을 보거나 매자의 말만 듣고 혼인 여부를 결정한다. 양가의 결혼이 결정되면 매자가 신랑 집 어른과 함께 신부 집으로 간다. 이때 엿, 술, 국수와 같은 음식 재료를 가지고 간다. 신부 집은 이를 조리하여 이웃집과 같이 먹으며 알린다.

(2) 사주단자 보내기

양가에서 혼인을 하기로 합의한 뒤에 신랑 집에서 날을 정하여 신부 집으로 사주단자를 보낸다. 사주단자는 백지에 신랑의 사주를 쓴 다음에 이를 다시 백지에 싸고 색실로 허리를 맨다. 사주단자는 빨간 보자기에 싸서 보낸다. 사주단자를 보낼 때에는 신부가 입을 옷감 한 벌, 떡 한 짐과 막걸리 등을 짐꾼에게 지워 가지고 간다. 이를 “차담 보낸다”고 하는데, 이것은 신부 집에서 친척과 함께 나눠 먹으며 낯을 익히라는 뜻이다. 이때 신랑 집에서는 기혼자 중 가세가 괜찮고 자식도 잘 낳은 사람이 매자와 함께 간다.

(3) 결혼 날 잡기

결혼할 시기는 양가가 합의하여 정하되 택일은 신랑 쪽에서 정하여 종이에 적어 신부 집에 보낸다.

(4) 의장궤 보내기

신랑 집에서는 혼례 때 신부가 입을 옷과 결혼 후 살면서 입을 옷의 옷감과 함께 가락지를 신부 집에 보낸다. 이를 “외장궤(의장궤) 간다”고 한다. 최근에는 이를 “함 보낸다”고 한다.

(5) 결혼식

결혼 당일에 신랑은 예복을 입고 뚜껑이 없는 가마를 타고 신부 집으로 간다. 이때 신랑의 백부나 숙부 또는 형이 후행을 간다. 신랑의 부친은 가지 않는다. 신부 집에서는 방 하나를 따로 치우고 신랑을 맞을 준비를 하고 있다가 신랑이 당도하면 접대인을 내보내어 접대한다. 신부 집에서는 신랑 상과 후행 상을 차려 대접한다.

신랑 일행이 식사를 마치면 신랑이 타고 온 가마에 뚜껑을 덮고 거기에 신부를 태워 신랑 집으로 간다. 가마 위에는 우단 같은 것으로 덮어주며 요강을 넣어 준다. 먼 길을 가다가 볼일을 보라는 뜻이다. 신랑은 가마 뒤를 따라 걸어간다. 신부 집에서는 폐백에 쓸 음식을 장만하여 가져가기도 하는데 형편이 어려운 집은 하지 않기도 한다. 또 신부는 시부모나 신랑 형제에게 줄 선물을 가져가는데 시부모에게는 대개 옷과 버선 또는 양말을, 형제에게는 버선 또는 양말을 준비한다. 이때 차담과 함께 조롱박과 밥그릇에 쌀을 담아 가지고 가기도 한다.

신랑 집에 도착하여 가마에서 내린 신부는 대문턱에 엎어놓은 바가지를 밟아 깨면서 신랑 집으로 들어가거나 쌀을 담은 바가지를 밟고 들어간다. 신랑 집에서는 신랑의 누이나 형수가 신부와 여 후행을 맞아들여 신부 방으로 안내한다. 동네 처녀들이 신부 방에 와서 놀기도 한다. 신부 방에는 떡과 과일 등을 놓은 신부 상을 차리고 메밀국수를 갖다 주며 먹게 한다. 신부 상에 놓았던 음식은 거두어서 신부 집으로 보낸다.

저녁 때가 되면 팥을 넣은 찰밥을 해서 모두 먹고, 사당차리(차례)상을 차려 신랑 신부가 재배한다. 이때 쓰는 음식은 닭고기, 떡, 술, 대추 등인데 신부 집에서 준비해 가지고 간다. 사당차리는 사당이 있는 집에서는 사당에서 하고, 사당이 없는 집에서는 안방에서 한다.

사당차리가 끝나면 사당차리상 앞에 집안 어른들이 앉아 신랑, 신부의 절을 받는다. 그 뒤에는 형제들도 절을 받는다. 절을 받는 사람은 신랑 신부에게 "잘 살라" 또는 "아들 많이 낳아라" 하는 등의 덕담을 한다. 절을 받는 사람이 신부에게 돈을 주기도 하는데 이를 '절받이돈'이라 한다.

시부모와 일가 친척에게 절을 한 뒤에 신랑, 신부가 맞절을 한다. 이것은 다른 지역의 전통혼례에서 하는 교배례에 해당한다.

(6) 신방들기

사당차리가 끝나면 신랑, 신부는 신방에 든다. 신랑, 신부가 신방에 들면 동네 처녀나 새댁들이 와서 신방을 엿본다. 신부는 겉옷을 벗고 속치마 속적삼을 입고 한쪽 구석에 앉는다. 밤이 되어 잘 시간이 되어 부모가 신방에 들어가 자리를 깔아 주면 신랑, 신부가 첫날밤을 맞는다.

(7) 삼일차리

결혼 후 3일이 되면 닭고기, 술, 떡과 같은 차담을 마련하여 신부 집으로 가는데 이를 "삼일차리 간다" 또는 "삼일집 간다"고 한다. 신부 집에 가면 신랑, 신부는 장인 장모에게 절을 한다.

(8) 신랑달기

저녁에 신부 집 동네 청년들이 신랑달기를 한다. 동네 사람들은 미리 한 사람을 암행어사로 정한다. 암행어사로 지명된 사람은 "동네 처녀 도둑을 맞았는데 지금 찾는 중이다. 아무래도 여기에 수상한 사람이 있는데 저 사람이 수상하다"고 하면서, 신랑에게 "새악시를 맞으니 어떠냐"고 한다. 만약 대꾸를 하지 않으면 "말을 하지 않는다"고 하고,

다른 말을 하면 트집을 잡은 뒤에 밧줄로 신랑의 발목을 묶어 힘 센 사람이 둘러메고, 다른 사람이 다듬이 방치(방망이)로 발바닥을 때린다. 그러면 장모가 동네 사람들에게 술상을 차려 내놓으면서, "그 사람은 도둑이 아니니까 제발 놓아 달라"고 사정을 한다. 이렇게 노는 것을 "신랑 달아 먹는다"고 한다.

이와 같은 결혼식은 1960년대 전까지 행해졌다. 그 뒤로는 차츰 교회식이나 신혼 예식으로 바뀌었다.

4) 회갑례

부모가 61세가 되는 해의 생일날에는 자녀들이 회갑상을 차리고, 술을 따라 올리며 절을 한다. 이를 '상차리' 또는 '절받이'라고 한다. 이때 손님을 청하여 잔치를 하는데 손님은 대개 쌀로 부조를 하였다. 가난한 사람은 2~3되를 하고 잘 사는 사람은 5~6되를 했으며 친척은 한 말 정도 하였다. 80년대에 들어서면서부터 부조는 쌀 대신 돈으로 바뀌었다. 이것은 결혼식, 장례식 때에도 마찬가지이다.

5) 상례

상례는 사람의 죽음에서 행해지는 의례 전체를 말한다. 상례는 평생의례 관습 중 전통적인 요소가 가장 많이 남아 있었으나, 최근에는 다른 의례와 마찬가지로 많이 변화하였다. 상례는 보통 3일장이 대부분이었으나 여유있는 집에서나 혹은 일기가 불순하거나 가족들이 다 모이지 않았을 경우에 5일장을 하기도 한다.

6) 제례

돌아가신 지 1년이 되면 돌아가신 전날 밤 자정이 지난 뒤에 첫 제사를 드린다. 첫 제사는 음식을 차리고 조객을 맞이하는데, 이때 조객은 부조를 한다. 이날 차리는 제사 음식은 밥, 콩나물, 녹두 나물, 떡, 부침개를 비롯하여 조기와 과일(사과·배·대추·감·밤) 등이다. 음식은 어동육서(魚東肉西), 홍동백서(紅東白西)로 진설하며 제사를 지내는 절차는 유교식으로 한다. 이날 제삿밥과는 별도로 나물밥을 만드는데 반드시 검정 나물이 들어가야 한다. 말이나 강투(말과 비슷하나 잎은 없고 줄기만 있는 해초)와 같은 검정색 해초를 넣는다. 여기에 콩나물과 갖은 양념을 함께 넣어 비빈 다음에 모인 식구들이 나눠 먹는다.

매해 돌아가신 전날 자정에는 기제사를 지내는데, 3년 내지 5년 동안만 지내고 그 뒤에는 지내지 않는 사람이 많다. 교회를 다니는 집에서는 추도 예배를 드리는데, 3~5년 동안은 매해 추도 예배를 드리며 그 뒤에는 추도 예배를 드리지 않는 집이 많다.

요즘의 제사 풍습은 기독교식이나 천주교식으로 바꾸어 하고 있다. 천주교의 경우, 제삿날에 상을 차려 놓고 연도(기도회)를 한다. 성당에 미사를 청하여 모임을 갖기도 하는데 상주가 부모를 위하여 기도하는 순서가 반드시 들어간다. 연도가 끝나면 차린 음식을 나누어 먹는다. 개신교의 경우에는 음식을 차리지 않고 예배를 본다. 음식은 따로 준비하여 예배 후 함께 먹는다.

4. 전통놀이

서해5도의 민속놀이는 황해도의 영향을 받았으나, 경기도나 인천의 민속놀이와 크게 다를 바가 없고 예전에도 그리 풍성하지 못하던 섬들이기 때문에 그 종류가 육지보다 적거나 방법과 내용의 차이가 있을 뿐이다. 이곳 민속놀이의 특성은 농악이 덜 성행하였고, 북부문화권의 특징인 석전이 없었고, 횃불싸움이나 백중놀이가 없었다.

민속놀이는 연중행사인 정기적인 것과 그렇지 않은 부정기적인 것으로 구분할 수 있다. 정기적인 놀이로는 연날리기, 윷놀이, 널뛰기, 돈치기, 달맞이, 투전, 줄다리기, 다리궁굴리기(답교), 패알(초파일)놀이, 씨름, 그네, 단오놀이, 유두놀이 등이 있었다. 줄다리기와 다리궁글리기는 소규모로 이름만 전하고 있고 씨름, 그네는 마을 대항으로 했다. 단오 때의 마을 대항 씨름대회에서 1등상으로 송아지를 주는 경우도 있었으나 돼지를 주는 경우가 많았다고 한다.

부정기적인 놀이로는 바둑, 장기, 고누, 땅재먹기, 금차기(돌차기), 공구치기(공기놀이), 딱지치기, 장수싸움(기마전)들이 옛날부터 어른, 아이들 간에 있었다. 바둑은 일제강점기에 들어 왔고, 아이들은 팽이돌리기, 썰매타기를 많이 했다. 썰매는 밑에 굵은 철사를 대고, 끝에 못을 박은 '촉지깽이'를 두 손에 들고 밀어나가던 것이다.

산에 나무하러 가서는 '지게 자웅시키기'라는 것을 했다. 이것은 지게 두 개를 세우고, 송진이 많은 곧은 나뭇가지를 지게 사이에 끼워서 손으로 비벼 돌리면 열이 나 파란 불이 일어나곤 했다. 그 불 일으키는 재미로 열심히 나뭇가지를 비벼 돌리곤 했다.

5. 어로민속

1) 연평도의 어살과 돌살

연평도에서는 안목이라는 곳에 어살을 설치해 고기를 잡았다. 이곳은 옛날 임경업장군이 조기를 잡았다는 장소로 유명한 곳으로 많은 이야기가 전한다. 어살은 바닷물의 드나듦의 차이에 의한 조류를 이용한 어법으로 조기, 청어를 비롯하여 조류를 따라 해안으로 들어오는 모든 어족을 어획하였다.

안목은 임경업 장군이 가시나무 또는 엄나무로 조기를 잡았다는 곳이다. 조선시대 말에는 고기가 많이 잡히는 곳을 '관터'라고 해서 1년에 3말의 조기 알을 진상하였고, 곡우 때 잡은 조기는 진상품으로 한양에 보내졌다. 1900년대에는 새끼줄로 그물을 짜서 조기를 잡다가, 1990년대에는 4자짜리 그물 48간을 설치하였다. 잡히는 고기는 꽃게, 숭어, 민어, 새우, 망둥이 등이다.

돌살이란 해안에 돌을 쌓아서 밀물에 따라 들어오는 고기를 가두기 위한 돌로 쌓은 담의 한가지로서 예전에는 주로 서해안 주민들이 돌살을 이용하여 고기를 거두었다. 연평도에서도 바닷가에 여러 개의 돌살을 설치하여 고기를 잡았다.

돌살을 설치하는 장소는 민간신앙과 관련하여 정하기도 하는데, 연평도에서는 도깨비불이 꺼지는 장소에 설치하였다고 한다. 섣달그믐날 밤에 마을 뒤편 언덕의 바지락 껍데기를 쌓아 놓은 곳에 올라가서 영감불(도깨비불)을 보고 도깨비불이 마지막으로 꺼지는 장소에 돌살을 설치하면 많은 고기가 잡힌다고 여기는 것이다. 도깨비는 고기를 몰아다 주는 존재로 여긴다.

〈표 1〉 연평도의 돌살

돌살명	돌담길이(m)	집에서 거리(m)	그만 둔 시기	비고
다라이	200	15	1984	
매드라까리	150	15	1950	
미기	150	40	1955	

돌살 안에 갇힌 고기는 2인용 반두로 잡고 지게나 부게로 운반한다. 2인용 반두는 180cm정도 되는 소나무, 참나무 또는 대나무 2개에 가로 340cm, 세로 100cm정도 되는 그물을 나무 사이에 엮어서 만든 것이다. 예전에 그물을 말린 칡껍질을 엮어 만들었으나 면과 나일론이 나오면서 바뀌었다. 반두는 두 사람이 비스듬히 잡아서 밑부분을 바닥에 닿게 하여 고기를 건져 올려 잡는다. 임통 부분에 돌이 있으면 반두를 사용할 때 바닥에 닿지 않으므로 주의해야 한다.

연평도에서 잡은 고기를 거두러 갈 때 "살 보러간다" 또는 "살 매러간다"고 한다. 고기가 많이 잡히는 시기는 음력 3, 4월과 9, 10월이며, 고기를 많이 거두는 날을 연평도에서는 '대동'이라고 한다. 대동제 기간에는 돌살 앞에서 고사를 지낸다. 막걸리와 찐고기를 가지고 임통 앞에서 제를 지내는데, 이때 용왕에게 많은 고기가 잡히기를 비손한다.

석유와 철사가 보급되면서 솜뭉치를 굵은 철사로 단단하게 엮고 여기에 석유를 묻혀 불을 밝혔는데, 이것을 연평도에서는 '양홰'라고 불렀다. 살을 보러 갈 때에는 무거운 통나무 홰 대신 기름만 담아가면 그만이다. 그 이후에는 병초롱불로 대치되었다.

2) 바람과 물

바람은 조업과 밀접한 관련을 가지고 있다. 바람이 많이 불고 파도가 센 경우에는 배가 출항을 할 수도 없지만 물고기도 잡히지 않는다. 보통 낚시하기 좋은 바람은 북서풍인 고든 하늬바람이다. 북동풍이 불면 파도가 세다고 한다. 그리고 남동풍인 손풍이 불면 비바람이 많아진다.

바람은 조업에 많은 영향을 끼치기에 선원들은 바람 부는 방향에 주의를 하고 지역마다 이름을 부여한다. 동풍은 인천의 여러 섬에서 노파라고 부르며, 남풍은 마바람이라고 부르나 연평도에서는 갈바람이라고 부른다. 서풍은 그대로 서풍이라고 부르나 백령도에서는 갈바람이라고 부른다. 북풍의 경우 지역마다 이름이 약간씩 다르지만, 하늬바람이 공통적으로 들어간다. 사이사이에서 부는 바람에도 이름을 부여하는데, 연평도, 백령도, 대청도에서 각기 다르게 부르고 있다. 많은 섬 지역의 바람 명칭 가운데는 노파, 놈마, 손풍, 곤풍, 하네 등 순수 우리말도 보인다. 대청도 사람들은 고기 잡을 때 좋은 바람은 남서풍인데, 남쪽으로 더 치우쳐서 부는 바람이 불면 좋다고 한다.

밀물과 썰물은 고기를 잡는데 중요한 작용을 한다. 물때에 따라 들어오는 고기가 다르고 잡히는 양도 차이가 있다. 따라서 바닷가에 나가기 전 물때는 꼭 따져보아야 한다. 백령도와 대청도에서는 한물～두물 …… 아홉물～열물～한 개끼～두 개끼～아치조금～조금～무심이라고 부른다. 연평도에서는 두 개끼 대신 대개끼라고 부른다. 그리고 일곱물~열물 때는 물이 세기 때문에 그물로 고기를 잡는다. 조금 때는 물이 세지 않고 물이 깨끗하기 때문에 낚시로 고기를 잡는 것이 좋다. 음력 초 하루는 일곱물이고, 보름은 여섯물이다.

물을 이야기 할 때는 '조금', '사리'라고 이야기한다. 조금은 음력 9일과 24일을 전후하여 며칠 동안 조수 간만의 차가 아주 작아지는 현상을 말하는 것이고, '사리'는 음력 보름과 그믐을 전후하여 며칠 동안 조수 간만의 차가 아주 커지는 현상을 말한다.

〈표 2〉 지역별 바람의 이름

	東 샛바람	南東 샛마/된마	南 마파람	南西 늦마/늦하이	西 갈바람	西北 높하늬	西 된바람	北東 높새/된새
연평도	노파/	놈마/	갈바람	늦갈	서풍	늦하네 고든하네	된하네	된노파/ 센노파
백령도	노파	손풍	마바람	곤풍	갈바람	늦하네	하니	된하니
대청도	노파	마바람	마바람	늦마	서풍	늦하네	된하니	하니

3) 파시

파시(波市)란, 본디 어류를 교역하는 시장을 뜻한다. '波'는 물결을 타고 해상을 이동한다는 뜻이고, '市'는 어업자, 즉 각종 영업자를 뜻한다. 근래에 들어와서의 의미는 각종 기관까지 임시로 설치하여 일시적으로 번성을 누리는 임시 어촌을 뜻하기도 하고, 어류 등을 거래하기 위한 해상시장으로도 해석된다. 파시를 파시평(波市坪)이라고도 하는데. '坪'은 장소의 뜻으로 보인다. 지난날 손꼽히는 대표적 어장은 다음과 같다.

전국 각지의 어장 중에서 연평의 조기어장, 해주의 청어어장, 진해의 대구어장은 일찍부터 황해와 남해의 3대 어장으로 널리 알려졌다. 서해 해역에서 가장 중요한 파시는 역시 연평파시였다. 연평도는 본디 황해도에 속하였으며 대대적인 파시가 형성되어 불야성을 이루곤 하였다. 연평파시 말고도 자잘한 새우파시, 민어파시 등이 열리기는 하였으나 그 크기나 지속성에서 조기잡이파시를 따를 만한 것은 없었다.

연평도 어장이라고 했을 때, 이는 해주만 일대의 잘 발달한 리아스식 해안과 자잘한 섬들을 포괄하는 해역이다. 막상 연평도라고 부르기는 하지만 미력리도, 갈리도, 장재도, 초마도 같은 자잘한 섬들이 길목을 지키고 있어 연평열도로 불린다. 즉, 연평열도는 대연평도와 소연평도 및 부근의 크고 작은 섬들을 총칭하는 말이다. 연평도는 그 주역일 뿐이다. 조기철이 되면 인근의 배들도 모두 몰려와 파시를 형성했기 때문에 연평어장은 황해도, 경기도, 충청도 심지어 전라도 배들까지 모여드는 큰 어장이었다. 조기떼를 따라서 인근 대청도, 소청도, 백령도 근해에서도 어획하였다.

4월부터 어업이 이루어졌는데 연평도어장은 일제시대에도 주로 조선인이 주로 활동하였으며 일본인은 적었다.

1950년대까지 흥청거리던 연평파시는 조기가 급격히 사라지면서 막을 내렸다. 그에 따라 당연히 연평파시도 역사의 장으로 사라지고 말았다. 이로써 서해 해역의 중요한 어촌 풍습이었던 파시는 대단원의 막을 내리게 된 것이다.

4) 어로관습

어업과 관련한 행위에는 많은 금기 및 속신이 있다. 이들 금기나 속신들은 주로 출어나 조업을 하는 과정에 많이 드러나며, 사람들은 이러한 믿음을 통해 어로와 관련한 금기를 지키기 위해 애쓴다. 어로와 관련 된 속신 중 가장 대표적인 것은 조업 도중에 만나는 시신의 처리와 어장일과 관련하여 임신부를 꺼리는 관습을 들 수 있다.

(1) 물고기와 첫 출어

첫 출어는 선주가 물때를 보고 직접 정하기도 하지만 만신을 불러 선주의 생년월시를 보고 결정한다.

첫 해 출어하여 잡은 첫 번째 물고기는 팔거나 먹지 않고 말렸다가 다음 출어할 때 고사 제물로 쓴다. 제사에 쓰는 고기는 조기를 으뜸으로 치나 지금은 조기가 잡히지 않아 우럭을 많이 쓴다. 숭어는 수염이 달렸다고 하여 고사 제물로 쓰지 않지만 만약 다른 고기가 없는 경우에는 쓰기도 한다.

(2) 여자

우리나라 어느 바다에서나 고기잡이와 여자를 상극으로 보았다. 출어를 앞둔 선주나 선원들은 부인과 잠자리를 하지 않는다. 또한 아침에 조업을 하러가는데 여자들이 길을 앞 질러가면 "재수가 없다"고 하며, 심지어 조업을 나가지 않는 선주들도 있다. 50세가 넘은 부인네들은 이 같은 관습을 알기에 요즘도 선주나 선장이 바다에 나가는 아침에는 외출을 삼간다.

어부들이 가장 피해야하는 존재는 임신부이며, 출산은 더욱 부정한 것으로 여겨진다. 이러한 이유에서 출어를 앞둔 집에서는 일 나갈 남자를 다른 집으로 피신시킨다.

또한 어장일을 할 때 임신부를 배에 오르지 못하도록 한다. 특히 선주의 집에서는 어장일을 하기 2~3일 전부터 대문에 황토를 뿌려 부정한 사람들이 들어오지 못하도록 한다. 심한 경우에는 출어를 했을 경우에도 임신부가 집에서 아기를 낳지 못하고 해막에서 출산하도록 하기도 했다.

그러나 아이를 낳은 산모나 신생아와의 접촉이 항상 나쁜 것만은 아니었다. 선주네가 이들을 만난 후에 어획이 좋았다면, "산수 붙어서 잘

한다"라고 표현하기도 한다. 반대로 고기를 많이 못 잡았다면 "산수 떨어졌다"라고 한다. 여기서 '산수'가 정확시 무엇을 의미하는지는 알 수 없으나, 아마도 '산수(産數)', 곧 출산한 산모나 아기의 운수를 뜻하는 것 같다. 좋은 복을 타고 난 아기나 그 어머니를 만나면 산수가 좋아서 어획이 만족스럽다는 것이고, 운이 나쁜 아기나 그 어머니를 만나면 산수가 나빠서 어획이 나쁘다고 생각하는 것이다. 어떤 산모나 아기가 지닌 산수의 행불행을 사전에 미리 알 수 없으므로, 산수의 좋고 나쁨을 떠나서 될 수 있으면 이들을 피하려고 한다.

과거에는 여자가 배에 승선하는 것을 막았다. 특히 처음 배가 들어오는 경우 여자들은 올라갈 수 없다. 그러나 근래에는 부부가 배를 타는 경우가 허다하다.

(3) 동물

선주나 선원들은 부정하다고 여기는 동물을 먹지 않는다. 배를 타기 전에는 개고기, 노루고기 등 부정한 고기는 먹지 않는다. 개나 고양이를 태우고 배를 항해하는 일을 금한다.

신성한 것으로 여기는 동물들은 보호한다. 거북이가 잡히면 술을 먹여 다시 바다로 보내주며, 조업 중에 갈매기가 날아다녀도 친구라고 여겨 잡지 않는다. 그리고 돼지꿈을 꾸면 그 다음날 만선을 이룬다고 믿는다. 쥐도 과거에는 위험한 징조를 알리는 동물로 여겼으나, 지금은 전기선과 그물 등의 어구를 물어뜯기 때문에 다 잡는다.

(4) 시체

조업 중에 만난 시신은 반드시 건져서 가지고 온다. 만약 시신을 보고서도 그냥 놓아두면 좋지 않다고 한다. 이를 묻어주면 재수가 좋고 벌이가 잘 된다고 해서 바쁜 일이 있어도 그냥 지나치지 않는다. 만약 시신을 못 본 척하고 지나가면, 시신이 배를 쫓아온다. 이 경우에는 쌀 등의 곡식을 뿌려주면 더 이상 쫓아오지 않는다. 바다에 떠있는 시신을 보면 여자의 경우 젖혀져 있고, 남자의 시신은 엎어져 있다고 한다. 시신을 배에 실을 때는 배의 왼쪽으로 실으며 육지에 도착하면 묻어준다. 그런데 바다에서 시신이 배와 멀어지면 건져 올리지 않는다. 자신이 갈 길이 있다고 생각한다.

(5) 꿈

· 길몽

– 바닷물이 집안으로 밀려들어오면 만선을 한다.
– 배가 물에 잠겨서 가라앉는 꿈은 좋은 꿈이다.
– 바다에 갔는데 배에 물이 차거나 물에 휩싸이면 만선을 한다.
– 꿈에 배가 보수할 만큼 부서지면 고기가 많이 잡힌다.
– 송장, 상여, 상주가 되는 꿈은 좋은 꿈이다.
– 노란 솔가루를 많이 해서 집이나 배에다 싣는 꿈은 길몽이다.
– 나무를 집안에 가득 놓는 꿈은 길몽이다

· 흉몽

– 꿈속에 여자가 보이면 안 좋은 꿈이다. 출어를 하면 큰 사고가 난다.
– 배가 육상으로 올라오는 꿈은 안 좋다.
– 꿈에 부모님이 보이면 고기가 잡히지 않는다.
– 혼례를 치르는 것은 나쁜 꿈이다.

(6) 행동

배를 타는 선원이나 선주는 행동에서 여러 가지를 조심해야 한다. 부정한 외부인들이 집안으로 들어오는 것을 막기 위해 선주집 대문 앞에 청솔가지를 꽂아두고 황토를 뿌리기도 한다. 청솔가지는 침과 양기가 강한 초록의 힘으로 잡기를 물리치기 위함이고, 황토는 황색이 잡귀를 쫓는 벽사의 힘을 가지고 있기 때문이다.

선원이나 선주는 조업 중에는 초상집이나 부정한 짐승을 잡는 곳을 가지 않는다. 만약 어길 경우 소금 등을 뿌려 부정치기를 한다. 심하게 부정이 탄 경우에는 쌀을 뿌리기도 한다.

조업하는 배에서도 몸가짐을 조심한다. 특히 배에서는 휘파람을 불지 않는데 휘파람은 바람귀신이라고 한다. 그래서 휘파람을 불면 바람이 불어 배가 조난을 당할 염려가 있다고 믿는다. 그리고 숟가락 등 금속성 물질을 바다에 빠뜨려도 불길한 징조라고 여긴다.

[필자 : 문상범]

서해도서 문화콘텐츠 활용을 위한 한 방법

백령·대청·연평도의 경우

1. 머리말

'문화콘텐츠(culture contents)'는 문화적 요소가 체화된 콘텐츠를 지칭하는데,[1] 흔히 "인간의 감성, 창의력, 상상력을 원천으로 한 문화적 요소가 체화되어 경제적 가치를 창출하는 문화상품"[2]이거나 "문화기호들의 연쇄적 조합이 창출한 결과물로, 커뮤니케이션의 다양한 채널을 통해 상업화될 수 있는 재화"[3]로 규정하기도 한다. 그래서 '문화콘텐츠'는 문화적 요소를 함유한 '문화상품'이거나 '상업화될 수 있는 재화'이고 콘텐츠는 그것의 내용물을 말한다.

그런데 특정 지역을 거점으로 삼은 문화콘텐츠를 개발하기 위한 전

---

1) 이에 대해서는 〈문화산업진흥 기본법〉(2009.8.22.)에 적시되어 있다.
제2조 2항 : '문화상품'이란 예술성·창의성·오락성·여가성·대중성(이하 "문화적 요소"라 한다)이 체화(體化)되어 경제적 부가가치를 창출하는 유형·무형의 재화(문화콘텐츠, 디지털문화콘텐츠 및 멀티미디어문화콘텐츠를 포함한다)와 그 서비스 및 이들의 복합체를 말한다.
제2조 4항 : '문화콘텐츠'란 문화적 요소가 체화된 콘텐츠를 말한다.

2) 김평수·윤홍근·장규수, 『문화콘텐츠산업론』, 커뮤니케이션북스, 2007, 5쪽.

3) 백승국, 『문화기호학과 문화콘텐츠』, 다할미디어, 2004, 20쪽.

제가 있는데, 해당 지역의 문화정체성 확보가 그것이다. 해당 지역의 문화정체성은 "문화를 매개로 한 구성원의 자기 동일성에 대한 이해"이기에 "지역주민의 문화적 정체성은 일정 단위의 지역주민들이 그 지역의 유·무형의 문화적 자산을 매개로 갖게 되는 동질감"이라 규정할 수 있다.[4] 여기서 '유무형의 문화적 자산'은 해당 지역의 역사적·문화적 전통과 이를 통해 형성된 성과물을 지칭하는 것이다.

해당 지역의 주민들이 유·무형의 문화적 자산을 공유하지 못하는 상태에서 특정 지역의 문화콘텐츠를 개발하는 일은 그것의 과정 및 성과가 왜곡될 수 있다. 지역의 주민들조차 동의하지 않거나 외면하는 '문화상품'이 상업화에 성공할 수 가능성은 크지 않다. 그래서 지역의 문화콘텐츠는 지역의 문화정체성과 긴밀한 관계에 있는 것이다. 지역의 문화콘텐츠를 개발하기 위한 전제가 지역의 문화정체성 확보이기에 해당 콘텐츠가 지역과의 연고성이 있느냐 없느냐를 가늠하는 일이 중요할 수밖에 없다. 그래서 지방자치단체(이하 지자체, 95년부터)에서는 지역문화의 정체성을 확립하면서 동시에 '문화상품'으로 만들려는 시도, 이른바 춘향, 심청, 홍길동, 콩쥐팥쥐와 같은 고소설의 주인공을 지역 연고성으로 묶어 축제의 중심 테마로 설정한 경우가 그것이다.

2. 지역 문화콘텐츠 사례의 공과(功過) - 고소설의 경우

지자체는 고소설 주인공의 지역 연고성을 확보하여 그것을 지역 문화콘텐츠로 삼으려고 했다. 해당 지자체는 지역문화의 정체성을 확립

---

4) 류정아 외 12인, 「한국 지역 축제 조사평가 및 개선방안 연구 총괄 보고서」, 문화관광부, 2006, 12쪽.

하면서 동시에 이를 통해 문화관광 등의 수익을 창출하려는 목적으로 고소설 주인공이 최적의 대상이었다. 익히 알려져 있는 고소설의 주인공이기에 해당 지역과의 연고성을 확보하면 '문화상품'으로서의 가치를 발휘할 수 있었다. 고소설의 주인공을 지역 축제의 중심 테마로 설정하여 지역 문화정체성의 근간으로 활용했다. 이는 축제가 해당 지역에 계승되는 '원초 제의성의 보존'을 통해 '지역민의 일체감을 유발'함과 동시에 '전통문화를 보존하는 기능'을 담당하고, 아울러 지역의 '경제적 의의'와 '관광적 의의'를 보장해 주기 때문이다.5)

홍길동의 경우, 강원도 강릉시와 전라도 장성군이 경쟁을 했다.6) 강릉시가 주장하는 지역 연고성은 〈홍길동전〉의 작자 허균이 강릉 출신이란 점에서 출발했다. 허균의 문학비 건립, 학술세미나 개최, 홍길동 캐릭터 선정 및 도형 상표권 등록 등 허균의 이미지를 알리는 데 관심을 두었다. 한편 장성군은 홍길동이 해당 지역 출신의 실존인물이었다는 점에 주목했다. 이는 해당 지역 출신의 특정인의 일대기가 홍길동과 다름없다는 학문적 성과에 근거한 것이었다.7) 이런 학술적 근거를 토대로 지역문화 콘텐츠개발 사업에 착수했는데 예컨대 OSMU(One-Source Multi-Use)의 개념에 기대 캐릭터 개발, 생가복원, 유물 발굴, 테마파크 조성 등에 주력하였다. 결국에는 강릉시와 장성군의 경쟁에서, 강릉시가 시의 상징으로 사용하던 홍길동 마스코트 사용을 중단함으로써 장성

---

5) 이미순, 『축제가 도시 브랜드를 만날 때』, 새로미, 2010, 5~6쪽.

6) 홍길동에 대한 지역 연고성 관련 논란은 김용범의 글(「고소설 주인공의 지역 연고성 분쟁 사례를 통한 지역문화 콘텐츠 개발 연구」, 『한민족문화연구』 22집, 한민족문화학회, 2007)을 참조했다.

7) 설성경의 일련의 학문적 성과에 기반을 두고 있다. 「실재인물 홍길동의 생애 재구-출생과 성장, 국내 활동부분을 중심으로」, 『동방학지』 96집, 연세대학교 국학연구원, 1997; 「홍길동전의 핵심 소재와 작가」, 『고소설연구』 6집, 한국고소설학회, 1998; 「호남인물을 소재로 한 고소설-홍길동전 모델 관련기록을 중심으로」, 『고문연구』 12집, 한국고문연구회, 1999.

군이 고소설 주인공 '홍길동'을 차지하게 되었다.[8)]

콩쥐팥쥐의 경우, 고소설 주인공의 고향이 완주군과 김제시의 경계면에 위치한 데에서 경쟁이 시작됐다. 경쟁 지자체는 전주~완주~김제를 잇는 716호 지방도로의 이름을 '콩쥐팥쥐로'로 지을 정도로 주인공의 연고성을 주장하고 있지만, 그에 대한 가시적인 성과는 아직 등장하지 않고 있다.

심청의 경우, 인천 옹진군·전남 곡성군·충남 예산군에서 연고성을 주장하였다. 옹진군은 현지의 심청전설을 토대로, 곡성군과 예산군은 심청전의 근원설화 '관음사 사적기'를 근거로 지역의 연고성을 확보하여 했다. 옹진군은 백령도의 역사, 전설, 민요, 민속 등을 조사하여 그 성과를 『백령도-명승지와 민속순례』로 제출하였다.[9)] 현지의 심청전설과 관련하여 "실존인물의 전설화라기보다는 오래 전부터 널리 읽혀지던 심청전이 전설화한 것"인데 그 이유는 백령도 앞에 "심청이 살았다고 하는 황주, 심청이 빠졌다고 하는 인당수가 가까운 곳에 있어 친근감을 느꼈기 때문"[10)]이라 한다.

전남 곡성군은 '관음사 사적기'를 토대로 하고 있는데, 이 자료는 己酉年(1729) 송광사의 白梅禪師가 관음사의 長老 優閑禪師의 구술을 듣고 이를 정리한 문건이다.[11)] '事蹟記'의 내용의 전반부에 사찰연기설화에 해당하는 '원홍장이야기'가 있다. '원홍장이야기'의 구조는 '효녀(원홍장) → 희생(자기 몸을 판다) → 기적(중국 사신을 만나 황후가 된다) → 부모의 문제

---

8) 『전북일보』, 2012.06.14. http://www.jjan.kr/news/articleView.html?idxno=439109

9) 최운식·백원배, 『백령도-명승지와 민속순례』, 집문당, 1997.

10) 위의 책, 208~209쪽.

11) 심청전의 근원설화로 지목된 '관음사 사적기' 안에 있는 원홍장 이야기는 김태준(『조선소설사』, 학예사, 1939)이 지적한 바 있다. 양자 간의 친연성에 대해 박해범(『원홍장과 심청전』, 박이정, 2003)이 상세히 다루었다.

해결(盲父 눈을 뜨다)'로 심청전의 구조와 동일하다.[12] 게다가 등장인물도 심청과 원홍장, 심봉사와 원봉사, 몽은사 화주승과 홍법사 화주승, 남경 상인과 중국사신, 중국의 황제로 나타나는 것도 여타의 근원설화에서 발견할 수 없는 유사점도 있다. 현재 확인할 수 있는 심청전 근원설화들이 지니는 위상과 그것들의 판소리적 성격을 검토한 논의에 의하면, '원홍장이야기'가 심청전과 가장 가까운 근원설화이며 판소리로의 발전 가능성도 상당히 포함하고 있다는 것이다.[13] 그래서 〈심청전〉 주인공의 지역 연고성을 '원홍장이야기'에 찾을 수 있었던 것이다.

충남 예산군의 경우, '관음사 사적기'에 의하면 원홍장이 태어난 곳은 충남 예산의 대흥면이라는 데에서 연고성을 주장했지만, 대흥면이 현재의 예산 지역이 아니라 삼국시대 곡성의 대홀이란 지명이 구전되면서 대흥으로 변했다는 점이 밝혀지면서 연고성 경쟁에서 밀리게 되었다. 게다가 원홍장이 황후가 된 후 관음상을 보냈는데 그것의 안치장소가 곡성군 성덕산 관음사였기에 곡성군의 연고성은 확고해질 수 있었다.

지역 문화콘텐츠 사례를 고소설의 경우에서 살펴보았는데, 무엇보다 눈에 띄는 것은 학술적 성과를 토대로 지역 문화콘텐츠 개발사업을 전개한 지자체가 경쟁에서 우위에 설 수 있었다는 점이다. 장성군(홍길동)과 곡성군(심청)의 경우처럼, 고소설 주인공의 지역 연고성을 확보하고 그것을 정보통신의 기술에 기대 널리 확산했다는 것이다. 그리고 이것이 '지역의 유·무형의 문화적 자산을 매개로 갖게 되는 동질감'이기에 해당 지역의 문화정체성을 확보하는 방법이기도 했다.

---

12) 심청전의 초기본(경판)에는 뺑덕어미, 장승상 부인, 용왕이 등장하지 않는다고 할 때, 심청전과 가장 가까운 근원설화라 할 수 있다.

13) 허원기, 「심청전 근원설화의 전반적 검토 – 원홍장 이야기의 위상을 중심으로」, 『정신문화연구』 통권 89호, 정신문화연구원, 2002.

3. 문화콘텐츠 활용을 위한 전제와 서해 도서의 현황

1) 'TGIF' 혁명과 원자료가 문화산업으로 진행되는 과정

정보통신기술의 발전이 사람들에게 단순히 편리함만을 제공하는 것은 아니었다. 이른바 'TGIF'14) 혁명으로 이어져 사람들의 사고, 생활, 커뮤니케이션 방식, 정치, 경제, 언론 등 모든 것을 급변하게 변화시켰다. 정보를 일방적으로 소비했던 자들이 적극적 생산자로 등장할 수 있었기에 개인의 사고, 생활, 정치 등은 시공의 장애를 받지 않고 타인과 공유할 수 있게 되었다.

콘텐츠(내용물)도 예외가 아니었다. 콘텐츠가 '부호, 문자, 음성, 음향 및 영상으로 표현된 모든 종류의 자료 또는 지식 및 이들의 집합물'(문화산업진흥법, 2001)이라 지칭될 만큼 과거의 개념과 다르게 변모했기에 그것의 저장방식 및 활용방식도 과거와 다를 수밖에 없었다.

ㄱ. A : 원자료 혹은 기존 형식의 성과물
ㄴ. A1 : 단순 디지털전산화
ㄷ. A2 : 정보화(제대로 된 데이터베이스, DB)
ㄹ. A3 : 정보화의 활용수준(콘텐츠의 단순활용)
ㅁ. A4 : 콘텐츠의 산업적 활용(문화산업)15)

원자료가 문화산업으로 진행되는 과정을 제시한 경우이다. 과거에 원자료[A]는 한문자료나 번역물처럼 극히 제한된 사람에게만 소통되었

---

14) TGIF는 새로운 모바일 인터넷 시대를 주도하는 기업, 제품을 합성한 용어, 트위터(Twitter), 구글(Google), 아이폰(I-phone), 페이스북(Facebook)의 알파벳 첫 철자를 딴 신조어이다. 현재를 뛰어넘는 창의적인 아이디어를 지닌 세대를 의미하기도 한다.

15) 김기덕, 「콘텐츠의 개념과 인문콘텐츠」, 『인문콘텐츠』 1호, 인문콘텐츠학회, 2003, 10쪽.

다. 그러한 A가 A1을 거쳐 누구건 저장 및 활용이 가능한 내용물[A2]로 격상될 수 있었던 것은 정보통신기술의 발달에서 기인한다. A1은 A를 디지털전산화로 격상한 것이지만 이 또한 제한된 사람들에게만 필요한 콘텐츠를 제공했다. 한문자료가 전산화되더라도 이를 필요로 하는 자들이 제한돼 있기 때문이다. A2(제대로 된 데이터베이스, DB)에 이르러 이용자들은 누구건 관심 있는 부분에 대해 제한 없이 사용할 수 있었다. A1의 단계에 없었던 온갖 배너들과 하이퍼링크에 의해 A는 더 이상 제한된 사람에게만 소용되던 콘텐츠가 아니었다. A2는 A3와 A4를 진전되기 위한 콘텐츠의 핵심 단계였다.[16)]

A2는 '지식정보자원관리법(2000년)'의 제정과 무관하지 않다. 문화, 역사, 교육학술, 과학기술, 산업경제 등 국가 및 공공기관이 보유한 지식정보 자원을 DB하기 위한 사업은 이용자들에게 온라인으로 서비스하는 것을 전제로 한 것이었다. 특정 분야의 자료가 인접 분야 및 유사 분야와 연동되는 것은 물론 콘텐츠가 음성, 음향, 영상을 포괄할 수 있도록 DB가 구축됨에 따라 A가 A3나 A4로 진전될 거점을 마련할 수 있었다. 결국 A2를 튼실하게 구축하는 일은 문화콘텐츠 출발이기에 그것이 문화산업의 성패를 좌우할 수 있다.

2) 콘텐츠 이용자들의 참여 환경의 변화

문화콘텐츠가 '상업화될 수 있는 재화'로 지역 문화콘텐츠의 개발은 문화산업으로 성공하는 데 목적을 둔다. 문화산업의 핵심 가운데 하나

---

16) 〈조선왕조실록〉의 경우를 통해 단계별 특성을 이해할 수 있다. A는 한문자료, A1은 한문자료의 전산화, A2는 조선왕조실록 사이트 설정(http://sillok.history.go.kr/)이다. 해당 사이트에 접속해서 누구건 다양한 경험을 할 수 있다.

가 관광산업인데 고소설 주인공을 축제의 테마로 삼은 것도 이와 밀접한 관련이 있다. 그런데 관광의 개념이 과거처럼 소비적 휴양에 머무는 게 아니라 그것을 통해 지식을 확충하고 새로운 문화를 체험하는 것으로 바뀌었다. 물론 관광의 개념이 바뀐 것도 정보통신기술의 발달과 밀접한 관련이 있는바, 관광에 대한 정보를 습득하고 현장을 체험할 수 있는 계기는 'TGIF' 혁명과 밀접한 관련이 있다.

> 문학감상을 여행이라고 생각해 보자. 관광안내원이 일방적으로 정해 놓은 한 가지 코스로 가는 경우와 여행객이 마음대로 일정을 선택해 가는 경우가 있다고 할 때 전자는 편안할 수는 있으나 후자만큼 여행객에게 자유로움과 다양한 볼거리를 제공해 주지는 못할 것이다.[17)]

문학감상의 방법을 여행의 두 가지 경우를 상정하여 설명하고 있는 데에서 정보통신기술의 발달에 혜택을 받은 여행자들이 기존의 여행자들과 다른 선택을 할 것으로 짐작할 수 있다. 기존의 여행자들이 고정된 텍스트를 여행의 대상으로 삼았다면 정보통신기술을 활용할 줄 아는 현재의 여행자들은 텍스트의 형성에 참여하고 그것을 공유할 줄 아는 자들이다. 여행자에게 안내원이 개입되어 있는 경우가 편안할 수 있으나 후자처럼 다양한 볼거리를 자유롭게 경험할 수는 없기에 그렇다. 전자든 후자든 선택에 따라 장단점이 있을 수 있지만 'TGIF' 혁명과 관련이 있는 여행자들이기에 볼거리를 자유롭게 경험할 수 있는 쪽을 택하게 된다. 물론 그들은 여행을 하면서도 'TGIF'에 의해 정보를 습득하고 현장을 체험한다.

---

17) 류현주, 『하이퍼텍스트문학』, 김영사, 2000, 63쪽.

여행자는 안내원에게 모든 것을 맡기기보다 그들 스스로 목적지와 볼거리를 선택하는데 그러한 선택이 언제이건 바뀔 수 있다. 그 중심에 그들이 능숙히 처리할 줄 아는 정보통신기술이 있는데 이른바 정보화(제대로 된 데이터베이스, DB)를 활용하는 게 대표적이다.

3) 서해 도서의 현황

문화콘텐츠 활용을 위한 전제를 원자료가 문화산업으로 진행되는 과정과 콘텐츠 이용자들의 참여 환경의 변화에 대해 살펴보았다. 후자의 경우는 'TGIF'의 세례를 받은 이용자들이기에 특정 지역에 한정할 게 아니라 보편적 지역에 적용해도 무방하다. 다만 전자에서 원자료가 산업적으로 활용되는 과정에서 정보화(제대로 된 데이터베이스, DB)의 단계가 중요하다는 점을 확인할 수 있었다. 이런 점은 이미 원자료를 활용하여 지역의 문화정체성을 확립하는 것과 동시에 이것을 문화산업으로 진전시킨 고소설의 경우에서 확인한 바 있다. 장성군의 홍길동과 곡성군의 심청을 문화콘텐츠로 진전시킬 수 있었던 주요 원인에 다른 지역과 변별되는 정보화(제대로 된 데이터베이스, DB)의 구축이 자리 잡고 있었다.

이에 서해도서의 정보화 구축이 'TGIF'를 능숙하게 사용하는 자들을 고려한 것인지 살펴야 할 것이다.

〈그림 1〉 옹진군청 관광문화 웹페이지

위의 그림은 옹진군청의 관광문화와 연동된 웹페이지이다. 옹진군 산하의 일곱 개 면들의 관광문화 내용을 해당 사진의 클릭을 통해 들어갈 수 있다.

먼저 위의 순서에 따라 연평도의 경우, 관광명소 및 문화재로 평화공원, 빠삐용 절벽, 아이스크림 바위, 등대공원, 관광전망대(조기역사관), 연평도 충민사, 안보교육장, 망향비가 등장하고 그것이 하이퍼링크로 연동되어 있다. 그런데 각각의 내용이 소략하거나 왜곡되어 있어 내용을 보충하거나 바로잡을 필요가 있다. 예컨대 등대공원의 경우, "조선 16대 인조대왕 14년에 (1636년) 임경업 장군에 의해 연평도에서 조기를 처음 발견한 후 해방 전후부터 1968년 전까지 황금의 조기파시

〈그림 2〉 안내표지판(2014.8.15. 촬영)

어장을 이루었다"로 시작하는 설명 부분의 오류는 현장의 안내표지판을 재생산한 경우이다. 안내표지판의 내용을 웹사이트에 옮겨온 것인지 아니면 그 반대의 경우인지 알 수 없지만, 조기의 발견자가 임경업이기에 그 이전에는 조기를 먹지 않았다는 진술이다. 그리고 이런 진술은 관광전망대(조기역사관)의 조기파시 전경을 담은 흑백사진을 설명하는 부분과 동일하기도 하다. 그러나 임경업 시대 이전에도 조기는 있었다는 점은 왕조실록을 통해 익히 알 수 있는바, 석수어(石首魚)가 그것이다. 제수용(祭需用)이거나 치사용(致謝用), 또는 활을 만드는 어교(魚膠)와 관련하여 조선 초의 기록에서도 발견할 수 있기에 등대공원의 안내표지판과 관광전망대(조기역사관)의 설명 부분은 오류 및 왜곡에 해당한다.

백령도의 경우도 관광명소 및 문화재로 심청각, 도서관, 기독교역사관 등이 하이퍼링크로 연동되어 있다. 심청각을 클릭하면 사진과 함께 다음과 같은 설명이 등장한다.

> 심청이 아버지 심봉사 눈을 뜨게 하기 위해 공양미 삼백 석에 몸을 던진 인당수와 심청이 환생했다는 연봉바위 등 백령도가 심청전의 무대였던 사실을 기리기 위해 인당수와 연봉바위가 동시에 내려다보이는 곳에 심청각을 건립하여 전통문화를 발굴, 계승함과 아울러 "효" 사상을 함향하고 망향의 아픔을 가진 실향민에게 고향을 그리는 대책사업으로 심청이 환생장면 등을 전시했을 뿐만 아니라 심청전에 관련된 판소리, 영화, 고서 등을 전시하였다.

〈그림 3〉 옹진군청 홈페이지 심청각 부분

여행자들에게 심청이 백령도와 관련된 이유를 설명하기에는 턱없이 부족한 정보이다. 백령도가 심청전의 무대였다는 것을 증거하는 정보를 제공해야 하는데 뜬금없이 실향민을 운운하며 설명하고 있다. 무엇보다 백령도를 방문하게 될 여행자들은 'TGIF' 혁명과 관련이 있기에 부족한 정보를 'TGIF'를 통해 찾는다. 그런데 '심청'을 검색하면 곡성의 심청축제 관련 기사가 수두룩하게 등장한다. 링크를 통해 곡성군 홈페이지에 접속하면, '곡성심청'이란 배너가 독립되어 '심청의 원류' '연기설화' '심청전' '심청캐릭터'와 링크되어 있어, 심청과 관련된 연구 성과를 다양하게 접속할 수 있도록 배려해 놓았다.[18] 여행자들은 다양한 접속을 통해 정보를 구축하고 거기에 맞는 여행을 할 수 있도록 마련해 놓았다. 이에 비해 옹진군청 홈페이지에는 백령도와 심청이 연계되어야 할 이유가 전혀 없기에 여행자들에게 접속을 통해 얻을 만한 정보를 구축해놔야 할 것이다.[19]

대청도의 경우, 관광명소와 문화재 6개가 제시되어 있다. 독바위, 모래사막, 서풍받이, 기름아가리, 독백나무자생지, 노송보호지역이 제시되어 있다. 관광명소에 대한 해설이 추상적인 것은 차치하더라도 명소로 될 만한 곳이 사라졌기에 문제가 심각하다. 예컨대 원 순제 유배 관련 유적지가 흔적도 없이 사라졌다는 게 그것이다.[20] 원나라 황제로 등극했던 자가 대청도에서 유배생활을 하던 공간이 '신황당'인데, 이곳을 발견할 수 없다. '신황당'과 관련된 구비전승물이 존재하는 것도 이

18) 심청과 관련된 상위 링크와 하위 링크를 도표로 나타내면 다음과 같다.

상위 링크	하위 링크
심청의 원류	심청전 발상지 곡성, 연기설화와 심청전의 관계, 연기설화와 심청전의 비교
연기설화	관음사 사적기, 관음사 연기설화, 관음사 사적분석, 원홍장 찬가
심청전	근원설화의 문제, 심청전과 심청가의 형성, 심청전 경판본과 완판본, 심청전의 주제와 배경사상, 심청전의 종류, 심청전의 줄거리
심청 캐릭터	기본형, 응용형, 보조형, 아이콘, 엠블램

19) 이에 대해서는 이영태, 「심청전의 문화콘텐츠 활용에 전제될 문제-백령도의 경우」, 『인천고전문학의 현재적 의미와 문화정체성』, 인천학연구원, 2014에서 지적한 바 있다.

20) 필자는 2014년 7월 17일부터 25일까지 대청도에 머물며 원 순제 사당을 방문하려 했으나 끝내 유적지를 찾지 못했다. 아마 군부대 집입로 작업을 하다가 사라진 듯하다. 『백령·대청도 대중국 등 관광객 유치 역사 발굴 고증 연구』(인천광역시 옹진군·인하대학교 박물관, 2013)에 따르면 연구팀이 대청도를 답사할 때에도 유적지가 그대로 있었다고 한다.

것과 무관하지 않을 것이다.

> 옛날에 '신황'이라는 한 청년이 살고 있었다. 일찍이 어머니를 여의고 아버지와 단 둘이 살았는데, 어느 날 아버지가 계모를 들이게 되었다. 신황의 나이 스물이 될 무렵 계모가 자식을 낳았다. 계모는 신황이 장손이기에 자기가 낳은 자식이 재산을 물려받지 못하는 것이 불만이었다. …… 강가에는 빈 나룻배 한 척이 있어서 신황은 배에 올라 홀로 탄식하기를, "천지신명이시여! 죽은 어머니의 넋이라도 있으면 죄 없는 신황이를 불쌍히 여기시어 어디라도 데려다 주십시오."했다. 그 배를 타고 물결치는 대로 이리저리 떠돌아다니다 아무도 살지 않는 대청도 옥죽포에 닿게 되었다. 대청도 양지동 뒷산에 움을 파고 살다가 관사대에 집을 지어 살았다. 이 신황이가 대청도의 시조라고 전해지는데 현재도 양지동 뒷산 재핏골을 신황당골이라고 칭하며 신황이 살던 집터에 가 보면 우물이 있다.[21]

신황이가 대청도에 온 유래담이다. 계모의 술수에 빠져 집에 쫓겨난 신황이가 대청도에서 기거하던 곳을 '신황당골'이라 칭했다. 신황과 원 순제가 동일인이라는 확증할 증거는 없지만 대청도가 유배지로 『세종실록』과 『동국여지승람』에 등장하며, '택리지'에는 원 순제의 유배지로 기술되어 있기에 원 순제의 이야기가 구비전승되면서 신황이 이야기로 외피(外皮)를 입은 것으로 판단할 수 있다.[22] 물론《동아일보》1928년 8월 25일자에 따르면, 내동 뒷산 밑에 원 순제를 모신 초가 신황당이 있었으며, 백목으로 만든 상 위에 나무 촛대가 좌우로 있었고 그 중앙에는 순종황제신위(順宗皇帝神位)라는 위패가 있었다고 하는 것도 '신황'이 곧 '원 순제'를 증거하는 것이다.

---

21) 『옛날 옛적에 인천은』, 인천광역시 역사자료관, 2001.

22) 이에 대한 설화적 접근은 후고로 미룬다.

결국 드라마 〈기황후〉(MBC)가 원 순제와 관련된 것을 감안하더라도 대청도에서 관광자원을 하나 날려버린 꼴이다. 작년에 있었던 또는 그 이전부터 있었던 '신황당'의 모습이 사라진 것을 통해 유형의 '신황당'과 무형의 '신황 이야기' 자원을 어떻게 관리해야 하는지 사례로 삼을 만하다.

4. 서해도서 문화콘텐츠 활용의 방향

문화콘텐츠의 가장 큰 특징은, 하나의 제대로 된 소스(콘텐츠)를 기반으로 다양하게 활용하여 고부가 가치를 올리는 원 소스 멀티유즈(one source multi use)를 들 수 있다. 제대로 된 원 소스(one source)는 A-A1-A2에서 시작되는 것은 주지의 사실이다. 이미 '지역 문화콘텐츠 사례의 공과(功過) - 고소설의 경우'에서 살펴보았듯이, 원 소스(one source)를 온전히 성립하지 않은 상태에서 진행되는 사업은 부실해질 수밖에 없었다. 해당지역이 원 소스(one source)의 연고성을 확보하려고 노력한 것도 이런 일과 무관하지 않다.

서해도서 문화콘텐츠는 이런 점을 염두에 두는 데에서 출발해야 한다.

먼저 백령도는 '심청' 관련 부분을 강화해야 할 것이다. 심청과 백령과의 관계를 보다 명확히 하여 그것을 홈페이지에 제시해야 한다. 이미 심청이 곡성 관련 인물로 규정된 만큼, 출신지를 따지는 데에서 벗어나 심청이 백령과 연관된 이유를 제시해야 한다.[23] 그리고 백령도가 육지에 멀리 떨어져 있는 공간이기에 관광명소 몇 곳만이라도 실시간 영상

---

23) 이에 대해서는 이영태, 앞의 글에 제시해 놓았다.

을 볼 수 있도록 하는 것도 고려해야 한다. 여행자들이 'TGIF'를 자유롭게 활용하는 사람들이만큼 실시간 영상은 외딴 공간을 방문해야 하는 자들에게 안내역할을 충분히 할 수 있다. 게다가 심청각에 심청 관련 자료를 진열해놓았다는 데에서 벗어나 청각을 통해 그것을 확인할 수 있도록 판소리 일부분을 링크해 놓는 것도 하나의 방법일 수 있다.

둘째, 연평도는 부실한 원 소스(one source)를 바로잡아야 한다. 안내표지판 등에 나타나는 오류가 홈페이지에서도 그대로 드러나기에 홈페이지와 현장을 모두 재정비해야 할 것이다. 그리고 자료 발굴과 관련하여, 고문헌 이외의 경우에서도 연평도 자료를 찾아야 한다. 예컨대 연평도를 연상케 하는 노래를 〈눈물의 연평도, 1965〉로 삼고 있는데, 이는 태풍 피해로 희생된 어부들을 추모하기 위해 만들었다고 하기에 연평도를 대표한 노래로 선정하기에 적당하지 않은 듯하다. 해당 태풍과 연평도 주민들과 관련성이 모호할 뿐 아니라 연평도를 대표하는 노래를 '추모'와 결부시킨 것도 문제이다. 선착장에 자리 잡고 있기에 연평도로 들어오거나 그곳을 떠나는 사람들에게 섬에 대한 인상을 줄 만한 노래이다. 하지만 연평도는 과거에 풍요로움을 연상케 하는 섬이었기에 그에 걸맞은 노래를 선정할 필요가 있다.

> 두리두리 둥둥 가는 님아 / 어리어리 얼싸 언제 오려나 / 어기여차 이여차 이여차 / 배 떠나간다 배 떠나간다 / 아아 아아 님을 싣고 / 연평바다 조깃배 떴다 좋다 / 우리 님 가시는 길에는 순풍이 분다네 / 음 순풍이 분다네

> 두리두리 둥둥 가는 님아 / 어리어리 얼싸 언제 오려나 / 어기여차 이여차 이여차 / 배 떠나간다 배 떠나간다 / 꿈 실러 간다 꿈 실러 간다 /

> 만경창파 뱃머리에 사랑이 떴다 좋다 / 우리 님 가시는 길에는 물결도 잔다네 / 음 물결도 잔다네
>
> 두리두리 둥둥 가는 님아 / 어리어리 얼싸 언제 오려나 / 어기여차 이여차 이여차 / 배 떠나간다 배 떠나간다 / 바다로 간다 바다로 간다 / 시집 장가 가는 것도 이번에는 정말 좋다 / 우리 님 돌아오실 날도 나 혼자 안다네 / 나 혼자 안다네

일제강점기에 불린 〈연평도 바다로〉라는 대중가요이다. 조기가 주는 풍요로움이 화자의 마음을 희망으로 충족시키고 있다. 일제강점기인데도 불구하고 '연평바다 조깃배 떴'기에 연평도 사람들은 풍요롭기만 하다. '순풍' '사랑' '시집 장가' 등 희망으로 연계되는 단어들이 제시되어 있다. 〈연평도 바다로〉라는 대중가요가 이런 의미인 것에 비해, "갈매기도 우는구나 눈물의 연평도(〈눈물의 연평도〉)"는 비극적 진술이면서 연평도의 전체적인 삶을 나타내는 것도 비구체적이다. 결국 〈연평도 바다로〉라는 노래를 홈페이지에 노랫말을 소개하면서 그에 대한 해설 및 청각을 통해 제시해야 할 이유는 여기에 있다.

셋째, 대청도의 경우는 훼손된 관광자원을 어떻게 복원해야 할지 고민해야 한다. '원 순제 사당'에만 한정된 게 아니라 '모래사막'도 점차 손실되어 가고 있는 데 주목해야 한다. KBS 9시 뉴스(2014.7.20.)에서도 대청도 모래사막이 점차 사라지고 있는데, 그 이유를 방풍림에 찾고 있었다. 우리나라에서 몇 안 되는 특이한 모래사막이기에 그것을 보전하여 관광자원으로 활용하는 일은 지역을 알리는 길이면서 동시에 해당 지역의 변별점을 확보하는 일일 것이다.

끝으로, 〈서해도서 문화콘텐츠 활용을 위한 한 방법 – 백령·대청·

연평도의 경우〉를 마치면서 다음과 같은 말로 결론을 겸할까 한다. ‘구슬이 서 말이래도 꿰어야 보배’라는 말이 현재의 상황을 개선시키는 방법에 해당한다. 아무리 좋은 관광자원이 있더라도 그것을 관리 및 활용할 줄 알아야 단순한 구슬을 보배로 만들 수 있다. 물론 정보통신의 기술에 기대야 한다는 것은 보배로 되기 위한 전제이기도 하다.

> 퇴계 선생의 성리학이 아무리 훌륭하고 도산서원의 인맥이 영남학맥을 좌우했다고 하더라도, 이를 대중들에게 쉽사리 전달할 수 있는 매체가 없으면, 문화관광의 대상으로서 제 구실을 다할 수 없다. …… 어린이들과 일반 성인에 이르기까지 다양한 계층을 겨냥한 문화유산 해설 교양서적과 사이버 공간을 통해 전달되는 전자 정보화 자료들이 마련되어야 한다.[24)]

무엇보다 ‘다양한 계층을 겨냥한 문화유산 해설 교양서적’을 산출하는 일은 다소 시간이 걸리는 일이다. 특정인 혹은 특정 단체에게 의뢰한다 하더라도 ‘다양한 계층을 겨냥’한 만큼 충분한 논의과정을 거쳐 완성되어야 한다. 하지만 ‘사이버 공간을 통해 전달되는 전자 정보화 자료들이 마련되어야 한’다는 부분은 다른 방법에 비해 시간을 줄이면서 동시에 ‘대중들에게 쉽사리 전달할 수 있는 매체’일 수 있다. 이것은 심청을 관광자원으로 확고하게 구축한 곡성군의 경우도 홈페이지의 관리 및 운영과 밀접한 관련이 있다. 무엇보다 여행자들이 안내원의 안내를 받았던 과거의 여행습관에 머물러 있는 자들이 아니라 ‘TGIF’를 자유롭게 활용하는 사람들이기에 그들이 쉽게 접속하고 이해할 수 있도록 사이버공간을 활용하고 운영하는 방법에 대한 논의가

---

24) 임재해, 『지역문화와 문화산업』, 지식산업사, 2000, 140~141쪽.

있어야 한다. 여기서 주의할 점은 전문가들이 참여하여 해당 '콘텐츠'를 확정한 후 그것을 정보통신기술에 기대 누구건 접속할 수 있게 만드는 게 순서이다. 단순히 홈페이지를 개편하는 일은 아무런 의미가 없다는 것이다.

[필자 : 이영태]

【제3부】

정치와 경제

서해5도의 정치·행정

서해5도인 연평도와 소연평도, 백령도, 대청도와 소청도는 인천광역시 옹진군에 속해 있다. 원래 서해5도는 연평도, 백령도, 대청도, 소청도와 우도를 일컬었다. 이 가운데 우도는 옹진군이 아니라 강화군(서도면 말도리 산88, 산90~96)에 속해 있다. 또한 우도는 0.21㎢로 다른 서해5도에 비하여 크기가 매우 작다. 그뿐 아니라 군사적 요충지인 우도에는 민간인이 전혀 없고 대신 군인(해병대)만이 거주한다. 이렇듯 우도가 여러 측면에서 다른 서해5도와 구분되기 때문에 여기에서는 우도 대신 소연평도가 연구의 대상으로 포함된다.

옹진군은 조선시대 13도제 실시하면서 황해도에 속해 있었다. 그러나 1945년 독립과 1950년 한국전쟁을 관통하면서 옹진군의 행정체계는 큰 변화를 겪었다. 과거 백령도, 대청도, 소청도를 관할하던 황해도 장연군과 연평도 및 소연평도를 관할하던 황해도 벽성군의 대부분이 북한 땅에 속하게 되었기 때문에 행정구역의 개편을 피할 수 없었던 것이다. 이 시기 과거 황해도 옹진군, 장연군, 벽성군의 38선 이남 지역은 경기도 옹진군의 1개 읍 12개 면으로 재편성되었다.

1973년 7월 1일, 그때까지 인천시 부천군으로 속해 있던 영종면, 북도면, 용유면, 덕적면, 영흥면, 대부면 등 6개 면과 장봉, 무의, 자월 등 3개 출장소가 옹진군으로 편입되었다. 이때 옹진군은 과거 백령면과 송림면을 포함하여 모두 8개의 면과 4개의 출장소를 관할하게 되었다. 같은 날 백령면 대청출장소가 대청면으로 승격되었다. 1983년 2월 15일에는 대청면 소청출장소가 설치되었고 1983년 2월 15일에는 영흥면 자월출장소와 덕적면 승봉리를 통합하여 자월면을 신설했다. 이로써 옹진군은 모두 10개의 면과 3개의 출장소로 늘어났다.

그러나 1989년 1월 1월 영종면과 용유면을 인천직할시로 분리시키면서 옹진군의 규모가 줄어들기 시작했다. 또 1994년 12월 26일에는 대부면을 안산시에 넘겨주었다. 1995년 3월 1일에는 그때까지 경기도에 속해 있던 옹진군을 마침내 인천광역시 소속으로 바꾸었다. 마지막으로 1999년 7월 20일 송림면을 연평면으로 바꾸어 부르기 시작하면서 오늘날의 옹진군으로 면모를 갖추게 되었다.

옹진군은 북으로는 강화군, 황해도의 장연군, 옹진군, 연백군, 동으로는 경기도 안산시 대부도, 남으로는 충청남도 당진군과 태안군과 접한다. 옹진군의 지리적 위치는 동단이 영흥면 선재리(경도 126° 32′ 18″), 서단은 백령면 연화리(경도 124° 36′ 37″), 남단은 덕적면 목덕도(위도 36° 55′ 25″), 북단은 백령면 연화리(위도 38° 58′ 45″)로 기록된다. 옹진군은 이렇게 인천 앞바다에 널리 퍼져 있는 도합 100개의 섬을 포함하고 있다. 옹진군 100개의 섬들은 동서간으로는 188.60㎞, 남북간으로는 117.60㎞에 펼쳐 있다. 이러한 광대한 공간에 과거 유인도가 25개 무인도가 75개였으나 2012년 현재 유인도 23개와 무인도 77개로 바뀌었다. 옹진군에서 가장 큰 면은 서해5도 가운데 하나인 백령면(50.98㎢, 30%)이며 가장 작은 면은 역시 서해5도 가운데 하나인 연평면(7.28㎢, 4%)이다. 서해5도 가운데 대청면의 면적은 15.60㎢로 옹진군 전체의 9%를 차지한다.

옹진군은 현재 행정구역 상 서해5도인 연평면, 백령면, 대청면 외에 북도면, 덕적도, 자월면, 영흥면 등 7개 면 2개 출장소 75개 리 272개 반을 아우른다. 옹진군의 전체 공무원은 557명으로 군에 294명, 직속 기관에 96명, 군의회에 11명, 면에 156명이 있다. 옹진군의 행정조직은 2실 8과 1단 2직속기관 7면 2출장소로 구성되어 있다. 옹진군의회의 의원은 7명이고 옹진군을 대표하는 인천시의회 의원은 1명이다. 옹진군청소재지는 인천광역시 남구 매소홀로 120(용현동 627-608)이다.[1)]

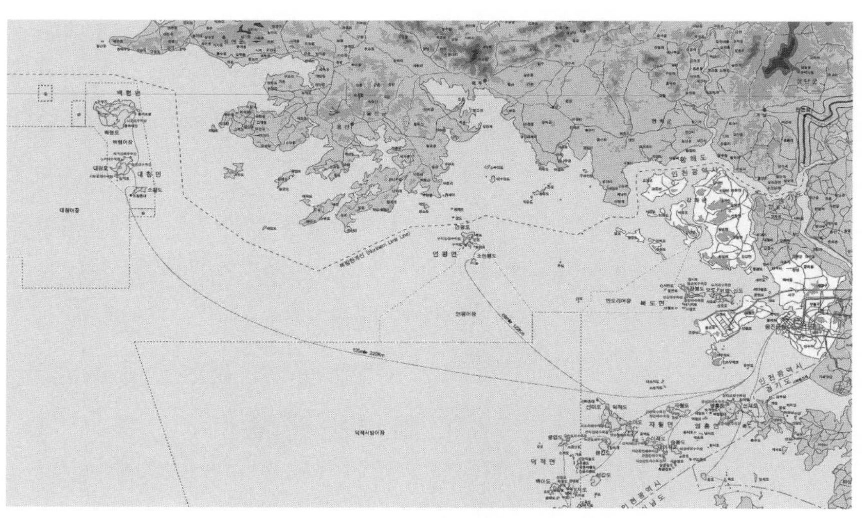

〈그림 1〉 서해5도 지도(출처 : www.ongjin.go.kr)

1) 여기에 쓰인 자료는 모두 옹진군 홈페이지와 각 면의 홈페이지에서 나왔다. 그외의 경우에는 별도로 출처를 밝힌다.

1. 연평도와 소연평도

서해5도 가운데 연평도와 소연평도는 조선시대부터 해방 전까지 황해도(해주군 송림면과 벽성군 송림면)에 속해 있었다. 그러나 1945년 독립하면서 연평도와 소연평도는 황해도 육지의 벽성군으로부터 분리되어 경기도 옹진군 송림면에 속하게 되었다. 연평도와 소연평도는 1995년 3월 1일부터 다시 인천광역시 옹진군 송림면으로 편입되었다가 1999년 7월 20일부터 인천광역시 옹진군 연평면으로 이름을 바꾸었다. 연평도는 〈그림 1〉에서 확인되듯이 인천에서 서북방으로 무려 122㎞나 떨어져 있지만 북한으로부터는 불과 3.4㎞거리에 있다. 이러한 지리적 특징 때문에 연평도와 소연평도는 항상적으로 전쟁일촉즉발의 긴장상태에 놓여있고 마침내 1999년 6월 15일에는 제1차 연평해전이, 그리고 2002년 6월 3일에는 제2차 연평해전이 각각 발발했다.

현재 연평면은 연평도와 소연평도의 유인도 2개와 그 주변에 4개의 무인도를 포함하여 7.28㎢의 면적을 차지하고 있다. 연평도와 소연평도가 속한 연평면의 주민자치센터는 2003년 6월 3일 인천광역시 옹진군 연평면 중앙로 24번길 3(연평리 197번지)에 자리를 잡았다. 하지만 연평면은 연평도를 제외하고 소연평도에 별도의 행정조직이나 관공소를 설치하지 않았다. 연평면의 공무원은 정원이 21명이나 2013년 1월 기준으로 현원이 20명이다. 연평면의 연평도는 5개의 리(동부리, 중부리, 서부리, 남부리, 새마을리)와 28개의 반으로 이루어졌고 소연평도는 1개의 리(소연평리)와 2개의 반으로 구성되었다. 연평면에는 파출소가 2개 있고 초등학교가 2개 있으며 의원이 2곳 있다. 이에 비하여 연평면에는 종교시설이 12개이고 경로당이 10곳이며 마을회관이 3개 있다.

연평면의 행정조직은 면장(5급) 1명이 면정을 총괄하고 부면장 1명이 총무팀 업무를 총괄한다. 그 밑으로 연평면에는 3개의 팀(총무팀, 산업경제팀, 복지민원팀)이 세부업무를 분담한다. 먼저 총무팀이 예산, 회계, 계약, 물품, 서무, 통계, 선거, 일반행사, 관광문화 전반, 교육지원 전반, 민방위(대피시설)전반, 재산관리(행정선, 청관사, 공유재산), 환경전반, 공중화장실 일괄 관리, 관용차량운행관리, 차량운행관리, 정보통신, 행정선 인천518호 항해관리, 행정선 관리(갑판, 기관, 운항 등), 안보교육장 관리, 청사(환경) 관리, 산업경제 업무 총괄, 서무, 해양수산 전반, 교통행정일반, 공영버스관리(공영자전거 포함)를 담당한다. 그 다음으로 산업경제팀은 면시설공사 일반, 재난관리, 건축일반, 상수도 관리, 녹지조경, 산림보호, 농지관리, 일자리사업, 농업기술센터 전반, 대민지원, 차량관리(이륜차), 지역경제일반을 담당한다. 그 다음으로 복지민원팀은 복지민원팀 업무 총괄, 호적, 노인복지, 노인일자리, 경로당, 매화장, 주민등록, 인감, 세외수입, 도서운임시스템, 민원 제증명 발급, 사회복지 업무 등을 처리한다. 이 3개의 팀이 연평도와 소연평도의 각종 업무를 동시에 맡아서 수행한다.

연평면의 인구는 〈표 1〉에 따르면 적어도 2006년부터 계속적으로 급격하게 증가하고 있다. 연평면 인구의 증가는 소연평도보다 연평도에서 더욱 뚜렷하게 이루어졌다. 소연평도에서는 인구가 2008년에 정점을 찍은 뒤 오히려 조금씩 감소하는 것으로 보인다. 그리고 연평면의 인구증가는 여성보다는 남성의 증가에 더 크게 영향을 입은 것이 분명하다. 2003년부터 2013년 사이 남성의 인구는 거의 배로 증가했으나 여성의 증가세는 이에 못 미쳤다.

〈표 1〉 연평도와 소연평도의 인구통계와 가구

연평도	세대	인구				농가	어가
소연평도		총계	남	여	65세 이상		
2003	515	1,236	647	589	211	303	37
	44	94	58	36			
2004	524	1,230	635	595	226	299	37
	48	108	64	44			
2005	565	1,255	659	596	228	303	37
	50	108	63	45			
2006	637	1,341	734	607	228	440	37
	66	143	84	59			
2007	683	1,386	778	608	233	440	37
	71	146	85	61			
2008	793	1,536	872	664	244	432	37
	73	153	87	66			
2009	856	1,635	950	685	257	437	36
	76	145	85	60		38	
2010	869	1,628	949	679	268	529	23
	72	144	83	61		38	
2011	1,027	1,802	1,063	739	283	580	95
	75	135	81	54		40	
2012	1,150	1,935	1,188	747	291	591	105
	77	143	84	59		50	
2013	1,303	2,098	1,321	777	285	588	103
	77	130	74	56		50	

출처 : 연평면 주민자치센터 정보공개

연평면의 인구변동에 영향을 준 요인은 여러 가지로 복합적이다. 우선 1997년 외환위기 이후 한국사회 전반에 불었던 귀촌 바람이 연평면으로 인구유입이 활발해지도록 영향을 주었을 것으로 보인다. 여기에는 연평면과 전혀 무관한 인구가 새로이 유입되었다기보다는 연평면에서 뭍으로 나갔던 사람들이 다시 돌아오는 경우가 더 많았을 것이다. 그러나 연평면으로 불었던 귀촌바람이 얼마나 셌는지는 심도 깊은 연구의 대상으로 남는다.

그 다음으로 연평면의 인구증가에 영향을 준 것은 2004년 여름부터 시작된 인천연안여객터미널과 연평도를 오가는 초쾌속선의 취항을 꼽을 수 있다. 초쾌속선의 취항으로 뱃길이 적지 않게 줄어들었다. 이에 따라 연평면으로 향하는 인구이동이 보다 더 원활해질 수 있었던 것이다. 그 결과 연평면에 유입된 인구도 늘었을 것으로 보인다.

또한 연평면의 인구증가에 영향을 준 것은 2010년 10월 연평도 포격사건과 그 이후 정부의 지원이라는 변수가 있다. 2010년 10월의 연평도 포격사건은 주민들에게 연평도 생활에 대한 불안감을 키웠다. 이에 따라 국회에서는 2010년 12월 '서해5도 지원 특별법 시행령'을 제정하여 정주환경을 개선하기로 했다. 이 시행령은 국토 최서북단에 위치하여 전쟁의 위험에 항상적으로 노출되어 불안한 생활을 이어가는 서해5도(연평도, 소연평도, 백령도, 대청도, 소청도) 주민들을 지원하는 목적을 갖는다.

여기에는 정주생활지원금, 해상운송비, 고교생 교육비, 노후주택개량비 등이 포함되었는데 적지 않은 혜택이 노후주택개량을 담당하는 건설업자들에게 돌아가는 것으로 알려졌다. 건설업 관계자들은 노후주택 개량뿐 아니라 최근 서해5도에 엄청난 예산이 투입되면서 건설업 붐이 일자 점차 더 증가하는 중이다. 건설업 관계자들은 주로 남성으로 구성되는데 이들이 주소지를 섬으로 옮기는 경향이 있다. 주소지가 서해5도로 되어 있을 경우에는 그렇지 않을 경우에 비하여 배값이 크게 절감되는 혜택을 받기 때문이다.

마지막으로 이와 같은 측면에서 연평면의 장교는 물론 하사, 중사, 상사, 원사 등이 주소를 옮기는 경향이 있는 것이다. 이들도 건설업 관계자들과 마찬가지로 주소지가 서해5도로 되어 있을 경우 배값을 많이 아낄 수 있다. 특히 2010년 연평도 포격사건 이후 군인이 증가하며 남성인구의 증가를 더욱 크게 만들었던 것이다. 다만 일반사병의 주소는 변경되지 않는다.

이러한 생활환경의 종합적 변화는 연평면의 인구증가뿐 아니라 인구구조도 바꾸었다. 연평면에서는 2003년에 65세 이상 고령인구가 15.9%를 차지했지만 2013년에는 12.8%로 오히려 줄어들었다. 이러한 결과는 한국사회 전반에 팽배한 고령화의 흐름에서 벗어나는 사례가 아닐 수 없다. 다시 말해 2000년대 연평면에 인구유출보다 유입이 더 많아지면서 주민등록인구가 증가하고 있을뿐더러 남성, 그것도 65세 이상 고령인구보다 그 이하의 활동적 인구가 더 많이 증가했던 것이다. 이미 앞에서 기술했듯이 연평면에 건설업 종사자와 장교가 많이 유입되는 현상이 이러한 결과를 이끌었던 것으로 보인다.

또한 연평면의 경제구조도 점차 달라지는 것으로 보인다. 2000년대 초까지만 해도 농가가 37호로 고정되어 있었고 어가도 3-400호 내외를 오르내렸다. 그러나 2011년을 경과하면서 농가나 어가의 숫자가 비약적으로 증가했다. 그리고 농가 대비 어가의 구성도 약간씩 변했다. 연평면의 어가 대비 농가가 2003년 1 대 8.2이었다가 2013년에 1 대 6.2로 약간의 변동이 있었던 것이다. 같은 기간 동안 어가의 증가는 세 배에 가까웠지만 농가의 증가는 두 배를 약간 넘었을 뿐이다. 연평도에는 조선시대부터 조기 파시가 성업했으나 최근에는 꽃게잡이 조업과 굴, 바지락 채취가 성행한다. 그 외에 관광과 관련된 서비스업이 활성화되고 있다.

이상에서는 연평면의 행정체계를 찾아보았다면 이제는 연평면의 주민대표를 뽑는 지방선거결과를 살펴본다. 옹진군선거관리위원회 홈페이지에 따르면 2002년 지방선거에서 옹진군을 대표하는 인천시의회의원을 선출할 때 연평면은 옹진군 제2선거구에 속했다. 연평면에서는 1,017명의 선거인 가운데 816명(80.2%)이 투표했다. 연평면에서는 한나라당 윤하경 후보가 234표(28.7%), 민주당 김남훈 후보가 263표(32.3%), 무소속 김필우 후보가 164표(20.1%), 무소속 노재열 후보가 127표(15.6%)를 각각 확보했다. 이 통계는 부재자투표를 제한 것이다. 옹진군 제2선거구에서는 무소속 김필우 후보가 부재자투표까지 합하여 전체 4,353표 가운데 1,261표(30.0%)를 확보해 당선했다.

2002년 지방선거에서 옹진군의회의원을 선출할 때 연평면은 1명의 대표를 보낼 수 있었다. 연평면에서는 1,030명의 선거인 가운데 829명(80.5%)이 투표했다. 연평면에서는 무소속 백군식 후보가 130표(15.7%), 무소속 조철수 후보가 306표(36.9%), 무소속 신승원 후보가 375표(45.2%)를 각각 확보했다. 그 결과 연평면 선거구에서는 무소속 신승원 후보가 당선되었다. 2002년 지방선거까지 기초의회의원선거에서 정당공천제가 없었기 때문에 모든 후보가 무소속으로 출마했다.

2006년 지방선거에서 옹진군을 대표하는 인천시의회의원을 선출할 때 연평면은 옹진군 제2선거구에 속했다. 연평면은 1,137명의 선거인 가운데 884명(77.7%)이 투표했다. 연평면에서는 열린우리당 김원웅 후보가 72표(6.3%), 한나라당 이상철 후보가 161표(18.2%), 민주당 박철훈 후보가 589표(66.6%), 무소속 노재열 후보가 28표(3.2%), 무소속 홍남곤 후보가 16표(1.8%)를 각각 확보했다. 여기에서는 민주당 박철훈 후보가 거의 몰표를 받았던 것을 알 수 있다. 이 통계는 부재자투표를 제외한 것이다.

2006년 지방선거에서 옹진군의회의원을 선출할 때 연평면은 옹진군 나선거구에 속했다. 연평면은 1,137명의 선거인 가운데 884명(77.7%)이 투표했다. 연평면에서는 열린우리당 김영철 후보가 61표(6.9%), 열린우리당 정두봉 후보가 13표(1.5%), 한나라당 김성남 후보가 396표(44.8%), 한나라당 이의명 후보가 13표(1.5%), 한나라당 주황철 후보가 8표(0.9%), 무소속 장세건 후보가 12표(1.4%), 무소속 장정민 후보가 4표(0.5%), 무소속 조철수 후보가 364표(41.2%)를 각각 확보했다. 2006년 지방선거부터 기초의회의원선거에서 정당공천제가 실시되면서 정당이름이 등장했다. 그리고 2006년 지방선거부터 중선거구제가 채택되면서 나선거구에서는 3명의 정수가 할당되었다. 연평면에서는 한나라당의 김성남 후보와 무소속 조철수 후보가 압도적인 지지를 획득했다. 이 통계는 부재자투표를 제외한 것이다.

2010년 지방선거에서 옹진군을 대표하는 인천시의회의원을 선출할 때 연평면은 1361명의 선거인 가운데 964명(70.8%)이 투표했다. 연평면에서는 한나라당 이상철 후보가 497표(51.6%), 민주당 김철호 후보가 296표(30.1%), 미래연합 김예찬 후보가 62표(6.4%)를 각각 확보했다. 여기에서는 한나라당 이상철 후보가 지지를 많이 받았던 것을 알 수 있다. 이 통계는 부재자투표를 제외한 것이다.

2010년 지방선거에서 옹진군의회의원을 선출할 때 연평면은 옹진군 가선거구에 속했고 2명의 의원정수가 할당되었다. 연평면은 1361명의 선거인 가운데 964명(70.8%)이 투표했다. 연평면에서는 한나라당 최영광 후보가 119표(12.3%), 한나라당 김성기 후보가 76표(7.9%), 무소속 조철수 후보가 749표(77.7%)를 각각 확보했다. 연평면에서는 4년 전과 마찬가지로 무소속의 조철수 후보 압도적인 지지를 획득했다. 이 통계는 부재자투표를 제외한 것이다. 가선거구에서는 한나라당 최영광 후보와 한나라당 김성기 후보가 당선되었다.

2014년 지방선거에서 옹진군을 대표하는 인천시의회의원을 선출할 때 연평면은 1654명의 선거인 가운데 1160명(70.1%)이 투표했다. 연평면에서는 새누리당 김경선 후보가 571표(49.2%), 새정치민주연합 김준수 후보가 218표(18.8%), 무소속 이상철 후보가 335표(28.9%)를 각각 확보했다. 여기에서는 새누리당 김경선 후보가 지지를 많이 받았던 것을 알 수 있다. 이 통계는 부재자투표를 제외한 것이다. 최종적으로 옹진군을 대표하는 인천시의회의원은 김경선 후보가 되었다.

2014년 지방선거에서 옹진군의회의원을 선출할 때 연평면은 옹진군 가선거구에 속했고 2명의 의원정수가 할당되었다. 연평면은 1654명의 선거인 가운데 1,161명(70.2%)이 투표했다. 연평면에서는 한나라당 최성일 후보가 602표(51.9%), 새누리당 김성기 후보가 93표(8.0%), 새정치민주연합 조철수 후보가 373표(32.1%), 무소속 김남학 후보가 26표(2.2%), 무소속 김응태 후보가 8표(0.7%), 무소속 박성모 후보가 20표(1.7%)를 각각 확보했다. 가선거구에서는 한나라당 최성일 후보와 한나라당 김성기 후보가 당선되었다.

2. 백령도

백령도는 조선에 13도가 설치되고 난 뒤부터 일제시대까지는 황해도 장연군 백령면으로 속해왔다. 백령도는 1945년 독립 이후 경기도 옹진군에 편입되었다. 1962년 6월 14일 백령면에 대청출장소까지 설치되었다가 1974년 7월 1일 대청출장소가 면으로 승격되면서 분리되었다. 앞의 〈그림 1〉에서 나타나듯이 대청도는 백령도에서 상대적으로 멀리 떨어져 있지 않다. 1995년 3월 1일 인천직할시가 인천광역시로 개편되면서 옹진군 전체가 인천광역시에 편입되었고 이때 백령도의 행정체계는 인천광역시 옹진군 백령면으로 바뀌었다. 백령도는 옹진군에서도 가장 서쪽(동경 124˚ 36' 37')이자 가장 북쪽(38˚ 58' 45')에 위치한다. 이에 따라 백령도는 군사적으로 매우 중요하여 해병대를 포함한 해상의 전초기지가 된지 오래이다.

현재 백령도는 1개의 유인도로 이 1개의 유인도가 백령면을 구성한다. 백령도의 면적은 51.09㎢이고 해안선의 길이는 56.75㎞이다. 이미 기술했듯이 백령도는 연평도와 소연평도는 물론 대청도와 소청도를 모두 합한 것보다 더 크다. 백령면의 주민자치센터는 2001년 12월 27일 인천광역시 옹진군 백령면 백령로 278번길 61-2에 자리를 잡았다. 백령도의 공무원은 정원이 27명인데 2013년 1월 기준으로 현원이 26명이다. 백령도는 18개의 리(진촌 1리-7리, 북포 1리-3리, 가을 1리-3리, 연화 1리-3리, 남포 1-2리)와 65개의 반으로 이루어졌다. 백령도에는 파출소가 1개 있고 초등학교가 2개, 중등학교 1개, 고등학교 1개가 각각 있으며 의원이 3곳 있다. 이에 비하여 종교시설이 14개이고 경로당이 14곳이며 마을회관이 1개 있다.

백령면 면장은 1인으로 백령면 업무를 총괄하고 부면장 1인은 총무팀 업무를 총괄한다. 그 밑에는 5개의 팀(총무팀, 민방위팀, 복지민원팀, 산업경제팀, 환경관리팀)이 업무를 분담한다. 먼저 총무팀은 서무, 선거, 감사, 동향관리, 교육지원, 정보통신, 홍보, 차량관리, 문화체육, 통계, 주민자치, 관광, 예산, 회계, 계약, 재산, 물품관리, 세외수입, 주민자치프로그램운영 등을 담당한다. 그 다음으로 민방위팀은 민방위 업무 총괄, 민방위, 대피시설 관리, 신·대피호 점검 및 유지관리 대피호 시설 및 장비관리를 맡는데 백령도의 지리적이고 정치적인 특성이 반영된 조직이다. 그 다음으로 복지민원팀은 기초생활보장 및 저소득층 지원, 의료급여 및 장애인복지 영유아복지 및 여성가족, 아동청소년복지 기타 사회복지업무, 복지대상자 초기 상담, 노인일자리, 경로당 및 장사업무, 장애인복지, 여성복지, 아동청소년 복지, 인감사무 및 발급, 정주수당, 주민등록 사무 및 발급, 세외수입관리, 도서민 시스템 관리, 가족관계등록부 발급 등을 처리한다. 그 다음으로 산업경제팀은 건축행정, 토목, 도로관리, 수산 일반, 공영버스, 교통행정, 농업행정, 일자리사업, 지역경제, 환경녹지과 업무(녹지조성, 산림보호), 수리시설 유지, 관리, 지역경제, 균형발전, 농업기술센터(진촌지구 간척지 경관조성 사업), 농업기술센터(축산업무), 면 가로등, 보안등 관리, 차량운행관리(방제차량, 덤프트럭) 등의 업무를 처리한다. 그 다음으로 환경관리팀은 환경행정 업무, 개인하수처리시설 인허가 업무, 음식물 및 건설폐기물 집하장 운영, 청소행정, 분뇨처리장 관리, 종량제봉투 관리, 수수료 부과, 소각장운영 및 행정, 전기실 관리운영, 쓰레기분리수거 인부 관리, 매립장 관리, 분뇨처리행정 및 관리, 포크레인 관리, 정화조 관리, 환경미화원 관리, 청소차(1, 2) 관리, 공중화장실 관리, 재활용품 관리, 재활용 기계 관리, 분뇨수거차량 운영 및 관리 등을 맡는다.

백령도의 인구는 〈표 2〉에 따르면 적어도 2005년부터 주목을 끌 정도로 증가하고 있다. 연평도의 경우와 마찬가지로 백령도 인구의 증가는 여성보다는 남성 숫자의 증가에 영향을 더 크게 입었다. 여성인구는 2010년에 이를 때까지도 2200명을 넘지 못했으나 남성인구는 2001년에 비하여 2010년에 무려 600명 이상 증가했다. 이러한 백령도 인구의 변화는 비슷한 시기의 연평면 인구의 증가에 영향을 주었던 복합적인 여러 요인에 똑같이 영향을 입었을 것으로 보인다.

〈표 2〉 백령도의 인구통계와 가구

	세대	인구				농가	어가
		총계	남	여	65세 이상		
2001	1,584	4,287	2,160	2,127	461*	698	270
2002	1,587	4,216	2,115	2,101	698	698	270
2003	1,620	4,230	2,129	2,101	706	698	262
2004	1,685	4,286	2,196	2,090	734	698	261
2005	1,800	4,426	2,273	2,153	755	725	161
2006	2,029	4,716	2,453	2,263	764	687	140
2007	2,173	4,814	2,555	2,259			
2008	2,243	4,844	2,592	2,252			
2009	2,373	4,981	2,716	2,265			
2010	2,502	5,052	2,773	2,282	842		
2011	2,674	5,252	2,936	2,316		843	333
2012	3,056	5,558	3,220	2,338	830	891	341

출처: 옹진군통계연보
주: * 75세 이상

백령도에서도 연평도에서와 비슷하게 인구의 고령화 속도가 한국사회 전체적인 현상에 비하여 상대적으로 더 느렸다. 2002년에 65세 이상 고령인구가 16.6%를 차지했지만 2012년에는 14.9%로 오히려 줄어들었던 것이다. 이러한 결과는 사실 한국사회 전반에 큰 문제로 대두되고 있는 저출산 및 고령화의 흐름과 사뭇 다른 것이다. 백령도에도 2000년대 인구에 유출보다 유입이 더 많아지면서 인구가 증가하고 있을뿐더러 남성, 그것도 65세 이상 고령인구보다 건설업 종사자와 장교 등 그 연령 이하 인구가 더 많이 증가했던 것으로 나타나는 것이다. 백령도의 2013년 기준 세대 증가율은 2.8%이고 인구증가율은 1.9%에 이르렀다.

백령도에서 2000년대 초까지만 해도 농가가 698호로 거의 고정되어 있었다. 이에 비하여 백령도의 어가는 2003년 270호에서 오히려 급격하게 감소했다. 그러나 2011년을 경과하면서 농가나 어가의 숫자가 비약적으로 증가했다. 그러나 백령도에서 농가 대비 어가의 구성이 크게 변화하지는 않았다. 농가와 어가의 비율이 2001년 2.59 대 1이었다가 2012년에 2.61 대 1을 유지했다. 연평도에서는 어가가 압도적으로 많았다면 백령도에서는 농가가 많았다는 차이가 두드러진다.

백령도에는 관광업을 개발하는데 유리한 다양한 자원을 보유하고 있다. 백령도의 사곶해변은 해변에 모레가 단단하여 천연비행장이 된다. 이러한 천연비행장은 세계에 흔하지 않은 것으로 알려졌다. 백령도의 콩돌해안은 해변의 돌이 콩알만하다는 특징을 갖는다. 그리고 까나리, 멸치, 전복, 해삼 등 풍부한 수산물은 백령도의 중요한 수입원이 될 수 있다. 하지만 서해 방위의 전초기지로서 백령도의 해안개발은 상당한 제한이 따른다. 이러한 제약으로 인하여 관광산업을 발전시키는데 필요한 대규모 시설 개발이나 중국과 연계한 관광프로그램의 개발이 쉽지 않은 상황이다.

이상에서는 백령면의 행정체계를 찾아보았다면 이제는 백령면의 주민대표를 뽑는 지방선거결과를 살펴본다. 2002년 지방선거에서 옹진군을 대표하는 인천시의회의원을 선출할 때 옹진군 제2선거구에 속한 백령면은 3,110명의 선거인 가운데 2,459명(79.1%)이 투표했다. 백령면에서는 한나라당 윤하경 후보가 553표(22.5%), 민주당 김남훈 후보가 524표(21.3%), 무소속 김필우 후보가 801표(32.6%), 무소속 노재열 후보가 519표(21.1%)를 각각 확보했다. 김필우 후보는 백령면에서 압도적인 지지를 확보했다. 이 통계는 부재자투표를 제한 것이다. 옹진군 제2선거구에서는 무소속 김필우 후보가 부재자투표까지 합하여 전체 4,353표

가운데 1,261표(30.0%)를 확보해 당선되었다.

2002년 지방선거에서 옹진군의회의원을 선출할 때 백령면은 1명의 대표를 뽑았다. 백령면에서는 3183명의 선거인 가운데 2,528명(79.4%)이 투표했다. 백령면에서는 무소속 박춘근 후보가 750표(29.7%), 무소속 손중원 후보가 79표(3.1%), 무소속 조재흠 후보가 208표(8.2%), 무소속 장세건 후보가 926표(36.6%), 무소속 장태헌 후보가 505표(20.0%)를 각각 획득했다. 그 결과 백령면 선거구에서는 무소속 장세건 후보가 당선되었다.

2006년 지방선거에서 옹진군을 대표하는 인천시의회의원을 선출할 때 옹진군 제2선거구에 속한 백령면은 3,478명의 선거인 가운데 2,636명(76.0%)이 투표했다. 백령면에서는 열린우리당 김원응 후보가 1,022표(38.8%), 한나라당 이상철 후보가 654표(24.8%), 민주당 박철훈 후보가 89표(3.4%), 무소속 노재열 후보가 382표(14.5%), 무소속 홍남곤 후보가 442표(16.8%)를 각각 확보했다. 여기에서는 열린우리당 김원응 후보가 압도적인 지지를 획득했다. 이 통계는 부재자투표를 제한 것이다.

2006년 지방선거에서 옹진군의회의원을 선출할 때 옹진군 나선거구에 속한 백령면은 3,478명의 선거인 가운데 2,637명(75.8%)이 투표했다. 백령면에서는 열린우리당 김영철 후보가 157표(6.0%), 열린우리당 정두봉 후보가 474표(18.0%), 한나라당 김성남 후보가 95표(3.6%), 한나라당 이의명 후보가 705표(26.7%), 한나라당 주황철 후보가 64표(2.4%), 무소속 장세건 후보가 391표(14.8%), 무소속 장정민 후보가 639표(24.2%), 무소속 조철수 후보가 38표(1.4%)를 각각 확보했다. 백령면에서는 한나라당 이의명 후보가 앞섰다. 이 통계는 부재자투표를 제외한 것이다.

2010년 지방선거에서 옹진군을 대표하는 인천시의회의원을 선출할 때 백령면은 3,924명의 선거인 가운데 2,804명(71.5%)이 투표했다. 백령면에서는 한나라당 이상철 후보가 1,183표(42.2%), 민주당 김철호 후보가 473표(16.9%), 미래연합 김예찬 후보가 955표(34.1%)를 각각 확보했다. 여기에서도 연평면에서와 같이 한나라당 이상철 후보가 지지를 많이 받았던 것을 알 수 있다. 이 통계는 부재자투표를 제외한 것이다.

2010년 지방선거에서 옹진군의회의원을 선출할 때 백령면은 옹진군 다선거구에 속했다. 백령면은 3924명의 선거인 가운데 2,804명(71.5%)이 투표했다. 백령면에서는 한나라당 김형도 후보가 449표(16.0%), 한나라당 장정민 후보가 971표(34.6%), 민주당 홍남곤 후보가 491표(17.5%), 무소속 이의명 후보가 791표(28.2%)를 각각 확보했다. 백령면에서는 한나라당의 김성기 후보가 압도적인 지지를 획득했다. 이 통계는 부재자투표를 제외한 것이다.

2014년 지방선거에서 옹진군을 대표하는 인천시의회의원을 선출할 때 백령면은 4,247명의 선거인 가운데 3,067명(72.2%)이 투표했다. 백령면에서는 새누리당 김경선 후보가 1188표(38.7%), 새정치민주연합 김준수 후보가 403표(13.1%), 무소속 이상철 후보가 1337표(43.6%)를 각각 확보했다. 여기에서는 무소속 이상철 후보가 지지를 많이 받았던 것을 알 수 있다. 그러나 최종적으로 옹진군을 대표하는 인천시의회의원은 김경선 후보가 되었다.

2014년 지방선거에서 옹진군의회의원을 선출할 때 백령면은 옹진군 다선거구에 속했다. 백령면은 4,247명의 선거인 가운데 3,069명(72.3%)이 투표했다. 백령면에서는 새누리당 김형도 후보가 484표(15.8%), 새누리당 장정민 후보가 964표(31.4%), 무소속 심홍신 후보가 644표(21.0%), 무소속 이의명 후보가 835표(27.2%)를 각각 확보했다. 옹진군 다선거구에서는 새누리당 김형도 후보와 새누리당 장정민 후보가 당선되었다.

3. 대청도와 소청도

대청도와 소청도는 조선시대부터 해방 전까지 황해도 장연군 백령면에 속해 있었다. 대청도와 소청도는 1945년 독립과 더불어 경기도 옹진군에 편입되었다가 1962년 6월 14일 백령면의 대청출장소로 분리되었으나 1974년 7월 1일 대청출장소가 대청면으로 승격되었다. 1975년 5월 20일에는 대청면 소청출장소를 설치하였다. 1995년 3월 1일에는 지방행정구역의 개편에 따라 인천광역시로 편입되었다. 대청도와 소청도는 인천에서 서북방으로 무려 202㎞ 거리에 놓여 있으나 NLL과는 불과 10여 마일 떨어져 있다. 〈그림 1〉에서 보이듯이 대청도와 소청도는 백령도보다 남쪽에 놓여 있지만 동쪽에는 북한의 황해도와 매우 가깝다. 대청도에는 이러한 지리적 특징 때문에 2009년 11월 10일의 대청해전이 발발했다.

현재 대청면은 대청도와 소청도의 유인도 2개와 그 주변에 2개의 무인도를 포함하여 15.56㎢의 면적을 차지하고 있고 해안선은 모두 41.24㎞다. 대청면의 주민자치센터는 2003년 5월 16일 인천광역시 옹진군 대청면 대청로 19번길 7-8(대청리 413-4)에 자리를 잡았다. 대청면의 공무원은 정원이 23명이나 2014년 7월 기준으로 현원이 22명이다. 대청면에는 9개의 리(서내동(대청1리), 선진동(대청2리), 옥죽동(대청3리), 모래울동(대청4리), 고주동(대청5리), 동내동(대청6리), 양지동(대청7리), 예동(소청1리), 노화동(소청2리))와 18개의 반으로 이루어졌다. 대청면에는 파출소가 2개 있고 초등학교가 2개, 중등학교가 1개, 고등학교가 1개씩 있으며 의원이 1곳 있다. 이에 비하여 종교시설이 11개이고 경로당이 9곳이며 마을회관은 없다.

대청면의 면장은 1인으로서 대청면 업무를 총괄하고 부면장 1인은 민원행정을 담당한다. 그 밑으로 3개 팀(총무팀, 복지민원팀, 산업경제팀)과 소청출장소로 구성되어있다. 총무팀은 서무, 기획, 선거, 감사, 차량운전 및 관리, 체육일반, 청사, 관사 및 공유재산 관리, 민방위, 대피호 관리, 정보·전산관리, 통계, 예산일반, 물품관리, 회계 및 계약(입찰, 전자계약), 관광문화(관광편의시설), 환경, 청소, 주민자치, 공공도서관, 관광일반, 관광해설사운영, 민박, 숙박, 위생을 처리한다. 그 다음으로 복지민원팀은 사회복지 일반, 아동복지, 여성복지, 자원봉사, 공유재산, 정주생활지원금, 제증명 발급 등을 맡는다. 그 다음으로 산업경제팀은 토목일반, 해양시설, 농업기반시설, 도서개발업무, 도로관리, 건축일반, 수산진흥, 수산지도, 수산증식, 자원조성, 해양관리, 공유수면점사용, 지역경제업무(공공근로, 지역공동체, 저소득), 농지관리업무, 농업기술센터업무, 환경녹지일반, 농업기술센터업무, 교통행정(공영버스), 옥외광고물 및 가로보안등 관리 등을 처리한다. 그 외 별도로 소청출장소에는 총무팀 총괄, 직원복무관리, 민원업무보조, 제증명발급, 일자리사업, 인감증명발급 등을 담당한다.

대청면의 인구는 연평면이나 백령면의 그것에 비하여 상대적으로 변화의 폭이 완만하다. 〈표 3〉에 따르면 대청도와 소청도의 인구변동은 다른 서해5도에 비하여 매우 적었던 것이다. 2001년부터 2012년 사이 대청도의 인구가 소청도에 비하여 꾸준하게 약 3-4배가량 더 많았다. 대청도와 소청도의 인구는 각각 완만하게 증가하는 가운데 남성의 수적 증가가 여성의 그것에 비하여 약간 더 컸다는 사실이 확인된다.

〈표 3〉 대청면의 인구통계와 가구

대청도 / 소청도	세대	인구			대청면		
		총계	남	여	65세 이상	농가	어가
2001	464	1,195	626	569	223	76	384
	112	224	106	118			
2002	462	1,189	623	566	230	76	382
	107	211	97	114			
2003	458	1,148	599	549	221	72	371
	108	207	100	107			
2004	478	1,168	610	558	221	73	371
	108	217	98	119			
2005	503	1,184	634	550	236	71	369
	116	222	103	119			
2006	535	1,228	667	561	253	165	367
	133	248	126	122			
2007	563	1,230	671	559			
	145	259	141	118			
2008	566	1,241	682	559			
	143	262	146	116			
2009	597	1,266	683	583			
	161	287	161	126			
2010	601	1,244	683	561	255		
	162	280	163	117			
2011	631	1,245	702	543		223	314
	169	254	155	99			
2012	673	1,273	733	540	323	233	364
	171	266	165	101			

출처: 옹진군통계연보

대청면의 인구구조에 있어서 변화를 보았을 때도 다른 서해5도와 차이가 분명하게 부각된다. 2001년에 65세 이상 고령인구가 15.7%를 차지했지만 2012년에는 21.0%로 크게 증가했다. 한국사회의 고령화현상이 대청면을 비껴가지 않았던 것이다. 연평면이나 백령면에 비하여 대청면에서는 인구의 유입이 더 적은 동시에 65세 이상 고령인구의 증가도 더 컸다. 다른 서해5도에 비하여 대청도와 소청도에는 군 장교와 건설업 관계자의 유입도 적었던 것으로 풀이되는 것이다.

대청면의 경제구조도 바뀌고 있는 것으로 보인다. 〈표 3〉이 집계한 기간 내내 대청면의 어가는 300여 가구에서 오르내렸다. 이에 비하여 농가의 숫자는 2006년부터 급증하기 시작했다. 2012년에는 233가구가 농업에 종사했는데 이는 2001년 76가구에 비하여 약 세 배에 달하는 것이다. 대청면의 수산업의 전진기지로 다양한 어종의 수산물이 풍부한 지역이라는 점을 감안하면 다소 의외일 수 있다. 대청면에서는 과거 고래잡이도 이루어졌으나 1990년대부터는 우럭 등 활어가 어업의 주요 대상이다.

2002년 지방선거에서 옹진군을 대표하는 인천시의회의원을 선출할 때 옹진군 제2선거구에 속한 대청면은 1,101명의 선거인 가운데 971명(88.2%)이 투표했다. 대청면에서는 한나라당 윤하경 후보가 428표(44.1%), 민주당 김남훈 후보가 184표(18.9%), 무소속 김필우 후보가 283표(29.1%), 무소속 노재열 후보가 49표(5.0%)를 각각 확보했다. 대청면에서는 윤하경 후보가 압도적인 지지를 확보했던 것이다. 이 통계는 부재자투표를 제한 것이다. 옹진군 제2선거구에서는 무소속 김필우 후보가 부재자투표까지 합하여 전체 4,353표 가운데 1,261표(30.0%)를 확보해 당선되었다.

2002년 지방선거에서 옹진군의회의원을 선출할 때 대청면은 1명의 대표가 할당되었다. 1,126명의 선거인 가운데 996명(88.5%)이 투표했다. 대청면에서는 무소속 주황철 후보가 540표(54.2%), 무소속 김영철 후보가 435표(43.7%)를 각각 획득했다. 그 결과 대청면 선거구에서는 무소속 주황철 후보가 당선되었다.

2006년 지방선거에서 옹진군을 대표하는 인천시의회의원을 선출할 때 옹진군 제2선거구에 속한 대청면은 1110명의 선거인 가운데 919명(82.8%)이 투표했다. 대청면에서는 열린우리당 김원웅 후보가 122표(13.3%), 한나라당 이상철 후보가 412표(44.8%), 민주당 박철훈 후보가 239표(26.0%), 무소속 노재열 후보가 47표(5.1%), 무소속 홍남곤 후보가 63표(6.9%)를 각각 확보했다. 여기에서는 한나라당 이상철 후보가 압도적인 지지를 획득했다. 이 통계는 부재자투표를 제한 것이다. 서해5도가 포함된 옹진군 제2선거구에서는 한나라당 이상철 후보가 부재자투표까지 합하여 전체 4654표 가운데 1,300표(27.9%)를 확보해 당선되었다.

2006년 지방선거에서 옹진군의회의원을 선출할 때 옹진군 나선거구에 속한 대청면은 1,110명의 선거인 가운데 918명(82.7%)이 투표했다. 대청면에서는 열린우리당 김영철 후보가 387표(42.2%), 열린우리당 정두봉 후보가 36표(3.9%), 한나라당 김성남 후보가 25표(2.7%), 한나라당 이의명 후보가 14표(1.5%), 한나라당 주황철 후보가 346표(37.7%), 무소속 장세건 후보가 17표(1.9%), 무소속 장정민 후보가 29표(3.2%), 무소속 조철수 후보가 30표(3.3%)를 각각 확보했다. 대청면에서는 열린우리당 김영철 후보가 압도적인 지지를 얻었다. 이 통계는 부재자투표를 제외한 것이다. 서해5도를 포함한 옹진군의 나선거구에서는 3명의 정수가 할당되었고 그 결과 열린우리당 김영철 후보, 한나라당 이의명 후보, 무소속 장정민 후보가 당선되었다.

2010년 지방선거에서 옹진군을 대표하는 인천시의회의원을 선출할 때 대청면은 1254명의 선거인 가운데 989명(78.9%)이 투표했다. 대청면에서는 한나라당 이상철 후보가 655표(66.2%), 민주당 김철호 후보가 208표(21.0%), 미래연합 김예찬 후보가 73표(7.4%)를 각각 확보했다. 여기에서도 연평면과 대청면에서와 같이 한나라당 이상철 후보에 대한 지지가 매우 컸던 것을 알 수 있다. 이 통계는 부재자투표를 제외한 것이다. 전체적으로 2010년 지방선거에서는 한나라당 이상철 후보가 옹진군을 대표하는 시의원으로 선출되었다.

2010년 지방선거에서 옹진군의회의원을 선출할 때 대청면은 옹진군 다선거구에 속했다. 대청면은 1,254명의 선거인 가운데 989명(78.9%)이 투표했다. 대청면에서는 한나라당 김형도 후보가 738표(74.6%), 한나라당 장정민 후보가 85표(8.6%), 민주당 홍남곤 후보가 69표(7.0%), 무소속 이의명 후보가 63표(6.4%)를 각각 확보했다. 대청면에서는 한나라당의 김성기 후보가 압도적인 지지를 획득했다. 이 통계는 부재자투표를 제외한 것이다. 다선거구에서는 한나라당 김형도 후보와 한나라당 장정민 후보가 최종 당선되었다.

2014년 지방선거에서 옹진군을 대표하는 인천시의회의원을 선출할 때 대청면은 1,255명의 선거인 가운데 1,070명(85.3%)이 투표했다. 대청면에서는 새누리당 김경선 후보가 496표(46.4%), 새정치민주연합 김준수 후보가 109표(10.2%), 무소속 이상철 후보가 419표(39.2%)를 각각 확보했다. 최종적으로 옹진군을 대표하는 인천시의회의원은 김경선 후보가 되었다.

2014년 지방선거에서 옹진군의회의원을 선출할 때 대청면은 옹진군 다선거구에 속했다. 대청면은 1,255명의 선거인 가운데 1,070명(85.3%)이 투표했다. 대청면에서는 새누리당 김형도 후보가 726표(67.9%), 새누리당 장정민 후보가 132표(12.3%), 무소속 심홍신 후보가 95표(8.9%),

무소속 이의명 후보가 51표(4.8%)를 각각 확보했다. 옹진군 다선거구에서는 새누리당 김형도 후보와 새누리당 장정민 후보가 당선되었다.

[필자 : 이준한]

서해5도의 경제

1. 머리말

서해5도는 인천광역시 옹진군의 부속도서이지만 황해도 서남부 지역에 위치한 섬들이라 북과 인접한 지리적 특징이 있다. 따라서 서해5도 주민들의 경제상황은 남북관계와 밀접한 연관성을 가지고 있다. 그뿐만 아니라 옹진군은 유인도 23개와 무인도 92개의 섬으로[1)] 이루어져 있고 바다의 특징이 수심이 얕고 조수간만의 차가 큰 해역이라 수산업에 유리한 입지조건으로 인하여 주변수역은 꽃게, 해삼, 전복, 굴 등 다양한 해산자원이 풍부하며 꽃게는 계절적으로 황금어장을 형성한다.

서해5도는 북방한계선(NLL) 등 군사적 대치 상황과 맞물려서 몇 차례의 군사적 충돌을 경험한 지역이며 근래에 천안함 침몰사건, 연평도 포격사건으로 관광객이 줄어들었다. 또한 세월호 참사 여파로 서해5도를 오가는 여객선은 통제가 강화되었다.

따라서 2010년 11월 23일 연평도 포격사건으로 그해 12월 27일 '서해

1) 2014년 옹진군 기본통계

5도 지원 특별법'이 제정되었다. 이 법은 '남북 분단 현실과 특수한 지리적 여건상 북한의 군사적 위협으로 피해를 입고 있는 서해5도의 생산·소득 및 생활기반시설의 정비·확충을 통하여 정주여건(定住與件)을 개선함으로써 지역주민의 소득증대와 생활안정 및 복지향상을 도모함을 목적으로 한다.'로 되어있다. 그리고 황금어장인 서해5도 중국어선의 불법조업이 심각하다. 중국 어선이 어구와 어망까지 싹쓸이해 어민들의 피해가 막심하여 2014년 11월에는 '서해5도 중국어선 불법조업 대책위원회'를 구성하여 정부와 인천시에 대책 마련을 촉구하고 있는 상황이다.

그러므로 대북관계와 대중국어선의 불법조업은 서해5도 주민들의 지역경제, 정주환경과 생존에 심각한 문제로 나타나고 있다. 따라서 서해5도의 주민들의 삶이나 문화에 대한 연구조사는 중요한 부분이며 서해5도 주민들의 삶과 경제는 매우 정합적인 연구과제이다.

본 연구는 서해5도의 경제적 상황을 분석하고 지정학적 특수성과 불리한 환경적 조건들로부터 정책적 지원의 필요성, 경쟁력 있는 경제여건의 조성, 서해평화의 당위성을 살펴보고자 한다.

분석의 공간적 범위는 옹진군 서해5도의 행정적 단위로 연평면(연평도, 소연평도), 백령면(백령도), 대청면(대청도, 소청도)으로 하며 시간적 범위는 2010년에서 2013년으로 한정하였으며, 필요에 따라서는 이외의 시기 자료도 이용하였다.

2. 일반현황분석

옹진군은 115개의 섬 중 유인도 23개와 무인도 92개로 이루어져 있으며, 서해5도는 그중에 12개의 섬에 유인도 5개 무인도 7개로 이루어졌다.

옹진군 115개의 섬 중 가장 넓은 섬이 백령도이고 세대와 인구는 백령면과 영흥면이 비슷한 분포로 나타났다. 따라서 서해5도는 옹진군 전체 면적의 43%, 세대는 48.8%, 인구는 45.9%의 비중을 차지하고 있다.[2)]

인구의 일반적 분석은 경제상황과 매우 민감하며 인구의 증감이 경제에 미치는 영향은 매우 크다. 옹진군이 인천시로 편입되었던 1995년과 비교하면 옹진군 인구는 1995년 말 13,482명이고 서해5도민은 7,030명으로 52.1%의 비중을 차지하였으나 2013년 말 옹진군 인구는 20,698명에 서해5도민은 9,498명으로 45.9%의 인구비중을 차지하였다. 따라서 옹진군 전체로 보면 서해5도민의 비중은 52.1%에서 45.9%로 6.2%로 감소하였다.

인구증가에서도 1995년보다 2013년 6,557명이 증가하여 53.5%의 증가율을 보였고 서해5도민은 2,468명이 증가하여 35.1%의 증가율을 보였다. 인구증가율로 보면 옹진군 전체와 서해5도의 증가율은 53.5%와 35.1%로 18.4%가 작게 증가하였다.

1995년과 2013년의 연평면과, 백령면, 대청면의 인구 변화를 분석하면, 연평면은 1,305명에서 2,228명으로 증가하여 증가율은 70.7%, 백령도는 4,271명에서 5,664명으로 증가하여 32.6%, 대청면은 1,454명에서 1,606명으로 증가하여 10.5%의 증가율을 보였다. 서해5도에서 연평면과 백령면, 대청면의 인구비중은 각각 1995년 18,5%, 60.8%, 20.7%에서 2012년 23.5%, 59.6%, 16.9%로 나타났다. 이런 분석결과만 놓고 보면, 연평면은 5%의 인구비중의 증가를 보였고 백령면은 1.2%의 인구비중의 감소를 보였으며 대청면은 3.8%의 인구비중의 감소가 나타났다. 인구증가율에서도 보았지만 연평면은 923명의 사람이 늘어난 반면, 백

2) 2014년 옹진군 기본통계

령면은 1,393명, 대청면은 152명이 증가하여 연평면의 인구가 많이 증가하였다.

옹진군의 2013년 말 세대 당 인구는 1.9명, 서해5도 평균은 1.8명, 연평면 1.6명, 백령면 1.8명, 대청면 1.8명으로 옹진군 전체와 비슷하게 나타났다. 인천시 평균은 2.6명으로 옹진군과 서해5도의 세대당 인구수는 매우 낮은 것으로 조사되었다.

주민의 남녀성비는 인천시는 101.9%, 옹진군 전체는 129.8%로 남초현상을 나타내고 있으며, 서해5도는 평균 146.9%로 심각한 남초현상이 나타나고 있다. 서해5도는 연평면은 167.5%, 대청면은 147.8%, 백령면은 139.4% 순으로 남초현상이 나타났다. 이에 대한 원인은 서해5도가 접경지역과 도서지역이라는 지리적 특수성으로 군인들의 주소지 이전으로 인한 현상과 선원으로 일을 오는 사람들이 육지로 오가는 해상교통편의 여객운임 할인혜택을 받고자 주소지를 옮겨와서 증가한 경우와 북한의 연평도 포격사건 이후 작업을 위한 노동자들이 선원과 같이 여객운임 혜택을 받고자 주소지를 이전하였던 것으로 조사되었다. 이에 대한 보충자료로 『2014년 인천시민 생활 및 의식조사』에 의하면 옹진군의 직업분포에서 '군인포함 기타직업군'으로 24.9%의 비중을 차지하며 인천시의 평균은 12.8%, 강화군이 6.8%인 것에 비교하여 매우 높은 비중을 차지하는 것으로 나타났다.

65세 이상 고령인구의 비율은 인천시는 9.67%와 비교하면 옹진군은 18.72%, 서해5도는 15.25%로 나타났고 이중 대청면이 20.61%로 높게 나타났다. 서해5도의 고령화가 인천시에 비해 매우 높은 것으로 보이지만 입법조사처가 2014년 발표한 자료에 의하면 농촌의 65세 고령화 인구의 비율이 37.3%로 나타나 서해5도는 절반 수준인 것으로 분석되었다.

또한 인천시의 생산가능 인구는 75.66%인데 옹진군 전체 생산가능 인구는 70.89%이고 서해5도는 73.20%로 나타났다. 생산가능 인구는 서해5도가 인천시보다 2.46% 낮은 편이고 특히, 연평면의 생산가능인구는 77.11%로 인천시 평균보다 1.45%나 높게 나타났으며 연평면의 생산가능인구가 많은 것도 군인들의 전입이 한 몫을 담당하였다. 유년인구는 인천시 평균이 14.67%인데 반해 옹진군은 10.39%이고 서해5도는 11.55%로 분석되었다. 서해5도의 유년인구 비율은 인천시 보다 3.12% 낮게 나타났으며 유년인구에서 백령면은 12.66%, 연평면은 11.55%, 대청면은 8.72%로 분석되었으며 대청면의 경우 인천시보다 5.95%나 적었다. 특히 대청면의 노령화는 서해5도의 백령면과 연평면에 비하여 심각한 문제이며 유년인구에 대한 대청면의 시급한 대책이 필요하다.

인구밀도는 인천시 평균은 2,815.1/㎢ 명이며, 옹진군은 120.3/㎢ 명, 서해5도는 128.2/㎢ 명으로 분석되었다. 연평면의 인구밀도 305.6/㎢ 명은 백령면의 110.7/㎢ 와 대청면의 102,9/㎢ 명보다 매우 높게 나타났다. 연평면의 인구밀도나 인구증가율이 높은 이유도 군사접경지역으로 군인들의 전입 등이 중요한 이유로 조사되었다.

옹진군의 면적 172.07㎢은 인천시 면적의 16.53%의 비중을 차지하고 있으며, 74.06㎢인 서해5도의 면적은 옹진군의 43%의 비중을 차지하고 있는 것으로 분석되었다. 그리고 백령면의 면적은 51.17㎢로 서해5도 면적의 69.09%의 비중을 차지하고 있으며 옹진군 전체 면적에서도 29.74%의 비중을 차지하며 옹진군에서 가장 넓은 섬이다.

〈표 1〉 옹진군 서해5도 면적, 세대, 도서, 인구현황

(단위 : 가구, % 명, ㎢, 개)

2013년	인천시	옹진군	서해5도	연평면	백령면	대청면
세대 (비율)	1097,491	11,105	5,419	1,380	3,144	895
	100%	1.00%	48.80%	25.47	58.02%	16.52%
인구/세대당	2.6	1.9	1.8	1.6	1.8	1.8
인구	2,930,164	20,698	9,498	2,228	5,664	1,606
인구밀도	2815.1	120.3	128.2	305.6	110.7	102.9
남자	1,478,862	11,691	5,651	1,395	3,298	958
여자	1,451,302	9,007	3,847	833	2,366	648
성비	101.9	129.8	146.9	167.5	139.4	147.8
유년인구 (비율)	429,765	2,150	1,097	240	717	140
	14.67%	10.39%	11.55%	10.77%	12.66%	8.72%
생산 가능인구 (비율)	2,217,035	14,673	6,953	1,718	4,100	1,135
	75.66%	70.89%	73.20%	77.11%	72.39%	70.67%
65세이상 고령인구 (비율)	283,364	3,875	1,448	270	847	331
	9.67%	18.72%	15.25%	12.12%	14.95%	20.61%
면적 (비율)	1,040.88	172.07	74.06	7.29	51.17	15.6
		16.53%	43%	9.84%	69.09%	21.06%
도서(섬)		115	11	6	1	4

출처 : 통계연보 가공

참고 : 비율은 옹진군은 인천시, 서해5도는 옹진군에서 차지하는 비율

옹진군의 재정 현황을 보면 2010년과 2011년은 284억 원 규모의 예산이 늘어났다. 이는 '서해5도 지원 특별법'으로 인한 재정의 인상으로 파악되었다. 전체 재정규모 대비 1인당 재정규모도 2013년은 15,506천원이며 2010년에는 16,808천원으로 이는 인천시 타 군·구를 비교하면 높은 규모이며 이는 지리적 특수성을 감안해서 판단해야 하는 재정규모

이다. 그러나 옹진군은 자체수입 보다는 의존수입이 많은 부분을 차지하고 있고 공유재산의 경우 2013년도 9,688억 원의 재정구조를 가지고 있다.

재정 자립도와 자주도를 비교하면 인천시 평균의 하위 그룹을 형성하고 있으며 전국평균 자립도 50% 수준이고 자주도는 75% 수준으로 볼 때 매우 낮은 재정 자립도와 자주도를 나타내고 있다.

그러나 재정 자립도는 자치단체의 자주재원의 비율을 나타내는 것으로 옹진군의 경우 매우 낮은 자주재원율을 나타내고 있다. 최근 재정자주도를 많이 사용하고 있는데 이는 자치단체가 사용할 수 있는 재량재정의 규모인데 옹진군은 의존수입이 많아 이것도 매우 열악한 수준이다. 이러한 재정규모의 해결을 위해서도 옹진군 자체수입과 자주재원을 늘리는 방법으로 지역경제의 활성화가 매우 중요하다.

〈표 2〉 옹진군 지방재정 현황

(단위 : 억원, 명, %)

	재정규모	자방세	의존수입	지방채무	세외수입	공유재산	인구	자립도	자주도
2013	3,208	152	1,990	53	1,033	9,688	20,689	23.2	58.2
2012	3,249	136	1,923	63	1,159	8,814	20,039	22.1	58.9
2011	3,275	122	2,070	73	1,083	8,693	19,485	22.3	51.1
2010	2,991	98	1,637	83	1,227	8,473	18,739	22.7	58.1

출처 : 재정고 홈페이지 http://lofin.mogaha.go.kr/main.jsp 가공

인천시의 토지이용현황과 비교하면 인천시는 전체 1,040.82㎢에 임야는 404.47㎢로 38.9%의 비중을 차지하고 있으나, 옹진군의 172.07㎢ 면적에 임야가 122.03㎢으로 71%를 차지하고 있고, 인천시는 전이 85.51㎢에 8.2%의 비중을 차지하지만 옹진군은 전이 15.99㎢로 9%를

차지하고 있는 것으로 분석되었다. 그리고 답의 경우 인천시는 180.46㎢에 17.3%의 비중을 차지하지만 옹진군은 답이 12.97㎢로 8%를 차지하고 있는 것으로 나타났다. 인천시가 대지는 92.96㎢로 8.9%의 비중을 차지하지만 옹진군의 경우는 3.49㎢로 2%의 비중으로 나타났다.

옹진군의 토지이용현황과 서해5도를 비교하면 비슷한 분포를 나타내고 있으나 서해5도는 전체면적이 74.06㎢으로 옹진군 대비 43%의 비중을 차지하고 있고 전은 9.89㎢으로 옹진군 전의 면적 대비 61.9%를 답은 6.61㎢으로 51%, 임야는 47.82㎢으로 39.2%, 대지는 1.14㎢으로 32.8%의 비중을 차지하고 있는 것으로 분석되었다.

서해5도 대비 연평면은 전체 7.29㎢로 9.8%의 비중을 차지하며 전은 0.64㎢로 6.5%, 답은 0.44㎢로 6.7%, 임야는 5.27㎢로 11%, 대지는 0.16㎢에 14%의 비중을 차지하고 있는 것으로 나타났다. 백령면은 전체 51.17㎢로 69.1%의 비중을 차지하며 전은 7.71㎢로 78%, 답은 5.96㎢로 90.2%, 임야는 29.57㎢로 61.8%, 대지는 0.77㎢로 67.5%의 비중을 차지하고 있는 것으로 나타났다. 대청면은 전체 15.6㎢로 21.1%의 비중을 차지하며 전은 1.54㎢로 15.6%, 답은 0.21㎢로 3.2%, 임야는 12.98㎢에 27.1%, 대지는 0.21㎢에 18.4%의 비중을 차지하고 있는 것으로 나타났다.

옹진군 대비 서해5도의 전과 답의 면적이 50% 이상 차지하는 것은 백령도의 전과 답의 면적이 넓기 때문으로 분석되었다. 염전은 백령도에만 0.28㎢가 있는 것으로 나타났다. 그 외 옹진군에는 북도와 영흥도에 각각 0.38㎢ 0.51㎢가 있는 것으로 조사되었다.

〈그래프 1〉 옹진군 토지이용현황

(단위 : %)

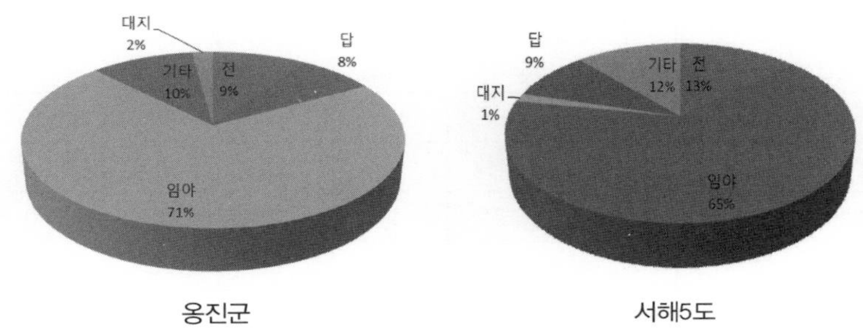

옹진군의 주택보급률을 보면 102.5%이고 서해5도는 103.5%로 나타났다. 그리고 연평면과 대청면은 111.7%와 107.2%로 높게 나타났다.

옹진군의 주거형태는 1995년 인천광역시로 편입 당시 인천시의 단독주택은 47.4%였고 옹진군은 89.8%였으며 비주거용 건물 내의 주택은 3.8%였다.[3] 그런데 2013년 인천시의 주거형태는 단독은 7.4%이고 아파트 형태가 53.7%로 나타났으나 옹진군의 단독주거 형태는 82.8%로 나타났으며 서해5도는 단독주거 형태가 85%이며 연평면은 79.4%, 백령면은 87.5%, 대청면은 84.8%가 단독주거 형태로 나타났으며 아파트 주거형태는 한 채도 없는 것으로 조사 되었다. 특히, 옹진군의 비거주용 건물 내 주택이 1,000가구가 있으며 이는 가구비중으로 12%를 차지하며 서해5도의 비거주용 건물 내 주택이 12.1%이며 연평면이 17.8%, 백령면이 9.9%, 대청면이 11.6%를 차지하고 있으며 인천시의 0.7%에 비교하며 매우 높은 수준이다. 이는 매우 불안정한 주거미달 가구의 주거환경에서 많은 사람들이 살아가고 있는 것이다.

---

3) 『옹진군지』

〈표 3〉 주택현황 및 보급률

(단위 : 가구, 수, %)

2013	가구수	주택수	단독	다가구	다세대	비거주용	보급률
옹진군	8,150	8,351	6,911	413	27	1,000	102.5
서해5도	3,404	3,523	2,996	101	0	426	103.5
연평면	726	811	644	23	0	144	111.7
백령면	1,930	1,910	1,672	49	0	189	99.0
대청면	748	802	680	29	0	93	107.2

출처 : 2014년 옹진군 기본통계 가공

옹진군은 섬으로 이루어진 자치구라 교통행정은 육상교통과 함께 해상교통도 중요시 되고 있다. 따라서 여객선의 현황을 살펴보면, 옹진군 전체 13대가 운영되고 있으며 그중에 서해5도는 3대가 운영중이며 2,071톤, 396톤, 299톤급이며 3대의 정원은 1,282명이다. 공영버스는 13대에 26명의 기사와 13개 노선을 운영중이며 서해5도는 연평면에 1대, 백령면에 2대, 대청면에 1대가 운영중이며 정원은 97명이다. 개인택시는 모두 18대이고 서해5도는 백령면에 8대, 대청면에 2대가 운영중이다.[4)]

옹진군의 자동차등록현황을 보면, 2008년 6,546대에서 2013년 9,552대로 45.9%의 증가율을 보였다. 세대수 대비 차량보유율은 관용차량과 영업용차량을 제외하고 나면 83%가 자동차를 보유하고 있는 것으로 분석되었다. 서해5도는 세대수 대비 77%가 자동차를 보유하고 있는 것으로 나타났고 연평도가 67.5%, 대청면이 75.3%, 백령면이 82.9%가 세대수 대비 자동차를 보유하고 있는 것으로 분석되었다. 인천시 평균은 87%로 옹진군이 인천시 평균보다 비중이 낮다.

4) 『군정백서』, 2014, 267~269쪽.

〈표 4〉 서해5도 자동차등록 및 주차장 현황

(단위 : 대, 수)

면별	구분	관용	자가용	영업용	주차장	면수
옹진군	9,552	145	9,290	117	1,039	5,662
서해5도	4,627	64	4,212	5	147	935
연평면	949	14	933	2	23	109
백령면	2,709	31	2,605		101	768
대청면	696	19	674	3	23	58

출처 : 옹진군 기본통계

그리고 주차장 현황을 살펴보면, 옹진군 전체로 1,039개의 주차장에 5,662면수로 나타났으며 서해5도는 147개 주차장에 935개의 면수로 파악되었다. 그리고 주차장대비 면수를 살펴보면, 옹진군은 5대, 서해5도는 6대이며 대청면 3대, 연평면 5대, 백령면 8대로 나타났다. 따라서 여름철 성수기 해수욕장의 주차장은 턱없이 부족한 현실이다.

3. 산업경제분석

옹진군의 산업구조를 보면 1차 산업은 69.8%이며 2차 산업이 6.1%, 3차 산업이 24.1%로 조사되었다. 지리적 특성상 수산업이 발달하였고 경지율은 낮으나 토양이 비옥하여 반농반어의 형태를 이루고 있으며 임야면적이 옹진군 전체의 122.19㎢(71%)를 차지하여 약초와 목재가 많이 생산되며 수려한 자연경관으로 인해 관광산업이 큰 역할을 차지하고 있다.[5)]

5) 『군정백서』, 2014, 78쪽.

서해5도는 섬 생활이 중심이라 어가와 어가인구에 대한 분석은 매우 중요하며 인구대비 어가인구는 25.1%정도로 나타나며 옹진군 전체의 27.5%와 비교하면 오히려 2.4%정도 낮게 나타나는 모습을 보여주고 있다. 어업에 종사하는 가구는 2013년 말로 옹진군은 3,675가구에 5,722명이 어업에 종사하고 있으며 서해5도는 1,330가구에 2,400명이 어업에 종사하고 있다. 옹진군대비 서해5도 어가의 비중은 36.2%를 차지하고 있으며 종사자수는 41.9%의 비중을 차지하고 있다.

서해5도는 주로 바다를 중심으로 경제생활을 영위할 것이라는 일반적인 생각에 실증분석은 반대로 나타났다. 또한 연평도는 어가인구수가 무려 45.9%, 대청도가 39.9%수준으로 나타나고 있는데 백령도는 어가인구가 12.7%로 매우 낮은 비율로 분석되었다. 백령면의 어가인구가 낮은 이유는 백령도는 넓은 면적의 토지가 있어 농업에 종사할 수 있는 환경이 조성되어 농사를 짓는 농가인구가 많다. 백령도의 경우 농업에 종사하는 인구는 40%에 달하여 어업보다 농업에 종사하는 인구가 매우 많은 것으로 조사되었다. 이는 서해5도가 군사접경지역이라 실제 군인들의 실거주가 있고 서해5도 섬 중에서 백령도가 가장 넓고 수려한 경관 등이 있는 관광지이므로 어업에 종사하지 않고도 경제생활을 유지할 다른 방법이 있기 때문인 것으로 분석되었다.

어업에 종사하는 전업가구의 비중을 보면 옹진군 어가에서 전업가구는 30.9%정도로 나타나지만 서해5도의 전업비중은 57.3%로 매우 높게 나타나고 있다. 어업을 하는 가구 중에서 전업가구는 연평면은 54.2%, 백령면은 37.2%, 대청면은 84.1%가 전업가구로 분석되었다. 따라서 대청면과 연평면은 과반 이상이 어업에 종사하는 것으로 분석되었다.

서해5도의 2010년과 2013년의 어가를 비교하면, 2013년에는 어가수가 증가하여 10.1%의 증가율을 보였고, 2013년의 어가인구는 210명이 증가하여 9.6%의 증가율로 나타났다.

전업과 겸업을 비교하면, 전업은 11명이 감소하여 감소율은 미미하며 겸업은 239명이 증가하여 10.4%의 증가율 보였다. 이는 어업으로만 생계유지가 곤란하여 겸업을 하고 있는 것으로 조사되었다.

어선등록현황을 보면, 옹진군이 2010년 전체 499척이고, 연평면 57척, 백령면이 96척, 대청면이 74척으로 서해5도 전체 227척, 45.5%의 비중을 차지하고 있다. 2013년 어선등록현황을 보면 옹진군이 382척으로 23.4%의 감소율을 보였고, 서해5도 전체 202척, 11%의 감소율 중 연평면이 43척으로 24.5%의 감소율을 백령면은 1%의 감소율을 보였고 대청면은 64척으로 13.5%의 감소율을 보였다.

어선등록현황은 계속하여 줄어들고 있는데 어가는 늘어났으며 그리고 어가인구가 늘어난 현상은 어선은 대형화 되었으며 어가는 선원으로 일을 하는 1인 어가가 증가한 것으로 파악되었다.

2012년 수산물의 경우 7,027톤에 766억 원의 수익을 올려 어획고는 증가했지만 하반기 꽃게 어획량은 급격한 수온의 급강하로 882톤에 머물렀다.[6)]

6) 『옹진군 백서』, 2013.

〈표 5〉 어가 및 어가인구 현황

(단위: 가구, 명, %, 척)

연도	구분	옹진군	서해5도	연평면	백령면	대청면
2013	어가 (전업) (겸업)	3,675 (1135) (2540)	1,330 (762) (568)	636 (345) (291)	355 (132) (223)	339 (285) (54)
	어가인구	5,722	2,400	1,036	722	642
2010	어가 (전업) (겸업)	3,425 (1124) (2301)	1,208 (1106) (759)	577 (346) (231)	329 (139) (190)	302 (274) (28)
	어가인구	7,031	2,190	1,000	650	540
2013	어선등록 현황	382	202	43	95	64
2010		499	227	57	96	74

출처: 옹진군 기본통계 가공

꽃게는 인천이 전국 생산량의 45%정도를 차지하고 있다고 하며 그 중에서 서해5도의 꽃게가 20%정도를 차지하는 것으로 보고되고 있으며 2012년 옹진군의 어획량은 7,027톤의 어획에 766억 3천만 원 정도의 수입을 올렸다. 인천시 전체 어획량은 35,201톤에 1,868억 7천만원 정도의 수입을 올렸다. 인천시와 옹진군을 비교하면 어획량은 19.9%의 비중을 옹진군이 차지하고 있으며 금액으로는 41%의 비중을 차지하는 것으로 분석되었다.

2012년 말 인천시 대비 옹진군의 갑각류의 어획량 비중은 41.3%를 차지하는 것으로 나타났고 서해5도의 주생산인 꽃게를 포함하는 갑각류의 어획수입을 비교하면 인천시 대비 옹진군 어획수입은 67.8%의 비중을 차지하는 것으로 분석되었다.

옹진군의 어류는 2008년 증감을 거듭하고 있지만 갑각류는 계속하여 감소하고 있고 연체동물은 증가하는 것을 알 수 있다. 따라서 갑각류의 어획이 줄고 있는 것은 기상적 요인도 있지만 중국 어선들의 어구와 어망까지 싹쓸이해 가는 남획은 어장을 망치고 어민들의 어업에 막대한 문제를 일으키고 있다는 실증적 증거이다.

옹진군의 수산업에는 마을어업과 양식어업이 있으며 마을어업은 124건에 1597.17㎢을 양식어업은 191건에 1,933.65㎢의 면적을 형성하고 있다. 서해5도는 100건에 1,035.37㎢의 면적에 어업권을 형성하고 있다. 연평면은 22건에 266.2㎢, 백령면은 37건에 393.94㎢, 대청면은 41건에 375.23㎢의 어업권을 형성하고 있다. 서해5도의 마을어업은 55건에 658.67㎢의 면적을 양식어업은 45건에 376.7㎢의 면적을 형성하고 있다. 서해5도의 수산업의 종류를 분류하면 패류는 30건에 207.2㎢의 면적에서 어업권을 형성하고 있고, 해조류는 5건에 61㎢의 면적, 굴과 바지락, 미역과 다시마의 복합과 협동으로 10건에 108.5㎢의 면적에 어업권을 형성하고 있다.7)

〈표 6〉 수산물 어획고 현황

(단위 : 톤 / 억원)

구분	합계		어류		갑각류		연체동물	
연별	수량	금액	수량	금액	수량	금액	수량	금액
2008	7,572	502.2	2,926	188.6	4,240	282.5	62	6.6
2009	6,943	447.5	2,513	103.4	3,963	308.2	104	13.8
2010	8,908	415.6	1,497	71.2	3,392	217.5	2,328	104.2
2011	7,045	428.9	1,268	74.1	3,188	234.4	1,882	99.6
2012	7,027	766.3	828	86.4	2,904	519.9	2,326	128.9

자료 : 옹진군 기본통계

7) 『옹진군 백서』, 2014, 232쪽.

옹진군은 바다로 둘러싸인 지리적 환경 때문에 어업으로 생계를 유지할 것이라 일반적으로 생각한다. 그러나 우리나라는 농경생활이 기본으로 규모의 차이는 있지만 서해5도의 섬들도 농사가 이루어지고 있다. 1910년대 '한국수산지'의 기록을 보면 백령도와 연평도에서 농사에 대한 기록이 있다. 그 내용을 인용하면 '백령도는 마을 합계의 호수는 578호, 인구는 2,840여명이다. 토지가 비옥하여 쌀, 조의 경작이 잘 되고 논이 50정보에 달한다고 한다. 그래서 어지간한 흉년이 아니면 쌀을 타지역에 의존하지 않고 평년에는 오히려 쌀을 대·소청도에 수출한다.'[8)]

서해5도의 2010과 2012년의 농가를 비교하면, 농가수가 1,480가구 증가하여 103.13%가 증가율을 보였고, 농가인구는 4,058명이 늘어서 128.6%의 증가율로 나타났다. 이에 대한 분석은 원예작물과 특용작물 등 농업의 다양화와 정책적 지원 등이 그 이유로 분석되었다.

전업과 겸업을 비교하면, 전업은 499명이 증가하여 241.1%의 증가율을 보였고 겸업은 982명이 증가하여 80%의 증가율 보였다. 그러나 농가에서 겸업이 절대적으로 많은 것은 전업만으로 생계유지가 곤란하여 겸업을 하고 있는 것으로 파악되었다.

옹진군은 공공비축미 매입으로 자연재해나 전쟁 등 식량위기를 대비한 미곡매입을 하고 있으며 도서지역으로 반출시 물류비용의 과도로 경쟁력 또한 보장하기 어려워서 농가소득의 안정을 도모하는 차원에서 미곡매입은 진행되고 있었다.

옹진군이 2010년 40kg / 한포의 단위로 전체 80,967포를 매입하였고 서해5도는 54,038포를 매입하여 서해5도의 매입 비중은 69%를 차지하고 있다. 이중에서 백령면이 52,544포를 매입하여 서해5도의 97.2%의

---

8) 옥동석 외 2인, 「한국 서해 도서지역 사람들의 생산과 교역」, 『인천학연구원 연구총서』 21, 인천대학교 인천학연구원, 13쪽.

비중을 차지하고 있다. 2013년과 비교하면, 옹진군은 미곡매입의 증가율은 18.7%로 늘어났으며 서해5도는 22.8%의 증가율을 보였고 연평면과 대청면은 각각 33.2%와 13.2%의 감소율을 보였으며 백령면은 24.2의 증가율을 보였다.

백령도는 농가인구가 2,266명으로 매우 높은 비중을 차지하고 있었다. 이유는 위의 '한국수산지'에서도 언급했지만 백령도는 서해5도 중 가장 넓은 섬이고 토양이 비옥하여 농사가 잘되는 지역이기 때문일 것이다.

〈표 7〉 농가 및 농가인구

(단위 : 가구, 명, %, 포/40㎏)

연도	구분	옹진군	서해5도	연평면	백령면	대청면
2012	농가 (전업) (겸업)	2,915 (706) (2210)	1,229 (294) (935)	105 (25) (80)	891 (213) (678)	233 (56) (177)
	농가인구	8,013	3,145	293	2,266	586
2010	농가 (전업) (겸업)	1,435 (207) (1228)	544 (177) (411)	23 (11) (23)	455 (100) (355)	66 (22) (44)
	농가인구	3,505	1,310	64	1,076	170
2013	미곡매입	96,109	66,352	755	65,282	315
2010	미곡매입	80,967	54038	1131	52544	363

출처 : 옹진군 기본통계

〈표 8〉 식량작물 재배현황

(단위 : ha, M/T)

면별	미곡		맥류		잡곡		두류		서류	
	면적	생산량	면적	생산량	면적	생산량	면적	생산량	면적	생산량
옹진군	1,065	4,744	81	178	80.7	60.7	26.5	28.4	89	1,363
서해5도	594	2,836	81	178	70	43.7	20	20.5	78.5	1252
연평	30	105	0	0	1	3	2	3.5	5	64
백령	549	2,699	80	175.6	68.2	39.9	18	17	69	1,150
대청	15	32	1	2.4	0.8	0.8	0	0	4.5	38
기타	471	1,908	0	0	10.7	17	6.5	7.9	10.5	111
백령/전체	51.5	56.9	98.8	98.7	84.5	65.7	67.9	59.9	77.5	84.4
5도/전체	55.8	59.8	100.0	100.0	86.7	72.0	75.5	72.2	88.2	91.9

출처 : 옹진군 농업기술센터자료 응용 2013년 1월 17일 수정된 자료

서해5도의 농경지는 전체면적에 비해 작지만 백령도의 북포·솔개지구의 간척사업으로 농경지가 확장되었으며 비옥한 토양과 해풍의 영향으로 우수하고 공해의 영향을 받지 않은 청정농산물로 쌀·포도·고추·고구마·인삼·산채 등이 다량 생산되고 있다.[9)]

옹진군 전체의 식량작물 재배현황을 보면, 백령도의 재배면적과 생산량을 비교하여 보면 작게는 51%에서 많게는 98%까지 재배하고 생산하고 있는 것으로 조사되었다.

2013년 1월의 식량작물 재배현황을 분석하여 보면, 전체 생산량은 6,374M/T이고 면적은 1,342ha이다. 미곡은 1,065ha의 면적에 4,744M/T를 생산하고 있으며 맥류는 81ha의 면적에 178M/T를 생산하고 잡곡은 80.7ha의 면적에 60.7M/T를 생산하고 있다. 서해5도는 옹진군 대비 전

9) 『옹진군지』.

체생산량의 67.9%의 비중을 차지하고 있으며 미곡은 59.8%의 비중을 차지하고 있고 백령면은 56.9%를 비중을 차지하고 있었다. 맥류는 100%를 서해5도가 차지하며 백령면은 98.7%를 차지하고 있다. 잡곡은 서해5도가 72% 차지하며 백령면이 65.7%를 생산하고 있었다.

인천시의 2012년 말 사업체수는 177,198개 업체이며 종사자 수는 872,050명으로 집계되었다. 옹진군의 사업체수는 2000년 1,145개에서 2012년 1,641개로 496개가 증가하여 43.3%의 증가율을 보였으나 서해5도는 621개에서 577개로 44개 업체수가 오히려 감소하여 7.1%의 감소율을 보였다. 특히, 백령도가 무려 43개업체수가 감소하여 10.7%의 감소율을 보였다. 연평도는 7개업체수가 증가하여 7.1%의 증가율을 보였고, 대청도는 8명이 감소하여 6.7%의 감소율을 보였다.

옹진군의 종사자수는 2000년도 3,037명에서 2012년에는 5,431명으로 2,394명이 증가하여 78.8%의 증가율을 보였고 서해5도는 2000년 1,517명에서 2012년 1,872명으로 335명이 증가하여 22.1%의 증가율을 보였다. 연평면은 141명 증가하여 52.6%의 증가율을 보였고, 백령면은 179명이 증가하여 18.5%의 증가율을 보였으며, 대청면은 35명이 증가하여 12.5%의 증가율을 보였다.

2012년 사업체수 1,747개 업체 중에서 숙박 및 음식점업에 사업체수가 958개 업체로 전체 54.8%를 차지하고 있으며 종사자수도 전체 5,737명 중에 숙박 및 음식점업에 종사자가 1,845명(32.2%)을 차지하고 있다. 그리고 사업체수는 도소매업(13.6%)을 협회 및 단체, 수리 및 기타 개인서비스업(6.7%) 순으로 나타났다. 종사자 수는 음식숙박업(32.2%)이 가장 높고 다음이 전기, 가스, 증기 및 수도사업의 사업체수의 비중은 0.97%였으나 종사자 비중은 14.26%를 공공행정, 국방 및 사회보장 행정은 사업체 비중은 2.6%였으나 종사자수의 비중은 11.09%를 차지하고 있다. 제조업은 사업체 비중도 2.2%이며 종사자 비중도 1.7% 정도로 옹진군에서의 비중은 미미하며, 접경지역으로 국방 및 행정의 종사자 수가 많은 것이 옹진군의 특징으로 나타났다.

따라서 옹진군은 섬으로 이루진 특성으로 2차 산업기반이 매우 취약하고 1차 산업과 3차 산업중심의 산업구조를 보이고 있다. 서해5도 또한 다르지 않으며 백령도가 사업체와 종사자수에서 옹진군 전체의 20%대의 비중을 차지하고 있다. 따라서 서해5도는 육지로부터 멀리 떨어져 있는 지리적 특성과 기상의 상황에 따른 선박의 운항의 차질 등 계절적 기상문제로 인한 산업구조의 파행은 일자리 창출에서도 한계를 드러내고 있어서 지역경제와 지역사회에 문제가 심화되어 나타나고 있다.

〈표 9〉 옹진군 및 서해5도 사업체수 및 종사자수 현황

(단위 : 개, 명)

구분	사업체수				종사자수			
	2000	2005	2010	2012	2000	2005	2010	2012
옹진군	1,145	1,195	1,529	1,641	3,037	3,626	4,885	5,431
서해5도	621	489	521	577	1,517	1,360	1,618	1,872
연평면	99	81	86	106	268	270	285	409
백령면	403	279	319	360	969	781	1,024	1,148
대청면	119	129	116	111	280	309	309	315

출처 : 『옹진군 백서』

2013년 서해5도의 관광객 수는 옹진군 전체 관광객의 비중이 3.1%를 차지하며 2001년부터 2013년까지 관광객 수 합은 1,288,758명으로 연평균 증가율은 6.4%수준이다. 서해5도의 관광객 수는 남북관계와 밀접한 연관성을 가지고 있으며 2002년, 2005년, 2010년의 (-)증감율은 바로 남북대치 상황에서 벌어진 대규모의 포격이나 천안함 등으로

인한 감소이다.

따라서 서해5도를 지원하는 특별법 제정 등 다양한 강구책을 내놓고 있지만 지리적 특수성과 접경지역의 위험성으로 인해 관광객은 쉽게 늘어나고 있지 않다.

북한과 충돌했던 사건과 관광객 수를 비교하여 보면, 1999년 6월 15일 분단 이후 최초의 해군간 교전이었던 제1차 연평해전과 2002년 6월 29일의 제2차 연평해전의 여파로 2002년의 관광객 수는 12,950명이 감소하며 16.4% 감소율을 보였다. 2005년과 2006년은 북의 핵보유 선언과 2006년 핵실험 강행으로 금강산과 접경지역인 서해5도의 관광 취소로 2년에 걸쳐 무려 35,121명이 감소하여 32.6%의 감소율을 보였으며, 2010년 천안함 사건과 11월 연평도 포격사건으로 21,805명이 감소하여 18.4%가 감소하였다.

서해5도의 관광객 수는 2001년부터 2013년 동안 시계열로 분석하면 상승하고 있으며 이는 옹진군의 꾸준한 관광자원 개발과 정책적 지원 등이 함께 만들어 낸 결과이다.

2012년에서 2013년 옹진군의 관광객 수는 141,203명이 증가하여 3.2%의 증가율을 보였으며 같은 기간 서해5도 관광객 수는 1,042명에 0.7%의 미미한 증가율을 보였다.

서해5도의 성수기 7월, 8월의 관광객 수 증가는 3,693명으로 12.9%의 증가를 보였고 같은 기간 1년간의 증가수는 1,042명으로 7월, 8월의 관광객 수가 더 많은 것은 나머지 계절에 오히려 2,651명의 관광객 수가 감소한 것으로 분석되었다.

서해5도의 1년간의 관광객 수 증가와 7월, 8월의 관광객 수의 증가한 수의 비중을 보면 2012년도에 20.2%와 2013년에는 22.6%의 비중을 차지하고 있으며 옹진군 전체도 7월, 8월의 관광객 비중이 61.8%와 서해5도는 354.4%로 비중을 차지하고 있어서 옹진군과 서해5도는 여름철 관광객이 많이 찾는 것으로 분석되었다.

서해5도의 관광객 유치는 다양한 방식으로 이루어져야 하며, 관광자원의 개발은 정책적 방법을 동원하여서라도 숙박비용의 절감과 다양한 해양음식의 개발 그리고 선박비용의 지원 등이 관광객을 유치하는데 선차적으로 해결해야 할 문제이다.

따라서 서해5도의 경제적 수준을 향상시키는 정책적 접근은 관광객을 계절별로 다양화 시키는 방식과 여름철을 적극적으로 홍보하여 더 많은 관광객이 청정해역 서해5도를 찾을 수 있도록 해야 할 것이다.

〈표 10〉 서해5도 관광객 수 성수기 증감 현황

(단위 : 명, %)

	2012	2013	증감수	증감율
옹진군 7,8월 성수기 (성수기 비중)	4,407,315	4,548,518	141,203	3.2
	870,467 (19.8%)	957,681 (21.1%)	87,214	10.0
서해5도 7,8월성수기 (성수기 비중)	141,970	143,012	1,042	0.7
	28,626 (20.2%)	32,319 (22.6%)	3,693	12.9
연평면 7,8월 성수기 (성수기 비중)	34,790	24,890	-9,900	-28.5
	6,895 (19.8%)	5,039 (20.2%)	-1,856	-26.9
백령면 7,8월 성수기 (성수기 비중)	94,250	100,087	5,837	6.2
	18,595 (19.7%)	22,845 (22.8%)	4,250	22.9
대청면 7,8월 성수기 (성수기 비중)	12,930	18,035	5,105	39.5
	3,136 (24.3%)	4,435 (24.6%)	1,299	41.4

자료 : 『옹진군 백서』

옹진군의 지역내총생산(GRDP)[10]은 2011년 303,743백만 원으로 2005년 대비 연쇄지수는 149.2이다. 지역내총생산은 지역내 순생산물세와 총부가가치의 합으로 이루어지며 옹진군의 지역내 순생산물세는 28,251백만 원이고 지역내총생산액의 비중은 9.3%를 차지하며 인천시의 지역내총생산 대비 순생산물세의 비중은 10.8%를 차지한다.

인천시의 총부가가치는 52,760,847백만 원이며 옹진군의 총부가치는 275,438백만 원이다. 옹진군 부가가치의 요소들을 앞의 〈표 9〉와 비교하면, 그래프와 같이 금융 및 보험업의 사업체와 종사자 수는 1.0%과 1.6%의 작은 비중을 차지해도 부가가치는 89,927백만 원으로 32.9%의 비중을 차지하며, 다음은 전기, 가스, 증기 및 수도사업은 종사자 대비 14.4%이고 부가가치 대비 38,639백만 원으로 14.1%의 비중으로 비슷한 비중으로 분석되며, 건설업은 종사자 대비 9.3%의 비중을 차지하고 부가가치는 32,672백만 원으로 11.9%의 비중을 차지한다. 다음은 부동산 및 임대업, 출판, 영상, 방송통신 및 정보서비스업, 교육 서비스업, 공공행정 국방 및 사회보장 행정, 제조업 순으로 부가가치가 높게 나타났으며, 다음으로 숙박 및 음식점업이 사업체 55%, 종사자 32.4%의 비중을 차지하지만 부가가치에서는 11,385백만 원으로 4.2%의 적은 비중을 차지하고 있는 것으로 분석되었다.

『2014년 인천시민 생활 및 의식조사』를 살펴보면, 가구당 월평균소득에서 100만원 미만의 비율이 강화군이 45.8%로 가장 많고 옹진군은 35.3%로 나타났으며 600만 원 이상도 1.4%로 최하위 비중을 차지하였다. 가구 월평균 지출에서도 100만원 미만의 지출이 강화군 48.8%로

10) 지역내총생산(Gross Regional Domestic Product)는 시·도 단위별 생산액, 물가 등 기초통계를 바탕으로 일정 기간 동안 해당지역의 총생산액을 추계하는 시·도 단위의 종합경제지표를 말한다.

가장 많았고 다음이 옹진군으로 42%의 비중으로 나타났으며, 600만 원 이상 지출도 2.1%로 옹진군 가계소득 대비 지출에서 적자로 살아가는 가구가 있다는 것을 의미한다.

〈그래프 2〉 옹진군 사업체수 및 종사자수와 총 부가가치 요소 비교

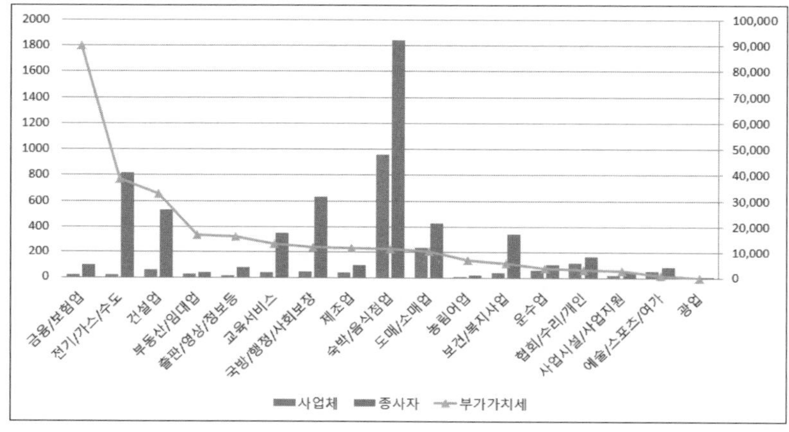

출처 : 기타통계, 인천시 2011 구군단위 지역내총생산 옹진군 백서 가공

4. 결론을 대신하며

서해5도는 지리적 특성이 북쪽과 접경지역이고 수려한 자연경관과 우수한 관광자원을 가지고 있으며 풍부한 어자원을 이용하여 주민들의 소득수준을 향상하는 다양한 방안이 요구된다.

옹진군은 서해의 115개의 섬으로 이루어진 지방자치단체이며 다양한 자원개발을 통하여 꾸준히 관광객을 증가시켜 왔다.

옹진군은 서해5도의 경제적 소득원을 높이기 위한 다방면의 정책적 대안이 필요하겠지만 위에서 살펴본 바와 같이 관광사업에 따른 주민

소득을 증가시켜야 하며 역사, 문화, 생태, 등 자원을 활용한 관광자원 개발 추진과 어자원의 개발, 이동성 확보를 위한 경비행장 건설 등 주민들의 소득창출기회를 확대할 다양한 대안이 요구된다.

『2014년 인천시민 생활 및 의식조사』 중, '지역정체성' 질문인 지역민의 자부심을 묻는 설문에 70.6%가 긍정적인 답변을 주었고, 지역소속감을 묻는 설문에는 85.1%가 긍정적인 답변을 주었다. '사회통합'의 질문으로 지역 거주기간을 묻는 답변에 30년 이상이 65.5%가 응답하였고 50년 이상만 40.6%를 차지하고 있었고, 지역 정주의사에 대한 질문에도 92.4%가 긍정적인 응답을 하였다. 다음은 '사회적 관계별 소통정도'를 묻는 질문으로 몸이 아파 집안일을 부탁할 경우의 질문에 90.3%가 있다고 응답하였으며 갑자기 많은 돈을 빌릴 일이 생길 경우에 대한 질문에 72.7%가 있다고 대답하였다. 『2014년 인천시민 생활 및 의식조사』의 자료를 인용하였지만 옹진군이 타 구군에 비하여 주민 간의 소통과 신뢰가 높게 나타났다. 이는 '사회적 자본'지수가 높다는 것을 의미하며 '사회적 자본'지수가 높은 지역일수록 지역경제의 선순환 구조를 만들 수 있는 토대가 있다는 것이다. 따라서 지역경제 활성화의 대안으로 다양한 지역 자원을 활용한 사회적경제 영역인 마을기업, 사회적기업, 협동조합 등의 공동체적 경제조직을 만들어서 지역주민 소득을 올리는 방법도 좋은 대안이 될 것이다.

옹진군의 사회적경제 영역의 기업은 마을기업으로 백령면에 1개, 덕적면에 1개, 북도면에 1개, 영흥면에 1개가 있고 예비 사회적기업으로 북도면에 1개가 전부이다.

서해5도는 북과의 마찰과 군사적 대치가 지속되고 있어서 생존권의 위협을 받는 지역이다. 따라서 정주환경의 조성을 위한 남북간 평화적 관계유지가 옹진군과 서해5도 접경지역의 주민들에게는 매우 중요한 부분이다. 서해5도 지역을 포함한 '서해평화협력특별지대' 등의 실현은 미래 남북평화에도 도움이 되며 개성공단 등과 연계한 미래 지향적 남북관계는 서해5도 지역을 진정한 청정지역이자 평화지역으로 만들어서 관광자원 등 경제적 부가가치도 높이는 방향에 정합적이라 할 수 있다.

[필자 : 남승균]

【부록】

『비변사등록』·『승정원일기』·『일성록』의 서해5도 역주

『비변사등록』·『승정원일기』·『일성록』의 서해5도 역주

1. 백령도

『승정원일기』 1625년(인조 3) 3월 21일

헛된 장부만 채우고 있는 명목뿐인 군인의 수효를 탕척(蕩滌)함으로써 백성들이 정처 없이 떠도는 폐단을 끊어달라는 김상환(金尙煥) 등의 상소

[역주]

황해도 곡산(谷山)에 사는 유학(幼學) 김상환(金尙煥) 등이 상소하기를,

진실로 황공한 마음으로 머리를 조아려 삼가 절하고, 주상전하께 상언(上言)하여 삼가 아룁니다. 서쪽 변방에서 전쟁이 일어난 지도 어느덧 8년이 되었습니다. 우리나라가 쓸쓸하고 적막한 것이 팔도(八道) 모두가 그렇지만 그 중에서도 해서(海西)가 더욱 심하며, 여러 고을 가운데서도 본군(郡)이 더욱 심하니, 자세히 진달(進達)하겠습니다.

본 고을의 민가(民家)는 본래의 수가 실지와 부합하지 않습니다. 수자리 사는 병사와 방수(防守)하는 군졸은 군대의 호칭을 달리하여 장서군(壯西軍)과 별승군(別勝軍)으로 구분하고 있습니다만, 창을 메도록 독촉하는 대

상은 이 백성입니다. 늙고 잔약한 자와 급보(給保)[1]하는 자에 대한 특별한 예외는 있습니다만, 독촉하여 포(布)를 거두는 대상자는 이 백성입니다. 지난번 기미년(광해군 11년, 1619) 전쟁에 요수(遼水)를 건너갔다가 아직까지 돌아오지 않은 군사가 거의 100여 명에 이르니, 고아나 과부가 원통하여 부르짖는 소리가 지금까지 끊이지 않고 있습니다. 작은 고을에서 전사한 수효가 이처럼 많으니, 민가가 날마다 줄어드는 것과 논밭과 들판이 개간되지 않는 것을 어찌 분명히 밝히고 나서야 짐작할 일이겠습니까.

또한 본 고을은 한 도(道)의 궁벽한 곳으로서 땅의 경계가 세 도(道)와 맞닿아 있기 때문에, 이리저리 옮겨 다니는 백성과 정처 없이 떠돌아다니는 무리로 이 땅에 끼어 살고 있는 자가 군(軍)에 편입되어 있습니다. 그렇기 때문에 관서(關西) 지방에 놀라운 소식이 있은 뒤부터는 그대로 일정한 소득이 없게 된 백성들이 깜짝 놀라 뿔뿔이 흩어져 사방으로 떠난 자가 부지기수입니다. 호적에만 이름이 있고 실제로 존재하지 않는 자가 모두 단속 대상에 들어가, 매번 군사를 뽑는 시기가 되면 그 일가붙이를 침해하고, 일가붙이가 도망가면 하나같이 이웃 사람에게 책임을 지웁니다. 1명의 남자가 부역을 피해 도망가면 온 일가붙이가 해를 입고, 1명의 군졸이 수자리를 빠지면 사방의 이웃이 결딴나게 됩니다. 그리하여 옛날 사람이 살던 지역은 모두 잡초만 무성한 폐허가 되어 버렸으며, 옛날 곡식을 재배하던 땅이 황무지로 변해 버렸습니다. 말이 이에 이르니 진실로 통곡하게 됩니다.

더구나 지금 산골에 있는 고을은 깊은 골짜기에 외따로 떨어져 있기 때문에 농토가 척박하고, 날씨가 매우 음침하여 일찍 추워지는 관계로 목화가 산출되지 않아서, 마사(麻絲)를 생업으로 합니다. 땅은 관개가 잘 되지 않아 자력으로 살아가기 어려운 곳입니다. -원문 빠짐- 농사를 짓

---

1) 조선시대에 군역을 담당하던 정군(正軍)에게 생계 보조자인 보인(保人)을 배정하여 준 것.

는 집은 하나인데 곡식을 먹는 집은 부지기수이니, 땅에서 산출된 것이 다 떨어지고 집안의 수입이 바닥나서 슬피 부르짖으며 노인을 부축하고 어린아이를 이끌고 나가 떠돌아다니다가 객사하는 것이 어찌 다른 이유가 있겠습니까. 조지서(造紙署)에서 일하는 승려와 백점토(白粘土)를 파내는 역군은 도내(道內)에서 나누어 배정하였다고는 하지만, 무슨 경비를 급하게 조달할 일이 있다고 급한 공문이 자주 오고 온갖 역사가 뒤섞여 모여드는 지금 해마다 인원을 차출하고 가포(價布)[2]를 배로 징수합니까. 백성들의 전결(田結)에서 포(布)를 거두어 강제로 빼앗는 자에게 바치는 일까지 있었으니, 피폐한 백성들의 근심과 원망을 어떻게 그치게 할 수 있겠습니까. 전결은 민생의 존망이 달려 있는 것인데, 갑진년(선조 37, 1604) 논밭을 측량할 때 토지의 척박은 따지지 않고 산봉우리나 골짜기에 개간하여 경작하는 것까지 다 측량하여 겨우 600여 결을 얻었습니다. 그 뒤 전쟁이 일어난 이래 사망한 백성이 10분의 1이나 되고, 백성의 전결이 감축된 것이 거의 500결에 이릅니다. 그런데 해당 관청과 각 아문에서 계획한 역(役)은 아직도 무오년 묵은 전지를 개간한 수에 따라 강제로 정한 다음 남아 있는 백성에게서 100결의 역을 징수하는데, 100결은 스스로 경작하는 전지의 조세 외에 더 배정한 역입니다. 그 형세를 보건대 반드시 백성들이 한 사람도 남아 있지 않는 지경에 이른 뒤에야 그만두게 된 것이니, 어찌 애처롭지 않겠습니까. 삼가 바라건대 성상께서는 유념하소서.

지금 중국 사신의 행차는 온 나라의 더할 수 없이 큰 경사이고 실로 신민(臣民)들의 똑같은 즐거움인 동시에 이것은 신들의 오늘날의 직분입니다. 다만 생각건대 허다한 그릇이나 도구는 마련해 낼 수 있는 재물이 없고, 허다한 공억(供億)[3]은 책임지울 만한 백성이 없습니다. 말이 이에

---

2) 품삯이나 물건 값 혹은 공물(貢物) 대신에 치루는 포목(布木). 또는 일정한 신역(身役)을 치러야 할 사람이 역(役)에 나가지 않고 그 역의 대가로 바치는 포목.

3) 음식물을 준비하여 대접하는 것.

이르니 진실로 매우 두렵습니다. 삼가 생각건대 지나는 역로(驛路)는 서쪽 길보다 더 많은 데가 없고, 백성의 고혈(膏血)이 마른 것이 또한 서쪽 길보다 더 심한 데가 없습니다. 만약 영접도감(迎接都監)[4]이 나누어 배정한 재물이 서로에 미치지 않도록 한다면, 궁벽한 산골 가난한 집의 나이 많고 쇠약한 사람이나 병든 사람이 모두 잠시 죽지 않고 살아 있어 성덕(聖德)의 교화를 기다려 보기를 원할 것입니다. 삼가 바라건대 밝으신 성상께서는 유념하소서.

신들이 우러러 삼가 생각건대, 전하께서 나라가 다시 기업(基業)을 회복할 운수를 만났는데 서쪽 오랑캐가 도리어 우리나라를 얕보는 때에 늘 어린아이를 보호하듯 하는 인(仁)을 생각하시고 항상 위험과 어려움에서 구제할 생각이 간절하시어, 다친 사람을 돌보듯이 하는 은혜가 바닷가 한구석에까지 넘치고, 백성들의 불안함을 몸에 질고가 있는 것처럼 여기는 교화가 궁벽한 산골까지 도달하였습니다. 그리하여 정공(正供)[5]과 제향(祭享)의 물건도 모두 비용을 줄이셨지만, 도내에서 감영에 바치는 물건은 잘못된 습관을 그대로 따라 조금도 덜어진 것이 없었습니다. 방물(方物)과 약재(藥材)는 토산(土産)이 아니더라도 모두 사서 납입하게 하였으니, 사서 납입하는 재화(財貨)는 어디에서 독촉하여 받아 낸단 말입니까. 이것도 생민이 원통하게 여겨 우는 한 가지 일입니다. 정철(正鐵)[6]은 본디 산물이 아닌데 으레 항상 바쳐야할 공물이라 칭하며 도리어 작미(作米)[7] 하였고, 감영에 바치는 지지(紙地)[8]는 본색(本色)[9]을 써야 하는데 또한 작

---

4) 조선시대 중국에서 오는 사신(使臣)을 맞이하기 위하여 임시로 마련한 관청. 영접 사무를 총괄하는 도청(都廳)과 예단과 각종 비용을 담당하는 응판색(應辦色), 필요한 인원 동원과 그릇과 땔감을 담당하는 반선색(盤膳色), 경호 경비와 안장 따위를 담당하는 군색(軍色), 각종 연회를 담당하는 연향색(宴享色), 곡물과 술 따위를 담당하는 미면색(米麵色), 사신의 일상 소용품의 조달을 담당하는 잡물색(雜物色) 등으로 조직되었다.

5) 부세(賦稅) 또는 방물(方物) 따위의 정당한 부담.

6) 시우쇠. 무쇠를 불려 만든 쇠붙이의 하나.

7) 전세(田稅)나 공물(貢物)로 징수하는 곡식을 쌀로 환산하여 정함.

미하였으므로 작미의 영(令)이 날마다 내려지니, 근심하고 원망하는 백성들이 날마다 뿔뿔이 흩어집니다. 어찌 유신(維新)의 정치를 하는 마당에 아직도 전일의 폐습(弊習)을 답습하여 바야흐로 일신하고 있는 때에 원한을 살 수 있겠습니까. 아, 전에는 군향(軍餉)[10]의 계책이 급하였지만, 오늘날에는 백성들이 재력(財力)을 들이지 않게 하는 것도 급한 일입니다. **백령도**(白翎島)의 말을 모는 군사는 섬을 둘러싸고 있는 가까운 각 읍(邑)의 백성들을 써서 기르는 말을 통제하도록 한다면 오히려 여유가 있을 것이니, 굳이 도내 먼 읍 백성들까지 두루 침해할 것은 없습니다. 그때마다 매번 인부를 책임지고 차출하게 하지 않고 일을 마친 뒤에 정해진 인원수에 따라 으레 가포(價布)를 받으니, 이것은 진실로 무엇 때문입니까? 갖가지 거두어들이는 것이 대단히 많은데 재물을 모으는 데에만 힘쓰고 백성들이 흩어지는 것은 대수롭지 않게 여기니, 이것이 신들이 한밤중에 크게 탄식하고 이어서 눈물을 흘리는 이유입니다. 삼가 바라건대 밝으신 성상께서는 유념하소서.

또한 나라가 믿는 것은 백성이고 백성의 의지가 되는 사람은 수령이니, 수령이 적임자이면 왕명을 받들어 덕화(德化)를 널리 펴서 백성들이 즐겁게 생업에 종사할 수 있게 하고, 만약 적임자가 아니면 백성이 그 재앙을 입으니, 어찌 중하지 않겠습니까. 본 고을의 군수 -원문 빠짐- 읍이 거의 피폐해지고 백성들이 도망하여 흩어지는 것이 또한 반드시 읍재(邑宰)가 자주 체차되는 데에 기인하지 않는다고 할 수는 없습니다. 옛 수령을 보내고 새 수령을 맞이하는 것을 1년 사이에 이미 3차례나 보았으니, 백성들의 근심과 원망을 어찌 차마 말할 수 있겠습니까. 삼가 바라건대 전하께서는

8) 각종의 종이 붙이. 지질(紙質)에 따라 용도가 달라졌으며, 공납하는 종이는 그 질과 크기가 일정하게 규정되어 있었다.

9) 조세를 징수하는 데 미곡(米穀)을 본색이라 하고, 은전(銀錢)으로 환산(換算)한 것을 절색(折色)이라 한다. 즉 본색이란 다른 물건에 대한 조세 본래의 종류라는 뜻이다.

10) 군량에 충당하기 위하여 병역을 면제하여 준 군정(軍丁)에게서 받는 삼베나 무명 따위.

헛된 장부만 채우고 있는 명목뿐인 군인의 수효를 탕척(蕩滌)함으로써 백성들이 정처 없이 떠도는 폐단을 끊으시고 호보(戶保)[11]의 규례를 영원히 정하시고 교대로 수자리 살러 달려가고 왕래하는 기한을 정하신다면, 조금 남아 있는 백성들이 거의 의지하여 생활을 유지해 갈 수 있을 것입니다. 그 가운데 군수(軍需)의 작미는 비록 군향에 관계되지만 지금의 서쪽 길보다 심하게 백성들의 식량이 바닥난 데가 없으니, 특별히 중국 사신이 지나가는 데 드는 비용과 변방에 수자리 사느라 한창 고생하는 수고를 생각하시어 서쪽 길에 대해서 군수의 작미를 감해 주심으로써 실낱같은 목숨을 이어 살아가게 해 주신다면, 화창한 봄에 진대(賑貸)하는 것이 어찌 한(漢)나라 역사에서만 아름답게 빛나겠습니까. 백토(白土)를 파내는 역군과 조지서(造紙署)에서 일하는 승려는 비록 경비에 관계되지만 오늘날의 급무(急務)를 완화시킬 수 있다면 재생청(裁省廳)으로 하여금 우선 혁파하도록 명하심으로써 조금의 힘이나마 덜어 주고, 전결(田結)의 역은 해당 관청에 명령을 내려 한결같이 피폐한 백성이 경작하는 수에 따라 온갖 역을 분차(分差)[12]한다면 혼자 애쓰고 고생하는 일이 없을 듯합니다. 끊임없이 생기는 여러 가지 일을 다 기록할 수 없기에 우선 한두 가지를 들어 우러러 성상을 번거롭게 합니다. 삼가 바라건대 성상께서는 유념하소서. 궁벽한 마을의 외로운 처지에 있는 자로서 호소할 길이 없으므로 진심을 다 토로하여 원통함을 하소연하여 상소를 올립니다. 신은 지극히 황공한 마음을 금하지 못하며 삼가 죽음을 무릅쓰고 아룁니다. 라고 하였다.

답하기를 상소를 보고 잘 알았다. 아뢴 폐단은 마땅히 해조(該曹)로 하여금 참작하여 처리하도록 하겠다. 너희들은 물러가 학업을 닦으라 하셨다.

---

11) 정병(正兵)과 정군(正軍)으로 근무하는 호수(戶首)와 그에 딸린 보인(保人). 두 집 또는 그 이상의 민호를 군호(軍戶)로 편제하여 장정(壯丁) 한 사람을 정병으로 복무하게 하고, 나머지 장정에게는 군역에 대신하여 포목을 거두어들였다.

12) 특정한 관원을 문관과 무관, 또는 문관과 음관(蔭官)으로 나누어 임명하는 인사 배정 방식.

[원문]

黃海道谷山居幼學臣金尙煥等, 誠惶誠恐, 頓首頓首, 謹百拜上言于主上殿下. 伏以西塞兵興, 八年于玆, 而東土之蕭然, 雖遍及於八路, 八路之中, 海西尤甚, 列邑之中, 本郡尤甚, 請詳陳之. 本邑民戶, 元數不當[富], 而戍兵防卒, 別其軍號, 雖有壯西別勝之異, 而督責荷戈者, 此民也, 雖有老殘給保之殊, 而迫蹙收布者, 此民也. 頃在己未之役, 渡遼未還之兵, 幾至百餘, 孤兒寡妻冤號之聲, 至今未絕, 以十室之邑, 戰亡之數, 若是其多, 則民戶之日縮, 田野之不闢, 豈徒明言然後想哉. 且本邑以一道窮處, 境連三道, 轉徙之氓, 流離之徒, 介居此土者, 編入軍伍, 故一自西鄙有警之後, 仍爲無恒産之民, 魚駭鳥散, 散而之四, 不知幾人, 而虛名空籍, 盡入團束, 每當抄兵之期, 則刻侵其族, 而族亡則均之隣保, 一夫逋役, 擧族受毒, 一卒闕防, 四隣蕩然. 昔日烟火之域, 鞠爲茂草, 昔日禾黍之場, 變爲汚萊, 言之至此, 誠可痛哭。況今山郡, 僻處深谷, 田土瘠薄, 窮陰早寒, 木花不産, 麻絲爲業, 地無灌漑之饒, 菜根自資之利, 而缺作農之家一, 而食粟之家, 不知其幾, 則殫地出竭廬之入, 哀呼扶携, 塡死丘壑者, 豈由他哉. 至於造紙署役僧, 白粘土掘取軍, 雖曰道內之分定, 有何急於經費, 而當此羽書星流, 百役交集之日, 逐年責出, 倍徵其價乎. 不得已收布於民結, 供其誅求, 殘民之愁怨, 何緣而止哉. 田結, 乃是民生存亡之所係, 而甲辰量田時, 不計瘠薄, 峯壑菑畬, 盡爲打量, 僅得六百餘結, 而厥後兵興以來, 人民之死亡, 什存其一, 民結之減縮, 僅至五百, 而該司各衙門所擬之役, 尙以戊午陳起之數, 勒定徵捧, 遺存之民, 百結之役, 則百結, 乃自耕田賦之外加役者也. 其勢必至於民無孑遺然後斯可已矣, 豈不惜哉. 伏願聖上留神焉. 今者詔使之行, 一國莫大之慶, 而實臣民攸同之樂也. 此臣等今日之職分也, 第念許多器具, 無財可辦, 許多供億, 無民可責, 言之到此, 誠切寒心焉. 竊以所經驛路, 無如西路之多, 膏血旣盡, 亦莫如西路之甚, 若使迎接都監分定之物, 勿及於西路, 則窮山蓽戶, 老羸疲癃, 咸願毋死須臾, 竢見聖德之化矣. 伏願聖明留神焉. 臣等仰竊伏惟念殿下撫國家重恢之運, 當西路反鄙之日, 常軫若保之仁, 恒切拯溺之念, 如傷之恩, 溢於海隅, 恫瘝之化, 達於窮峽, 至於正供祭享之物, 皆令省費, 而道內營納之物, 仍循謬習, 略無裁損, 方物藥材, 雖非土產, 皆令貿納, 則貿納之貨, 何從責出乎. 是亦民生冤泣之一端也. 正鐵, 素非所產, 而例名恒貢, 反爲作米, 營納紙地, 當用本色, 而亦爲作米, 作米之令日下, 愁冤之民日散, 豈可以惟新之治, 尙踵前日之弊習, 敢冤於方拭之日耶. 噫, 軍餉之策, 雖急於前, 而民力之休, 亦急於今矣. 白翎島驅馬軍則用其島環近各邑之民, 以絆其牧馬, 尙有裕矣, 何必遍侵於道內遠邑之民乎. 每於其時, 不令責出民夫, 了事之後, 據定名數, 例受價布, 此誠何故哉. 種種徵斂, 不一而足, 惟務聚財, 等視民散, 此臣等之所以中夜太息, 繼之以流涕者也。伏願聖明留神焉. 且國之所恃者民也, 民之所賴者守令也. 守令苟得其人, 可以承流宣化, 躋民於樂業之中, 苟非其人則民受其殃, 豈不重哉. 本邑郡守缺邑之將弊, 民之逃散, 亦未必不由於邑宰之數遞, 送舊迎新, 一年之間, 已觀三度, 民之愁冤, 豈忍言哉. 伏願殿下, 蕩滌軍額之虛簿, 以絕流亡之弊, 永定戶保之規, 迭爲赴戍往來之限, 則孑遺之民, 庶可以聊生矣. 其中軍需作米, 雖係軍餉, 而民食之耗竭, 未有甚於此時西路, 特軫詔使所經之費, 戍邊方苦之勞, 減其軍需作米於西路, 以延縷命, 則春和賑貸, 豈專美於漢乘哉. 白土掘取軍, 造紙署役僧, 雖關經費, 而能緩今日之急務, 則令裁省廳姑命革罷, 以寬一分之力, 田結之役, 下諭該司, 一從殘民所耕之數, 分差百役, 則似無獨賢之勞矣。勤勤種種, 不可殫記, 而姑擧一二, 仰瀆天聽, 伏願聖上留念焉. 僻巷孤蹤, 無路號訴, 披肝瀝血, 叫閤呈疏。臣不勝屛營之至, 謹昧死以聞. 答曰, 省疏具悉. 所陳之弊, 令該曹量處, 爾等其退修學業. 燼餘.

『승정원일기』 1625년(인조 3) 8월 9일

상기생(桑寄生)을 배양하기 위해 기생목(寄生木)을 각별히 맡아 지키게 할 것 등을 청하는 내의원(內醫院) 도제조(都提調) 등의 계(啓)

[역주]

이식(李植)이 내의원 관원, 도제조, 제조의 뜻으로 아뢰기를,

상기생(桑寄生)[13]은 가장 긴중(緊重)한 약재로 황해도의 **백령도**(白翎島)에서 나는데 한번 베어 버린 뒤로 사라져 받들어 올릴 수가 없으니, 매우 놀랍고도 안타깝습니다. 전에 관원을 양남(兩南 : 호남과 영남)의 섬에 보내어 찾아 채취해 와서는 상기생이 있는 나무 약간 그루에 봉표(封標)[14]를 하고서 본관으로 하여금 별도로 수직(守直)을 정하도록 하였습니다. 그런데 이번 봄에 본원의 관원을 내려 보내 확인하였더니 전에 봉표한 나무는 이미 남김없이 뽑혀 있었습니다. 만약 본원의 관원이 여러 섬을 드나들며 샅샅이 찾지 않는다면 20여 냥(兩)의 상기생도 채취하기 어려울 것입니다. 본관이 이미 수직하지도 않고 또 이어 뽑아내기까지 하였으니 너무도 놀랍습니다. 해당 관리를 엄하게 추고(推考)하고, 지금부터 별도로 수직을 하여 배양해야 합니다. 또 남은 상기생이 매우 적으니 월령(月令)[15]에 구애되어 갖추지 못해서는 안 됩니다. 본도의 심약(審藥)[16]과 본관의 수령으로 하여금 입회하여 넉넉히 가려 봉하여 올리도록 전라 감사, 좌수

---

13) 뽕나무겨우살이. 상기생은 다른 나무에 기생하여 사는 반 기생식물이다. 형태가 마치 새가 그 위에 서 있는 것과 비슷해 보이기 때문에 기생수(寄生樹), 우목(寓木), 조목(蔦木)이라고 불렀다. 이 약은 냄새가 거의 나지 않고, 맛은 쓰고 달며, 기운은 뜨겁거나 차갑지 않고 평하다. 상기생은 혈압을 강하시키는 작용이 있어 고혈압으로 인한 어지럼증에 사용하고 간신(肝腎)을 보하여 뼈와 근육을 튼튼히 하며 태동불안에 사용한다.

14) 나라의 말림간이나 인삼밭 등의 경계에 표를 세우는 일. 또는 그 표.

15) 1년간에 행해지는 정례의 정사, 의식, 농가 행사 등을 다달이 기록한 표.

16) 조선시대에, 궁중에 바치는 약재를 검사하기 위하여 각 도에 파견하던 종9품 벼슬.

사, 우수사 및 통제사에게 모두 글을 내리고, 황해도는 본원의 관원을 보내어 직접 **백령첨사**(白翎僉使)에게 가서 함께 찾아 채취해 오라는 뜻으로 황해 감사에게 별도로 글을 내리는 것이 어떻겠습니까?" 하니,

답하기를, 윤허한다 하셨다.

[원문]

李植, 以內醫院官員, 以都提調·提調意啓曰, 桑寄生, 最是緊重之材, 產出於黃海白翎島, 而一自斫伐之後, 絕不封進, 極爲駭憒, 前者發遣官員於兩南海島, 搜得採來, 仍封標寄生之木若干條, 令本官別定守直矣. 今春下送院官, 則前所封標之木, 已摘無餘, 若非院官出入諸島, 窮盡搜覓, 則二十餘兩寄生, 亦難採得, 本官旣不守直, 又從以摘取, 痛駭莫甚, 當該官吏, 從重推考. 自今別爲守直培養爲當. 且寄生遺在乏少, 不可拘於月令, 而不爲措備, 令本道審藥本官守令, 眼同優數擇取封進事, 全羅監司, 左右水使, 及統制使處, 竝爲下書. 黃海道則委遣院官, 躬進白翎僉使, 一同搜覓採來之意, 黃海監司處, 別爲下書, 何如. 答曰, 允.

『승정원일기』 1633년(인조 11) 6월 10일

번식된 가축에 대한 책자를 올려 보내지 않는 **백령첨사**를 추고(推考)할 것을 청하는 사복시(司僕寺)의 계(啓)

[역주]

오숙(吳䎘)이 사복시 관원이 전하는 제조(提調)의 뜻으로 아뢰기를,

각 목장에서 봄과 여름에 번식된 가축에 대해 도목정사(都目政事)[17] 이

17) 고려와 조선시대에 매년 두 번 혹은 네 번 이조와 병조에서 행하는 인사행정.

전에 모색(毛色)을 책자로 만들어 올려 보냄으로써 부지런함과 게으름을 전최(殿最)[18]하는 근거로 삼게 하는 것이 규례입니다. 그런데 황해도의 **백령첨사**(白翎僉使)는 목장에 나아가 실제로 감목(監牧)을 하면서 번식된 가축에 대한 책자를 올려 보낼 생각이 없습니다. 그리고 전라도의 나주(羅州), 영광(靈光), 옥구(沃溝) 및 경상도의 장기(長鬐) 등 네 고을은 모두 감목을 겸하는 수령이 다스리는 고을로, 감목관의 유고(有故)시 겸감목(兼監牧)이 규례대로 성책해야 하는데 모두 성책하지 않아 전최(殿最)를 밝히는 뜻이 전혀 없습니다. 본도로 하여금 해당 감목관을 모두 추고(推考)하게 하여 후일의 본보기로 삼는 것이 어떻겠습니까? 하니,

전교하시기를, 윤허한다 하셨다.

[원문]

吳翽以司僕寺官員以提調意啓曰, 各牧場春夏等孶息, 例於都目前, 毛色成冊上送, 以憑殿最勤慢, 而黃海道白翎僉使, 卽其場實監牧, 而孶息成冊, 無意上送. 全羅道羅州靈光沃溝, 慶尙道長鬐等四邑, 皆是兼監牧守令. 監牧官有故, 則兼監牧亦當依例成冊, 而竝不成冊, 殊無申明殿最之意. 請令本道當該監牧官, 竝推考, 以懲後日, 何如. 傳曰, 允.

『승정원일기』 1633년(인조 11) 10월 9일

이숭원(李崇元)이 보내달라고 청한 화살대를 도내에서 때맞춰 베어오게 할 것을 청하는 군기시(軍器寺)의 계(啓)

18) 관찰사(觀察使)가 수령(守令)의 치적(治績)을 조사하여 보고하던 일.

[역주]

이경헌(李景憲)이 군기시(軍器寺)의 말로 아뢰기를,

황해병사(黃海兵使) 이숭원(李崇元)의 장계(狀啓)로 인한 해당 관아의 복계(覆啓)[19] 내에 '요청한 전죽(箭竹 : 화살대)을 해당 관청으로 하여금 넉넉히 내려 보내게 하는 것이 어떻겠습니까?' 하니, 그대로 윤허한다고 전교하셨습니다. 황해도는 원래 전죽이 생산되는 곳이 아니지만, 도내(道內)에는 **백령도**(白翎島), **대청도**(大青島), **소청도**(小青島) 등 대나무가 생산되는 곳이 있으니, 만약 이런 때에 사람을 보내 베어 오게 한다면 대나무가 없는 것을 걱정하지 않아도 될 것입니다. 본시(本寺)의 1년 월과(月課)[20]는 장편전(長片箭)[21]에 필요한 2만 2,600여 개인데, 공물(貢物)을 적은 장부에 상정(詳定)한 것은 다만 7,680개로 매년 부족한 숫자가 무려 1만 4,000여 개나 됩니다. 그러므로 혹은 비변사에 보고하고 가져다 쓰거나 혹은 값을 주고 사서 근근이 수효를 채우므로 본사(本司)에서는 구해 보낼 방도가 없으니, 도내의 생산되는 곳에서 제때에 베어 와서 사용하도록 공문을 보내는 것이 어떻겠습니까? 하니,

전교하시기를, 아뢴대로 하라 하셨다.

[원문]

李景憲, 以軍器寺言啓曰, 因黃海兵使李崇元狀啓, 該曹覆啓內, 所請箭竹, 令該司優數下送, 何如. 傳曰, 依允事, 傳敎矣. 黃海道, 元非箭竹所産之地, 道內亦有白翎·大小青諸島産竹之處, 若於此時, 送人斫來, 則不患無竹矣. 本寺一年月課, 長片箭該入之數, 二萬二千六百餘箇, 貢案

19) 어떤 일을 임금에게 거듭 아뢲.

20) 매달마다의 일정한 과업, 이를테면 매달마다 조총이나 화약 기타 군기(軍器)를 만들어 바치던 것을 말함.

21) 긴 화살인 장전(長箭)과 아기살인 편전(片箭)을 말함.

詳定, 則只是七千六百八十箇, 每年不足之數, 多至一萬四千餘箇, 故或報備邊司取用, 或給價貿得, 僅僅充數, 在本司, 覔送無路, 道內所産處, 及時斫來用下之意, 行移何如. 傳曰, 依啓.

『승정원일기』1639년(인조 17) 8월 3일

부사가 부임한 이래 국가에서 정한 세금과 군향(軍餉) 외에 사사로이 취한 것이 전혀 없이 잘 다스리고 있는 서흥(瑞興) 등에 대해 보고하는 황해도 암행어사행사직 홍무적(洪茂績)의 서계(書啓)

[역주]

황해도 암행어사 행(行) 사직(司直) 홍무적(洪茂績)이 서계(書啓)하기를, -원문 빠짐- 명을 받고 하직하였는데, 날도 저물고 비도 와서 멀리 떠나지 못해 고양(高陽)의 촌사(村舍)에 묵었습니다. -몇 자 원문 빠짐- 출발하여 장단(長湍) 경계에 이르렀는데, 앞에 물이 불어서 건너지 못하여 머물기도 하고 나아가기도 하다가 -몇 자 원문 빠짐- 어렵사리 도달하였습니다. 옹진(甕津), 풍천(豐川), 서흥(瑞興) 지경까지 말을 달려 들어갔는데, 세 읍이 서로 의탁하고 각자 서로 -몇 자 원문 빠짐- 왕래를 반복하면서 촌사에서 두루 물어보았는데, 서흥은 잘 다스려지고 옹진은 그다음이며 풍천은 다스려지지 않아 불법으로 행해지는 일이 많았습니다.

서흥은 관서(關西)로 통하는 길에 자리 잡고 있어서 백성들이 부담하는 구실이 번다하고 어지러운 것이 후미진 고을의 배가 됩니다. 지금 부사가 부임한 것이 작년 1월 3일인데, 관청 일에 마음을 다하고 아전과 백성을 유독 아끼므로 어린아이부터 노인까지 칭송하지 않는 이가 없습니다. 신은 부역이 얼마나 많았고 그것이 공적이었는지 사적이었는지를 물으니 모두 말하기를, '1년에 저희들이 부담하는 구실로 내는 것이 국가에서 원래 정한 세미(稅米)와 군향미 외에 또 대동(大同)의 규정이 있어 매 1결당 면포 1필, 미 4두를 냅니다. 1년의 역으로는 이렇게 거두는 것 외에는 비록 부족한 것이 있더라도 관아에서 편의에 따라 보충해서 쓰고 남은 것이 있으면 추이(推移)해서 이듬해의 역에 이어 보충하고 이 밖에는 일호라도 공출하는 것이 없습니다. 심지어 이번에 다른 나라의 사신이 왔을 때조차 물품을 하나도 내지 않았습니다.' 하였습니다.

신이 그 실제 여부를 알아보기 위해 불시에 관가에 들이쳐서 문서를 가져다 살펴보니, 본부의 민결(民結)[22]이 1710여 결인데 여기서 여러 복호(復戶)[23]를 제외하면 역을 내야 하는 수가 849결이니, 대동으로 내는 것이 과연 민간에서 들은 것과 같아 합계가 포 849필, 미 226곡(斛) 7두(斗)였습니다. 전에 쓴 것은 포 259필, 미 -몇 자 원문 빠짐- 인데, 이번에 외국에서 온 사신을 이바지한 물품, 잔치와 마부 및 말의 값이 그 속에 포함되어 있었고, 포 590필과 미 120곡이 남아 있었습니다. 신이 이 수를 일일이 합계해 보니 민결(民結)에서 사사로이 취한 것은 추호도 없었습니다. 또 사고(私庫)에 봉납한 것이 있는데, 8결을 합하여 1부(夫)가 되는데 1부가 내는 것이 백미(白米) 5두, 전미(田米) 6두, 황두(黃豆) 6두, 적두(赤豆) 3두, 진임(眞荏) 4두, 청밀(淸蜜) 5승(升), 점미(粘米) -원문 빠짐- 합하여 백미 39곡, 전미 46곡, 황두 46곡, 적두 22곡, 진임 31곡, 청밀 3곡 13두 5승, 점미 1곡 8두입니다. 이것은 예전부터 행해 오던 규례로서 그가 처음으로 만들어 실행한 법은 아니었습니다. 사용한 문서를 가져다 살펴보니 모두 잇달아 오는 사신들의 뒷바라지에 들어갔고 또한 개인적으로 쓴 물건은 없었습니다. 군기(軍器) 등의 물건은 산성에 보관해 둔 까닭에 전란에도 -몇 자 원문 빠짐- 그러나 파손된 것이 많았는데 한경(韓璟)이

22) 일반 백성이 조상 대대로 소유한 전지(田地)의 결수(結數).

23) 조선시대 국가가 호(戶)에 부과하는 요역(徭役) 부담을 감면하거나 면제해 주던 제도.

도임하고부터 모두 보수하였으니 비록 스스로 장만한 물건은 없더라도 -몇 자 원문 빠짐- 족히 볼만하였습니다. 데리고 있는 자는 첩 1명, 아들 2명, 종 2인, 말 2필이었고 관아에는 개별적인 손님이 없었습니다. 자신을 봉양하는 데에는 간략하고 박하였고 불법에 해당하는 14조목에 대조해 보면 한 가지도 범한 것이 없었으니, 가히 무관에서 얻기 어려운 훌륭한 수령이라 하겠습니다.

옹진현은 바닷가의 지극히 쇠잔한 고을로 땅이 동서남북 사방이 모두 20리가 되지 않습니다. 민결(民結)이 □백여 결인데 거기서 복호(復戶)를 제외시키면 역을 내야 할 실제 수효는 260여 결입니다. 지극히 적은 민결로 그렇게 방대한 역을 독촉하여 오늘의 피폐함에 이르렀고 유망하는 자가 줄을 잇게 된 것이니 -3~4자 원문 빠짐- 정양윤(鄭良胤)은 작년 8월 26일에 부임하였는데 -6~7자 원문 빠짐- 본래 어염, 어살[魚箭]에서 남는 이득이 있어 이것을 취하여 위에다 바치고 -6~7자 원문 빠짐- 민결에서 취하지 않고 이것을 가지고 추이(推移)해서 용도에 맞게 쓰므로 백성들이 매우 편하게 여깁니다. -3~4자 원문 빠짐- 외국에서 온 사신이 지나갈 때에도 백성에게서 취한 물건이 하나도 없고 자체적으로 운영하여 나부어 배정하였으며 부마 값도 -몇 자 원문 빠짐- 그리고 작년에 심양에 보내는 쇄마(刷馬)[24]의 가포(價布)로 남은 것을 백성들이 원하는 대로 관가에 저장해 두었다가 불시의 수요에 대비하기로 한 것이 256필인데, 이것으로 그 값을 채워 지급하였으므로 이번에 외국 사신의 왕래 때에 -몇 자 원문 빠짐- 입니다. 관아의 식솔로는 모, 처, 남종 2인, 여종 4인, 말 2필을 거느리고 갔는데, 문서를 가져다 조사해 보니 대단히 지나치거나 함부로 하여 불법을 저지른 일은 별로 없었습니다. 다만 그 정사를 시행하고 조처한 사항을 보면 거의 독단에 가깝고 -몇 자 원문 빠짐-

---

24) 조선시대 지방에 배치한 관용의 말 또는 이러한 말의 이용을 규정한 법. 주로 사신의 왕래나 진상품의 운반 및 지방관의 교체시에 이용되었다.

관사(官事)를 정비하여 처리하고 민생을 편리하고 혜택을 주는 두 가지는 서흥에 비해 크게 미치지 못합니다. 군사의 인원수를 충원하고 속오군을 조련하는 문제에 이르러서도 모두 미칠 겨를이 없었습니다. 그러나 이 문제는 여러 고을이 모두 그러하여 군정(軍政)을 정비하지 못하는 것은 서흥도 면치 못하였습니다.

풍천 또한 바닷가의 척박한 고을이니, 전결이 겨우 –몇 자 원문 빠짐– 결인데 지금 부사 이극화(李克華)는 작년 4월 10일에 부임하였다고 합니다. 신이 몰래 마을을 다니면서 그 다스리는 상황을 물어보았더니 모두들 정사하는 것이 어두워 백성들이 매우 불편하다고 말하였고, 그 역을 내는 양을 물으니 본부에는 일정한 대동의 규정이 없어 온갖 역을 내는 것이 징출하는 대로 행하며, 정도는 수령이 임의대로 정하는데 왕의 교화는 너무 멀어서 백성의 고충을 알지 못하고 단지 그 –몇 자 원문 빠짐– 이것이 원망하고 호소하는 말이었습니다. 신이 부의 관아로 들이쳐서 문서를 가져다 살펴보니, 작년 9월 사관(査官)이 나온다고 핑계 대어 민결에서 징수한 것이 진말(眞末) 7곡 6두, 녹말(菉末) 1곡 7두, 점미 2곡 14두, 석어(石魚) 221속(束)이었고 또 동궁 –원문 빠짐– 때 소용된다는 말로 생치(生雉) 35수(首)를 징수하였습니다. 이는 공적인 일을 빙자하여 사적인 일을 도모한 사실이 분명히 드러난 것입니다. 올여름 외국에서 사신이 왔을 때 또 진말 14곡, 진유(眞油) 1곡, 점미 1곡 7두를 징수하였으니 이는 비록 외국 사신의 이바지와 잔치에 소용되는 것이지만 징수한 것이 지나치게 많고 또한 다른 읍에 없는 역입니다. 사사로이 견자(繭子) 3곡을 징수하여 관아에 들여놓고 사적인 용도로 썼고, 작년 심양에 보내는 쇄마에 대한 가포가 40여 필인데 그 문서에는 빌려 썼다고 하였습니다. 심지어 제사를 핑계 대기도 하고 사적으로 보낸다고 핑계 대기도 하면서 밀과(蜜果)를 제조한 것이 며칠 사이에 많게는 4,570여 개에 이르고 쓰인 진말이 1곡 14두 3승, 청밀이 2두 9승, 진유가 3두 2승입니다. 몇 달 쓴 것이 이처럼 많다면, 이것으로 미루어 1년에 쓴 것을 계산해 보면 그 수효가 얼마가 되겠습니까. 이 또한 쇠잔한 고을이 지탱하기 어려운 빌미가 됩니다. 이처럼 나라가 피폐해진 날에 위로는 제향(祭享)과 임금에게 바치는 물품에서부터 아래로는 개인의 제사와 음식에 이르기까지 모두 절약하여 줄이는 것이 현재 물력(物力)의 형편상 당연한 일입니다. 그런데 저 무식한 무부(武夫)가 직임을 제대로 수행하지 못하고 처신을 비루하게하기를 이처럼 하니 이 또한 불법 중에 큰 것입니다. –몇 자 원문 빠짐– 사고(私庫)에 봉입한 것과 어염, 철물에서 이득을 취한 것이 적지 않고 –6~7자 원문 빠짐– 그런데 모두 사적인 용도로 썼다고 합니다. 이번에 부마(夫馬) –몇 자 원문 빠짐– 민결에서 차출하였습니다. 그러나 본 수령이 막 역참에서 돌아가고 –6~7자 원문 빠짐– 1결당 포 1필을 냈다고 합니다. 색리에게 물으니 4결당 –몇 자 원문 빠짐– 내면 태반이 부족하고 1결로 말하면 절반이 남으니 앞으로는 –몇 자 원문 빠짐– 수법이 교활함을 또한 알 수 있습니다.

소강(所江)은 해주(海州)의 서쪽에 있고 옹진에서는 40리 거리에 있으며, 허사(許沙)는 장연(長淵)의 서쪽에 있고 풍천에서는 40리 거리에 있으며, 오차포(吾叉浦) 또한 풍천에서 남쪽으로 40리에 있습니다. 신이 오갈 때에 수군을 많이 만나서 그 세 진(鎭)의 변장(邊將)이 정사하는 것을 물으니, 답하기를 '수군이 전에는 징포(徵布)를 매양 7승 면포 40여 척짜리 5필을 거두었으므로 이 때문에 그 고통을 이기지 못하여 많이 흩어지게 되었는데, 근년 이래로는 5승 35척을 기준으로 삼고 3필만 징수하므로 조금 살아갈 맛이 있습니다. 예전에는 속옷도 없었는데 지금은 바지도 있으니 이는 변장이 혜택을 행한 것이 아니라 상사(上司)의 명령이 정성스럽기 때문입니다. 이번에 부임한 소강첨사(所江僉使) 조필달(趙必達), 오차포만호(吾叉浦萬戶) 원필□(元必□)은 모두 법을 준수하며 탐학하지 않고, 허사첨사(許沙僉使) 허인국(許仁國)은 조금 더 은혜롭고 자애롭습니다.'라고 하였습니다. 기타 용매(龍媒), 산산(蒜山), 초산곶(楚山串), **백령**(白翎) 등의 진은 근처가 아니고 신이 가는 길과 거리가 너무 멀리 떨어져 있어서 전해 듣지 못하였습니다.

신이 육지와 바다를 아울러 900여 리를 두루 다니면서 민가를 드나들며 방방곡곡 이르지 않은 곳이 없었습니다. 백성의 일을 자세히 살펴보니, 난리를 겪은 뒤에 기근을 만난 백성들이 거의 뿔뿔이 흩어지려는 참에 보리를 얻어 가까스로 목숨을 연명하였는데 지금은 경작한 화곡(禾穀)이 들에 가득 차 결실을 맺고 근년에는 풍수의 피해를 받은 것도 그다지 큰 손상을 입지 않아 −몇 자 원문 빠짐− 10가구가 마을이 되고 5가구가 이웃이 되어 울타리가 정돈되고 채소밭이 정리되었으니 −원문 빠짐− 없을 듯하고 근심으로 탄식하고 괴로워서 원망하는 소리가 점점 그치고 있으니, 이는 국가의 다행입니다. 신이 시종(侍從)의 직임을 맡고 있으면서 명을 받고 변경 지역에 나갔으므로 민생의 고락과 농사의 득실을 감히 진달하지 않을 수 없습니다.

또한 신이 고양(高陽)의 노상에서 장단부사(長湍府使) 구의준(具義俊)을 만났는데 유서(諭書)[25]를 앞세우고 있었으므로 신이 몸을 숨겨 피했다가 지나간 뒤에 말을 돌렸지만 구의준과 맞닥뜨리게 되었습니다. 앞길을 인도하는 사람이 고성을 지르며 물리치므로 신이 회피하였더니 말을 나란히 타고 의기양양하게 지나갔습니다. 신은 규찰하고 호령하라는 사명을 받들었습니다. 비록 다른 도라 하더라도 일의 이치와 정황으로 보면 똑같은 어명인데, 수령이라는 자가 강성한 기개로 마치 자기 아래의 부하를 보는 듯이 하였으니, 체면이 땅에 떨어지고 왕명이 멸시를 당한 것이 이보다 심할 수가 없습니다. 이에 감히 우러러 아뢰니다.

하니, 이조에 계하하였다.

---

25) 조선시대 국왕이 군사권을 가진 관원에게 내렸던 명령서.

[원문]

黃海道暗行御史行司直洪茂績書啓, (缺) 受命辭朝, 而因日暮且雨, 不能遠去, 止宿高陽村舍, (缺數字) 發行, 至長湍之境, 前以漲溢, 不得渡越, 或留或進。(缺數字) 艱難得達, 馳入瓮津豐川瑞興之境, 而三邑相託各相缺數字反復往來, 詢問村舍, 瑞興善治, 瓮津次之, 豐川不治, 多不法事矣. 瑞興當關西路, 民役煩擾, 倍於僻邑, 而今府使到任, 在前年正月初三日也, 盡心官事, 吏民便愛, 黃童白叟, 無不頌美。臣問其出役多少與公私之辨, 則皆言, 一年民役所出, 國家元定稅米及軍餉米外, 又有大同之規, 每一結, 出綿布一匹·米四斗, 以供一年之役, 收此之外, 雖有不足, 自官中隨便補用, 有餘, 則推移繼補於翌年之役, 此外無一毫所出, 至於今番客使之來, 無一出物云。臣要得其實, 不意馳入官家, 取考文書, 則本府民結一千七百十餘結, 而除其諸般復戶, 則應役之數, 八百四十九結也。大同所出, 果如民問若(所)聞, 而合布八百四十九匹·米二百二十六斛七斗也。已往所用布二百五十九疋, 米(缺數字) 而今番客使支供宴享及夫馬之價, 亦在此中, 餘在布五百九十疋·米一百二十斛也。臣持此數一一會計, 則無一毫私取於民結, 又有私庫所捧, 合八結爲一夫, 而一夫所出, 白米五斗田米六斗黃豆六斗赤豆三斗眞荏四斗淸蜜五升粘米 (缺) 合白米三十九斛田米四十六斛黃豆四十六斛赤豆二十二斛眞荏三十一斛淸蜜三斛十三斗五升粘米一斛八斗. 此則自古流來之規, 非渠創設之法也. 取考所用文書, 則皆入於絡繹使客之供饋, 而亦無私用之物矣. 至於軍器等物, 藏置山城之故, 缺數字於兵火, 而多所破毁, 自璟到任之後, 一皆修補, 雖無自備之物, (缺數字) 足可觀也. 所率一妾二子奴二人馬二匹, 衙無私客, 自奉簡薄, 視諸十四條不法之事, 無一所犯, 可謂武弁不易得之良倅也. 瓮津爲縣, 負海至殘之邑也. 地方之東西南北, 皆不滿二十里, 民結 (缺一字) 百餘結, 而除其復戶, 則應役實數二百六十餘結, 以至少之民結, 責其浩大之役, 至今弊, 而流亡相繼者, (缺三四字) 鄭良胤, 於前年八月二十六日到任, (缺六七字) 縣自有鹽盆魚箭之贏利, 取此以供, (缺六七字) 不取諸民結, 而持此推移爲用, 故民甚便之 (缺三四字) 客使之過, 無一物取諸民. 自營分定, 夫馬之價, 亦不 (缺數字) 而前年瀋陽刷馬價布所餘, 從民願儲置官家, 以待不時之需者, 二百五十六疋也. 以此充給其價, 故今此客使之去來, (缺數字) 矣. 衙率將母與妻, 奴二人婢四人馬二匹, 取考文書, 別無大段過濫不法之事矣. 但觀其爲政施措節目, 殆近於專意 (缺數字) 而比之瑞興, 修擧官事, 便惠民生, 兩得其宜者, 大不相及. 至於軍額之充定, 束伍之操鍊, 皆不暇及, 而列邑皆然, 軍政之不得修擧, 雖瑞興, 亦未免焉. 豐川, 亦濱海薄邑也. 田僅 (缺數字) 結, 而今府使李克華, 到任於前年四月初十日云. 臣潛行閭里, 問其所以爲治之狀, 皆言爲政憒憒, 民甚不便. 問其出役多少, 則答以本府無一定大同之規, 而凡百出役, 隨出隨行, 低昂, 在於主倅之任意, 王化絕遠, 民瘼不聞. 只知其 (缺數字) 其多少公私, 此是怨號之言也. 臣馳入府官, 取考文書, 則前年九月, 託言査官出來, 徵出民結者, 眞末七斛六斗蓁末一斛七斗粘米二斛十四斗石魚二百二十一束. 又言東宮 (缺) 時所用, 徵納生雉三十五首, 此則憑公營私之昭著者也. 今夏客使之來, 又徵眞末十四斛眞油一斛粘米一斛七斗. 此雖於客使供宴所用, 而所徵過多, 亦其他邑所無之役也. 私徵藾子三斛, 入衙爲(用)私用, 前年瀋陽刷馬價布者, 四十餘疋, 而其文書中, 稱以貸用矣. 至於或稱祭祀, 或稱私送, 蜜果所造, 數日之間, 多至四千五百七十餘箇, 所用眞末一斛十四斗三升, 淸蜜二斗九升, 眞油三斗二升, 數月所用若此之多, 則以此推移, 至計一年之用, 則其數幾何. 是亦殘邑難支之道也. 當此板蕩之日, 上自祭享御供, 下至私家祭祀飮食, 一皆損酌者, 時勢物力之所當然也。彼無識武夫, 居官不簡, 持身鄙瑣如此, 是亦不法之大者, (缺數字) 私庫所捧及魚鹽鐵物之取贏者, 不爲少 (缺六七字) 公役, 而皆歸於私用云矣。今番夫馬 (缺數字) 布, 而責出民結, 然本倅新自站上還歸, (缺六七字) 所聞, 則一結當出布一疋, 而問于色吏, 則四結當出 (缺數字) 之則太半不足, 以一結言之則折半有餘, 日後徵 (缺數字) 用手闊狹, 亦可知也. 所江在海州之西邊, 去瓮津四十里, 許沙在長淵之西, 去豐川四十里, 吾叉浦亦在豐川南四十里也. 臣出入之際, 多逢水軍, 問其三鎭邊將所以爲政, 答以水軍在前徵布, 每用七升綿布四十餘尺者五疋, 以此不堪其苦, 多至流散。自邇年來, 以五升三十五尺爲准, 而只徵三疋, 稍有生意, 昔無襦今有袴矣, 是則非邊將之行惠也, 上司之令丁寧故也。今來所江僉使趙必達, 吾叉浦萬戶元必□, 皆遵法不虐, 許沙僉使許仁國, 惠愛稍優云矣, 其他龍媒蒜山楚山串白翎等鎭, 與臣所行, 相距絶遠, 不是近處, 故不得聞知矣. 臣陸與海周行九百餘里, 出入閭舍, 坊坊曲曲, 無處不至, 詳察民事, 經亂遭飢之民, 垂將流散, 得麥以來, 僅延性命. 今卽所耕禾穀, 滿野登實, 近爲風水所害, 不至大損, (缺數字) 早穀, 十家爲村, 五家爲隣, 籬落整頓, 園圃疏理, 似無 (缺) 愁嘆怨苦之聲稍息, 是則國家之幸也. 臣待罪侍從, 承命出疆, 民生苦樂, 農事得失, 不敢不達焉。且臣於高陽路上, 逢長湍府使具義俊, 諭書在前, 臣隱身走避, 過後回馬, 與義俊相値, 前導高聲呵喝, 臣回避等馬, 揚揚而去. 臣是奉命糾察號令者也. 雖曰他道, 事體一樣御命, 而身爲守令, 盛强氣槪, 如視己下僚屬, 其抛棄體面, 慢蔑君命, 莫此爲甚, 玆敢仰達. 啓下吏曹.

『승정원일기』 1656년(효종 7) 2월 25일

해서(海西)에서 환상(還上)을 모두 징수하였으므로 무미(貿米)를 제출하여 다른 곳에 이송하는 문제와 **백령진** 등에 부근의 원곡(元穀)을 옮기게 하는 문제 등에 대해 논의한 지평(持平) 김우석(金禹錫)의 계(啓)

[역주]

헌부아장(憲府亞長 : 사헌부 집의) 이하를 인견(引見)할 때 지평(持平) 김우석(金禹錫)이 계(啓)하기를,

신이 지난번에 황해도사(黃海都事)가 되어 해서(海西) 지방을 갔을 때 듣기로는, 해주(海州)의 원곡(元穀)[26]은 5만 여석에 이르는데, 앞서 환곡(還穀)을 징수할 때 비록 독촉하여 거두어들였지만 거두지 못한 수효가 2만 여석이 된다고 하였고, 올해는 감사(監司)가 엄하게 독려하여 거의 모두 거둘 수 있었지만, 이 때문에 1결에 분배된 수효가 매우 많아 가을이 되어 징수할 즈음이면 본 고을의 가난한 백성들은 목숨을 부지할 수 없다 하였습니다. 신의 생각으로는 이 곡식에서 무미(貿米)[27]를 떼어내던지 아니면 다른 곳으로 옮겨서 국용(國用)에 보충한다면 해서(海西) 백성들의 폐해가 거의 사라질 것입니다. 하니,

임금께서 '묘당(廟堂)에다 말하겠다.' 하셨다.

다시 계(啓)하기를,

신이 또 해서(海西) 변장(邊將)의 말을 들으니, 여러 곳의 보진(堡鎭)은 저장한 곡식이 많지 않은데, **백령**(白翎)이나 소강(所江) 같은 큰 진(鎭)도 진에 남아있는 곡식이 대부분 오륙십 석에 불과하다 합니다. 근자에 관(官)의 원곡(元穀) 수효가 많은 것은 각각 그 진(鎭) 밑으로 옮겨 평상시에 병사들에게 나누어 주고, 가을이 되어 환곡을 징수하면서 각 고을의 조적(糶糴)[28] 규칙을 똑같이 하여 훗날 군량을 마련할 길을 도모한다면 모두가 편할 것입니다. 하니,

묘당(廟堂)에 말하라고 전교(傳敎)하셨다. 다시 계(啓)하기를,

---

26) 사창(社倉)의 제도에 따라 농가에 꾸어 주던 곡식.

27) 이익을 보고 팔려고 쌀을 몰아서 사들임. 또는 그 쌀.

28) 고려와 조선시대에 상평창(常平倉) 등 국가 기관에서 쌀을 비축하고 배포하는 행위. 주로 물가의 조절이나 빈한한 농민의 진휼을 위해 행해졌다.

해주는 이전부터 곡물이 많았지만 본래 저절로 된 일은 아니라고 생각합니다. 또한 본 고을의 곡물도 많고 땅도 넓어서 1년 안에 그 수량 전체를 조적(糶糴)할 수는 없지만, 한 해를 건너 나누어 지급한다면 다른 물건과 바꿀 수 있을 것이니, 다른 고을로 옮기거나 목재를 구입하는데 쓰는 것은 타당치 않습니다. 곡식을 옮겨달라는 **백령**(白翎)과 소강(所江)의 요청에 의견이 없지는 않으니, 양 진(鎭)과 가까이 붙어있는 관(官) 가운데 저장 곡식이 많은 곳을 택하여 옮기도록 하는 것이 타당할 것입니다. 도신(道臣 : 관찰사)으로 하여금 정해진 수를 참작하여 편의대로 들여보낸 다음, 계문(啓聞)하도록 분부하심이 어떻겠습니까. 하니,

윤허하셨다.

[원문]

府亞長以下引見時, 持平金禹錫所啓, 臣頃以黃海都事, 往海西時, 得聞海州元穀, 至於五萬餘石之多, 而在前還上收捧時, 雖催促捧之, 未捧之數, 尙有二萬餘石矣. 今年則監司嚴督, 幾至畢捧, 故今春一結之分, 厥數極多, 秋來收捧之際, 本州窮民, 將不得支保云. 臣意則或以此穀, 除出貿米, 或移運他處, 以補國用, 則海西民弊, 庶幾少祛矣. 上曰, 言于廟堂。又所啓, 臣又聞海西邊將之言, 則諸處堡鎭, 儲穀不多, 以白翎所江之巨鎭, 鎭下留置之數, 多不過五六十石云. 晩近官元穀數多者, 量宜移置於各其鎭下, 常時則分給土兵, 待秋還捧, 一如各邑糶糴之規, 以贍他日糧餉之路, 則可謂兩便矣. 上曰, 言于廟堂事, 傳敎矣. 海州自前多置穀物, 本非偶然之意. 且本邑物衆地大, 一年之內, 雖不得沒數糶糴, 間年分給, 猶可輪回換色, 移置他邑, 貿木取用, 殊未妥當. 白翎所江移穀之請, 不無意見, 兩鎭附近官中, 就其儲穀多者, 量宜移置, 似當, 令道臣, 參酌定數, 隨便入送後, 啓聞之意分付, 何如. 答曰, 允.

『승정원일기』 1659(효종 10) 4월 12일

풍천(豊川) 등의 목장에 감목(監牧)을 다시 설치할 것을 청하는 사복시(司僕寺)의 계(啓)

[역주]

사복시(司僕寺)에서 계(啓)하기를,

예전에는 풍천(豊川)에 감목관(監牧官)[29]이 있어 풍천(豊川)의 초도(椒島), 은률(殷栗)의 석도(席島), 장연(長淵)의 **백령도**(白翎島) 등 세 목장을 관장하였는데, 중간에 가도(椵島)에 한인(漢人)들이 왕래하면서 초도와 석도 두 섬을 침해하였고, 아울러 말을 기르는 이유가 없었기 때문에 감목관(監牧官)을 없앴으며, 백령도는 첨사(僉使)로 하여금 감목관을 겸하게 하였지만 초도와 석도 두 섬은 다시 말을 방목한 후에도 감목관을 두지 않고 모두 해주(海州) 감목관에 귀속시켰습니다. 거리가 너무 멀어 왕래하면서 보살필 수가 없었기 때문에 마정(馬政)이 허술하게 되었습니다. 며칠 전에는 석도의 마필(馬匹) 수가 많이 줄어든 것이 이러한 이유 때문입니다. 게다가 먼 곳에 있는 목자(牧子)[30]들은 감목관이 있던 시절에 노력과 비용이 매우 많아 삶을 지탱할 수 없었습니다. 단지 저희들만의 하소연은 아니니, 바라건대 다시 감목관을 마련하여 사리(事理)대로 헤아리시고, 이미 방목한 말이 있다면 예전처럼 다시 마련하여 그들로 하여금 전적으로 보살피는 임무를 맡기는 것이 타당할 듯하며, 풍천의 감목관에서 차출하여 옛날처럼 장연과 은률 등지를 아울러 살피게 하는 것이 어떻겠습니까. 하니,

전교하기를, 윤허한다 하셨다.

---

29) 조선시대 지방의 목장에 관한 일을 관장하던 종6품 외관직.

30) 조선시대 나라의 목장에서 말과 소를 기르던 사람.

[원문]

司僕寺啓曰, 在前則豐川有監牧官, 管察豐川椒島般栗席島長淵白翎島三牧場矣. 中間緣椵島漢人往來, 侵害椒·席兩島, 竝無牧馬之故, 罷其監牧官, 白翎則仍使僉使兼監牧, 而椒席兩島, 還爲放馬之後, 不設監牧官, 都屬於海州監牧官. 道路懸遠, 不能往來看察, 以致馬政虛疏. 頃日席島馬匹欠縮之多, 實由於此也. 加以遠處牧子, 應役於監牧官之際, 勞費甚多, 將不能支堪. 非但渠輩呈訴, 願得復設監牧, 揆以事理, 旣有放牧之馬, 則似當依舊還設, 使之專意察任, 豐川監牧官差出, 依古例, 長淵般栗等地, 兼察, 何如. 傳曰, 允.

『승정원일기』 1665년(현종 6) 10월 1일

전선(戰船)을 소강(所江) 등지에 옮겨 정박하는 문제를 영의정이 출사(出仕)한 뒤 상의하여 아뢰게 할 것을 청하는 비변사(備邊司)의 계(啓)

[역주]

비변사(備邊司)에서 계(啓)하기를,

황해도의 안악(安岳)·장연(長連)·장연(長淵) 등지의 관청에서 전선(戰船)을 소강(所江)이나 **백령**(白翎)으로 옮겨 정박시키는 것이 편한지 그렇지 않은지를 본도(本道)의 새로운 감사와 해당 고을의 수령에게 확인하도록 명령하였는데, 지세는 험하고 형세는 불편하여 옮겨서 정박시키기는 결단코 어려우며, 소강(所江)은 형세가 조금 나으나 본진(本鎭)의 수군을 반드시 육군과 맞바꾼 연후에 옮겨 정박할 수 있다 하였습니다. 이는 대단한 변통(變通)으로 영의정이 출사(出仕)한 후에 서로 상의하여 아뢰게 하는 것이 어떻겠습니까. 하니,

답하기를, 알았다 하셨다.

[원문]

備邊司啓曰, 黃海道安岳長連長淵等官, 戰船移泊於所江白翎便否, 令本道新監使[監司]該邑守令商確, 以地險, 勢甚非便, 決難移泊, 所江, 則形勢似好, 而本鎭水軍, 必與陸軍相換後, 可以移泊云, 此係大段變通, 待領議政出仕後, 相議稟處, 何如. 答曰, 知道.

『승정원일기』 1687년(숙종 13) 10월 18일

요무(妖巫) 말종(唜從)의 귀양지를 개정하기를 청하는 김구(金構)의 계

[역주]

김구(金構)가 계(啓)하기를,

황해감사 신엽(申曄)의 계본(啓本 : 임금에게 보이는 서류)을 보니, 요무(妖巫) 말종(唜從)을 절도(絕島)로 귀양 보낸다는 율법에 따라 도내(道內)의 **백령도**에 유배시킨다 하였습니다. 말종이 범한 것은 한 가지 죄이고, 섬에 유배시킨다는 것도 역시 이를 참작하여 벌을 감하겠다는 뜻에서 비롯된 것입니다. **백령도**는 같은 도(道)에 있으며 해주(海州) 본가와의 거리도 멀지 않으니, 어떻게 절도(絕島)라 할 수 있겠으며, 이곳으로 귀양을 보낼 수 있겠습니까. 악을 징치한다는 법도에도 매우 가벼운 것이니, 본도(本道)의 감사를 추고(推考)하고, 귀양지를 바꾸는 것이 어떻겠습니까. 하니,

전교하시기를, 윤허한다 하셨다.

[원문]

金構啓曰, 卽伏見黃海監司申𪓟啓本, 則妖巫㐔從, 以絕島定配之律, 定配道內白翎鎭矣. 㐔從所犯, 係是一罪, 島配, 亦出於參酌減等之意, 則白翎, 旣在同道, 且距海州本家, 不遠, 何可謂之絕島, 而定配於此地乎. 其在懲惡之道, 太涉輕歇, 本道監司, 推考, 使之改定配所, 何如. 傳曰, 允.

『승정원일기』 1702년(숙종 28) 6월 20일

초도(椒島)에도 첨사가 감목(監牧)을 겸임하게 하는 문제와 석도(席島)에서 목마(牧馬)를 방목하는 문제를 논의한 우의정 신완(申琓)의 계(啓)

[역주]

비국(備局 : 비변사)과 당상(堂上 : 당상관)을 인견(引見)하고자 하여 입시하였을 때 우의정 신완(申琓)이 계(啓)하기를,

신이 사복시(司僕寺) 제조(提調)를 맡고 있기 때문에 우러러 아뢸 일이 있습니다. 초도(椒島)의 목장은 서해에 있는데 이전부터 황당선(荒唐船)[31]이 바다를 왕래하면서 모두 이 길을 지나므로 실로 요해처입니다. 그러기 때문에 감사 이인병(李仁炳)이 재임할 때, 다른 섬으로 말을 옮겨 방목하면서, 별장(別將)을 두어 그로 하여금 전적으로 관리하게 하고 경계시키겠다는 뜻을 아뢰었고 윤허하셨습니다. 그 후 태복시(太僕寺 : 사복시)에서 초도(椒島)를 본 시(寺)에서 관할하는 목장으로 삼아, 감영(監營)으로 소속을 옮기는 것은 불가하며 또한 그곳에서 방목하는 말들도 다른 곳으로 옮겨 방목하는 것은 불가하다는 뜻도 역시 아뢰었습니다. 그런데 현재 황해도 감사 신임(申銋)은 말을 속히 다른 곳으로 옮기고, 별장(別將)으로 하여금

---

31) 우리나라 연해에 출몰하던 소속 불명의 외국 선박.

전적으로 관리하게 하겠다는 뜻을 비변사에 보고하였습니다. 애초에 별장(別將)을 두고자 했던 것은 황당선을 감시하는 등의 일 때문이었는데 올봄 이후로 황당선이 왕래하는 일이 없으며, 바다의 요해처이기 때문이라고 말을 한다면, 첨사(僉使)를 두어 마땅한 사람을 가려 뽑아 보내야만 다스리는 권한이 가볍지 않고 책임 또한 막중하여 방비에 합당할 것입니다. 감영에서는 군관(軍官) 가운데 별장(別將)을 차출하여 보내는데, 알맞은 사람을 선택하지 않기 때문에 섬에서 기르는 말들이 대부분 침해를 당합니다. 또한 전날에는 길게 자란 나무들이 모두 베어졌으며, 수토별장(搜討別將)이라 하면서 본부(本府)의 감색(監色 : 감관과 색리)들까지 번갈아 출입하면서 뇌물을 요구하고 음식을 강제로 청하여 목자(牧子)들이 대부분 떠났습니다. 지금 만약 선사포(宣沙浦)나 다대포(多大浦)처럼 첨사가 감목관을 겸하게 한다면 병조(兵曹)에서 사람을 선발해야 하므로 감히 이를 우러러 아룁니다. 하였다.

좌의정 이세백(李世白)이 말하기를,

황당선이 출몰할 때 초도(椒島)가 가장 좋은 해로(海路)의 요해처인 까닭에 이인병(李寅炳)이 그 기르던 말들을 옮기고 별장(別將)을 두도록 간절히 청하여 수토(搜討)의 계책으로 삼고자 하였으며, 비변사에서 사실을 조사하여 아뢰고, 임금께서 윤허하셨습니다. 그 후에 들으니, 태복시에서 다시 아뢰어 아직도 말을 옮기지 않았다고 하였습니다. 지금 비록 황당선이 왕래하는 일이 없지만 이곳은 바다를 방어하는 요해처이니 어찌 내버려 둘 수 있겠습니까. 별장(別將)을 없애고 첨사를 두면서 허사첨사(許沙僉使)라 한다면 지금의 허사진(許沙鎭)은 없애는 것이 마땅합니다. 하였다.

임금께서 말씀하시기를,

마정(馬政)은 중대한 일이므로 우의정의 말이 옳은 듯하다. 허사첨사(許沙僉使)를 없애고 초도(椒島)로 옮기는 것이 대단한 이해관계는 없을 듯하다. 하셨다.

신완(申涴)이 말하기를,

이전에 석도(席島)에서 기르던 말을 **백령도**로 옮긴 이후에 전부 죽었는데, 사세(事勢)가 그러한 것입니다. 살곶(箭串)에서 방목하던 말을 예로 들어 말하자면, 동시에 방목한 말들은 끝까지 스스로 한 무리를 이루었으나, 그 후에 방목한 말들과는 서로 뒷발질하고 물어뜯으면서 같은 무리로 받아들이지 않아 약한 것은 모두 죽었습니다. 그러므로 기르던 말들을 옮기는 것은 밖에서 보아도 이해관계가 심하며, 이러한 이유 때문에 매우 어렵습니다. 석도(席島)가 말을 기르기에 적합한데도 일부러 다른 곳을 택하여, 씨를 받기에 적당한 암수를 갖추어 풀어놓아 새끼를 낳아 기르게 하였으나, 해마다 거듭되는 기근에 마정(馬政)은 더욱 소홀해졌고 마필은 줄어들어 사태가 매우 염려스럽습니다. 그러므로 이제 여러 도(道)에 수소문하여, 바다의 섬 가운데 본 시(寺)의 문서에는 기록되어 있으나 중간에 빠진 것과, 아울러 과거에는 여러 관가(官家)에서 말을 받아 길렀지만 지금은 세대가 오래되어 없어진 것을 일일이 찾아내어 되돌리며, 별도로 사리에 밝은 사람을 보내 관리하고 기르게 한다면 효과를 거둘 수 있을 것입니다. 하였다.

임금께서 말씀하시기를,

허사(許沙)는 초도(椒島)와 그리 멀지 않고, 태복시의 형편이 이와 같다면, 아뢴 것처럼 첨사를 두는 것이 옳다. 하셨다.

[원문]

備局堂上引見入侍時, 右議政申琓所啓, 臣方待罪司僕提調, 故有仰達事矣. 椒島牧場, 在海西, 向來荒唐船, 往來於洋中者, 皆由其路, 實是要害處, 故監司李寅炳在任時, 以移放牧馬於他島, 設置別將, 使之專管候望之意, 馳啓蒙允. 厥後太僕, 以椒島乃是本寺句管放馬之處, 不可移屬於監營, 且其所放之馬, 不可移放之意, 亦爲啓達. 今此黃海監司申銋, 以斯速移馬, 使別將專管之意, 報于備局矣. 當初欲置別將者, 蓋以唐船瞭望等事, 而今春以後, 唐船無往來之事, 以海跡要害處言之, 則設置僉使, 擇人以送, 則事權不輕, 責任且重, 可合於防備矣. 自監營, 以其軍官中, 差送別將, 不能擇人, 故島中牧馬, 多被侵擾, 且其前日長養之木, 皆被斫伐, 且稱以搜討別將, 及本府監色, 迭相出入, 擧皆索賂討食, 牧子擧將離發, 今若依宣沙浦多大浦以僉使兼監牧之例, 自兵曹擇人, 故敢此仰達矣. 左議政李世白曰, 荒唐船出沒時, 椒島最是海路要害處, 故李寅炳, 陳請移其牧馬, 設置別將, 以爲搜討之計, 自備局覈啓蒙允矣. 其後聞之, 太僕又爲啓達, 尙不移馬云, 而卽今雖無荒唐船往來之事, 旣是海防要害處, 則亦何可抛置乎. 竝罷別將, 設置僉使, 仍稱以許沙僉使, 而卽今許沙鎭則罷之, 宜矣. 上曰, 馬政重大, 右相所達, 似宜. 罷許沙僉使, 移置椒島, 似無大段利害矣. 申琓曰, 前日席島牧馬, 移置白翎之後, 沒數盡斃, 事勢則然矣. 雖以箭串所放之馬言之, 同時所放之馬, 則終是自作一群, 而追後所放, 則自相踶囓, 不與同群, 弱者皆斃, 故牧馬移置, 自外觀之, 則旣甚利害, 而以如此之故, 甚爲重難矣. 席島可合牧馬, 故今方擇取他處, 可合取種者, 具其牝牡以放, 以爲孳長之地, 而近因連年荐飢, 馬政尤爲虛疎, 各牧馬匹, 日就凋疎, 事甚可悶, 故今方搜問於諸道, 海島之在於本寺文書, 而中間遺漏者, 及曾前諸官家受出, 今已代遠者, 則將欲一一考出還推, 別送解事之人, 使句管使之牧養, 俾作成效之地矣. 上曰, 許沙之於椒島, 不甚相遠, 太僕之勢旣如此, 依所達, 設置僉使, 可也.

『승정원일기』 1703년(숙종 29) 6월 29일

해서(海西)에서 붙잡힌 황당선(荒唐船)에 대해 표문(票文)을 빼앗은 뒤에 도로 돌려보내도록 황해감사에게 분부할 것을 청하는 비변사(備邊司)의 계(啓)

[역주]

비변사(備邊司)에서 계(啓)하기를,

해서(海西)에서 황당선(荒唐船)을 나포하였다는 장계(狀啓)가 연속하여 도착하였습니다. 송화현(松禾縣)에 수감시키고 **백령진**(白翎鎮)에 잡아둔 배 1척과 사람 9명, 옹진현(瓮津縣)에 수감시키고 **소청도**(小靑島)에 잡아둔 배 1척과 사람 9명, 장연부(長淵府)에 수감시키고 청석을구비(靑石乙仇非)에 잡아둔 배 2척과 사람 6명, 옹진현(瓮津縣)에 수감시키고 **대청도**(小靑島)에 잡아둔 배 1척과 사람 16명, 동도(同島)에 잡아두고 강익(康翊)에 수감시킨 배 1척과 사람 20명, 전후로 붙잡은 수가 60명에 이릅니다. 그들이 역학(譯學)[32]과 주고받은 말을 들어보니 모두 산동(山東)·등주(登州)·복산(福山)·봉래(蓬萊) 현(縣)의 사람들로, 혹은 고기를 잡다가 혹은 바람결에 떠밀려 왔다고 합니다. 배안의 물건 가운데 군기(軍器)는 없고 다만 고기 잡는 도구만 있으며, **백령진**에 잡아둔 배 1척을 제외하고는 모두 표문(票文)[33]이 없습니다. 종전에는 먼 바다에서 왕래할 경우 서로간의 경계를 나누었지만, 임의로 와서 정박하기가 마치 무인지경에 들어오는 것과 같았습니다. 그런데 지금은 조약이 있지 않아 자기 멋대로 경계를 넘는 지경이 되었으니 매우 놀랍습니다. 그런 이유로 신사년(辛巳年)에는 표문(票文)을 빼앗고 별도로 재자관(齎咨官)[34]을 파견하여 사유를 갖추어 예부(禮部)에 자문(咨文)을 보냈고, 예부에서는 별도로 치죄(治罪)하고 엄히 금지시키겠다는 뜻으로 답변을 보냈습니다. 그 후로는 황당선이 국경을 침범하는 일이 없었는데, 올 여름에는 이전처럼 연속하여 나타나고 있습니다. 비록 그들 가운데 해금(海禁)을 알지 못하였거나, 알고 있어도 이제는 해이해졌으며, 간악한 사람들이 잘못을 뉘우치지 않고 이처럼 다시 반복하

32) 다른 나라와 관계가 많은 중요한 지점에 주재하여 통역에 종사하던 종9품 벼슬.

33) 조선시대 조선과 중국 사이에 국경 출입과 사행(使行)에 사용되었던 증명서 성격의 공문.

34) 공무로 파견되는 연락관.

고 있습니다. 바다 방어를 단단히 타일러 경계시키면서, 그들이 수시로 왕래하게 내버려 둘 수 없으므로 이미 연해의 여러 고을에 감시하고 나포하도록 분부하였으며, 전후로 붙잡은 수가 이 정도가 됩니다. 이제 그들을 각 고을에 나누어 가두고, 고을에서는 그들을 지키면서 음식을 공급하느라 많은 사람들이 며칠 동안 얽매여 있으니, 여러 고을로서는 지탱하기 어려운 폐단이 있습니다. 이미 붙잡았으니 아무런 이유 없이 풀어줄 수도 없으며, 이후로도 징계하여 그만두게 할 방도가 없습니다. 신사년에 재자관(齎咨官)을 보낼 때 조정에서 논의하기로는, 예부의 자문(咨文) 가운데 풀어주어 돌려보내라는 말이 없었으니 반드시 잡아서 보낼 필요는 없으며, 표문(票文)과 같은 그들의 수표(手標)는 믿을 수 있는 것이라 하였습니다. 사람을 붙잡아 보내지 않아도 된다면 이번 역시 이에 따라 별도로 재자관(齎咨官)을 보내 전후 사정을 자세히 말하여 그들을 다시 단단히 타이르게 해야 합니다. 그들 가운데 표문이 있는 자들은 그 표문을 보내고, 표문이 없는 자들은 그들 가운데 문자를 조금 알고 있는 자로 하여금 그들의 성명과 출생지를 일일이 적게 한 뒤 필집인(筆執人)[35]의 성명도 역시 기록하여 표문과 함께 모든 것을 보내 증거 자료로 삼게 하며, 재자관은 해당 원(院)에서 결정하여 보내고 문서는 승문원(承文院)[36]에서 미리 작성하며, 붙잡은 사람들은 모두 석방하되 약간의 식량을 주어 각각 그 배에 태워 돌려보내고, 또한 그들을 타이르고 장차 예부에 자문(咨文)을 보내, 이후로는 다시 국경을 침범하겠다는 생각을 먹지 않게 해야 합니다. 지금 농사철이 되었는데 연해의 여러 고을이 바다를 감시하고 지키는 폐단은 실로 감당하기 어려운 부역입니다. 그러나 이는 변경의 정세에 관계된 것으로 농사 때문에 이를 내버려 두어 바다의 방비를 소홀히 해서는 안 되니, 진(鎭)과 보(堡)가 있는 여러 섬들 가운데 육지와 가까운 곳에

35) 증인으로서 증서를 쓴 사람.

36) 조선시대 외교 문서를 맡은 관청.

정박하는 것을 제외하고 먼 바다에서 온 배들은 반드시 하나하나 나포하게 하여, 군민(軍民)이 농사를 그만 두거나 그들을 이리저리 바쁘게 만드는 폐단이 있게 해서는 안 됩니다. 이후로는 비록 그들을 나포했다 하더라도 표문(票文)을 빼앗은 후에 즉시 추방하고, 배를 태워 돌려보냄으로써 우리 국경에 체류하는 걱정을 없게 하는 것이 타당할 것입니다. 이와 같은 사실을 황해감사에게 분부하는 것이 어떻겠습니까. 하니,

임금께서 답하시기를, 아뢴 대로 하라. 하셨다.

[원문]

備邊司啓曰, 海西荒唐船捕捉狀啓, 連續入來, 松禾縣所囚, 白翎鎭所捉船一隻, 人物九名, 瓮津縣所囚, 小青島所捉船一隻, 人物九名, 長淵府所囚, 青石乙仇非所捉船二隻, 人物六名, 瓮津縣所囚, 大青島所捉船一隻, 人物十六名, 同島所捉康翊所囚船一隻, 人物二十名, 通計前後捕捉之數, 至於六十名之多, 而觀其與譯學問答之語, 則皆是山東登州福山蓬萊等縣人民, 或稱漁採, 或稱漂風, 而船中汁物, 別無軍器, 只有漁採之形, 白翎鎭所捉唐船一隻外, 皆無標文矣. 從前雖或有往來於外洋者, 曾無不分彼此境界, 任意來泊, 如入無人之境者, 而今乃不有約條, 恣意犯越之狀, 殊極痛駭, 故辛巳年, 奪取票文, 別遣齎咨官, 具由移咨於禮部, 則禮部以別爲治罪禁斷之意回咨, 而其後, 更無唐船犯境之事矣. 今夏復踵前習, 連續出來, 雖未知彼中海禁, 今已解弛, 奸民不悛, 又復如此, 而當此海防申飭之日, 不可一任其往來無常, 故已爲分付於沿海列邑, 別爲瞭望捕捉, 而前後所捉之數, 至於此多, 今方分囚於各邑, 使之守直供饋, 而許多人物, 累日淹留, 列邑亦有難支之弊, 旣爲捕捉之後, 則不可空然放送, 使無日後懲戢之道, 而辛巳年齎咨官入送之時, 廟議以爲, 禮部咨文中, 旣無解送之語, 則不必捉送, 票文, 渠等手標, 足可憑信, 人物則不爲捉送, 今亦依此, 別遣齎咨官, 詳〈說〉前後事狀, 使彼中更加申禁, 而其中有票文者，則送其票文，無此者則使渠等稍解文字者，姓名籍貫，一一列書後，筆執人姓名，亦爲懸錄，與票文一體入送，以爲憑驗之資，齎咨官則令該院定送，文書則令承文院預爲撰出，而所捉人等，竝爲放釋，略給糧饌，各乘其船，使之還歸，而且諭以今將移咨禮部，今後則不可更爲犯越之意，當此農節，沿海列邑瞭望守直之弊，實是難堪之役，而此係邊情，亦不可因此寢閣，以致海防之虧疏，鎭堡諸島等處，近陸止泊者外，從外洋過去者，則不必一一追捕，重貽軍民廢農奔走之弊，而此後則雖有所捉，奪取票文之後，卽爲驅逐，使之乘船還歸，俾無留滯我境之患，宜當．以此分付於黃海監司處，何如．答曰，依啓．

『승정원일기』 1704년(숙종 30) 5월 30일

백령도의 말을 대청도로 옮길 것을 청하는 좌의정 이여(李畬)의 계(啓)

[역주]

다시 계(啓)하기를,

황해도 방어사 이여주(李汝柱)가 바다 방어는 형편에 따라 융통성 있게 처리해야 한다는 사안으로 아뢴 것이 있는데, 백령도는 바닷길의 요충지이지만 육지와 40 리(里)가 떨어져 있어 만약 위급한 일이 있게 되면 지원을 기대하기가 어려우니, 널리 민호(民戶)를 모집하여 들여보낸다면 거의 막아서 지킬 수 있을 것이며, 섬에는 사복시(司僕寺)의 목장이 있지만 논밭이 넓지 않고, **백령도**에서 10 리 정도에 **대청도**가 있는데 백성들이 출입하지 않으니, **대청도**에 그 말들을 옮기고 목장을 개간하여 사복시의 둔전(屯田)으로 삼는다면, 백성들을 모집하여 들어가 살 수 있게 할 수 있을 것이라 하였습니다. 만약 그러하다면 형편이 자못 양쪽에 편할 것이지만 또한 전 방어사 이휘(李暉)의 말을 들으니, 대청도에 비록 배를 만드는 재목은 없지만 소나무와 잡목(雜木)이 무성하여 전선(戰船)의 도구는 매번 이곳에서 충당하므로, 만약 목장을 설치하려면 재목으로 쓸 수 있는 나무를 모두 베어야 하는데, 이는 매우 어려운 일이라 하였습니다. 한 사람의 의견만으로 가벼이 변통(變通)을 논의할 수 없으니, 백령도 민호(民戶)를 모집하는 것의 편리여부와 대청도로 말을 옮기는 것의 이해관계는 군문(軍門)에서 장교 2명을 보내 자세히 살펴오게 하고, 이 또한 국사(國事)이므로 말을 주어 급히 보내는 것이 어떻겠습니까. 하니,

임금께서 말씀하시기를, 그렇게 하라 하셨다.

[원문]

又所啓, 黃海防禦使李汝柱, 以海防變通事, 有所條陳, 而白翎, 以海路要衝之地, 距陸地四十里, 脫有緩急, 難待應援, 若廣募民戶以入, 則庶可防守, 而島中有司僕牧場, 田土不廣, 自白翎十里許, 有大青島, 民不入去, 若移其馬於大青, 而墾其牧場, 爲司僕屯田, 則可以募民入居云. 若然則形勢似爲兩便, 而又聞前防禦使李暉之言, 則大青島, 雖無船材, 松木雜木茂盛, 戰船器械, 每賴於此, 若設爲牧場, 則當盡斫成材之木, 此甚重難云. 不可以一人之見, 輕議變通, 故白翎島募民便否, 大青島移馬利害, 方欲自軍門, 下送將校二人, 看審以來, 而此亦國事, 給馬下送, 何如. 上曰, 依爲之.

『승정원일기』 1705년(숙종 31) 7월 11일

백령도에 진(鎭)을 설치할 것을 청하는 우의정 이유(李濡)의 계(啓)

[역주]

우의정 이유(李濡)가 계(啓)하기를,

백령도에 대진(大鎭)을 설치하고 목장을 없애며, 백성을 모집하여 농사를 짓게 하고 **대청도**로 말을 옮기는 일은 이미 재가하여 분부하셨으니, 우선 50여필의 말을 옮겨 방목하였습니다. 그 후로 비국(備局)의 낭청(郎廳) 가운데 말을 점검하러 왕래한 자로부터 그 형편을 자세히 들었는데, **백령도**는 지세가 평탄하여 배를 정박시키지 못할 곳이 없으며, **대청도**는 자못 지세가 험하여 막히거나 끊겨 있다고 하였습니다. 강도(江都 : 강화도)를 예를 들어 말씀드리자면, 배 정박할 장소를 변경하였기 때문에 바다를 지키는 어려움을 근심하였는데, 하물며 이곳은 바다 저 멀리 떨어져 있는 외딴섬으로 사방으로 적을 맞이하는 지역이니 어찌 잘 방어할 수 있기를 바랄 수 있겠습니까. 말무리를 다른 섬으로 옮겨 방목하는 것도 또한 말이 상하거나 죽을 염려가 있으며, 얼핏 듣건대 **대청도**의 토산품은 **백령도**와 차이가 없다 하였고, 이제 만약 **대청도**에 진을 설치하고 그 말들을 **대청도**에 그대로 남겨둔다면 양쪽 모두 편할 것이니, 다시 본도(本道)의 감사와 방어사에게 물어 서로의 형편을 알고 난 다음에 처리하는 것이 어떻겠습니까. 하니,

임금께서 말씀하시기를, 그렇게 하라. 하셨다.

[원문]

右議政李濡所啓, 白翎島, 設爲大鎭, 罷牧場, 募民起耕, 移其馬於大青島事, 曾已定奪分付, 爲先移放五十餘匹之馬矣. 其後因備局郎廳之以點馬往來者, 詳聞其形勢, 則白翎地勢平易, 無非船泊處, 大青則頗爲險阻云. 雖以江都言之, 以其船泊處變改之故, 尙且憂其難守, 況此海外絕島, 四面受敵之地, 豈有捍禦之望乎. 馬群之移放他島, 亦有傷斃之慮, 似聞大青土品, 與白翎無異, 今若設鎭于大青, 而仍存其馬於白翎, 則似爲兩便, 更問于本道監司及防禦使, 知其彼此形便後, 稟處, 何如. 上曰, 依爲之.

『승정원일기』 1707년(숙종 33) 6월 25일

백령도에서 절수(折受)의 폐단을 혁파할 것을 청하는 우참찬 조상우(趙相愚)의 계(啓)

[역주]

우참찬 조상우(趙相愚)가 계(啓)하기를,

신은 내심 이런저런 생각을 가지고 있으면서 한번 아뢰려고 한 지가 오래되었습니다. 입시(入侍)를 자주 한 것도 아니거니와, 비록 입시(入侍)하였다 하더라도 틈을 얻을 수 없어 지금에 이르게 되었습니다. 이번에 여러 신하들이 서관(西關 : 황해도와 평안도)의 일로 앞서 아뢰었지만 별다른 지시가 없기에 신은 감히 이를 아룁니다. 지난 갑술년 동안에 명을 받고 강계(江界)를 왕래할 때 영변(寧邊)을 지났는데, 비록 물정(物情)을 두루 알지는 못하지만 영변 백성들의 형편으로 말미암아 아 고을에 대해 대강 알 수 있었으니, 이곳은 변방을 지키는 중요한 곳으로 각 면(面)이 수십일 뿐만 아니라 토지는 비옥하지만 민정(民丁)[37]의 무리가 많기로는 **백령**(白翎)과 검산(劍山)이 으뜸입니다. 한편으로는 궁가(宮家)[38]의 절수(折受)[39] 이후로 백성들은 생업을 잃었고 고을의 힘 또한 쇠잔해졌지만 실로 소생할 가망이 없다고 합니다. 이곳은 서쪽 땅 가운데에서 지극히 먼 변두리인데도 이와 같은 절수(折受)의 폐단이 있으니, 이로부터 이남 지역에서 절수(折收)가 넘침을 미루어 알 수 있습니다. 임금께서 서관(西關)을 걱정하는 이때에 이 두 곳에 만약 특별히 명을 내려 출급(出給)한다면 변방의

---

37) 부역 또는 군역(軍役)에 소집된 남자.

38) 대군(大君)·왕자군(王子君)·공주(公主)·옹주(翁主)의 집을 통틀어 이르는 말. 조선 후기에 이르러 토지 제도가 변질함에 따라 이들 궁가는 면세 조처를 기반으로 대규모의 토지를 집적하여 문제를 일으켰다.

39) 임금으로부터 땅이나 결세(結稅)를 자기 몫으로 잘라 받는 것.

방비에 유익할 뿐만 아니라 변방의 백성을 위로하고 기쁘게 하는 방도일 것이니, 그 은총을 가히 말로 할 수 있겠습니까. 하니,

임금께서 말씀하시기를, 백령과 검산 두 곳의 절수(折受)는 특별히 시행하여 출급(出給)함이 옳다 하셨다.

[원문]

右參贊趙相愚所啓, 臣竊有區區所懷, 欲一仰陳者久矣. 入侍未得頻數, 雖或入侍, 未能得間, 以至于今矣. 今者諸臣, 方以西關事, 仰白前席, 亦且從容, 故臣敢此仰達. 向在甲戌年間, 受命江界往來時, 路經寧邊, 雖未能備諳物情, 因寧邊民人等狀, 槪聞此邑, 自是關防重地, 各面不啻數十, 而土地膏沃, 民丁之衆多, 白翎·劍山爲最矣. 一自宮家折受之後, 非但民生失業, 邑力亦且凋殘, 實無蘇求之望云, 此乃西土極邊, 而有此折受之弊, 則自此以南, 折受之濫及, 推此可知. 當此軫念西關之日, 自此兩處, 若果特命出給, 則不但有益於關防, 其在慰悅邊民之道, 其幸可勝言哉. 上曰, 白翎·劍山兩處折受, 特爲出給可也.

『승정원일기』 1712(숙종 38) 7월 28일

장연(長淵)에 구류 중인 당인(唐人) 등을 봉성(鳳城)으로 들여보낼 때 운반하기 어려운 물건 등을 팔수 있게 허락할 것 등을 청하는 이민영(李敏英)의 계(啓)

[역주]

다시 비변사(備邊司)의 말로 계(啓)하기를,

장연에 구류 중인 당인(唐人) 2명과 백령진에 구류 중인 당인 12명을 모두 봉성(鳳城)으로 보내는 일은 이미 재가하여 분부하셨습니다. 장연부

에 구류 중인 2명은 배와 물건이 없고, 백령진에 구류 중인 12명은 대부분 물건을 소지하고 있으며 타고 온 배도 있는데, 이것이 곤란한 문제입니다. 물건 가운데 그들이 가지고 가려는 것은 형편상 각 고을을 지나면서 말을 세내어 차례차례 운송해야 합니다. 때문에 운송하기 어려운 것과 배는 넉넉하게 가격을 정해 팔게 하여, 저들이 억울함을 호소하는 일이 없게 하는 것이 사정상 타당할 것입니다. 지난해 태안(泰安)에 표류한 당인을 압송할 때 경유한 길은 별도로 조정에서 지휘하고 분부한 일이 있었지만, 양서(兩西 : 황해도와 평안도)는 호서(湖西)에서 상경하는 길과 달라 우회하여 길을 갈 필요가 없습니다. **백령**에 있는 12명은 우선 장연부로 보내 장연부에 구류 중인 2명과 함께 보내야 할 처지입니다. 본 도(道)에도 비록 역관(譯官)이 있지만 혹시라도 부주의한 잘못이 없지 않을 수 없으므로, 서울에서 보낸 재자관(齎咨官)이 곧장 장연부에 와서 함께 데리고 것이 자못 마땅할 것입니다. 이전부터 표류해 온 사람들을 압송할 경우에는 모두 차사원(差使員)[40]이 감독하고 보호한 전례가 있습니다. 이번 역시 이에 따라 미리 임명하여 임무를 맡기고, 보낼 기한에 맞추어 서로 왕복하게 한다면 구차스럽고 군색한 근심이 없을 것입니다. 또한 경유하는 각 고을의 백성들이 만약 서로 뒤섞여 왕래하는 일이 있으면 뜻하지 않은 일이 생길 우려가 없을 수 없으니, 차사원과 재자관에게 충분히 경계시켜 조금이라도 소홀함이 없게 해야 합니다. 이전에도 표류해 온 사람들에게 행장(行裝)을 갖추어 들여보낸 전례가 있습니다. 이번에 붙잡은 당인(唐人)이 법으로 금지한 것을 어긴 죄가 있지만 표류해 온 사람들과 함께 행장을 빠뜨린다면 인정과 도리로 불쌍히 여기는 것과는 다를 것입니다. 이들은 대국(大國)의 사람들로 전혀 접대하지 않을 수 없으니, 겨울옷을 각각 한 벌씩 지어 주어 추위를 막게 하고, 그 밖에 노자도 적당히 헤아려 주는

---

40) 조선시대 각종 특수임무의 수행을 위하여 임시로 차출되거나 임명된 관원.

것이 합당할 것입니다. 이러한 뜻을 양도(兩道)의 감사에게 신속히 분부하는 것이 어떻겠습니까. 하니,

임금께서 윤허한다 하셨다.

[원문]

又以備邊司言啓曰, 長淵府拘留唐人二名及白翎鎭拘留唐人十二名, 竝入送鳳城事, 旣已定奪分付矣. 長淵府拘留二名, 則無船隻物件, 而至於白翎鎭拘留十二名, 則旣多所持物件, 又有乘來船隻, 是爲難處, 物件中渠輩欲爲輸去者, 則勢將令所經各邑, 雇馬次次運送, 而難於運送者及船隻, 從優折價, 許令放賣, 俾無彼人呼冤之弊, 事爲得宜, 上年, 泰安漂到唐人押送時, 則所由路逕, 別有自朝家指揮分付之事, 而兩西, 則與自湖西上京之路有異, 不必迂回作行, 白翎所在十二名, 爲先移來於長淵府, 與長淵所拘唐人二名, 同爲發送之地, 而本道雖有譯官, 或不無疎漏之失, 自京所送齎咨官, 使之直往長淵府, 因爲領去, 亦似得宜, 自前漂漢押送之際, 皆有差使員監護之例, 今亦依此, 豫爲差定, 等待發送期限, 互相往復, 無致窘迫之患, 而所經各邑下人, 若有相雜往來之事, 則不無意外生事之慮, 差使員及齎咨官處, 不可不十分嚴飭, 無或疎忽, 在前漂漢人, 有治裝入送之例, 而今此所捉唐人, 則違越條禁, 旣有罪犯, 與漂漢之失其行裝, 情理矜憫者有異, 而旣是大國人物, 則亦不可全無接待之道, 襦衣各一領造給, 以助其前路禦寒之資, 其他行資, 亦量宜題給宜當, 以此意, 兩道監司處, 急速分付何如. 傳曰, 允.

『승정원일기』 1712년(숙종 38) 8월 10일

억류 중인 한인(漢人) 유원(劉元) 등의 신병이 위중하다면 치료한 뒤 보낼 것을 청하는 비변사(備邊司)의 계(啓)

[역주]

비변사(備邊司)에서 계(啓)하기를,

장연부에서 먼저 붙잡은 한인(漢人) 2명과 **백령진**에서 붙잡은 한인 12명 외에 나중에 스스로 와서 구속된 주응괴(朱應魁) 등 23명을 특별히 너그럽게 풀어주라고 분부하셨습니다. 이제 관찰사의 장계(狀啓)를 보니, 주응괴 등은 유희(劉喜)와 유원(劉元)이 육로로 봉성(鳳城)에 압송된다는 말을 듣고 얼굴빛이 변해 울 뿐만 아니라, 유희와 유원 2명도 음식을 먹지 않고 울다가 중병이 들었으며, 증세가 가볍지 않아 죽지 않을까 우려된다고 하였습니다. 또한 그들이 진정으로 바라는 것은 동료 가운데 우륙(于六)과 양귀(楊貴)로 맞바꾸어 봉성으로 압송하고, 유희와 유원은 증세로 보아 길을 떠나기가 어려우니 배를 타고 돌아가기를 바란다고 하였습니다. 그들의 사정과 형편을 보니 이미 금지 조항을 어겨 중죄를 받을까 두려워하고 있습니다. 이 같은 두려움으로 우륙과 양귀가 유희와 유원을 대신하여 압송되려고 하는 것은 그들의 증세를 듣고 중도에 죽을 것을 걱정하였기 때문인 것으로 보입니다. 그 사정이 비록 매우 가련하지만 사리와 체면을 따진다면 허가하는 것은 불가합니다. 참으로 관찰사가 말한 대로 유원과 유희의 증세가 깊고 중하여 길에 오를 것을 독촉하기 어렵다면, 잘 타이르고 각각 치료하여 차도가 있기를 기다려 보내도록 분부하심이 어떻겠습니까. 하니,

임금께서 말씀하시기를, 윤허한다 하셨다.

[원문]

備邊司啓曰, 長淵府先捉漢人二名, 及白翎鎭所捉漢人十二名外, 追後自來就拘朱應魁等二十三名, 特爲從寬放送之意, 稟定分付矣. 今觀道臣狀啓, 則朱應魁等, 聞劉喜劉元等, 當以陸路押送鳳城之意, 不但失色流涕, 至於劉喜劉元等二人, 則不食哭泣, 自成重病, 症勢非輕, 致死可慮.

渠等情願以同伴中，于六楊貴二名，相換入送於鳳城，劉喜劉元則病狀有難登程，請以船載還云，蓋其情狀，旣犯禁條，恐被重罪，如是畏怯，而欲以于六楊貴，換送劉喜劉元之代者，似出於聞其病狀，慮其中路致斃，則其情雖甚可矜，論以事體，不可許施者．誠如道臣所論，而劉元劉喜等病狀，果如是深重，則有難督令起程，善爲開諭，各別救療，待其差歇發送之意，分付，何如．答曰，允．

『승정원일기』 1712년(숙종 38) 8월 10일

임자도(荏子島)에 진(鎭)을 설치하는 문제로 말들을 장산도(長山島) 등지로 옮기는 것과 관련하여 옮기는 과정에서 말들이 죽는 일이 많으므로 나누어 기르게 하여 말들의 수를 줄일 것을 청하는 사복시(司僕寺)의 계(啓)

[역주]

사복시(司僕寺)의 관원이 제조(提調)의 뜻으로 계(啓)하기를,

일찍이 전라도순무사의 서계(書啓)[41]로 말미암아 비변사에서 임자도(荏子島)에 진(鎭)을 설치하기 위해 그 말들을 은압해(恩押海)와 장산(長山) 등의 섬으로 옮기는 일로 거듭 아뢰어 윤허하셨습니다. 본 시(寺)에서는 마땅히 이에 따라 거행해야 하지만 말을 옮겨 방목하는 일은 매우 중대하고 어려운 일입니다. 이전에도 대부분 상하거나 죽는 일이 있었고, 근자의 일로 말씀드리자면 지난해 북일장(北一場)의 말을 신도(信島)와 매음(煤音) 두 곳으로 옮겨 방목한 것이 2백 여필인데, 이어진 감목관(監牧官)의 보고에 의하면 2백 여필은 거의 모두 죽었다고 하였으니 실로 애석한 일

41) 임금의 명을 받은 관원이 써 바치는 복명서(復命書). 암행어사와 같은 복명관의 서계가 대표적이다.

입니다. 임자도에 방목한 말은 그 수효가 2백 여필이며 그 품종이 남중(南中)42)의 여러 목장에서 가장 우수한 것인데, 이제 만약 다른 섬에 말이 있는 곳으로 옮겨 방목한다면 장차 북일장의 말들과 다를 것이 없게 될 것이며, 이를 심히 우려할 만한 사안입니다. 안창(安昌)과 기좌양도(其佐兩島) 같은 곳은 오래 전부터 기르던 말이 있었는데, 을묘 연간에 순무사의 서계(書啓)로 말미암아 선재(船材)를 잘 기르기 위해 그 말들을 임자도로 옮겼으니, 지금에는 형편상 다시 말을 옮겨 방목하는 것이 어렵고, 이밖에 다시 형편에 따라 변통할 방법이 없습니다. 비록 이미 내린 결정이지만 아직도 시행하지 않은 것은 아마도 이에서 비롯된 일이라 하겠으며, 선사포(宣沙浦)·다대포(多大浦)·초도(椒島)·**백령**(白翎)·대부(大阜)·대산(大山) 등의 진(鎭)에서는 감목관을 겸하고 있기 때문에 본 장(場)에 있던 말들을 진(鎭)을 설치한다는 이유로 모두 몰아내는 일은 없었습니다. 임자도의 말들도 역시 급급하게 옮겨 방목할 필요는 없으며, 앞으로 형편을 보아 나누어 기르도록 내주거나 별도로 처리하여 점차 그 수효를 줄여나가, 본 진(鎭)에도 폐해가 줄어들고 마정(馬政)에도 손해가 없게 하는 것이 사정에 맞을 것이니, 이처럼 분부하여 거행함이 어떻겠습니까. 하니,

임금께서 말씀하시기를, 윤허한다 하셨다.

[원문]

司僕司(司僕寺)官員, 以提調意啓曰, 曾因全羅道巡撫使書啓, 自備局, 以荏子島設鎭, 移放其馬於恩押海長山等島事, 覆啓, 允下矣. 本寺所當依此擧行, 而凡放馬移放之事, 極其重難, 在前率多傷斃之患, 以近事言之, 上年北一場馬, 移放信島煤音兩處者二百餘匹, 而連接監牧官所報, 則二百餘匹, 盡數致斃云, 實爲可惜. 荏子島放馬, 其數二百餘匹, 而厥品

42) 남도(南道). 경기도 이남의 충청도, 전라도, 경상도, 제주도를 통틀어 이르는 말.

最優於南中諸場, 今若移放於他島有馬之處, 則必將與北一場之馬無異, 事甚可慮。如安昌其佐兩島, 則舊有牧馬, 而乙卯年間, 因巡撫使書啓, 爲其船材長養, 移其馬於茌子島, 到今勢難還爲移放, 此外更無推移之道, 雖有當初成命, 尙未得擧行者, 蓋出於此, 而以宣沙浦多大浦椒島白翎大阜大山等鎭兼監牧官之處論之, 本場所在之馬, 以其設鎭之故, 別無一併驅出之事, 茌子島之馬, 亦不必急急移放, 前頭觀勢, 或捉給於分養, 或別爲區處, 漸次減其匹數, 以爲省弊於本鎭, 無損於馬政之地, 似合事宜, 依此分付擧行, 何如. 答曰, 允.

『승정원일기』 1737년(영조 13) 12월 9일

백령도가 해상 방어의 요충지이나 관리들이 가기를 원치 않고 있으므로 안흥(安興)과 서쪽 만포진(滿浦鎭)을 모두 곤수(閫帥)[43]로 승진하는 자리로 정하는 문제에 대해 논의함

[역주]

같은 날 입시(入侍)하였을 때 우의정 송인명(宋寅明)이 계(啓)하기를,

해서(海西)의 국경 방비는 매우 소홀하고, **백령도**는 해상 방어의 요충지이만 첨사(僉使)의 녹봉은 심히 적으며, 또한 절도(絕島)이기에 사람들이 가려고 하지 않아 쓸 만한 인재를 골라 임명한 일이 없습니다. 이곳은 중요한 지역으로 안흥(安興)과 서쪽 만포진(滿浦鎭)과 비교할 수 없으니 이들 모두 곤수(閫帥 : 병마 혹은 수군 절도사)로 승진할 수 있는 자리로 삼고, 6진(鎭)[44]과 7읍(邑)[45]처럼 정식으로 삼아 인재를 골라 임명하는 것이 어

---

43) 조선시대에 평안도와 함경도의 병마절도사와 수군절도사를 통틀어 이르던 말.

44) 조선 세종 때 동북방면의 여진족에 대비해 두만강 하류 남안에 설치한 국방상의 요충지.

떻겠습니까. 하니,

임금께서 말씀하시기를, 여러 신들은 차례로 아뢰어라. 하셨다.

이조판서 조현명(趙顯命)이 아뢰기를,

신은 이 진(鎭)을 보지 못해 그 지형의 긴헐(緊歇 : 긴요함과 긴요하지 않음)과 경중(輕重)을 알지 못합니다. 하였다.

지중추부사 김시형(金始炯)이 아뢰기를,

신 역시 **백령도**를 보지 못하였지만 그 형편상 해서(海西)의 중요한 진(鎭)이 된다고 들었습니다. 만포(滿浦)는 곤수(閫帥)를 지낸 사람으로 차출하였고 백령도는 단지 수령을 지낸 자로 차출하였는데, 이제 안흥(安興)과 함께 곤수(閫帥)로 추천할만한 사람을 골라 임명하는 것이 좋겠습니다. 하였다.

형조판서 김성응(金聖應)이 아뢰기를,

신이 황해수사(黃海水使)로 일을 때 수군을 훈련하느라 순회하여 점검하지 않았기 때문에 신은 이 진(鎭)을 직접 보지 못하였습니다. 하지만 군영의 여러 부장들의 말을 들으니, 가는 길은 험한 나루를 지나고 사방은 바다로 둘러싸여 있으며, 황당선 가운데 풍천(豊川)에서 오는 것들은 반드시 **백령도**를 지나니 해상 방어의 요충지로 실로 중요한 지역이라 하였습니다. 비록 오랫동안 근무하기 위해 갈 곳은 아니지만 첨사(僉使)를 지낸 자나 일찍이 수령을 했던 자들을 보내며, 대신들이 아뢴 바와 같이 변방을 방어하는 방도를 중시한다면 그 이력을 높게 평가하는 것이 마땅하니, 곤수(閫帥)로 승진할 수 있는 자리로 삼는 것이 좋을 듯합니다. 하였다.

병조판서 박문수(朴文秀)가 아뢰기를,

두 진(鎭)은 신들 모두가 보지 못하였으며, 호조판서의 말을 들으니 만

즉, 종성(鐘城)·온성(穩城)·회령(會寧)·경원(慶源)·경흥(慶興)·부령(富寧)의 여섯 진.

45) 압록강 연변에 위치한 의주(義州)·강계(江界)·초산(楚山)·창성(昌城)·삭주(朔州)·위원(渭原)·벽동(碧潼)의 일곱 고을을 이름.

포(滿浦)는 중요한 지역이라 하였고, 대신들 역시 **백령도**에 대해 아뢴 것이 있으니 두 진(鎭)의 첨사(僉使)가 만약 직무를 잘 수행하면 곤수(閫帥)로 승진할 수 있는 자리로 삼는 것이 좋을 듯합니다. 하였다.

호조판서 박사수(朴師洙)가 아뢰기를,

만포(滿浦)는 바로 폐사군(廢四郡)[46]의 하류로 건주(建州)와 서로 가깝기 때문에 조종조(祖宗朝)에서 중요한 진(鎭)으로 여겨 때때로 문관을 차출하여 파견하였으니, 대간(大諫)이나 전한(典翰)을 지낸 자로 하였습니다. 백령도는 해상 방어의 매우 중요한 지역으로 장연과 마주하고 있으니 문호(門戶)와 비교하자면 두 기둥과 같습니다. 그러나 지역이 황폐하고 육지와 멀리 떨어져 있기 때문에 사람들 모두 싫어하고 회피하여 대부분 인재를 골라 임명하지 않습니다. 근래에 위원(渭原) 등 5~6개 읍은 곤수(閫帥)로 승진할 수 있는 자리로 삼았기 때문에 싫어하고 회피하는 폐단이 없었습니다. 만약 만포와 **백령도**를 중요한 진(鎭)으로 삼고자 한다면 변방 고을의 예를 따르지 않을 수 없으니, 곤수(閫帥)로 승진할 수 있는 자리로 삼아 사람을 선택하여 보내야할 것입니다. 하였다.

김성응이 아뢰기를,

만포(滿浦)를 방어사(防禦使)로 임명하였을 때에는 사람들이 모두 기꺼이 부임하였으나 이제는 혁파하였기 때문에 싫어하고 회피하는 것입니다. 하였다.

행사직(行司直) 구성임(具聖任)이 아뢰기를,

강변(江邊) 칠읍과 북도(北道) 육진의 예에 따라 곤수(閫帥)를 지낸 자를 선발하여 파견하는 것이 좋을 듯합니다. 하였다.

임금께서 말씀하시기를,

---

46) 두만강과 압록강 건너편의 여진족이 침입하는 것을 방비하기 위해 조선 세종 때에 최윤덕(崔潤德)을 시켜서 설치했던 여연(閭延)·자성(慈城)·무창(茂昌)·우예(虞芮) 네 고을을 단종 때에 폐지했으므로 폐사군이라 한다.

대신들의 말이 이와 같다면 **백령도** 역시 곤수(閫帥)로 승진할 수 있는 자리로 삼아 인재를 골라 임명하는 것이 좋을 듯하다. 현 첨사는 어떠한 사람인가? 하시니,

송인명이 아뢰기를,

그 사람됨이 늙어 병든 것과 같습니다. 하였고,

김성응이 아뢰기를,

첨사는 바로 안세태(安世泰)로 임기가 이미 찼습니다. 하였다.

임금께서 말씀하시기를,

현 첨사가 돌아오기를 기다렸다가 각각 별도로 인재를 골라 임명하는 것이 좋겠다 하셨다.

[원문]

同日入侍時, 右議政宋所啓, 海西關防, 甚爲疎虞, 而白翎乃海防之要衝, 僉使官況甚薄, 且在絕島, 故人不願往, 無擇差之事, 此是重地也, 非比安興與西邊滿浦鎭, 竝爲閫帥階梯, 依六鎭及西邊七邑例, 定式以爲, 擇差之地何如, 上曰, 諸臣以次陳達, 吏曹判書趙顯命曰, 臣不見此鎭, 其地形之緊歇輕重, 未能的知矣, 知中樞府事金始炯曰, 臣亦不見白翎, 而聞其形便, 爲海西重鎭矣, 滿浦則以閫帥履歷差出, 而白翎則只是曾經守令者爲之, 今若併與安興而以閫帥可擬之人, 擇差則好矣, 刑曹判書金聖應曰, 臣待罪黃海水使時, 爲水操不行巡點, 故臣雖不得親見此鎭, 而聞諸褊裨之言, 則路涉險津, 四面环海, 荒唐船初自豐川來者, 必經白翎, 爲海防咽喉, 實是至重之地, 雖非久勤所往, 以履歷僉使, 曾經守令者, 必差遣而大臣所達旣如此, 其在重關防之道, 宜高其履歷, 作爲閫帥階梯似好矣, 兵曹判書朴文秀曰, 兩鎭, 臣皆不見而聞戶判之言, 則以滿浦爲重地, 而大臣亦以白翎有所達, 兩鎭僉使, 若能擧職, 則以爲閫帥階梯似好矣, 戶曹判書朴師洙曰, 滿浦乃廢四郡之下流, 與建州相近, 故祖宗朝, 視爲重鎭, 時以文官差遣, 曾經大諫典翰者亦爲之, 白翎, 亦是海防至重之地, 與長淵對峙, 譬如門戶之有兩柱, 而處地荒絕, 故人皆厭避, 多不擇差矣, 近來渭原等五六邑, 以閫帥階梯施行, 故無厭避之弊, 滿浦白翎, 如欲作重鎭, 則不可不依邊邑例, 以閫帥階梯擇人差送矣, 聖應曰, 滿浦爲防禦使時, 人皆樂赴, 今則革罷, 故厭避矣, 行司直具聖任曰, 依江邊七邑北道六鎭之例, 以閫帥履歷差遣, 則似好矣, 上曰, 大臣所達是矣, 白翎亦以閫帥階梯差遣爲可, 而時任僉使何如人耶, 宋曰, 其爲人似老病, 聖應曰, 僉使乃安世泰而瓜期幾滿矣, 上曰, 待時任僉使遞歸, 各別擇差可也.

『승정원일기』 1738(영조 14) 7월 8일

백령첨사 조동하(趙東夏)를 유임시키고 후에 곤수(閫帥)로 임명하자는 우의정 송인명(宋寅明)의 계(啓)

[역주]

우의정 송인명(宋寅明)이 아뢰기를,

조동하(趙東夏)가 **백령첨사**가 된 것이 반년도 지나지 않았는데 이번 도정(都政 : 도목정사)[47]에서 갑산부사로 전근되었습니다. **백령도**는 해상 방어의 요충지이지만 사람들이 싫어하고 회피하는 곳입니다. 그렇기 때문에 곤수(閫帥)로 승진할 수 있는 자리로 삼도록 새로이 재결하셨습니다. 조동하가 맨 먼저 임명을 받았는데, 듣자하니 그가 진(鎭)에 부임한 후로 잘 다스려 성과를 거두었다고 하였습니다. 이제 다시 다른 사람으로 바꾼다고 하니 참으로 애석합니다. 갑산으로 자리를 옮기는 것은 특별히 명을

47) 고려와 조선시대 때 해마다 음력 6월과 12월에 이조와 병조에서 중앙과 지방의 관리의 치적을 조사하여 그 결과에 따라 영전하거나 좌천 또는 파면을 시키던 일.

내려 유임시키는 것이 마땅할 것입니다. 듣자하니 **백령도**는 사람이 기거할 곳이 아니라고 하니, 변통(變通)하는 처음부터 반드시 격려하고 권장하여 인재를 골라 이어갈 수 있는 방도로 삼아야 합니다. 조동하는 나이도 어리고 무관으로서 지위와 명망도 있으며 또한 그의 이력은 곤수(閫帥)의 임무에 충분합니다. 새로 부임하여 세월이 흘러 명성과 업적이 차츰 드러난 후에 곧바로 곤수(閫帥)로 임명해도 무방할 것입니다. 이와 같이 양전(兩銓 : 이조와 병조)에 분부하는 것이 어떻겠습니까? 하니,

임금께서 말씀하시기를, 그렇게 하라 하셨다.

[원문]

寅明曰, 趙東夏之爲白翎僉使, 未過半年, 今番都政, 移拜甲山府使矣. 白翎, 卽海防要衝, 而人所厭避. 故以依六鎭例, 作爲閫帥階梯事, 新有定奪. 而東夏首先差往, 聞其赴鎭後, 頗有修擧. 而又復遞易, 誠爲可惜. 宜遞甲山, 特令仍任. 而聞白翎非人所居, 變通之初, 必有激勸, 方爲擇人可繼之道. 東夏, 卽年少有地望武弁, 且其履歷, 足爲閫任. 莅任稍久, 聲績稍著之後, 雖直移閫任, 無妨. 以此, 分付兩銓, 何如. 上曰, 依爲之.

『승정원일기』 1740년(영조 16) 3월 2일

백령도 및 초도에 유배시킨 죄인을 다른 곳으로 유배하는 문제를 논의한 우의정 유척기(兪拓基)의 계(啓)

[역주]

2월 30일 소결(疏決)[48]하러 입시하였을 때 우의정 유척기(兪拓基)가 계

48) 죄수의 죄를 관대하게 판결함.

(啓)하기를,

백령도는 바다 가운데에 있으며 황당선이 자주 왕래하는 요충지이며, 초도에서 사건이 난 후로 더욱더 안전을 경계시켰습니다. 소위 변경에 사는 백성들은 대부분 죄를 짓거나 패륜아들로 도망쳐 들어온 자들인데, 공문서를 위조하고 남의 물건을 강제로 빼앗거나 사형을 면한 자들을 다시 이 섬으로 유배시키는 것은 놀랍고 걱정스러운 일이라고 말하지 않을 수 없습니다. 신이 황해도 감영에 있을 때, **백령도**와 초도에 유배시킨 죄인들을 다른 곳으로 유배시킬 것을 청하였고, 묘당(廟堂)에서도 계(啓)를 올린 것이 허다하지만 아직도 다른 곳으로 유배시킨 일이 없습니다. 이번 문안(文案) 가운데 김무사리(金武士里)를 우선 다른 곳으로 유배함이 어떻겠습니까. 하니,

임금께서 말씀하시기를, 그렇게 하라 하셨다.

[원문]

今二月三十日, 疏決入侍時, 右議政俞所啓, 白翎在於海中, 而荒唐船頻頻往來之要衝也, 自椒島事出後, 尤宜倍加飭全, 而所謂邊民, 太半犯科悖倫逃亡入去之類, 印僞造强竊盜減死酌處者, 又爲定酌於此島, 故可駭可慮之事, 有不可言, 臣待罪海臬時, 白翎·椒島定配罪人, 狀請移配, 則自廟堂覆啓許移, 而尙無移配之事矣, 今此文案中, 金武士里, 爲先使之移配何如, 上曰, 依爲之.

『승정원일기』 1758년(영조 34) 11월 14일

백령진 추포무사의 균등하지 못한 폐단을 논의한 영의정 유척기(俞拓基)의 계(啓)

[역주]

11월 12일 대신과 비국(備局) 당상(堂上)을 인견(引見)하여 입시하였을 때 영의정 유척기(俞拓基)가 계(啓)하기를,

이것은 황해감사 조명정(趙明鼎)의 장계입니다. 지난번 연석(筵席)에서 내린 교지로 말미암아 **백령진** 추포무사의 균등하지 못한 폐단을 해당 도(道)에 자문하였습니다. 이제 황해감사 조명정의 장계를 보니, 수사(水使) 허유(許墭)의 첩보를 하나하나 거론하면서, **백령진**에 있는 균역청에 세금을 바치는 사선(私船) 18척에 대해 특별히 면세(免稅)하고 추포무사들의 역사(役事)를 도맡아 관리할 수 있도록 묘당(廟堂)에서 품처(稟處)할 것을 청한다고 하였습니다. 사선(私船)의 면세는 논할 것이 없지만 설령 면세한다 하더라도 다른 곳에 가서 이득을 취하지 못하게 해야 하며, 오랫동안 추포무사로 둔다면 누가 기꺼이 물자와 노력을 바쳐 배를 만들거나 공역(公役)에 응하겠습니까. 근래에 양정(良丁)[49]들이 비록 구차스럽고 가난하지만 본 도(道)는 기호(畿湖)에 비해 여유가 있으니 백여 명을 옮기는데 어려움이 없을 듯하고, 본 도(島)에 있는 군보(軍保)[50]가 124명을 관찰사로 하여금 한정(閑丁)에 여유가 있는 고을에 분배한 후 이 군보(軍保)를 모두 추포군에 충당하여 번을 나누어 추포하게 한다면 일이 순탄할 것입니다. 이처럼 변통하라고 분부하는 것이 어떻겠습니까. 하니,

임금께서 말씀하시기를, 그렇게 하라 하셨다.

[원문]

今十一月十二日, 大臣備局堂上引見入侍時, 領議政俞所啓, 此卽黃海監司趙明鼎狀啓也, 頃因筵教, 白翎鎭追捕武士不均之弊, 問于該道矣,

49) 양민 신분의 장정.

50) 조선시대 군역(軍役)에 복무하지 않는 대신, 정군(正軍)이 현역에 복무 과정에서 드는 비용을 부담하는 장정.

卽見黃海監司趙明鼎狀啓, 則枚擧水使許塗牒報, 以爲白翎鎭所在均廳稅納私船十八隻, 特令免稅, 以爲專管追捕之役事, 請令廟堂稟處矣, 私船免稅, 旣無可論, 設令免稅, 若使勿爲出他興利, 長立追捕, 則誰肯出物力造船, 徒應公役乎, 近來良丁, 雖曰苟艱, 本道比畿湖有間, 百餘名推移, 似必不難, 本島所在軍保一百二十四名, 使道臣, 分排移定於閑丁有裕邑後, 此軍保則全數充定於追捕軍, 使之分番追捕, 則事甚順便, 依此變通之意, 分付何如, 上曰, 依爲之.

『일성록』 1791년(정조 15) 12월 14일

백령진에 당선(唐船)이 표류해 왔다는 황해감사 이경일(李敬一)의 계(啓)에 대한 전교(傳敎)

[역주]

황해감사 이경일(李敬一)이 백령진에 당선이 표류해 왔다고 치계한 데 대해 전교하기를,

저들이 원하는 대로 즉시 돌려보내되 음식을 잘 대접하고 옷가지를 넉넉히 주어서 돌보는 뜻을 보이도록, 묘당에서 엄히 경계하여 신속히 분부하게 하라 하셨다.

[원문]

黃海監司李敬一, 以白翎鎭唐船漂到事馳啓敎, 以從願卽爲還送, 而厚饋加着, 以示撫恤之意事, 令廟堂嚴飭, 星火分付.

『일성록』 1791년(정조 15) 12월 14일

백령진에 표류해 온 사람들은 자문(咨文)을 지어서 만부(灣府)로 보내 봉성(鳳城)에 들여보낼 것을 청하는 비변사(備邊司)의 계(啓)

[역주]

비변사에서 계(啓)하기를,

방금 황해감사 이경일(李敬一)과 수사 이우현(李禹鉉)의 등보(謄報)[51]를 보니, **백령진**에 표류해 온 한인(漢人) 18명은 과연 등주부(登州府) 영성현(榮城縣)의 상선(商船)에 탔다가 표류한 자들이었고, 뱃길을 통해 돌아가기를 원한다고 하였습니다. 수표(手標)를 내주고 즉시 출발시켜 보내되 바닷길에서 먹을 양식과 시유(柴油)를 넉넉히 지급하고 선척을 수선하는 물자도 즉시 마련해 주며, 돌려보내기를 기다려 자문을 지어서 만부로 보내 봉성에 들여보내게 하는 것이 어떻겠습니까. 하니,

윤허한다 하셨다.

[원문]

備邊司啓言, 卽見黃海監司李敬一水使李禹鉉謄報, 則以爲白翎鎭漂到漢人十八名, 果是登州府榮城縣商船之漂流者, 而願從水路還歸云矣. 捧手標卽爲發送, 而越海糧及柴油從厚題給, 船隻修葺之物亦卽措給, 待其還送撰出咨文, 請下送于灣府, 使之入送鳳城. 允之.

---

51) 원본을 그대로 베껴서 보고함.

『승정원일기』 1865년(고종 2) 8월 14일

백령진에 닻을 내린 수상한 선박을 제멋대로 돌아가게 한 해당 첨사 임경모(任景模)를 파면할 것을 청하는 황해수사(黃海水使) 윤석구(尹錫九)의 장계(狀啓)

[역주]

황해수사 윤석구(尹錫九)가 장계에서,

백령진(白翎鎭)에 닻을 내린 수상한 선박을 잡아서 억류함이 마땅한데, 제멋대로 중간에 돌아가게 하였으니 변경의 실정을 생각할 때 엉성함이 막심합니다. 해당 첨사 임경모(任景模)를 우선 파면한 뒤에 그 죄상을 해당 관아로 하여금 품처(稟處)하게 하십시오. 평상시에 엄중하게 경계시키지 못하였기에 황공하여 대죄합니다. 하니,

전교하기를,

수상한 선박을 실정을 심문하지 못한 것은 변방의 정사로 헤아려 볼 때 극히 소홀하다. 그러나 잠깐 정박하였다가 곧바로 떠나갔으므로 잡아서 힐문할 여유가 없었으니 용서할 만한 단서가 있기도 하다. 해당 첨사는 우선 죄과가 정해질 때까지 공직을 수행하게 하라. 또 황해수사는 대죄(待罪)하지 말도록 회유(回諭)하라 하셨다.

[원문]

以黃海水使尹錫九狀啓, 白翎鎭碇留異船, 宜乎執留, 而任他徑歸, 言念邊情, 疎虞莫甚. 該僉使任景模, 爲先罷黜, 其罪狀, 令攸司稟處, 常時不飭, 惶恐待罪事. 傳曰, 異船之未及問情, 揆以邊政, 極其疎忽, 而乍泊旋去, 旣無執詰之暇則容有可恕之端. 該僉使, 姑令戴罪行公, 爾其勿待罪事, 回諭.

『승정원일기』 1866년(고종 3) 3월 12일

조니만호(助泥萬戶) 함경억(咸慶億)을 곤장을 친 후 **백령진**에 가둘 것을 청하는 조성교(趙性敎)의 계(啓)

[역주]

조성교가 의금부의 말로 계(啓)하기를,

황해수사 이종승(李鍾承)의 장계에 의하면, 조니만호(助泥萬戶) 함경억(咸慶億)이 생활이 넉넉한 백성들에게 뇌물을 바치라고 하였고 형벌을 가혹하게 하여 탐학을 일삼았으니, 우선 파면한 후에 그 죄상을 유사로 하여금 품처(稟處)하게 해 달라고 하였습니다. 이 일과 관련하여, 그동안 선을 권장하고 악을 징계하기 위해 입법(立法)한 것이 어떠한가를 살펴보았는데, 그런데 지금 이 장계의 내용을 보면 해당 진(鎭)의 장수가 법을 무시하며 탐욕을 부리기를 이렇게까지 기탄없이 하였으니 죽여도 조금도 애석할 것이 없으므로 빨리 효수형을 시행함으로써 징계하고 권면하는 방도로 삼아야 하겠으나, 마침 경사스러운 때이고 자전(慈殿 : 임금의 어머니)의 전교도 받들었으니 특별히 한 등급을 감하여 수사가 모래사장에 군민(軍民)을 대대적으로 모아 놓고 죽지 않을 정도로 곤장 30대를 호되게 쳐서 **백령진**(白翎鎭)에다 엄히 가두라고 명을 내리셨습니다. 함경억은 군민을 모래사장에 대대적으로 모아 놓고 죽지 않을 정도로 호되게 곤장 30대를 친 후에 백령진에다 엄히 가두라는 뜻으로 해당 수신(帥臣 : 병마절도사와 수군절도사)에게 분부하는 것이 어떻겠습니까. 하니,

전교하시기를, 윤허한다 하셨다.

[원문]

趙性敎, 以義禁府言啓, 因黃海水使李鍾承狀啓, 助泥萬戶咸慶億, 索賂饒民, 酷刑貪虐, 爲先罷黜, 其罪狀, 令攸司稟處事判付內, 奬善懲惡之前後立法, 顧何如而今此狀辭, 該鎭將之蔑法貪饕, 如是無難, 殺之無惜. 固當亟施梟警, 以爲懲勵之道, 而時値慶會, 又承慈敎矣. 特貸一縷, 水使, 大會軍民於沙場, 限死嚴棍三十度, 白翎鎭嚴囚事, 命下矣. 咸慶億, 大會軍民於沙場, 限死嚴棍三十度, 後嚴囚於白翎鎭之意, 分付於該帥臣處, 何如. 傳曰, 允.

『승정원일기』. 1871년(고종 8) 5월 26일

백령도에 표류해 온 중국인들을 육로로 돌려보낼 것 등을 청하는 의정부의 계(啓)

[역주]

의정부에서 계(啓)하기를,

지난번 해서(海西) 도수신(道帥臣)[52]의 장계로 인하여, 백령도에 표류해 온 대국인(大國人) 7명은 뒤에 도착한 대선(大船)이 있는 곳을 탐문하여 그 배에 태워 돌려보내라는 뜻으로 거듭 아뢰고 행회(行會)[53]하였습니다. 그런데 지금 해당 감사 서원보(徐元輔)와 수사(水使) 윤(尹)의 장계를 보니, 본래 그들이 타고 온 배가 이미 멀리 달아나서 돌려보내지 못하여 데리고 돌아왔으니, 우리나라 선박을 마련해 주어서 돌려보내도록 하고, 추격하여 붙잡은 당인(唐人) 2명과 포르투갈인 2명을 함께 배에 태워 보내는 일을 묘당으로 하여금 품지(稟旨)하여 분부하게 해 달라고 하였습니다. 이보다 앞서 표류해 온 사람이 이미 육지를 통하여 돌아가기를 원하였고, 또

52) 조선시대의 도신(道臣)과 수신(帥臣). 즉 도신인 관찰사와 수신인 병마사와 수군절도사를 통틀어 이르는 말.

53) 관아의 우두머리가 조정의 지시와 명령을 부하들에게 알리고 그 실행 방법을 의논하여 정하기 위하여 모이던 일. 또는 그런 모임.

한 대선(大船)이 멀리 달아나 형적이 없으니 돌려보내는 일은 형편상 방법이 없으니, 모두 추후로 도착한 사람과 더불어 육로(陸路)로 보내고, 음식을 공급하되 서로 뒤섞이는 것을 금지시키며, 연로(沿路)의 쇄마(刷馬)는 지나가는 각 고을에 특별히 경계시키고, 저들이 가지고 가는 물건 외에 선박 및 버리고 가는 물건은 보이는 곳에서 그들이 원하는 대로 시행하되, 불태워버릴 만한 것은 불태워버리고 절가(折價)할 만 한 것은 절가하되 일일이 검찰(檢察)하여 혹시라도 잃어버리는 폐단이 없도록 해야 합니다. 이어 역학(譯學)과 차원(差員)으로 하여금 차례차례 보내게 하고 자문을 발송하거든 장계로 아뢰도록 하되, 괴원(槐院 : 승문원)으로 하여금 짓게 하여 들여보내는 것이 어떻겠습니까. 하니,

전교하시기를, 윤허한다 하셨다.

[원문]

府啓曰, 頃因海西道帥臣狀啓, 白翎漂到大國人七名, 探問後來大船所在處, 順付發送之意, 覆啓行會矣, 卽見該監司徐元輔, 水使尹狀啓, 則原船旣已遠遁, 無以順付領還, 辦給我國船隻, 使之回送, 追捉唐人二名布人二名, 同載竝送事, 請令廟堂稟旨分付矣, 前此漂人, 旣願從陸而歸, 且大船遠遁無形, 則順付領送, 其勢末由, 竝與追到人, 使之旱路發送, 供饋禁雜沿路刷馬, 另飭所經各邑, 彼人帶去物件外, 船隻與棄置之物, 於其所見處, 從其願施行, 而可以燒火者燒火, 可以折價者折價, 一一檢察, 毋或有闕失之弊, 仍令譯學與差員, 次次領付, 咨文, 待發送狀聞, 令槐院, 撰出入送, 何如, 答曰, 允.

『승정원일기』 1881년(고종 18) 3월 9일

백령진과 **대청도**에 표류한 중국인의 선재(船材)를 불태울 것 등을 청하

는 의정부의 계(啓)

[역주]

의정부에서 계(啓)하기를,

지금 황해감사 강난형(姜蘭馨)과 수사(水使) 이규회(李奎會)의 장계를 보니, **백령진**과 **대청도**에 표류한 중국인 9명을 조사하였는데 모두 봉천부(奉天府) 사람들로서 행상(行商)하던 중 무장현(茂長縣)의 고니포(古尼浦)에서 표류되었다가 돌아가는 길에 본도에 다시 정박한 자들이었으며, 저들은 육로로 돌아가기를 원하고 있는데 소지한 물건 중에 가져가기를 원치 않는 것은 돈으로 대신 바꾸어 주고 파손된 선재(船材)는 저들이 보는 앞에서 불태우는 것이 마땅할 듯하니, 묘당으로 하여금 품지하여 분부하게 해 달라고 하였습니다. 이들은 무장현에서 표류되었다가 돌아가던 길에 다시 정박한 자들입니다. 배가 이미 파손되어 저들이 육로로 돌아가기를 원하고 있으니, 먼 곳의 사람을 돌보아주어야 하는 의리로 보아 그들의 요청을 들어주지 않을 수 없습니다. 역학(譯學)으로 하여금 의주(義州)로 데려가 넘겨주되 쇄마(刷馬)를 주어 바꾸어 타도록 하고, 음식을 주고 보살펴 주는 일도 특별히 신칙하여 거행해야 합니다. 저들이 버린 파손된 선재를 불태우는 일과 소지한 물건을 가지고 가거나 돈으로 바꾸어 주는 일은 전례에 따라 허락하게 하고, 저들이 출발했다는 장계를 기다려 통리아문으로 하여금 자문(咨文)을 지어 보내게 하는 것이 어떻겠습니까. 하니,

전교하시기를, 윤허한다 하셨다.

[원문]

府啓曰, 卽見黃海監司姜蘭馨水使李奎會狀啓, 則白翎鎭大青島漂到大國人九名問情, 則俱以奉天府之人, 行商漂到于茂長縣古尼浦, 還歸之路, 再泊本島者, 而彼願陸路回去, 所持物件中, 不願帶去者, 折銀以給, 破船材, 彼人所見處燒火, 恐合便宜, 請令廟堂稟旨分付矣, 此是茂長漂到人之歸路轉泊者也, 船旣破傷, 彼願由陸, 則其在柔遠之義, 不容不曲從其請, 使譯學, 領付灣府, 而刷馬替騎, 供饋看護之節, 竝另飭擧行, 棄實船材之燒火, 所持物件之帶去與換給, 依已例許施, 待還發狀聞, 咨文, 令統理衙門, 撰送何如, 答曰, 允.

『승정원일기』 1884년(고종 21) 12월 30일

백령도의 강도 이창서 등을 수영(水營)으로 압송하여 효수할 것 등을 청하는 의정부의 계(啓)

[역주]

의정부에서 계(啓)하기를,

지난번 중국인들을 협박해 짐을 빼앗은 **백령도**의 강도 가운데 도망중인 주동자 이창서(李昌西), 유영석(柳永石), 우재기(禹在己) 등 세 명은 기한을 정해 탐문해 붙잡을 것으로 엄하게 신칙하여 공문을 보냈는데, 지금 황해 감사 윤우선(尹宇善)의 보고를 보니, 이상의 세 사람을 지금 붙잡아서 본 감영의 옥에 가두었다고 하였습니다. 무리를 지어 불사르고 겁탈하였으니 이미 지극히 막되고 악독하며, 상무(商務)에 관계된 일이어서 또한 가벼이 처리할 수 없습니다. 현재 갇혀 있는 세 명을 다시 끝까지 조사하여 주동자를 적발해 수영(水營)으로 압송한 뒤, 해당 수신(帥臣)으로 하여금 크게 군민을 모아 놓고 효수하여 뭇 사람들을 경계시키고, 그 나머지 두 명은 엄하게 형장을 가한 뒤 멀리 유배하라고 관찰사에게 분부하는 것이 어떻겠습니까. 하니,

전교하시기를, 윤허한다 하셨다.

[원문]

府啓曰, 向以劫奪華人貨物之白翎島强盜在逃首倡李昌西柳永石禹在己三漢, 定限譏捉之意, 嚴飭發關矣, 卽見黃海監司尹宇善所報, 則以爲, 右項三漢, 今玆捉得, 牢囚營獄云矣, 聚黨焚劫, 已極駭悖, 而商務所關, 亦係不輕, 現囚三漢, 更加窮覈, 摘出渠魁, 押送水營, 令該帥臣, 大會軍民, 梟首警衆, 其餘兩漢, 嚴刑遠配事, 分付道臣何如, 答曰, 允.

2. 대청도

『승정원일기』 1691년(숙종 17) 7월 7일

대청도와 **소청도**에서 소나무와 참나무를 몰래 베어가는 폐해를 근절시킬 것을 청하는 민종도(閔宗道)의 계(啓)

[역주]

다시 계(啓)하기를,

이전에는 **대청도**와 **소청도**에 소나무 외에 참나무도 무성하여 다 쓸 수 없을 정도였습니다. 근래에는 뱃사람들이 몰래 베어가는 폐해가 끝이 없어 소나무는 이미 모두 없어져 참나무로 배를 만들고, 수색할 때에도 매번 백령진의 백성들이 마음대로 훔쳐 배에 가득 싣고 돌아가니, 소나무가 희소(稀少)함은 말로 다 할 수 없으며 참나무도 장차 사라질 것이라 합니다. 비변사에서 본 도(道)의 감사와 강도(江都) 및 백령진에 분부하여 매번 수색선이 돌아오는 날에 관가에서 적간(摘奸)하게 하고, 만약 금지한 법을 어기는 자가 있으면 각각 엄치 처벌하여 몰래 베어가는 폐해를 근절함이 어떻겠습니까. 하니,

임금께서 말씀하시기를,

사태가 매우 놀라우니, 본 도(道)와 두 진(鎭)에 분부하여 각각 엄히 금할 것이며, 만약 체포된 자가 있으면 엄히 다스리는 것이 옳을 것이다 하셨다.

[원문]

又所啓, 在前則大小靑島松木外, 眞木亦爲茂盛, 不可勝用矣。近來船人輩偸斫之弊, 罔有紀極, 松木旣盡, 又以眞木造船, 每於搜討之時, 白翎鎭民, 咨意偸取, 滿載以歸, 松樹之稀少, 已不可言, 而至於眞木, 亦將絶乏云. 令備局, 分付本道監司及所江白翎兩鎭, 每當搜討船回泊之日, 輒自官家摘奸, 如有犯禁者, 各別重治, 以杜偸斫之患, 何如. 上曰, 事甚可駭, 分付本道及兩鎭, 各別嚴禁, 如有見捉者, 重治, 可也.

『승정원일기』 1746년(영조 22) 7월 8일

대청도와 소청도에서 방목하는 마필수가 다르니 관원을 파견하여 다시 점고할 것을 청하는 사복시(司僕寺)의 계(啓)

[역주]

다시 사복시(司僕寺)의 관원이 제조(提調)의 뜻으로 계(啓)하기를,

황해도의 **대청도**와 **소청도**에서 방목하는 말은 갑자년에 점고한 이후로 마필수가 매우 달라 본 도(道)로 관문을 보냈습니다. 본 도(道)에서는 풍천부사 이경춘(李景春)을 별도로 사관(査官) 겸 감목관으로 삼아 **백령첨사** 원중회(元重會)를 안동(眼同)[54]하여 조사하였습니다. 그러나 조사하여 보고한 문서에는 마필수가 매우 다른 이유가 명백하지 않아 다시 한 번

54) 한 가지 사항에 함께 입회(入會)하여 처리

명백하게 조사하지 않을 수 없으니, 장마가 조금 그치기를 기다려 말을 점고하는 관원을 별도로 임명하여 파견함이 어떻겠습니까. 하니,

전교하시기를, 윤허한다 하셨다.

[원문]

又以司僕寺官員, 以提調意啓曰, 黃海道大青島放牧之馬, 甲子點馬之後, 匹數大段相左, 發關本道. 自本道豐川府使李景春, 別定査官兼監牧官, 白翎僉使元重會, 眼同行査. 而査報之狀, 終欠明白, 馬匹相左曲折, 不可不一番明覈, 待霖雨小霽, 點馬官別擇發送, 何如. 傳曰, 允.

『승정원일기』 1747년(영조 23) 2월 10일

대청도는 말을 기르기에 부적합하니 다시 백령도로 옮길 것을 청하는 사복시(司僕寺)의 계(啓)

[역주]

다시 사복시(司僕寺)의 관원이 제조(提調)의 뜻으로 계(啓)하기를,

장연 **대청도** 목장 마정(馬政)의 허술한 폐단은 전에 이미 복주(覆奏)[55]에서 모두 아뢰었습니다. **대청도**는 본래 돌이나 모래가 많이 섞인 거친 땅으로 방목하게에 적당하지 않으며, 마필이 번식하지 않는 것도 대부분 이에서 비롯된 일입니다. 만약 다시 이전처럼 내버려 두고 즉시 변통(變通)하지 않는다면 몇 마리 남은 말도 죽거나 멸종할 지경에 이르지 않을 수 없으니, 농사철 이전에 **백령도**의 옛 목장에 다시 방목하는 것은 어쩔 수 없는 일입니다. 다만 그곳에 있는 마필은 모두 암말이어서 새끼를 낳아 기를 방도가

---

55) 다시 심사하여 임금에게 아룀.

없으니, 앞으로 제주의 세공마(歲貢馬)[56]가 올라오기를 기다렸다가 수말 10 여필을 보내 씨를 받게 하는 것이 어떻겠습니까. 하니,

전교하시기를, 윤허한다 하셨다.

[원문]

又以司僕寺官員, 以提調意啓曰, 長淵大靑島牧場馬政虛疏之弊, 前已悉陳於覆奏中. 以大靑本以磽确之地, 不合於放牧, 馬匹之不得蕃息, 亦多由此矣. 若復因循置之, 不卽變通, 則若干餘馬, 將不免爲盡斃絶種之境, 趁今農前, 還放白翎島舊牧場, 在所不已. 而但所在馬匹, 皆是雌馬, 孳長無路, 待來頭濟州歲貢馬上來, 雄馬十餘匹, 下送添放, 以爲取種之地, 何如. 傳曰, 允.

『비변사등록』 1771년(영조 47) 2월 23일

백령도와 **소청도**에 표류해 온 중국인 22명은 이미 돌려보냈으니 자문을 지어 만부로 보내기를 청하는 우의정 김상철(金尙喆)의 계(啓)

[역주]

2월 23일 약방(藥房 : 내의원)이 입진(入診)[57]하는 데에 예방승지(禮房承旨) 유신(儒臣) 등이 함께 입시(入侍)하였을 때, 우의정 김상철(金尙喆)이 계(啓)하기를,

지금 황해감사 홍량한(洪良漢)과 수사(水使) 이계상(李啓祥)의 장계를 보니, **백령도**와 **소청도**에 표류해 온 중국인 22명은 이미 돌려보냈다고 하였

56) 지방에서 해마다 공물로 바치던 말.

57) 임금을 진찰하러 들어감.

으니, 괴원(槐院 : 승문원)으로 하여금 전례에 따라 자문(咨文)을 짓게 하고 별도로 금군(禁軍)에게 말을 지급하여 만부(灣府)로 보내, 그들로 하여금 봉황성장(鳳凰城將)에게 인계하여 다시 북경으로 보내게 하는 것이 어떻겠습니까. 하니,

임금께서 말씀하시기를, 그렇게 하라 하셨다.

[원문]

今二月二十三日藥房入診, 禮房承旨儒臣, 同爲入侍時, 右議政金所啓, 卽見黃海監司洪良漢水使李啓祥狀啓, 則白翎小青島漂到大國人二十二名, 今已還送云, 令槐院依例撰出咨文, 別定禁軍給馬, 下送于灣府, 使之傳給鳳凰城將處, 以爲轉送北京之地何如, 上曰, 依爲之.

『비변사등록』 1777년(정조 1) 12월 4일

백령진와 **대청도**에 표류한 사람들에게 사정을 물어보고 그들이 원하는 대로 육로로 돌려보낼 것 등을 청하는 비변사(備邊司)의 계(啓)

[역주]

비변사에서 계(啓)하기를,

지금 황해수사 황채(黃寀)와 감사 서유영(徐有寧)의 장계 및 등보(謄報)를 보니, 중국 성경(盛京)[58] 봉천부(奉天府) 남금주(南錦州) 사람 9명, 광동성 조주부(潮州府) 징해현(澄海縣) 사람 14명, 복건(福建) 사람 1명이 함께 **백령진 대청도**에 표류해 왔는데, 그들의 표문(票文)을 살펴보고 그 사정을 물

58) 중국 요녕성(遼寧省) 심양(瀋陽)의 청나라 초기 이름. 북경으로 천도 후에는 봉천(奉天)이라고 불렀다.

어보니 남금주 사람들은 고기를 잡다 표류해 왔고 징해현 사람들과 복건 사람은 상선(商船)을 타고 표류해 왔으며, 그들이 진정 바라는 것은 배가 부서져 육로로 돌아가기를 바란다고 하였습니다. 현재 표류된 사람들의 배는 이미 파손되었으니 그들이 바라는 대로 육로로 들여보내되, 입을 옷은 전례에 따라 지급하고, 연로(沿路)의 쇄마(刷馬)와 차원(差員)을 정해 호송하는 절차와 저들의 물건 가운데 운송할 수 있는 것은 쇄마로 운송하고, 운송하기 어렵다고 여겨지는 것은 후히 절가(折價)하여 지급하며, 파손된 배에서 쓸 수 있는 것은 전례에 따라 절급(折給)하고 소용이 없는 것은 즉시 불태우며, 본 영(營)의 역학(譯學) 1명은 연로(沿路)의 역학이 있는 곳에서 기록하고, 이번에 영광과 진도에 두 곳에 표류된 사람들을 영솔해 가는 자관(咨官)[59]의 행렬에 도착하면 한편으로 호송하며 한편으로 장문(狀聞)[60]하도록 이미 비변사에서 관문을 보내 통지하였습니다. 날씨가 이처럼 추운데 음식을 공급하는 등의 절차는 별도로 신칙하여 거행함으로써 조정에서 두텁게 은혜를 베풀어 구휼하고 있다는 뜻을 보여주고, 자관(咨官)이 출발한 지 이미 여러 날이 지났으니 도수신(道帥臣)을 신칙하여 속히 기록하게 하며, 자문(咨文)은 괴원(槐院)에서 속히 짓도록 하여 금군(禁軍)의 기발(騎撥)[61]을 통해 내려 보내 자관(咨官)이 도착한 곳에서 전달하여 북경으로 들여보내게 하는 것이 어떻겠습니까. 하니,

답하시기를, 윤허한다 하셨다.

[원문]

司啓辭, 卽見黃海水使黃宋監司徐有寧狀啓謄報, 則以爲大國盛京奉天府南錦州人九名, 及廣東省潮州府澄海縣人十四名, 福建人一名, 俱爲漂

59) 조선시대에 중국 예부(禮部)에 자문(咨文)을 가지고 가는 임시 관직.

60) 장계를 올려 임금에게 아룀.

61) 조선시대에 말을 타고 공문 및 군사정보를 연락하던 통신수단.

到於白翎鎭大靑島, 而考其票文, 見其問情, 則南錦州人, 以捕魚漂來, 澄海縣人及福建人, 亦以商船漂來者, 而渠輩情願, 船隻破傷, 欲從旱路還歸云矣. 今此漂人等船隻, 旣如是破傷, 依其願從旱路入送, 而所着衣袴, 依例製給, 沿路刷馬, 定差員護送等節, 及彼人物件中可以運致者, 亦以刷馬替送, 卜重難運者, 從厚折價以給, 所破船隻, 可以有用, 則依例折給, 如果無用, 則卽地燒火, 以本營譯學一人, 領付於沿路有譯學處, 以抵於今番靈光珍島兩漂人領去咨官之行, 而一邊治送, 一邊狀聞事, 已自備局行關知委矣. 日寒如此, 凡干供饋等節, 另飭擧行, 以示朝家優恤之意, 咨官之發行, 已過累日, 申飭道帥臣, 卽速領付, 而咨文則令槐院, 卽爲撰出, 定禁軍騎撥下送, 傳給于咨官所到處, 以爲入送北京之地何如. 答曰, 允.

『일성록』 1793년(정조 17) 2월 20일

장연의 **대청도**와 **소청도**에는 황해수사로 하여금 별도로 비장(裨將)을 보내 상황을 살피게 하고, 선천(宣川)의 신미도(身彌島)와 철산(鐵山)의 대가차리도(大加次里島) 및 가도(椵島)에는 선천부사로 하여금 직접 상황을 살피게 한 뒤에 모두 도형(圖形)을 그려 장계로 보고할 것을 청하는 좌참찬(左參贊) 정민시(鄭民始)의 계(啓)

[역주]

좌참찬(左參贊) 정민시(鄭民始)가 계(啓)기를,

지금 나라의 계책 중 가장 걱정스러운 것은 경비가 부족하다는 것이고, 경비가 부족하게 된 것은 모두 실제로 경작하는 농토가 점차 축소되고 빈 땅이 공연히 버려져 있기 때문입니다. 빈 땅으로는 서북의 폐사군(廢四郡)과 후주(厚州) 서남쪽의 수많은 바다 섬들이 있는데, 이곳은 애당초 야인(野人)이 들어와 살았거나 해적이 침범해 왔기 때문에 공연히 버려두었습니다. 그러나 지금은 야인이나 해적에 대한 걱정이 없어진 지 벌써 수백 년이나 지났는데도 백성들의 경작과 거주를 허락하지 않고 있습니다. 예전에 이르기를 날마다 100리를 개척한다고 하였는데 지금은 우리의 유용한 토지를 한전(閑田)[62]으로 만들어 놓고 있으니, 이는 매우 명분이 없는 일입니다. 고려 때 조운흘(趙云仡)은 **대청도**와 **소청도** 등에는 모두 옥토(沃土)에 경작하는 이익과 고기를 잡거나 소금을 굽는 이익이 있다고 하였으며, 고(故) 상신(相臣) 유성룡(柳成龍)은 신미도 등은 지세가 광활하여 둔전(屯田)을 두어 사람이 살게 할 수 있다고 하였으니, 이는 어찌 본 바가 없이 그렇게 말하였겠습니까. 근래에는 인구가 많이 늘었으나 경작할 땅이 없는 자가 대부분이니, 지금 이 백성들을 모집해서 바다 섬에 들여보내 경작하게 한다면 모두에게 이익이라고 할 수 있습니다. 신의 생각에는 우선 장연의 **대청도**와 **소청도**에는 황해수사로 하여금 별도로 비장을 보내 상황을 살피게 한 뒤에 도형을 그려 장계로 보고하게 하고, 선천의 신미도와 철산의 대가차리도(大加次里島) 및 가도(椵島)에는 선천부사로 하여금 직접 상황을 살피게 한 뒤 역시 도형을 그려 장계로 보고하게 하여, 의논하여 처리하는 것이 좋을 듯합니다. 감히 이처럼 삼가 진달합니다. 하니,

그대로 따랐다.

[원문]

左參贊鄭民始啓言, 今之爲國計者, 最所憂悶在於經費之不足, 而其所不足者, 專由於實結之漸縮曠土之空棄, 至於曠土則如西北廢四郡厚州西南之許多海島, 初或因野人之入居, 海賊之來侵, 空棄其地, 而今則無野人海賊之患, 已過數百年, 而猶不許民人之耕居, 古稱日闢百里, 今以我有用之地, 便作閑田者, 極爲無義, 高麗趙云仡以爲大青小青等島, 皆有沃壤

62) 경작하지 않는 땅.

魚鹽之利, 故相臣柳成龍, 以爲身彌等島, 地勢曠闊可堪屯田人居云, 此豈無所見而然哉, 近來人衆繁息, 而無地耕作者居多, 今若以此民人募入於海島, 使之耕種, 則可謂兩利, 臣意則爲先長淵之大靑小靑島, 使黃海水使別遣親裨, 看審形止圖形狀聞, 宣川之身彌島鐵山大加次里島椵島, 則使宣川府使親爲看審其形止後, 亦使圖形狀聞, 以爲議處之地, 似好, 故敢此仰達, 從之.

『비변사등록』 1793년(정조 17) 4월 29일

대청도와 **소청도**에 백성이 들어가서 살도록 허락해 주고 소나무와 잡목이 무성한 곳은 개간하게 할 것을 청하는 비변사(備邊司)의 계(啓)

[역주]

비변사(備邊司)에서 계(啓)하기를,

황해수사 이우현(李禹鉉)의 이 장계를 보니, **백령첨사** 김혁(金爀)의 첩정(牒呈)을 낱낱이 거론하여 아뢰기를, **대청도**와 **소청도**를 일일이 살펴보니, **대청도**는 동서가 30 리이고 남북이 20 리이며 개간할 만한 곳이 3분의 1이며, **소청도**는 동서가 10여 리이고 남북이 5 리 남짓이고 개간할 만한 곳이 3분의 2라고 하였습니다. 현재 백성이 날로 늘어나는 시기에 사물의 효용을 극대화하고 백성의 삶을 풍요롭게 하는 방도와 관련된 것은 조금도 소홀히 할 수 없습니다. 지금 이 두 섬은 면적이 넓은 데다 토질도 비옥하니, 백성에게 경작하여 먹고살게 하는 것이 실로 사리에 합당하겠습니다. 그리고 해안 방어의 측면에서 말하더라도, 황당선이 해마다 빼먹지 않고 출몰하여 고기잡이를 하니, 지금부터 토지를 개간하고 백성을 모집한 뒤에 황당선을 추격하여 붙잡는 일과 멀리 동태를 살피는 일 등을 연해(沿海)에 위치한 다른 고을들처럼 하도록 한다면, 변경을 굳건히 하는 정사에도 해가 되지 않습니다. 이리저리해도 일거양득이라고 할 수 있으니, 해당 수신(帥臣)에게 분부하여 백성을 모집해서 경작하도록 허락하고 농삿소와 씨앗을 편리한 대로 도와주게 하는 것이 좋겠습니다. 그리고 가까이 하는 비장(裨將)을 보내 때때로 점검하게 하고, 민호(民戶)가 들어가서 사는지 여부와 전답을 얼마나 개간했는지도 그때그때 즉시 급히 보고하게 하여 부지런함과 게으름을 평가해 처리할 수 있도록 하는 것이 좋겠습니다. 그리고 두 섬 안에는 소나무와 잡목(雜木)이 곳곳마다 무성하다고 합니다. 따라서 개척한 뒤에야 개간할 수가 있으니, 산허리 이상은 우선 그대로 두고 평지의 개간할 만한 곳에 있는 나무는 우선 베어다가 판매하여 맨 처음 운용할 물력을 마련하도록 하는 것도 매우 편리하고 좋겠습니다. 모두 이러한 뜻으로 분부하는 것이 어떻겠습니까. 하니,

답하시기를, 윤허한다 하셨다.

[원문]

司啓曰, 頃以大小靑島形止, 使白翎僉使更爲親審報來後, 狀聞之意分付該水使處矣, 觀此黃海水使李禹鉉狀啓, 則枚擧白翎僉使金爀牒呈以爲, 大小靑島一一看審, 則大靑島東西三十里, 南北二十里可墾處, 爲三分之一, 小靑島東西十餘里, 南北五里許可墾處, 爲三分之二云矣, 見今生齒日繁之時, 凡係利用厚生之道, 不容少忽, 今此兩島幅圓旣廣, 土品且沃, 則許民耕食實合事宜, 且以海防言之, 荒唐船之出沒漁採無歲無之, 若自今土闢而民聚, 追捕瞭望等節, 如沿海諸處, 則亦不害爲固邊之政, 以此以彼, 可謂一擧而兩得, 分付該帥臣, 使之募民許耕, 農牛種資從便顧助, 發遣親裨, 時時檢察, 而民戶之入接與否, 田土之起墾多少, 亦令隨卽馳報, 以爲考勤慢處之之地, 且兩島中松雜木處處茂密云, 開拓後始可起墾, 山腰以上姑爲仍置, 平地可墾處所在樹木, 爲先斫取發賣, 以爲經紀之物力, 亦甚便好, 竝以此意分付何如, 答曰, 允.

3. 연평도

『승정원일기』 1653년(효종 4) 4월 6일

용매(龍媒)와 **연평**(延坪)으로 목장을 옮기는 것은 이로움이 없다는 사복시(司僕寺)의 계(啓)

[역주]

사복시(司僕寺)의 관원이 제조(提調)의 뜻으로 계(啓)하기를,

이전에 용매만호(龍媒萬戶) 황시중(黃時中)이 목장을 옮기자는 소(疏)로 인해 본 시(寺)에서 회계(回啓)[63]하였는데, 어쩔 수 없이 내년 봄이 되기를 기다려 말을 전부 잡아 전사(戰士)에게 나누어 주는 일에 대한 판부(判付)[64]에서 내년 봄에 말을 잡아들일 때 다시 아뢰라고 명령하셨습니다. 용매와 **연평**의 형세를 다시 탐문해 보니, 용매는 만조(滿潮)가 되면 섬이 되었다가 조수가 물러가면 육지와 이어지지만 땅은 협소합니다. 이제 말을 옮기는 것은 오직 진(鎭)을 설치하기 위한 것이라 하지만, 단지 살고 있는 백성들의 농사에 편리할 뿐 강도(江都)의 사안에는 도움이 되지 못합니다. **연평**의 경우도 물과 풀이 좋지 않을 뿐만 아니라 해적이 출몰하는 곳으로, 이전부터 마필이 점차 감소한 것은 실로 이러한 이유 때문이라고 합니다. 이로 미루어 본다면 말을 옮기는 이해(利害)와 편부(便否)를 분명히 알 수 있습니다. 비변사에서 거듭 아뢰어 재가한 일을 본 시(寺)가 다시 아뢸 수 없어, 이전 상소에 첨부한 절목(節目)을 다시 올려 삼가 재가를 기다립니다. 하니,

전교하시기를, 천천히 처리하는 것이 좋을 듯하다 하셨다.

---

63) 임금의 질문에 신하들이 심의하여 대답함.

64) 상주(上奏)한 사안에 대한 임금의 재가.

[원문]

司僕寺官員, 以提調意啓曰, 曾因龍媒萬戶黃時中移牧之疏, 本寺回啓, 不得已待明春沒數捉出, 分給戰士事, 判付內, 明春捉出時, 更稟爲之事, 命下矣. 龍媒及延坪形勢, 更加探問, 則龍媒潮滿則爲島, 潮退則連陸, 地且狹小, 今雖移馬, 專爲設鎭, 只便於居民之農作而已, 別無得力於江都之事, 至於延坪, 則非但水草不好, 且有海賊之出沒, 從前馬匹之漸縮, 實由於此云。以此推之, 則移牧之利害便否, 較然可知, 而備局覆啓定奪之事, 本寺不敢更有所仰稟, 前上疏粘目還入, 恭竢睿裁. 傳曰, 姑徐似當.

『승정원일기』 1675년(숙종 1) 3월 23일

말 점고의 폐단과 목장의 말을 옮겨 방목하는 일 그리고 전답을 나누어 지급하는 등의 일을 아뢰는 사복시(司僕寺)의 계(啓)

[역주]

사복시(司僕寺)의 관원이 제조(提調)의 뜻으로 계(啓)하기를,

황해감사의 장계로 비변사에서 -몇 글자 빠짐- 용매 목장의 말을 **연평**으로 옮겨 방목하고, 창린도(昌獜島)에서 기르던 말을 순위도(巡威島)로 옮겨 방목한다 하였습니다. 등산진(登山津) 근처 본 시(寺)의 전답 가운데 논 40 섬지기와 밭 30 날갈이[65]를 본 포(浦)에 나누어 지급하고, 식년(式年)[66]에 말을 점고하거나 감목관에게 명령하는 일을 본 시(寺)에서 즉시 거행하도록 윤허하셨습니다. 본 도(道)가 점고한 말을 내려 보내는 것은

65) 밭의 넓이. 소가 하루 낮 동안에 갈 수 있는 넓이. 밭의 넓이는 '일경(日耕)' 논의 넓이는 '낙종(落種)'으로 표기한다.

66) 자(子), 묘(卯), 오(午), 유(酉) 등의 간지(干支)가 들어 있는 해로 3년마다 한 번씩 돌아오는데, 이해에 과거를 실시하거나 호적을 조사하였다.

내년이 그 차례이므로 기한을 앞당겨 보내는 것도 불가한 것은 아니지만, 해서(海西)의 각 고을은 겨우 객행(客行 : 청나라 사신)이 지나다니고 지금은 농사철을 맞이하여 이때에 점고한 말이 지나가는 것은 다른 사람들에게 폐를 끼치지 않을 수 없습니다. 목장의 말을 옮겨 방목하고 전답을 나누어 주는 일은 말을 점고하는 것이 아니므로 거행할 수 있습니다. 해주 감목관에게 이와 같이 속히 거행하도록 명령하였고, 두 곳의 목장 땅은 진(鎭)과 포(浦)에 나누어 주었다 하더라도 기르던 말들을 이미 옮겼으므로 소속된 목자(牧子)[67]들로 응당 따라가야 합니다. 용매의 목자들은 연평에 배속시키고 창린도의 목자들은 순위도에 배속시키도록 분부하였습니다. 목장 주변의 기계와 구마군(駒馬軍 : 말몰이꾼)을 실어 나를 배를 지급하는 일은 본 도(道)에서 전례에 따라 거행하는 것이 마땅합니다. 또한 경기감사의 장계로 인한 비변사의 회계(回啓) 내용에, 목장의 말 70필을 붙잡아 육역(六驛)에 나누어 지급하는 일은 이미 재가를 받았는데, 목장의 말을 붙잡을 무렵에 그 폐단이 많았고 각 고을의 형편 역시 미처 겨를이 없으니 때를 기다려 거행해야 합니다. 이번에 용매와 창린도 두 곳 목장의 말들은 때마침 옮겨 방목한 적이 있었고 마적(馬籍 : 말을 기록한 장부)에도 기록되어 있으니, 그 가운데 4살 이상의 건장한 수말을 가려 뽑으면 44필이 되는데 이 말들을 기역(畿驛 : 경기의 역)[68]에 나누어 지급하였습니다. 그 나머지는 다른 목장의 말을 지급하여 70필 수효에 맞추는 것이 편리하고 합당할 것입니다. 경기감사가 각 역(驛)에 통보하여, 두 목장의 말들을 옮기는 시기에 맞추어 직접 가서 수령하게 하는 것이 어떻겠습니까. 하니,

전교하시기를, 윤허한다 하셨다.

---

67) 조선시대에 나라의 목장에서 마소를 먹이던 사람.

68) 양주(楊州)의 연서(延曙)·수원(水原)의 영화(迎華)·양주의 평구(平邱)·인천의 산림(産林)·장단(長湍)의 도원(桃源)·광주(廣州)의 경안(慶安) 등이 있다.

[원문]

司僕寺官員, 以提調意啓曰, 以黃海監司狀啓, 備邊司, (數字缺), 龍媒牧場馬, 移放於延坪, 昌獜島牧馬, 移放於巡威島. 登山津近處本寺田畓中, 畓四十石落種, 田三十日耕, 劃給本浦, 而或送式年點馬, 或分付監牧官, 令本寺劃卽擧行事, 允下矣. 本道點馬之下送, 明年雖是當次, 爲此前期發送, 亦未爲不可, 而海西各邑, 纔經客行, 正當農節, 此時點馬之行, 不無貽弊之端, 牧馬移放, 田畓劃給之事, 則雖非點馬, 亦可爲之. 令海州監牧官, 依此急速擧行, 而兩處牧地, 雖令劃給於鎭浦, 所牧之馬, 旣爲移放, 則所屬牧子輩, 亦當隨往. 龍媒牧子, 則移屬於延坪, 昌獜牧子, 則移屬於巡威之意, 竝爲分付. 環場機械及驅馬軍載運船隻定給等事, 令本道依例擧行, 宜當. 且曾因京畿監司狀啓, 備邊司回啓內, 牧場馬七十匹, 執捉分給六驛事, 旣已啓下, 而場馬執捉之際, 其弊不貲, 各邑事勢, 亦有所未遑, 使之待時擧行矣. 今此龍媒昌獜兩處牧場之馬, 適有移放之擧, 以馬籍所錄, 抄出其中四禾以上壯雄馬, 則至於四十匹, 以此分給於畿驛. 其餘則以他牧場馬捉給, 以準七十匹之數, 似爲便當。令京畿監司, 知委各驛, 趁兩場馬移放之時, 直爲分受以來, 何如. 傳曰, 允.

『승정원일기』 1759년(영조 35) 6월 23일.

연평도에 침범한 당선(唐船)에게 병부(兵符)와 인신(印信)을 빼앗긴 용매첨사와 전후 사정을 제대로 보고하지 못한 관찰사의 죄를 엄히 다스릴 것을 청하는 영의정 김상로(金尙魯)의 계(啓)

[역주]

김상로(金尙魯)가 아뢰기를,

이는 황해감사의 장계입니다. 이번 달 14일에 당선(唐船) 1척이 **연평도**

에 도착하였고, 16일에는 동쪽에서 닻을 올리는 등 여러 번 기내(畿內)를 침범하였습니다. 이에 용매첨사가 군병(軍兵)을 이끌고 들어오지 못하게 막았는데, 당선은 쇠갈고리로 배를 당기고 돌을 던지거나 혹은 몽둥이와 창을 들고 불시에 배에 올라 첨사와 군졸을 난타하였고, 병부(兵符)와 인신(印信)은 어디로 갔는지 알 수 없으며 군병 1명이 물에 떨어져 죽었으니, 사태의 놀라움이 이보다 심할 수 없습니다. 당선을 쫓아 버리는 것은 수사의 직책인데, 이처럼 안바다에 깊이 들어와 못된 행실을 부렸으니 수사 이국현(李國賢)의 죄상을 묘당(廟堂)에서 품처(稟處)하게 하고, 첨사는 방어를 잘하지 못하였으며 구타를 당하고 또한 인신과 병부를 잃어버렸으니 우선 파면시키고 묘당에서 품처하기를 청하였습니다. 이어서 추가로 도착한 장본(狀本)을 보니, 물에 떨어진 군병은 애초에 포로로 잡혔다가 풀려났고 병부와 인신도 빼앗겼다가 함께 돌려받았는데, 군병이 가지고 왔다 합니다. 먼 곳의 사정이라 미루어 헤아리기 어렵지만, 황당선이 안바다에 침입하여 이처럼 낭자하게 못된 행실을 부린 것은 매우 놀라운 일이며, 첨사 또한 하나의 관장(官長)인데 범인들을 가벼이 여기다가 수모를 겪고 구타를 당하였으며, 가지고 있던 병부와 인신도 비록 돌려받았다고는 하지만 처음에는 잃어버렸으니 지극히 한심하며, 이 일과 관련된 폐단은 징계하지 않을 수 없습니다. 용매첨사 이필대(李弼大)는 즉시 붙잡아 심문하여 엄히 처단하고, 평상시 방어를 엄중히 못해 이처럼 안바다에 마음대로 들어오고 아울러 변방의 장수를 난타한 일인데도 그 사정에 대한 보고가 더디게 처리된 것은, 직무를 다하지 못함이 심하다고 하겠습니다. 응당 해당 수사 이국현(李國賢)은 먼저 파직한 후 체포하고, 관찰사는 들은 대로 급히 보고하였다고 하지만, 사태가 엄중한데도 전후 사정이 이처럼 어긋나니, 자세히 살피지 못하였다는 책임에서 벗어나기 어려우므로 종중추고(從重推考)[69]이 어떻겠습니까. 하니,

임금께서 말씀하시기를, 그렇게 하라. 하고 나가셨다.

[원문]

尙魯曰, 此黃海監司狀啓也. 以爲本月十四日, 唐船一隻, 來到延坪島, 十六日擧碇東向, 幾犯畿境. 故龍媒僉使率軍兵防遏, 則唐船以鐵鉤挽船, 或投石或持杖槍, 不時上船, 亂打僉使軍卒, 兵符印信, 不知去處, 軍兵一名死落水中, 事之驚駭, 莫甚於此. 唐船追逐, 旣是水使職責, 而有此深入內洋作梗之患, 水使李國賢罪狀, 令廟堂稟處, 僉使則不善防禦, 身旣被打, 又失印符, 爲先罷黜, 亦令稟處爲請, 而續見追到狀本, 則所謂落水之軍兵, 初被虜去, 旋卽放還, 印符亦被掠奪, 同時還給, 爲軍兵所持來云矣. 遠外事情, 雖難遙度, 荒唐船之犯入內洋, 作梗若是狼藉, 已萬萬驚駭, 而僉使亦一官長也, 輕犯取侮, 以至被打, 所帶印符, 雖曰還推, 當初見失, 極爲寒心, 事關後弊, 不可不懲礪. 龍媒僉使李弼大, 卽爲拿問嚴勘, 常時防禦不嚴, 致有此恣入內洋亂打邊將之事, 而形止狀聞, 亦涉稽緩, 可謂不職, 甚矣. 當該水使李國賢, 先罷後拿處, 道臣則隨聞馳啓, 事體甚重, 而前後狀語, 差爽如此, 亦難免不審之責, 從重推考, 何如. 上曰, 依爲之. 出.

『일성록』 1794년(정조 18) 11월 4일

연평도의 어장(漁場)을 이청(吏廳)에 소속시키지 못하게 하고 아울러 이청의 폐단을 바로잡는 방도에 대한 비변사(備邊司)의 계(啓)

[역주]

비변사(備邊司)에서 계(啓)하기를,

지금 행부호군(行副護軍) 이해우(李海愚)의 별단(別單)[70])을 보니, 수압도

---

69) 벼슬아치의 과실이 있을 때 죄과를 따져서 그중 중한 벌에 따라 징계하는 것을 말함.

70) 임금에게 보고하는 본 내용의 문서에 참조할 수 있도록 첨부한 문서.

(睡鴨島)는 해주에서 **연평도**로 가는 길목에 끼어 있는데, 읍속(邑屬)[71]들은 오갈 때마다 배로 건네주기를 요구하고, 또한 쌀을 모아 그들을 접대도 해야 합니다. 이것이 고질적인 폐단이 되어 수압도 백성들이 일제히 호소합니다. **연평도**는 어장에 그물을 쳐 놓은 곳이 24군데로, 연해 고을 사람들 것이 21군데이고 섬 백성들 것이 2군데이며 지세(地稅)를 내는 어기가 1군데입니다. 연해 고을 사람들이 어장을 대대로 서로 물려받아 매매를 거쳐 소유하는 것은 농민들이 농토를 매매하는 것과 다를 것이 없으며, 모두 어장 문서를 가지고 있으니, 지금 갑자기 그들의 어장을 섬 백성들에게 이속(移屬)시킬 수는 없으며, 섬 백성들도 생업을 잃게 되었다는 감정을 품고 있으니 서로 용납하기 어려운 형편입니다. 무슨 조치를 취해 주어, 생업에 안주할 수 있는 은택을 받게 해야 할 듯합니다. 방광명(方光明)의 원정(原情)[72] 가운데 '진상하는 가미(價米)[73]의 혜택이 고루 미치지 못한다.'라고 한 것은, 상정가(詳定價)[74]로 대미(大米 : 쌀)와 소미(小米 : 좁쌀) 142섬 남짓을 연해 고을 사람들에게 내주어 담당하게 하였으니, 가미(價米)가 섬 백성들에게는 미치지 못하는 것은 형편상 당연합니다. 또한 '처음에는 지세를 걷는 아전에게 어장을 빌려 준 것이었는데 결국엔 빼앗겼다.'라고 한 것은, 여러 차례 조사하였으나 진위를 파악하기 어려웠습니다. 그러나 해주의 아전이 섬에 들어가는 것이 해가 된다는 것을 알 수 있으니, 바로잡고 금지하는 정사를 시행하는 것이 합당합니다. '접대하는 일로 폐를 끼친다.'라고 한 것은, 수십 명이나 되는 연읍의 어부가 공금을 포흠 내거나 사적으로 빚을 지고는 시한이 지나도록 갚지 않으므

71) 지방의 읍에 딸린 아전이나 사령.

72) 개인이 원통하거나 억울한 일 또는 딱한 사정을 국왕 또는 관부에 호소하는 문서.

73) 생산할 수 없거나 토산물이 아닌 공물(貢物)을 바칠 경우 이를 대신하여 그 값으로 내는 쌀. 또는 신역(身役)을 면하는 대가로 내는 쌀.

74) 지방이나 중앙 관아(官衙)에서 정한 세액이나 공물의 가격.

로 관차(官差)[75]와 읍속(邑屬)이 연이어 들어오게 되고, 섬 백성들은 쌀을 거두어 분담하여 접대를 해야 하는 것으로, 이는 연읍의 어부들로 인하여 그 피해가 섬 백성들에게 두루 미치는 것입니다. '위전에 어막을 짓는다.'라고 한 것은, 농토가 모두 마위전(馬位田)[76]인데 그곳에 지은 어막(魚幕)에 대해서는 세를 걷지 않으므로 섬 백성들에게 공납(公納)을 대신 내게 하였으니 이 또한 고질적인 폐단입니다. '진상하는 어망을 강제로 염가에 팔라고 요구한다.'라고 한 것은, 어망 한 개의 값이 1냥이니 비록 너무 박한듯하나 강제로 팔라고 요구하는 것과는 차이가 있습니다. '상선(商船)의 미곡을 도매(都買)로 산다.'라고 한 것은, 섬 백성들은 아침저녁으로 입에 풀칠할 거리조차 자급하기 어려운 형편인데, 연해 고을 사람들은 지나는 배의 곡물을 이때를 틈타 도매로 사 버리는데, 이것은 필연적인 형세입니다. '마장(馬場)에 필요한 수초(水草)가 부족하다.'라고 한 것은, 거주하는 백성들이 땔감으로 가져가 버리고 더구나 환란이 이어져 연해 고을에서 많은 사람들이 들어와 지내므로 더욱 부족하다고 말한 것입니다. 지금 이 별단 내용을 가지고 황해감사의 장계와 비교해 보니, 방광명(方光明)의 상언(上言)[77]이 비록 한두 가지가 실상에 어긋나는 것이 없지는 않으나, 그 일들이 섬 백성들을 매우 고통스럽게 하는 폐단이 되고 있음은 분명합니다. 이른바 21군데의 어장은 이미 연해 고을 사람들이 대대로 물려받아 매매하는 물건이 되었으니, 섬 백성들에게 옮겨 지급하는 것은 참으로 논할 수 없습니다. 그중 바로잡을 수 있는 것은, 해주의 아전이 섬에 들어가는 문제와 관차(官差)에게 나누어 접대하는 문제와 어막에 대한 세를 섬 백성들이 대신 내게 하는 문제입니다. 이 어장을 이청(吏廳)에

---

75) 관에서 파견하는 관리.

76) 고려와 조선시대에 역마(驛馬)를 기르기 위해 역리(驛吏)나 역노(驛奴) 또는 평민 가운데 각 역에서 역마를 세우는 사람에게 지급한 토지.

77) 백성이 임금에게 올린 글.

소속시키는 것은 이미 균역법 시행 이전에 있었던 일로, 지금 균역청에 납세하게 된 뒤로는 의당 이청이 간섭하는 규례를 영구히 혁파해야 합니다. 그런데 지금까지도 그대로 고수한 것이 비록 아전들이 의지할 재원이 없는 까닭에서 말미암은 것이지만 이미 보고된 이상 결코 그대로 둘 수 없습니다. 도신(道臣)의 계본(啓本)에서도 엄히 징계하여 혁파할 것을 말하였습니다. 혁파하는 것이 어려운 것이 아니고 혁파한 뒤 이청이 제대로 조처할 방도를 찾는 것이 중요합니다. 그런 연후에야 그 폐단의 통로를 영구히 막을 수 있으니, 도신(道臣)에게 분부하여 속히 바로잡은 뒤에 낱낱이 본 사(司)에 보고하여 그에 따라 처리할 수 있게 하십시오. 관차(官差)들을 나누어 접대하는 것에 대해 비록 엄하게 법규를 만들어 철저하게 금지한다 해도, 관차(官差)가 들어가지 않으면 그만이겠지만 들어가면 결코 명령이 행해질 리 없습니다. 지금부터는 해당 지방관이나 타읍의 수령을 막론하고 관청의 물건을 사사로이 소비하거나 사적인 빚은 모두 연읍의 어부들이 섬에서 나온 뒤에 추징하게 하고, 관차(官差)는 절대 섬 안으로 한 발자국도 들이지 못하게 하십시오. 이렇게 한 뒤에 또 들려오는 소리가 있으면 해당 수령에게 조정의 명령을 어긴 법률로 적용하십시오. 어막을 짓는 일에 있어서는, 전 가족이 섬으로 들어가는 일을 엄히 금한다면 비록 어막을 짓지 않더라도 섬 백성들의 집에 머물 수 있을 것입니다. 그러면 마위전의 세를 섬 백성들이 대신 내게 하는 폐단도 제거하려 하지 않아도 절로 제거될 것이며, 인구가 이미 감소하면 곡물을 도매로 사들이는 습성과 땔감을 마련하기가 점점 어려워지는 폐단도 일거에 다 없어질 것입니다. 이런 내용으로 엄하게 신칙하여 법규를 범하는 일이 없게 하십시오. 그 나머지 진상하는 가미(價米)의 일과 어망을 염가로 매매하는 일은 실상과 다르기도 하고 억지로 팔게 한 것과도 차이가 있으니, 모두 그대로 두십시오. 섬이 비록 매우 작다지만 일이 특히 백성들의 고충과 관계되는 데다 황해수사에게 명하여 직접 가서 보고 조사하라고

까지 하였으니, 그 일의 체모가 엄중한 것입니다. 만일 섬 백성들이 피부로 와 닿는 효과를 보지 못한다면 영읍(營邑)[78]에서는 그 죄를 면하기 어려울 것이니, 각기 잘 알게 하시시오. 수압도에서 읍속(邑屬)을 접대해야 하는 폐단 또한 지나는 길목에 사는 백성들의 고충이니, 모두 바로잡은 뒤에 함께 보고하라는 내용으로 분부하는 것이 어떻겠습니까? 하니,

윤허하고 전교하기를,

그 근본 원인을 해결하지 못한다면 그 나머지는 모두 먼지만 날리는 것과 같다. 그러나 영읍(營邑)에서의 착수와 하속들이 의뢰할 재원 마련은 어떻게 조처하였는지를 알 수가 없어서 경들에게 맡겨 회계(回啓)하게 하였다. 지난번에 특교를 내린 것이 얼마나 간곡하였는가. 그러고 나서 별도로 사신을 보내 고치기 어려운 폐단을 탐지해 오게 하였지만 그 폐단 요소가 여전할 따름이니, 신뢰를 잃었다는 탄식을 면하기 어렵다. 이 비지(批旨)[79]의 내용으로 도백(道伯 : 관찰사)에게 묻고, 과연 내 뜻을 잘 받들어 폐단을 제거하였는지의 여부를 사실에 근거하여 장계로 보고하도록 하라. 하셨다.

[원문]

備局啓言, 卽見行副護軍李海愚別單, 則以爲睡鴨島間於海州向延坪之路, 而邑屬去來責船過涉, 聚米供饋, 斯爲痼弊, 故男女齊訴, 而延坪島, 則漁場設網處爲二十四基, 而邑人二十一基, 島民二基, 地稅基一基, 邑人之世代相傳賣買遞執者, 無異農民田土, 俱有文記, 今不可遽然移屬於島民, 而島民失業懷情, 勢難相容, 合有措處之方, 俾得奠接之澤, 而方光明原情中, 進上價米, 不能惠究云者, 詳定大小米一百四十二石零出給邑

---

78) 감영이나 병영이 있는 고을.

79) 상소의 내용에 대해 임금이 내리는 답변.

人等, 使之擔當, 則價米之不及島民, 勢所固然, 地稅吏處初因借基, 終爲見奪云者, 屢齎查究, 難覈眞僞, 而州吏入島爲害可知, 合施矯捄禁斷之政, 供饋貽弊云者, 數十網漢, 公逋私償, 過時未報, 則官差邑屬絡續斂米分供事, 由網漢害遍島民, 作舍位田云者, 田土皆是馬位, 而結幕無稅, 島民替徵公納, 此亦痼弊, 進上漁網之廉價勒買云者, 一網價一兩, 雖涉太略, 與勒買有異, 商般米穀都買云者, 島民則朝夕糊口猶難自給, 邑人則過般穀物乘時都買, 自是必然之勢, 馬場水草不足云者, 居民取薪, 猶患難繼, 而以邑人多數來接之故, 尤爲不足云矣, 今以別單參互於該道臣啓本, 則方光明上言, 雖不無一二爽實, 而其爲島民切苦之弊, 則明矣, 所謂二十一基漁場, 已作邑人世傳賣買之物, 則移給島民, 固非可論, 就其中可以矯捄者, 州吏之入島也, 官差之分供也, 幕稅之替納也, 蓋此漁基之屬之吏廳, 已在均役之前, 則到今納稅均廳之後, 所當永革吏廳于涉之規, 而至今因循者, 雖由於吏無聊賴之致, 旣已登徹之後, 決不可, 仍置道臣啓本, 亦以爲嚴懲革祛云, 革祛非難而革祛後, 吏廳措處必得其方, 然後可以永杜其路, 分付道臣斯速矯捄後, 枚報本司, 以爲憑處之地, 官差之分供, 雖嚴立科條, 痛加禁斷, 官差不入則已入則, 決無令行之理, 自今以後, 無論地方官與他邑,公逋私債, 皆令網漢出島後徵推, 官差則切勿入送於島中一步地, 而如是之後, 又有入聞, 該守令論以違越朝令之律, 至於結幕一事嚴禁, 其全家入島, 則雖不結幕, 自可留接於島民之家, 位稅替納之弊, 不期祛而自祛, 而人口旣減, 則穀物都買之習, 柴路撕貴之弊, 亦當一擧而兩除, 以此嚴飭, 俾無得犯科, 其餘進上價米事, 魚網廉價事, 或爲爽實或異勒買, 竝姑置之, 島雖至小, 特以事關民隱, 至命帥臣目擊耳探, 其爲事面旣嚴, 且重萬一島民未蒙改觀之效, 則營邑之罪, 在所難免, 使各知悉, 曉鴨島供饋邑屬之弊, 亦是歷路民隱, 一體矯正後, 同爲報來之意, 請分付, 允之敎, 以不治其源, 則餘皆等是揚塵然, 營邑之着手, 下屬之聊賴, 未知如何措處, 付之卿等回啓矣, 向下特敎何等丁寧, 別遣使星探來弊瘼, 而其所爲弊, 依舊而已, 則難免失信之歎, 以此批旨, 問于道伯, 果能對揚蘇弊與否, 使之據實狀聞.

[필자 : 이연세· 오정윤]

참고문헌

동서문명의 접경지, 백령도 접경(點景) p.15

『海島誌』, 17세기, 전우홍 선생 제공 자료. 현재 부산국립해양박물관 소장.
『백령·대청도 대중국 등 관광객 유치 역사 발굴·고증 연구』, 인천광역시 옹진군, 인하대학교 박물관, 2013.
「성 김대건 신부 제작 '조선전도'에 나타난 독도」, 《평화신문》 제980호, 2008. 7.27.

김동진, 「도서순례-백령도 방면(12) - 近海航路의 要衝, 三國風塵의 戰場, 섬로인의 머리 속에 남은 洋人牧師의 奇蹟」, 《동아일보》, 1928.8.30.
김양선, 「영인 바실 홀 및 막스웰 일행의 내항과 그 종교 및 문화사적 의의(I)」, 『기독교사상』 11, 대한기독교서회, 1967.
김원모, 『근대한미관계사 - 한미전쟁 편』, 철학과현실사, 1992.
김종성, 「조선 선교사 토마스는 '침략자'로 죽었다」, 《오마이뉴스》, 2007.9.6.
서종태, 「김대건 신부의 활동과 업적에 대한 연구」, 『교회사학』 5, 수원교회사연구소, 2008.11.
오상학, 『조선시대 세계지도와 세계인식』, 서남동양학술총서, 창비, 2011
이해준, 「존재 위백규선생과 천관산 지제지」, 『지제(천관산)지』, 장흥문화원, 1992.
한상복, 『해양학으로 본 한국학』, 해조사, 1988.

바실 홀, 김석중 역, 『10일간의 조선항해기』, 삶과꿈, 2000.
프레데릭 불레스텍스, 이향·김정연 역, 『착한 미개인 동양의 현자』, 청년사, 2001.

서해5도, 휴전으로 창조된 공간 p.49

1. 시

강제윤, 「사곶 제방을 허물어라!」 외 14편, 『백령도』, 인천문화재단, 2013.
김영남, 「백령도 건배」 외 5편, 『백령도』, 인천문화재단, 2013.
김　원, 「백령도 기행」, 『열린시학』 10권 4호, 2005년 12월.
도종환, 「백령도」, 『인천평화미술프로젝트』, 인천아트플랫폼, 2013.
라동수, 『백령도 친구』, 그림과책, 2011.
박영근, 「연평도의 말」, 『당대비평』 11, 2000년 6월.
백서은, 「백령도에 가면」, 『문학춘추』 55호, 2006.
백준찬, 「백령도의 일요일」, 『문예운동』 60, 1998년 12월.
신동호, 「장촌 냉면집 아저씨는 어디 갔을까?」 외 4편, 『백령도』, 인천문화재단, 2013.
오시은, 「옛이야기 될 때까지」, 『인천평화미술프로젝트』, 인천아트플랫폼, 2013.
윤후명, 「바닷가 언덕길」 외 9편, 『백령도』, 인천문화재단, 2013.
이세기, 『먹염바다』, 실천문학사, 2005.
______, 『언손』, 창작과비평사, 2010.
______, 「서해」외 4편, 『인천평화미술프로젝트』, 인천아트플랫폼, 2013.
이은상, 「서해 2」, 『이은상시선』. 정훈 엮음, 지식을만드는지식, 2012.
정용주, 「연평도」, 『계간 시작』 4권 2호, 2005년 5월.
정인수, 「백령도」, 『시조시학』, 2006년 겨울호.
정재호, 「백령도」, 『문학춘추』 63, 2008년 5월.
정희성, 「몽유백령도」, 『창작과비평』 33권 4호, 2005년 겨울호.
호인수, 『백령도』, 실천문학사, 1991.
황　선, 「백로처럼」 외 1편, 『민족21』 146, 2013년 5월.

2. 소설

김미선, 「백령도 연가」, 『눈이 내리네』, 개미, 2012.

김주영, 『고기잡이는 갈대를 꺾지 않는다』(초판), 민음사, 1988.

김창흡, 「어부도」(1976), 『작고 인천문인선집』 2(소설), 한국문인협회인천광역시지회, 2009.

심상대, 「백령도의 추억」, 『백령도의 추억-해병대 소설선집』, 중앙M&B, 2003.

이원규, 『깊고 긴 골짜기』, 고려원, 1991.

정만진, 『백령도』, 학이사, 2009.

조수일, 「포촌사람들」(1959), 『작고 인천문인선집』 2(소설), 한국문인협회인천광역시지회, 2009.

3. 동화

이가을, 「백령도」, 『가끔식 비 오는 날』, 창작과비평사, 2002.

박종록, 「백령도에서 통일을 소원하는 가족」, 『문학춘추』 85호, 2013년 12월.

최효섭, 「연평도의 생쥐」, 『문학춘추』 74호, 2011년 3월.

4. 수필

최병문, 「백령도로 가는 박용목 군목-참 목자를 찾고 있는 우리의 국군들」, 『새가정』, 1961년 6월.

곽재기, 「연평도 섬전도기행」, 『새가정』 184, 1970년 7월.

유관지, 「백령도」, 『기독교사상』 20권 12호, 1976년 12월.

민문자, 「백령도 기행」, 『한국논단』 163, 2003년 5월.

정순향, 「소청도에서 온 미역과 달래」, 『월간샘터』 519, 2013년 5월.

김창수, 「백령도 잔점박이 물범 이야기」, 『인천평화미술프로젝트』, 인천아트플랫폼, 2013.

5. 논저

강윤중, 「전하려 했던 메시지, 사진 안에 다 녹아」, 『신문과방송』, 2011년 5월.

강제윤, 「이 땅의 가장 절실한 종교는 평화다!」, 『인천평화미술프로젝트』, 인천아트플랫폼, 2013.
권귀숙,『기억의 정치-대량학살의 사회적 기억과 역사적 진실』, 문학과지성사, 2006.
김보영,「한국전쟁 휴전회담시 해상분계선 협상과 서해 북방한계선(NLL)」,『사학연구』 제106호, 2012년 6월.
김윤덕,「한눈으로는 현실을 보고, 한눈으로는 영원을 꿈꾸며」,『월간샘터』, 1995년 7월.
김창수,「해양 다문화도시와 평화」,『인천평화미술프로젝트』, 인천아트플랫폼, 2013.
나승만 외,『서해와 연평도』, 민속원, 2011.
서은미,「연평도 포격 우리의 아픔」,『인천평화미술프로젝트』, 인천아트플랫폼, 2013.
심승희,「지리학과 지리교육이 문학에 접근하는 방식」,『문학교육학』 37호, 2012.
옹진군지편찬위원회,『옹진군지』, 2010.
李揆穆,「이미지창출과 장소만들기로 본 도시경관계획」,『도시문제』 324호, 1995.
이동권,「연평도 섬여행의 환상을 깨라」,『월간 말』 242호, 2006년 8월.
이무영,「장소를 통한 문화의 소통 : 공간의 문화정치와 장소 만들기」, 경희대학교 인문학연구원,『인문학연구』 14, 2008.
이상엽,「백령도에서 평화를 사색하다」,『인천평화미술프로젝트』, 인천아트플랫폼, 2013.
이승미,「평화의 두 얼굴」,『인천평화미술프로젝트』, 인천아트플랫폼, 2013.
이영리,「서해5도 대장정」,『인천평화미술프로젝트』, 인천아트플랫폼, 2013.
이인범,「백령도, 텍스트 혹은 컨텍스트로서의 '평화'」,『인천평화미술프로젝트』, 인천아트플랫폼, 2013.
정진오,「인천에 놓인 '전쟁의 길'과 평화」,『인천평화미술프로젝트』, 인천아트플랫폼, 2013.
조민지,「기억의 재현과 기록 기술(archival description) 담론의 새로운 방향」,

한국기록학회, 『기록학연구』 27집, 2011년 1월.
최원식-호인수 대담, 「정전 60주년 기념 인천평화미술프로젝트」, 인천문화재단, 『인천평화미술로젝트』, 2013.
한재섭, 「확장되는 풍경과 힘이 세지는 평화」, 『인천평화미술프로젝트』, 인천아트플랫폼, 2013.

가라타니 고진[柄谷行人], 『일본근대문학의 기원』, 박유하 옮김, 민음사, 1997.
미셸 콜로, 『현대시의 지평구조』, 정선아 옮김, 문학과지성사, 2003.
에드워드 소자, 『공간과 비판사회이론』, 이무용 외 옮김, 시각과 언어, 1997.
호미 바바, 『문화의 위치-탈식민주의 문화이론』, 나병철 옮김, 소명출판, 2002.

어느 근대인의 서해5도 '巡禮' p.75

강봉룡, 「해양인식의 확대와 해양사」, 『역사학보』 200, 역사학회, 2008.
강재철, 「러시아 N. G. 가린의 개화기 한국설화자료의 수집과 채록방법-조사자와 제보자 및 후원자에 주안하여-」, 『동아시아고대학』 18, 동아시아고대학회, 2008.
김경남, 「1920년대 전반기 『동아일보』 소재 기행 담론과 기행문 연구」, 『한민족어문학』 63, 한민족어문학회, 2013.
김난옥, 「원나라 사람의 고려 유배와 조정의 대응」, 『한국학보』 31-1, 일지사, 2005.
김명구, 「1920년대 국내 부르주아 민족운동 우파 계열의 민족운동론 : 《동아일보》 주도층을 중심으로」, 『한국근현대사연구』 20, 한국근현대사연구회, 2002.
나승만 외, 『서해와 연평도』, 민속원, 2011.
노기욱·박창규, 「1920년대 도서순례」, 『지방사와 지방문화』 15-2, 역사문화학회, 2012.
대청면지편찬위원회, 『대청면지』, 옹진군 대청면, 1995.
동아일보 80년사 편찬위원회, 『민족과 더불어 80년 : 동아일보 1920~2000』,

동아일보사, 2000.
박종오, 「《동아일보》 〈도서순례〉를 통해서 본 1920년대 도서 민속에 대한 인식」, 『도서문화』 39, 목포대학교 도서문화연구원, 2012.
박찬승, 『한국근대정치사상사연구-민족주의 우파의 실력양성운동론-』, 역사비평사, 1992.
______, 「부르주아민족주의, 우파민족주의, 문화민족주의」, 『역사비평』 75, 역사비평사, 2006.
서영대, 「백령도의 역사」, 『서해도서민속학』 1, 인하대학교 박물관, 1985.
서종원, 「서해안 임경업 신앙 연구」, 중앙대학교 박사학위논문, 2009.
신기욱·마이클 로빈슨 엮음, 『한국의 식민지 근대성 : 내재적 발전론과 식민지 근대화론을 넘어서』, 삼인, 2006.
옹진군지편찬위원회, 『옹진군지』, 옹진군, 2010.
옹진군향리지편찬위원회, 『옹진군향리지』, 옹진군, 1996.
유창호, 「백령·대청도를 바라보는 전통과 근대의 시선」, 『박물관지』 14, 인하대학교 박물관, 2011.
이기훈, 「일제강점기 섬과 섬사람들에 대한 인식-1920년대 호남지방의 도서들을 중심으로-」, 『지방사와 지방문화』 15-1, 역사문화학회, 2012.
이영호, 「황해도 동학농민군과 기독교 선교사의 접촉과 소통 : 메켄지 선교사를 중심으로」, 『한국기독교와 역사』 34, 한국기독교역사연구소, 2011.
인천광역시 옹진군·인하대학교 박물관, 『백령·대청도 대중국 등 관광객 유치 역사 발굴·고증 연구』, 2013.
임학성 외, 『역주 인천도서지역의 지지자료』, 인천광역시 역사자료관, 2010.
정연학, 『인천 섬지역의 어업문화』, 인천대학교 인천학연구원, 2008.
정진석, 『인물한국언론사』, 나남출판, 1995.
조선일보사 사료연구실, 『조선일보 사람들 : 일제시대 편』, 랜덤하우스중앙, 2004.
주강현, 『조기에 관한 명상』, 한겨레신문사, 1998.
한상복·전경수, 『한국의 낙도민속지』, 집문당, 1982.
B. 홀(신복룡·정성자 역주), 『조선서해탐사기』, 집문당, 2005.
M. 로빈슨(김민환 역), 『일제하 문화적 민족주의』, 나남, 1990.

네이버 뉴스라이브러리(http://newslibrary.naver.com/)
국사편찬위원회 한국사데이터베이스(http://db.history.go.kr/)
조선일보 아카이브(http://srchdb1.chosun.com/)
한국언론재단 미디어가온(http://www.mediagaon.or.kr/)

서해5도의 설화 p.119

서울대문리대학술조사단, 「백령・대청・연평・소평 제도서 학술조사보고」, 서울대, 1958.
서종원, 「서해안 지역의 임경업 신앙 연구」, 『동아시아고대학』 14, 동아시아고대학회, 2006.
______, 「서해안 지역 인물신 임경업의 신격화 배경」. 『민속학연구』 20, 중앙대 민속학과, 2007.
______, 「실존 인물신의 등장 배경과 특징에 관한 연구」, 『동남어문논집』 29, 동남어문학회, 2010.
설성경, 「서해안 어업민속에 나타난 임장군신」, 『기전문화연구』 16, 인천교대 기전문화연구소, 1987.
손동인, 『한국전래동화연구』, 정음문화사, 1984.
옹진군송림면향토지편집위원회, 『연평도』, 1988.
옹진군지편찬위원회, 『옹진군지』, 예일문화사, 2010.
옹진군지편찬위원회 편, 『옹진군지』, 옹진군, 1990.
옹진군향리지편찬위원회, 『옹진군향리지』, 예일문화사, 1996.
이영수, 「『심청전』의 설화화와 그 전승 양상에 관한 연구」, 인하대 박사논문, 2001.
이현복, 「서해5도 전설고(Ⅰ)」, 『기전문화연구』 제25・26집, 기전문화연구소, 1996.
인천광역시 편, 『인천의 지명유래』, 인천광역시, 1998.
____________, 『옛날 옛적에 인천은』, 인천광역시, 2001.
인천대학교 국어국문학과, 「서해도서 구비전승 자료조사 – 옹진군 백령면・대청면 일원」, 인천대학교 국어국문학과, 2007.
인천대학교 국어국문학과, 「서해도서 구비전승 자료조사 – 옹진군 연평면 일원」, 인천대학교 국어국문학과, 2009.
최운식 · 백원배, 『백령도』, 집문당, 1997.
______, 「'심청설화'와 『심청전』의 관계」, 『고소설의 사적 전개와 문학적 지향』, 보고사, 2000.
______, 「백령도 지역의 〈심청 전설〉 연구」, 한국민속학회 엮음, 『설화』, 민속원, 2008.
홍태한, 「설화와 민간신앙에서의 실존인물의 신격화 과정」, 한국민속학회 엮음, 『설화』, 민속원, 2008.

서해5도의 민속 p.145

나승만 외, 『서해와 연평도』, 민속원, 2011.
문상범, 「인천의 동제연구」, 인하대학교 교육대학원 석사학위논문, 1997.
인천광역시역사자료관 역사문화연구실, 『인천의 섬』, 인천광역시, 2004.
인천시립박물관, 『西海島嶼 綜合學術調査』 II, 인천시립박물관, 2005.
정연학, 「인천 섬 지역의 어업문화」, 인천학연구원, 2008.
해양수산부, 『한국의 해양문화(서해권역)』, 해양수산부, 2002.
황루시, 『한국의 굿10 – 옹진 배연신굿』, 열화당, 1986.

서해도서 문화콘텐츠 활용을 위한 한 방법 p.205

김기덕, 「콘텐츠의 개념과 인문콘텐츠」, 『인문콘텐츠』 1호, 인문콘텐츠학회, 2003.
김용범, 「고소설 주인공의 지역 연고성 분쟁 사례를 통한 지역문화 콘텐츠 개발 연구」, 『한민족문화연구』 22집, 한민족문화학회, 2007.
김태준, 『조선소설사』, 학예사, 1939.
김평수 · 윤홍근 · 장규수, 『문화콘텐츠산업론』, 커뮤니케이션북스, 2007.

류정아 외 12인, 「한국 지역축체 조사평가 및 개선방안 연구 총괄 보고서」, 문화관광부, 2006.
류현주, 『하이퍼텍스트문학』, 김영사, 2000.
박해범, 『원홍장과 심청전』, 박이정, 2003.
백승국, 『문화기호학과 문화콘텐츠』, 다할미디어, 2004.
설성경, 「실재인물 홍길동의 생애 재구」, 『동방학지』 96집, 연세대학교 국학연구원, 1997.
______, 「홍길동전의 핵심 소재와 작가」, 『고소설연구』 6집, 한국고소설학회, 1998.
______, 「호남인물을 소재로 한 고소설」, 『고문연구』 12집, 한국고문연구회, 1999.
이미순, 『축제가 도시 브랜드를 만날 때』, 새로미, 2010.
이영태, 「인천고전문학의 현재적 의미와 문화정체성」, 인천학연구원, 2014.
임재해, 『지역문화와 문화산업』, 지식산업사, 2000.
최운식·백원배, 『백령도-명승지와 민속순례』, 집문당, 1997.
허원기, 「심청전 근원설화의 전반적 검토」, 『정신문화연구』 89호, 정신문화연구원, 2002.
『백령·대청도 대중국 등 관광객유치 역사발굴 고증 연구』, 인천 옹진군·인하대 박물관, 2013.
『옛날 옛적에 인천은』, 인천광역시 역사자료관, 2001.

서해5도의 정치·행정 p.227

옹진군선거관리위원회 홈페이지(http://ic.nec.go.kr/ic/icongjin/sub1.jsp)
옹진군청 홈페이지(http://www.ongjin.go.kr/)

서해5도의 경제 p.251

옥동석·고광민·이혜연, 「한국 서해 도서지역 사람들의 생산과 교역」, 인천학연구원, 2013.

옹진군, 「옹진군 기본 통계연보」, 옹진군, 2011~2014.

______, 『옹진군 백서』, 옹진군, 2002~2014.

______, 『연평도 포격사건 백서』, 옹진군, 2012.

옹진군청 홈페이지(http://www.ongjin.go.kr)

옹진군 농업기술센터(http://www.ongjin.go.kr/agriculture)

재정고 홈페이지(http://lofin.mogaha.go.kr/main.jsp)

인천시청 홈페이지 인천통계(http://www.incheon.go.kr/articles/180)

찾아보기

저자 소개

안정헌

1964년 인천 출생. 인하대 졸업, 인하대 석·박사 수료.
현재 인천개항장연구소 연구위원으로 재직 중이며, 인하대 등에 출강.

이희환

1966년 충남 서산 출생. 한국외대 졸업, 인하대 석·박사 수료(문학박사).
현재 인터넷신문 《인천in》 대표.

유창호

1968년 인천 출생. 인하대 졸업, 인하대 석·박사 수료.
현재 인하대 한국학연구소 연구원으로 재직 중.

남동걸

1966년 경북 영덕 출생. 인천대 졸업, 인천대 석사, 인하대 박사 수료(문학박사).
현재 인천대학교 인천학연구원 상임연구위원으로 재직 중이며, 인하대 등에 출강.

문상범

1959년 인천 출생. 인하대 졸업, 인하대 석사수료(교육학 석사).
현재 제물포고등학교 교사로 재직 중.

이영태

1964년 인천 출생, 인하대 졸업, 인하대 대학원 석·박사 수료(문학박사).
현재 인천개항장연구소 대표이사로 재직 중이며, 인하대·성결대 등에 출강.

이준한

1965년 서울 출생. 서울대 졸업, 서울대 석사, 미시간주립대 박사 수료(정치학박사).
인천대학교 인천학연구원장 역임, 현재 인천대학교 정치외교학과 교수로 재직 중.

남승균

1969년 경북 울진 출생. 인천대 졸업, 인천대 대학원 석·박사 수료.
현재 인천대학교 인천학연구원 상임연구위원으로 재직 중이며 경인여대에 출강.

이연세

1961년 전북 군산 출생. 한남대 졸업, 인하대 석·박사 수료(문학박사).
현재 인천고전연구소 소장으로 재직 중이며, 인하대 등에 출강.

오정윤

1967년 충북 영동 출생. 인하대 졸업, 인하대 석사 수료(문학 석사).
현재 인천개항장연구소 연구위원으로 재직 중.

인천학연구총서 33

서해5도민의 삶과 문화

2015년 2월 27일 초판 1쇄 펴냄

기　획 인천대학교 인천학연구원
지은이 안정헌 외
펴낸이 김흥국
펴낸곳 보고사

등록 1990년 12월 13일 제6-0429호
주소 서울특별시 성북구 보문동7가 11번지 2층
전화 922-5120~1(편집), 922-2246(영업)
팩스 922-6990
메일 kanapub3@naver.com
http://www.bogosabooks.co.kr

ISBN 979-11-5516-342-9 94300
979-11-5516-336-8 (세트)

정가 21,000원

이 도서의 국립중앙도서관 출판예정도서목록(CIP)은 서지정보유통지원시스템 홈페이지(http://seoji.nl.go.kr)와 국가자료공동목록시스템(http://www.nl.go.kr/kolisnet)에서 이용하실 수 있습니다.(CIP제어번호 : CIP2015005133)